Heinrich Treichl

Fast ein Jahrhundert

Erinnerungen

Paul Zsolnay Verlag

1 2 3 4 5   07 06 05 04 03

ISBN 3-552-05283-6
Alle Rechte vorbehalten
© Paul Zsolnay Verlag Wien 2003
Satz: Eva Kaltenbrunner-Dorfinger, Wien
Druck und Bindung: Kösel, Kempten
Printed in Germany

*Meine geliebte Frau kann es nicht mehr lesen,
meine lieben Söhne werden es nicht lesen,
ich widme dieses Buch den schweigenden Bürgern.*

Das Kampfgeschrei verstummt – der Tag ist richtbar.
CONRAD FERDINAND MEYER

Vorwort

Wenn jemand, der das Schreiben nicht zu seinem Beruf erwählt hat, den Versuch unternimmt, ein Buch zu verfassen und – noch schlimmer – es veröffentlicht sehen möchte, so bedarf es einer Rechtfertigung.

Ich habe Österreich viermal erlebt. Geboren wurde ich unter dem Kaiser Franz Joseph im Jahre 1913 im großen Österreich-Ungarn. Und wenn ich auch dieses Österreich und sein Ende nur in einigen unscharfen Bildern in Erinnerung rufen kann, so waren doch die Umgebung, in der ich aufwuchs, und die Menschen, die mich erzogen, noch ganz von ihm durchtränkt und geprägt.

Die Erste Republik war mein zweites, das Österreich meiner Kindheit und Jugend. Ich habe seine inneren Krämpfe und Kämpfe, seinen Todeskampf und sein Ende erlebt und nicht vergessen. Die kritische Auseinandersetzung mit den Ursachen und Umständen seines Untergangs und mit denen, die die Schuld daran trugen, bin ich nie ganz losgeworden.

Das dritte war das heimliche, das verbotene Österreich, das nur mehr in einem seelischen Untergrund als Auftrag und als Hoffnung existierende. Dieses Österreich überlebte sieben Jahre bis zu seiner Wiedergeburt. Während sechs dieser sieben Jahre gehörte ich der Wehrmacht eines Staates an, den ich als den Mörder Österreichs betrachtete und dessen militärische Niederlage, dessen gänzlicher und endgültiger Untergang mir als die unverzichtbare

Voraussetzung für ein Weiterleben in der alten Heimat erschien, wiedergeboren als ein viertes Österreich.

Dieses vierte Österreich habe ich im Februar des Jahres 1946 als Heimkehrer aus der Kriegsgefangenschaft wieder betreten und seither bewohnt, 49 Jahre davon an der Seite einer geliebten, einzigartigen Frau. Ich habe zehn Jahre als Geschäftsführender Gesellschafter des Verlags Ullstein in Wien, dann als Leiter der Finanzabteilung der IBV, der ersten Verwaltungsholding der Verstaatlichten Industrie, und schließlich 23 Jahre in der größten Bank des Landes, der Creditanstalt (die Hälfte dieser Zeit als deren Generaldirektor), gearbeitet. Eine einzigartige Chance, gestalten zu können.

Die Erziehung im Elternhaus, der Einfluß des Vaters auf meine Einstellung zu Wirtschaft und Gesellschaft, der meiner Mutter auf ästhetische und der beider Eltern auf ethische Werte, die humanistische und religiöse Bildung durch die Benediktinermönche des Schottengymnasiums haben mich geformt. Das Jusstudium, die Erfahrung Amerikas während der Kriegsgefangenschaft und die intensive Beschäftigung mit den gesellschaftsphilosophischen Lehren Friedrich August von Hayeks waren prägende Einflüsse. Ich wurde ein Liberaler im klassischen, angelsächsischen Sinn. Das bestimmt meine Einstellung zum Sozialismus: Ich halte ihn für eine Bedrohung der Freiheit, für den »Weg in die Knechtschaft« – so lautet der Titel von Hayeks berühmtem Buch. Es bestimmt aber auch meine Einstellung zum Kapitalismus: Er bedarf eines ethischen Ordnungsrahmens, dessen Einhaltung ständig überwacht werden muß. Zugleich glaube ich, daß die Existenz einer intelligenten Sozialdemokratie und die permanente Auseinandersetzung mit ihr für unsere politische Gesundheit unentbehrlich sind. Ich bekenne mich zum Christentum und ganz ausdrücklich zur katholischen Kirche und ihren Oberen.

Mit dieser geistigen und seelischen Ausstattung stand ich in einem im wesentlichen von Sozialdemokraten geprägten Jahrzehnt an der Spitze der verstaatlichten Creditanstalt. Die CA war nicht nur die bei weitem größte und älteste, nicht nur die international bekannteste Bank, nicht nur die monetäre Visitenkarte Österreichs, wie Finanzminister und Vizekanzler Hannes Androsch sie nannte; mit ihren bedeutenden Industriebeteiligungen war sie auch nach der Verstaatlichten Industrie die zweitgrößte Industriegruppe des Landes, in der mehr als ein Zehntel aller in der Industrie Österreichs tätigen Menschen beschäftigt waren. Dazu gehörten Steyr-Daimler-Puch, Semperit, Wienerberger, Universale Bau, Leykam Papier, Andritzer Maschinen, Jenbacher, die Hotels Bristol, Imperial, Goldener Hirsch, Wertheim, um nur einige der wichtigsten zu nennen. Eine Erblast, von der die Bank sich behutsam trennen mußte, sollten die Unternehmen und sie selbst ihre Zukunft sichern. In den Augen vieler, der Medien zumal, war ich ein mächtiger Mann. Ich hätte es vorgezogen, man hätte die große Aufgabe und die Verantwortung gesehen. Ich bin gegen Macht in der Wirtschaft.

Es versteht sich von selbst, daß die Arbeit in dieser Stellung eine fast unaufhörliche Berührung mit der österreichischen Politik und ihren Exekutoren mit sich brachte. Wenn diese das von ihnen im Jahre 1946 beschlossene Staatseigentum als parteipolitischen Einfluß auf Unternehmen interpretieren und über die unmittelbare Verstaatlichung hinaus auch mittelbar auf deren Tochterunternehmen ausdehnen wollen, wenn sie ihre Mehrheitsmacht bedenkenlos gegen die Minderheitsinteressen privater Aktionäre ausüben, dann bringt das für einen Menschen meiner Denkungsart ernste Konflikte. Sie waren elf Jahre lang mein tägliches Brot.

Das glaubte ich hinter mir lassen zu können, als ich am 30. Juni 1981 mein Arbeitszimmer in der CA verließ, wenige Wochen vor meinem 68. Geburtstag. Ich war längst darauf vorbereitet und erlitt keinen Pensionsschock. Ich würde mich nun, meinte ich, mit erhöhtem Einsatz dem Roten Kreuz widmen können, dessen Präsident ich seit sieben Jahren war, und vom Geplänkel mit der Politik befreit sein. Weit gefehlt: Auch da blieben die Konfrontationen nicht aus. Ich bin ihnen nicht entronnen; es wäre wohl auch meinem Wesen fremd gewesen, sie zu vermeiden. 1999 habe ich nach fünf Amtsperioden mein Amt im Roten Kreuz einem ausgezeichneten Nachfolger übergeben.

Seither lebe ich zu einem guten Teil in Erinnerungen. Wenn einem ein so hohes Alter geschenkt wird, fühlt man die unwiderstehliche Neigung, sich selbst Rechenschaft darüber abzulegen, unter welchen äußeren Zwängen man dieses Leben erlebt, wie man sich mit ihnen auseinandergesetzt hat und was dabei herausgekommen ist, welche Lehren man empfangen und welche Erfahrungen man gewonnen hat. Was habe ich mit meinem Pfunde gemacht? Das versuche ich im folgenden zu erzählen. Natürlich hoffe ich mit meinem Bericht die Zustimmung einer gereiften Generation jenes schweigenden Bürgertums zu erlangen, dessen Vernunft, Geduld und Anstandsgefühl uns immer wieder geholfen haben, erträgliche Lösungen zu finden. Ich bin aber vermessen genug zu glauben, daß das eine oder andere in meinem Bericht nicht nur meine Altersgenossen – es leben leider nicht mehr sehr viele –, sondern auch weit Jüngere interessieren könnte. Österreich steht vor einschneidenden Reformen. Vielleicht können meine Erlebnisse dazu dienen, nicht Ratschläge zu erteilen, aber die Wachsamkeit der Jungen zu wecken, wenn das Land sich anschickt, seine Zukunft zu gestalten. Und schließlich gestehe ich: Für mich ist dieses Buch auch ein Stück Psychohygiene; das Bestreben, durch eine Erzählung des persönlich Erlebten und die Schilderung meiner subjektiven Sicht alte seelische Lasten loszuwerden. Den – ohnehin fragwürdigen – Versuch einer objektiven Darstellung dieses Beinahe-Jahrhunderts überlasse ich den dazu berufenen Historikern.

Meine Eltern

Meine Eltern lernten einander im Salon des Justizministers Julius Freiherr von Glaser bei einem Jour fixe kennen. Dorothea Ferstel, Enkelin des Erbauers der Votivkirche, neunzehn oder zwanzig Jahre alt, intelligent, aber schwierig, war fasziniert von dem ehrgeizigen, amüsanten jungen Mann, von seinem Charme, seiner blitzartigen Intelligenz, seiner sprühenden Vitalität, die deutlich von der müderen Art der jungen Herren abstach, die in ihrem Elternhaus eingeladen waren.

Alfred Treichl hatte trotz seiner Jugend – er war damals 32 Jahre alt – schon eine beachtliche Karriere hinter sich und den Ruf außergewöhnlicher Begabung erworben. Und er verdankte seine Erfolge eigener Tüchtigkeit. Seinen Vater hatte er nie gekannt: Er war zwei Jahre alt gewesen, als dieser starb. Dieser Vater, ein jüngerer Sohn des Wolfgangbauern in Leogang, ein gescheites Kind, hätte Priester werden sollen, wurde im Salzburger Borromäum erzogen, ergriff aber nicht den geistlichen Beruf, sondern studierte Mathematik und wurde Professor an der Theresianischen Akademie. Er starb jung, mit 49 Jahren, nach einem für ihn und seine Frau qualvollen Jahr, das er, an Demenz leidend, in einer Irrenanstalt verbrachte. Seine Frau Berta war eine Tochter des 1804 geborenen Franz Massak, der zuerst Offizier und seit 1827 Militärkapellmeister des 30. k. k. Linieninfanterieregiments Dom Miguel war, und in Arad, hart an der Grenze des

Osmanischen Reiches, als »Regimentstochter« zur Welt gekommen. Franz Massak war nicht nur, wie sein Portrait zeigt, ein sehr gut aussehender Mann, sondern auch ein überaus fruchtbarer Komponist. Ein magyarisierter, nobilitierter Sohn, der durch Adoption den alten ungarischen Gentrynamen Szegedy annahm und mit Maszák verband. Er hatte glühend legitimistische, also königstreue Nachfahren. Einer, Aladár von Szegedy-Maszák, war erst Hofbeamter, dann Burghauptmann von Pest; seine Frau, Tante Sarolta, Präsidentin der ungarischen legitimistischen Frauenbewegung, wurde von den Kommunisten sechzehn Jahre lang gefangengehalten; deren Sohn, ebenfalls Aladár genannt, war der letzte nichtkommunistische Gesandte Ungarns in Washington und arbeitete als Dissident bei der »Stimme Amerikas«. Bertas Mutter kam aus der Familie eines erfolgreichen kleinen Unternehmers des Wiener Biedermeier, des Hofmechanikers Sattler, der es zu einigem Wohlstand gebracht hatte. Portraits aus der Zeit um 1820 zeigen sie als nicht allzu reizvoll, ihn als ausgesprochenen »Feschak«.

Berta hatte die musikalische Begabung ihres Vaters geerbt. Als junges Mädchen nahm sie Klavierstunden bei Johannes Brahms, der dem hübschen Ding offenbar sehr zugetan war; neben einer Anzahl von Billetts gibt es ein Telegramm, das er ihr von einer Ungarnreise sandte:

»Tief im Ungarland
Fern vom Alserstrand
Keine Stunde – O des Grams!
Ihr Johannes Brahms.«

Der Klavierunterricht bei Brahms erwies sich als nützlich. Früh verwitwet, mit einer sehr bescheidenen Pension – ihre, sicher nicht allzu große, Mitgift war im Börsenkrach von 1873 verlorengegangen –, gab Berta Klavierstunden, um ihrem einzigen Sohn, den sie über alles liebte, eine gute Ausbildung zu ermöglichen.

Dieser Sohn, Alfred, mein Vater, trat nach dem Freiwilligenjahr in der Armee und dem Jusstudium als Konzeptspraktikant in die niederösterreichische Finanzlandesdirektion ein. Verschiedene Zeitungen brachten von ihm verfaßte Aufsätze über nationalökonomische, vornehmlich finanzwirtschaftliche Themen. Die Handelskammer wurde aufmerksam und bot dem 25jährigen eine Anstellung an. Um aus dem Staatsdienst auszutreten, brauchte man eine besondere Genehmigung. Er wandte sich mit der Bitte um Unterstützung seines Vorhabens an seinen Taufpaten, Paul Freiherr Gautsch von Frankenthurn, der damals Unterrichtsminister, später Ministerpräsident war. Paul Gautsch, mit Bertas Familie befreundet und voll Wohlwollen für Alfred, konnte oder wollte dennoch seinen Wunsch nicht verstehen: »Wie kann jemand, der die Auszeichnung genießt, im Dienste Seiner Majestät zu stehen, diesen Dienst freiwillig verlassen? Hast du dir das wirklich überlegt? Ich werde dir das in Gottes Namen ermöglichen, aber dann bist du für mich erledigt.« So erzählte mein Vater, der bei seinem Entschluß blieb und bekam, was er wollte. Gautsch verzieh später dem ungehorsamen Patenkind.

Einer seiner Kollegen war der gleichaltrige Ludwig von Mises, später einer der herausragenden Ökonomen der österreichischen Schule, in dessen berühmtem Seminar unter anderen Friedrich von Hayek saß. Mises war Jahre später ein häufiger Gast bei meinen Eltern. Mich faszinierte vor allem sein dunkelroter Schnurrbart, erst viel später sein Buch über ein Lieblingskind der Sozialdemokraten, die Gemeinwirtschaft, deren unvermeidliches Versagen er in einer ausgebauten Analyse bewies.

In der Zeit seiner Tätigkeit in der niederösterreichischen Handelskammer (Wien gehörte damals zum Kronland Niederösterreich und war dessen Landeshauptstadt) betätigte sich mein Vater auch politisch. Die *Neue Freie Presse* schrieb: »Aus Mödling wird uns berichtet: Samstag fand hier eine vom deutschfortschrittlichen Wahlcomité einberufene Versammlung von Gewerbetreibenden statt. Der Konzipist der niederösterreichischen Handelskammer Dr. Treichl bemerkte, die Christlichsozialen hätten mit den Schlagworten ›jüdisches Kapital‹ und ›Großindustrie‹ vor zwanzig Jahren die Gewerbetreibenden an sich gelockt und seien so zur Majorität in der Gemeinde- und der Landstube gelangt; dem Gewerbe sei damit aber bis jetzt noch nicht geholfen worden. ... Uns tut, sagt Redner, eine wirklich praktische Gewerbepolitik not, die nicht mit Schlagworten arbeitet. Dies paßt aber den Christlichsozialen nicht; sie haben aus den Genossenschaften Stätten der Zwietracht, des Neides gemacht. Eine wirkliche Gewerbepolitik sei untrennbar von der allgemeinen Wirtschaftspolitik, und diese wieder brauche Konsumenten mit Bedürfnissen. Das bedeute aber Kultur, der allerdings die Christlichsozialen sehr ferne stehen.« Starke Worte, die meinem Vater kaum Beliebtheit bei der Christlichsozialen Partei eingetragen haben dürften. Der Liberale klassischer Prägung bewegte sich nicht auf einem mittleren Pfad zwischen den Sozialdemokraten und den Christlichsozialen, den beiden bei weitem größten Parteien der Monarchie, sondern beiden entgegen.

»In der gleichen Rede bekannte sich der jugendliche Redner als Anhänger des Befähigungsnachweises, aber nicht nur für Gewerbetreibende, sondern auch für Minister, Bürgermeister und Stadträte.« (»Lebhafte Heiterkeit« notierte hierauf die Zeitung.) »Er forderte gründliche Verbesserung des Schulwesens, nicht nur der fachlichen, sondern hauptsächlich auch der commerziellen Bildung.« Die politische Gesinnung meines Vaters ist klar erkennbar: es ist die typisch liberale Position.

Das war 1905; er war 26 Jahre alt. Ich habe unter seinen Papieren eine dicke Mappe mit Artikeln gefunden, die er in diesen Jahren, vorwiegend über wirtschaftspolitische Themen, geschrieben hat und die in verschiedenen Zeitungen, vor allem in der *Neuen Freien Presse*, erschienen. Einige Titel: »Die gegenwärtigen Verhältnisse am englischen Baumwollmarkt«, »Das Projekt einer niederösterreichischen Landessteuer für Automobile«, »Ein neues Landesstraßengesetz«, »Reform der Vermögensübertragungsgebühren«, »Der Baumwollhandel in Wien und Triest«, »Weltscheckrecht«, »Die neue Fabriksteuer«, »Neue Bahnen auf dem Balkan«. Während des Ersten Weltkrieges: »Die wirtschaftliche Verwaltung Deutschlands in Belgien«, »Die Börsen im Kriege«. Er hat in seiner Bescheidenheit nie darüber gesprochen. In einem 1911 im angesehenen *Fremdenblatt* erschienenen Artikel beklagt er »die beschämend langsame Entwicklung unseres Aktienwesens« und stellt am Ende fest: »Eine große Industrie ist ohne entwickeltes Assoziationswesen nicht denkbar.« Heute, neunzig Jahre später, gilt diese Klage noch immer; noch immer haben wir keinen ordentlich funktionierenden Kapitalmarkt.

Aber auch in der Handelskammer blieb Vater nicht lange. Im März 1909, mit nur 29 Jahren, wurde er Generalsekretär des Zentralverbandes der österreichischen (Schwer-)Industrie, dem die großen Unternehmen der österreichischen Reichshälfte, also auch der böhmischen und mährischen Industrie, als Mitglieder angehörten. Das war eine außerordentliche Karriere für einen noch nicht Dreißigjährigen.

Zweieinhalb Jahre später, Ende 1911, kam ein neuer Karrieresprung: Alfred Treichl wurde als Direktor-Stellvertreter in den Giro- und Kassenverein berufen, der als Clearinghaus der Banken fungierte und mit dem Arrangement der Effektenbörse betraut war. Trotz der Ungnade des Ministers Gautsch, der ihm, wie erwähnt, später verzieh, hatte Vater immer gute Kontakte zum Finanzministerium unterhalten. Er galt, wie mir oft von alten Freunden der Eltern erzählt wurde, bereits als »coming man«, der immer wieder als ein künftiger Finanzminister genannt wurde.

Die Hochzeit meiner Eltern fand im September 1912 statt. Im Juni schrieb die *Arbeiter-Zeitung*:

»In der Berliner Börsenzeitung vom 28. Mai war ein Artikel über die Betriebsgesellschaft der orientalischen Eisenbahn zu lesen, in deren Aktienbesitz sich ein Wechsel vollzogen hat. 51 000 Aktien sind an österreichische und ungarische Banken übergegangen und die österreichische Regierung hat sich ein Optionsrecht auf diese Aktien vorbehalten. Die Änderung des Aktienbesitzes hatte auch eine Änderung der Zusammensetzung des Verwaltungsrates zur Folge. Daran knüpft die genannte Zeitung an, indem sie schreibt: ›Die österreichische Regierung entsendet als ihren Vertrauensmann Herrn Dr. Alfred Treichl in die Verwaltung. Diese Besetzung hat in Finanzkreisen peinliches Aufsehen erregt. Herr Dr. Treichl ist Direktorstellvertreter des Wiener Giro- und Kassenvereines, einer kleinen Bank, die an der Börse das Effektenarrangement besorgt. Weder die Position dieser Bank im Wiener Finanzleben noch die Stellung, die Herr Dr. Treichl einnimmt, lassen die Wahl verständlich erscheinen. Es handelt sich hier offenkundig um einen bedauerlichen Akt österreichischer Protektions- und Günstlingswirtschaft. Herr Dr. Treichl ist kürzlich durch eine Heirat Neffe des österreichischen Eisenbahnministers geworden. Der Vorfall dürfte voraussichtlich im österreichischen Parlament zur Sprache gebracht werden.‹ So weit die Zeitung, der die Verantwortung für ihre Behauptungen überlassen bleiben muß. Aber eines ist Tatsache: Forsters Nichte, Baronesse Ferstel, ist mit Herrn Treichl vermählt.

Es muß dem Eisenbahnminister überlassen werden, aufzuklären, ob auch das andere richtig ist.«

»Forster« war Exzellenz Dr. Zdenko Freiherr von Forster, k. k. österreichischer Eisenbahnminister, verheiratet mit Marianne, der einzigen Tochter des Architekten Heinrich Freiherr von Ferstel. Marianne Forster war somit eine Tante meiner Mutter. Als der Artikel erschien, waren meine Eltern verlobt; nicht einmal die Behauptung, Alfred Treichl sei durch Heirat ein Neffe des Eisenbahnministers geworden, war am 20. Juni 1912 zutreffend. Die Tatsache, von der die *Arbeiter-Zeitung* unter Berufung auf ein Berliner Blatt berichtete, war keine. Tatsache hingegen war die Gehässigkeit der Zeitung gegen meinen Vater.

Eine österreichische Beteiligung an den Orientbahnen als Zeichen verstärkten Engagements im damaligen Osmanischen Reich war ein Lieblingsprojekt der Regierung, zu dessen Durchführung sie der Banken bedurfte. Rudolf Sieghart, einer der einflußreichsten hohen Beamten der Monarchie, berichtet darüber in seinen 1932 erschienenen Erinnerungen. Sieghart ist ein besonders qualifizierter Zeuge: Als junger Jurist war er als Ministerialsekretär in die Kanzlei des Ministerpräsidenten Ernest von Koerber eingetreten und in einer außergewöhnlich schnellen Laufbahn vier Jahre später 1904 Sektionschef geworden. Er blieb »Präsidialist« unter fünf Ministerpräsidenten, wurde Geheimer Rat, Exzellenz. Nach dem Tod Theodor von Taussigs ernannte der Kaiser ihn gegen den Widerstand des Thronfolgers zum Gouverneur der Bodencreditanstalt, die angesehenste Position in der österreichischen Finanzwelt. Das gelang einem, wie er selbst erzählt, armen Werkstudenten, übrigens jüdischer Abstammung, was ich nur deshalb besonders erwähne, weil sich diese Karriere in einer Umwelt ereignete, der heutige Intellektuelle den Vorwurf nicht nur des Antisemitismus, sondern auch der bürokratischen Verkrustung machen. Zu den Orientbahnen schreibt Sieghart: »Im Jahre 1913, nach dem Balkankriege, habe ich dann auf Grund einer Anregung des heute als Bankier in Zürich lebenden namhaften Volkswirtes Felix Somary die Orientbahnen aus dem deutschen in den österreichischen Machtbereich übergeleitet, was den wirtschaftlichen Einfluß Österreich-Ungarns in den Balkanländern besonders stärkte. Darüber habe ich sehr eingehende Verhandlungen mit den Direktoren der Deutschen Bank, Arthur von Gwinner und Dr. Karl Helfferich, geführt.« Der Machtverlust der Deutschen bei den Orientbahnen hatte den »Berliner Zorn« erregt und sich im oben zitierten Angriff gegen meinen Vater und den Minister-Onkel seiner künftigen Frau Luft gemacht. Der *Arbeiter-Zeitung* war der Vorteil für Österreich nicht der Erwähnung wert, nur die vermeintliche Protektion.

In Aufzeichnungen meines Vaters, die nie publiziert wurden, beschreibt er seine Rolle als Initiator der Übernahme der Orientbahnen in österreichischen Besitz; die Tatsache, daß er 1912 in den Verwaltungsrat der Orientbahnen gewählt wurde, relativiert Siegharts Tätigkeit 1913, ein Jahr später: Der Sieg hat bekanntlich viele Väter.

Als mein Vater bei Großvater um Dorotheas Hand bat, erhielt er das Gewünschte, einer Familienindiskretion zufolge, angeblich mit dem Kommentar: »Also, wenn du sie wirklich willst, bitte, ich will sie sicher nicht.« Sie war offenbar ein schwieriges Kind. Einige Monate später wurde eine Ehe geschlossen, die »for better, for worse« bis zu Vaters Tod eine ungetrübte, innige und trotz allen Schicksalsschlägen glückliche war.

Dorothea, Dodo genannt, war ein intelligentes, elegantes, reizvolles Mädchen, doch unbeherrscht, schwer zu erziehen, ein Problem für Eltern, Gouvernanten und Lehrer. Der Vater, der Diplomat Erwin Ferstel, der gerne

Gelegenheitsgedichte schrieb, widmete ihr einmal mit einem Geschenk die Zeilen:

*»Wieviel Fräulein, Gouvernanten, Missen,
Hast, liebe Dodo, Du auf dem Gewissen!
Nur Kammerjungfern wirst Du nicht gefährlich,
Denn die sind Deiner Schönheit unentbehrlich.
Doch hättest Du mich nicht in strenge Zucht genommen
Wär's mit den andern gar nicht auszukommen.
Drum, wenn um Deine Gunst ich manchmal buhle,
Geschieht's aus Dank für diese gute Schule.«*

Aus diesem ungebärdigen, allzu verwöhnten Mädchen wurde eine hingebungsvolle, selbstbeherrschte, mutige Frau, die ihren Mann bewunderte und liebte, ihn in den Jahren seines schweren Herzleidens umsichtig pflegte und ihm in einer Krise, dem Ende der Biedermannbank, ohne eine Sekunde des Zögerns den Rest ihres Vermögens opferte.

Dorotheas Kindheit dürfte nicht allzu glücklich gewesen sein. Das Leben in einer Diplomatenfamilie mit häufigem Wechsel der Umgebung ist für Kinder nicht gerade günstig; dazu kam das Nervenleiden ihrer Mutter, das alles und alle im Hause belastete. Ihre ersten Lebensjahre verbrachte sie in London, wo Großvater »en poste« war. Die Großeltern hatten das Haus der bekannten Schauspielerin Lilly Langtree, der »Jersey Lilly«, in der Pont Street, ganz nahe von Belgrave Square, dem Sitz der Botschaft, gemietet. Das Haus steht noch heute; eine blaue Tafel erinnert an Lilly Langtree. So lernte Dorothea Englisch als Baby; es blieb lebenslang ihre Lieblingssprache, von »nursery rhymes« bis zu Shakespeare. Die Erziehung, in den Grundsätzen wohl vom Vater bestimmt, war weitgehend Gouvernanten und Lehrern überlassen. Sprachen – Französisch, Englisch und Italienisch – samt den dazugehörigen Literaturen standen im Vordergrund, aber auch Naturgeschichte, besonders Botanik, war wichtig. Die Töchter wurden fast ausschließlich zu Hause unterrichtet. Meine Mutter besuchte in ihrem ganzen Leben nur ein Jahr lang eine Schule: in Berlin. Sie muß zwölf oder dreizehn Jahre alt gewesen sein, als im Geschichtsunterricht von einem Lehrer abfällig über Österreich gesprochen wurde. Sie stand auf, sagte: »Das lasse ich mir nicht gefallen«, und verließ die Klasse. Die Schule mußte sich bei der Botschaft entschuldigen. Meine Mutter gab uns immer wieder den Rat: Man darf sich von den Deutschen nichts gefallen lassen, dann sind sie durchaus »traitabel«. Sie sind im Grunde nette und anständige Leute, nur manchmal taktlos und uns Österreichern gegenüber oft überheblich.

Als meine Eltern sich verlobten, hatte Großvater, gerade fünfzig Jahre alt, vor den psychischen Problemen seiner Frau resigniert und sich pensionieren lassen. Die Großeltern wohnten in der Reisnerstraße 55–57, im ersten Stock eines Hauses, das der Gemahlin des Thronfolgers Erzherzog Franz Ferdinand und nach der Ermordung des Paares seinen Nachkommen, dem Hause Hohenberg, gehörte. Das Nachbarhaus war das elegante kleine Palais Dumba, das nächste jenes von Onkel Wolfgang und Tante Mela Ferstel, dann kam das der Urgroßmutter Anna Thorsch, das später meiner Großmutter und nach deren Tod meiner Mutter und ihren Schwestern gehörte und von ihnen verkauft wurde. Es ist heute die iranische Botschaft. Von dem Architekten Viktor Rumpelmayer in der gleichen Architektur und Ausstattung wie die britische Botschaft, nur wesentlich kleiner, gebaut, war es eigentlich ein typisch französisches, sehr elegantes »hôtel particulier«. Daran schloß sich in der Jaurèsgasse der Tennisplatz der Urgroßmutter, auf dem heute ein Wohnhaus der Gemeinde Wien steht. Zwei weitere Ecken bildeten die kaiserlich russische und die kaiserlich deutsche Botschaft. Eine Straße weiter wohnte Onkel Alfons im Haus Metternichgasse 4, heute die Botschaft der Volksrepublik China. Mitten im Botschafterviertel besaßen und bewohnten also die drei Geschwister Thorsch drei Palais und hatten dort ihren Tennisplatz. Tempi passati. Gründlich passati.

Ich weiß, weil meine Mutter es einmal erwähnte, und berichte es, weil es wirtschaftsgeschichtlich nicht uninteressant ist, daß die Jahresmiete der großelterlichen Wohnung 25 000 Kronen betrug, gleich dem Jahresgehalt des Ministerpräsidenten. Ich kam in dieser Wohnung zur Welt. Noch während des Ersten Weltkriegs wurde sie verlassen. 1915 erwarben die Großeltern von der Familie von Guggenberg die Seeburg, einen alten Südtiroler Ansitz. Um diesen Ankauf zu finanzieren, mußten aus dem Vermögen der Großmama Aktien der französischen »Société des Chemins de fer Méridionaux« verkauft werden; ich habe als Kind lange über den Klageruf gerätselt: »Ach! Wohin sind meine Méridionaux geschwunden!« Der Wiener Haushalt wurde drastisch verkleinert; die Großeltern hatten jahrzehntelang zuviel ausgegeben, erste Vorboten der Inflation wurden spürbar. Man zog in eine Wohnung im Haus Reisnerstraße 40, die erst nach der definitiven Übersiedlung nach Brixen aufgegeben wurde. Frau Nedwid, die berühmte Köchin, die eine zweite Köchin und ein Küchenmädchen als Hilfskräfte benötigte, ging zur Fürstin Pauline Metternich, die Nedwids Kunst bei den Großeltern schätzen gelernt hatte. Der Frau Nedwid weinte man lange nach; sie lebt in einem Soufflérezept fort, das immer wieder unsere Freunde erquickt.

Der Ort, an dem meine Eltern, und vor ihnen schon meine Großeltern, einander kennengelernt hatten, war der »Salon« des Justizministers Julius Freiherr von Glaser, des Schöpfers unserer Strafprozeßordnung, deren wesentliche

Prinzipien sich bis heute bewährt und erhalten haben. Baron und Baronin Glaser empfingen jeden Dienstag in ihrer Wohnung in der Elisabethstraße. Die früh verwitwete Baronin, geborene Freiin von Löwenthal, setzte den Jour fixe fort. Wer immer von ihren Freunden kommen wollte, war sozusagen ein für allemal eingeladen und erschien, wenn er Zeit und Lust hatte, zwischen fünf und acht Uhr bei den Glasers zu Tee und Sandwiches. Da gab es Ministerkollegen des Hausherrn, hohe Beamte, Offiziere, Diplomaten, Schriftsteller, Kritiker, Künstler, Gelehrte, Industrielle, Bankiers, mit ihren Damen, Jugend – Freunde und Freundinnen der Töchter des Hauses –, ein Querschnitt durch die Wiener Gesellschaft. Die Gäste standen oder saßen in den Empfangsräumen. Die Konversation war wichtiger als Essen und Trinken, und anders als bei den heutigen Monster-Cocktails bildeten sich wechselnde Gruppen zu wirklichen Gesprächen. In meiner Jugend gab es noch einige Reste dieser früher zahlreichen Salons, nicht um den übervollen Eßtisch geschart, nicht die gemeinsame Mahlzeit des Wolfrudels; im Ganzen eine sehr bescheidene, sehr kultivierte Form des geselligen Lebens, die den Ersten Weltkrieg noch da oder dort überlebt hatte.

Noch lange nach dem Tod ihrer Eltern und ihres Bruders setzten die beiden Töchter Glaser den Jour fixe fort, auch wenn die Zahl der Besucher deutlich abgenommen hatte. Ich habe ihn, kaum zwanzig Jahre alt, noch in den dreißiger Jahren erlebt. Treue alte Freunde der Eltern Glaser und ihrer Kinder besuchten die Töchter Leonore und Enrica, wir nannten sie Tante. Sie waren in meiner Jugendzeit schon alte Damen, Altersgenossinnen und Freundinnen meiner Großmutter, häufig ihre Gäste in Wien oder auf der Seeburg. Beide blieben unvermählt. Tante Enrica war dünn und zierlich mit spitzer Nase, Tante Leonore sehr korpulent mit unstillbarem, manchmal geradezu erschreckendem Appetit, so daß Großmama ihr einmal ängstlich sagte: »Bitte, Leonore, iß nicht so viel, ich lade dich lieber noch einmal ein.«

Das Ende dieser Damen, Töchter eines Mannes, der für Österreich eine moderne Strafprozeßordnung geschaffen hatte, Urbild eines bedeutenden Gelehrten und tatkräftigen Ministers, auf den das Land stolz sein konnte, das Ende dieser Damen, die unsere gesellschaftliche Kultur auf die liebenswerteste Weise repräsentierten: Auschwitz. Irgendwann im Jahr 1939 – ich war schon zum Militärdienst eingezogen –, so weiß ich von meiner Cousine Annemarie Sacken, wurden sie aus ihrer Wohnung vertrieben und in die Leopoldstadt gebracht. Dort versorgte sie Annemarie mit Lebensmitteln oder was sie sonst am dringendsten benötigten, fast täglich, jedesmal auf der Straße vor dem Haustor angepöbelt, daß sie schon wieder zu den Juden ginge, bis eines Tages die beiden alten Damen Glaser nicht mehr da waren. Sie hatten Österreich nicht verlassen wollen und gehofft, daß ihr Alter sie vor dem Schlimmsten bewahren würde. Der erste Fall einer Verschleppung, deren Endstation mit Gewißheit zu vermuten war, von dem ich durch einen Feldpostbrief meiner Cousine erfuhr, erste konkrete Kenntnis des Mordens.

Meine Mutter, erst 21 Jahre alt, mußte für die Eheschließung großjährig erklärt werden. Dazu hatte sie eine behördliche Prüfung abzulegen, in der die Fähigkeit selbständigen Handelns nachzuweisen war. Sie bekam eine Mitgift und war finanziell von ihrem Ehegatten unabhängig; Gütertrennung wurde vereinbart. Von der Mitgift, die 500 000 Kronen betrug, abgesehen, hatte sie ein beträchtliches Vermögen von einer Erbtante zu erwarten. Ernestine Thorsch, geborene Thorsch, war mit ihrem Cousin Philipp verheiratet, der gemeinsam mit seinem schon 1883 verstorbenen Bruder das Bankhaus M. Thorsch

Söhne besaß und führte. Der Verwandtschaft wegen hatte das Ehepaar auf eigene Nachkommen verzichtet. Tante Tini, Universalerbin ihres Mannes, starb kurz vor dem Ausbruch des Ersten Weltkriegs und hinterließ ihr großes Vermögen den vier Töchtern von Erwin und Marie Ferstel und den drei Töchtern von Wolfgang und Melanie Ferstel. Jede erbte zwei Millionen Kronen, in heutiger Kaufkraft etwa 14,5 Millionen Euro. Mal sieben. Meine Mutter war also zweifellos eine »gute Partie«. Mein Vater hatte schon damals ein sehr komfortables Einkommen beim Giro- und Kassenverein und bald sehr viel mehr als Direktor der Anglobank.

Ganz im Gegensatz zu ihrem Vermögen und Einkommen wünschten die Eltern eine im Unterschied zu Dorotheas Elternhaus betont bescheidene Lebensweise. Der herrschaftliche Stil des 19. Jahrhunderts sollte im 20. der Moderne mit ihrer Einfachheit weichen. Das hieß damals: eine Mietwohnung in der Elisabethstraße 20, nicht im Botschafterviertel oder »auf der Wieden«, kein Diener, »nur« eine Köchin, zwei Stubenmädchen, eine Kinderfrau, zeitweilig deren zwei. Dazu kamen regelmäßig Wäscherin, Büglerin und Näherin; das Silber putzte ein bei einer Tante ausgeliehener Kammerdiener. Friseurin und Maniküre kamen ins Haus; ich erinnere mich gut an die rotblonde Frau Minna, die ich wunderschön fand. Das Essen war bewußt einfach. Eltern und Hausangestellte bekamen das gleiche Menü: drei Gänge bei den Hauptmahlzeiten, keine Vorspeisen, meistens gekochtes Rindfleisch, zu Mittag kein Wein. Champagner gab es nur bei ganz besonderen Anlässen, Whisky war mit Sicherheit nicht einmal vorhanden. Wir Kinder wurden vor allem in unserer Kleidung sehr, aber wirklich sehr bescheiden gehalten. Als mein Bruder und ich in der Volksschule Freundschaft mit den gleichaltrigen Kindern des Gasthauses Smutny, nur einige Häuser von uns entfernt in der

Elisabethstraße, schlossen und sie zu uns einluden, erschienen sie in funkelnagelneuen Anzügen. Fräulein Dausek wies wehklagend auf das Gefälle in der Eleganz zwischen den Smutny-Kindern und uns hin; unsere Mutter war sehr erfreut, das zu hören. »Viel besser als umgekehrt, genauso will ich es.« »Protzen ist eine von den ärgsten Sachen«, das brachte man uns frühzeitig bei. Inhaltlich dürfte die Maxime stimmen, die sprachliche Form tut dem keinen Abbruch. Man wird mir vielleicht vorhalten, daß ich in der Schilderung der Welt der Großeltern eben das getan habe; dennoch glaube ich, daß auch die Beschreibung des äußeren, materiellen Rahmens zum Verständnis der Schichte und der Epoche wesentlich beiträgt. Auch die Mitte zwischen der Opulenz des mütterlichen Milieus, der bäuerlichen Herkunft der Treichls und dem bescheiden-bürgerlichen Rahmen, aus dem mein Vater kam, war ein entscheidender Teil des elterlichen Lebensplans.

Kurz nach dem Beginn des Weltkriegs wurde Vater als Reserveoffizier mobilisiert, aber nicht zu seinem Regiment einberufen, den Tiroler Landesschützen, bei denen er seiner alpinistischen Leidenschaft wegen gedient hatte. Er wurde als Wirtschaftsexperte der »gemischten deutsch-österreichischen Beuteteilungskommission« in Belgien zugeteilt. Die deutsche Armee hatte Belgien überfallen, aber es waren österreichische Geschütze, die berühmten 30,5-Zentimeter-Skoda-Mörser, die den belgischen Festungsgürtel aufgeknackt (so lautete die übliche Bezeichnung) hatten. Österreich-Ungarn beanspruchte daher einen Anteil an der reichen Beute, vor allem Rohstoffe, die den Deutschen in Belgien in die Hände gefallen war. Mein Vater sollte die österreichischen Ansprüche vertreten. Sehr bald nach dieser Mission, die sich bis in das Jahr 1915 hinzog, wurde er demobilisiert, erhielt das Offizierskreuz des Franz-Josephs-Ordens und nahm seine Funktion als Direktor des Giro- und Kassenvereins wieder auf. Im März 1917 wurde er in das Direktorium der Anglo-Österreichischen Bank berufen, die im Mehrheitsbesitz englischer Aktionäre, also Feindvermögen war. Man sah in ihm einen Mann, der das volle Vertrauen der Regierung besaß. Der Präsident der Bank, Julius von Landesberger-Antburg, kannte meinen Vater gut und begrüßte diese Berufung, anders als ein Teil der übrigen Mitglieder der Direktion, was Vater nach Landesbergers Tod und nach dem Ende des Krieges schmerzlich zu spüren bekam.

Ein gesunder Mann von 35 Jahren, der demobilisiert war, während seine Altersgenossen an der Front standen, mußte sehr zurückgezogen leben, alles andere wäre geschmacklos gewesen, so fand mein Vater. Er gab auch sogleich seine Gamsjagd in Mallnitz auf, weil es ihm nicht richtig schien, in Kriegszeiten zum Privatvergnügen auf die Jagd zu gehen.

Kurze Zeit nach Kriegsende verließ Vater die Anglobank, in der er sich nach Landesbergers Tod nicht mehr wohl fühlte. Man schlug ihm vor, die Führung der Biedermannbank AG zu übernehmen, an der die Anglobank beteiligt war; 1921 hatte sie die Umwandlung des alten Privatbankhauses in eine Aktiengesellschaft durchgeführt. Er war dort in seinem Unternehmungsgeist weniger eingeengt, aber sicher weit höheren Risiken ausgesetzt. Noch waren ihm ein paar halbwegs gute Jahre vergönnt, ehe die Krise der Biedermannbank zu einer existentiellen Katastrophe führte.

Erst nach dem Krieg nahmen die Eltern ein intensiveres geselliges Leben auf. Mutter wollte der »Ödigkeit« der (zweiten) Gesellschaft, in der sie aufgewachsen war, entgehen oder zumindest ihren Umgang mit interessanten Menschen beleben. Ich erinnere mich an ein buntes Gemisch von Namen, aus der Gästeliste der Eltern:

Nationalökonomen wie Joseph Alois Schumpeter, den Vater für die Funktion des Präsidenten der Biedermannbank gewonnen hatte; Ludwig von Mises, der Kollege von einst; der einflußreiche Korrespondent der *Times*, Henry Wickham Steed; der Staatsoperndirigent Karl Oskar Alwin und seine bezaubernde Frau, die berühmte Sopranistin Elisabeth Schumann, die uns Kindern manchmal etwas vorsang; Sänger und Sängerinnen: Maria Olszewska, Alfred Jerger; aus der »haute finance« Georg von Taussig, Gouverneur der Bodencreditanstalt, der einstigen Bank des Kaisers, die später zum Mühlstein um den Hals der Creditanstalt wurde. Eine seiner acht Töchter war mit dem Hofrat Ludwig Schüller verheiratet, ein guter und hilfreicher Freund der Eltern, Partner des Bankhauses Auspitz, Lieben & Cie; Taussigs Nachfolger in der »Boden«, Exzellenz Rudolf Sieghart, einst der mächtige Präsidialist von fünf Ministerpräsidenten; die Bankiers Theodor von Auspitz und Fritz von Lieben; Ignaz von Ephrussi mit seiner schönen Frau, einer geborenen Baronin Schey von Koromla, Familien der »haute juiverie«; Baron Königswarter, dessen Familie zu den zur Zeit des Wiener Kongresses geadelten jüdischen Bankiers gehörte, mit seiner Frau, der Burgschauspielerin Helene von Königswarter-Formes; Ministerpräsident a. D. Baron Max Wladimir Beck, unter dem das allgemeine Wahlrecht eingeführt worden war; sein Stiefsohn Baron Peter Dóczy war mit einer Schwester meiner Mutter verheiratet; Bundeskanzler Ignaz Seipel; Gräfin Anka Bienerth-Schmerling, die Witwe des Ministerpräsidenten, mit dem meine Großeltern eng befreundet gewesen waren; die Sozialdemokraten Rudolf Hilferding und Gustav Stolper, hohe Beamte aus dem »Äußeren« (so wurde in der Zeit der Monarchie das Außenministerium genannt), jüngere Kollegen meines Großvaters; Baron Riedel-Riedmann, Herr von Mitscha-Märheim, Baron Homurzaki, Baron Klezl-

Norberg, liebenswürdig-elegant mit seiner Ironie versöhnend; hohe Beamte anderer Ministerien; Baron Pretis-Cagnodo, Baron Sommaruga, Militärs wie der Feldzeugmeister Baron Mor-Merkl; Ministerialbeamte wie Sektionschef Brosche, Sektionschef Baron Löwenthal, der für kurze Zeit in einem Privatisierungsversuch zum Generaldirektor der Bundesbahnen berufene Ministerialrat Josef Maschat, Onkel Josef genannt, und seine Frau, eine Baronin Nádherny; Tante Anni, mit sehr viel Rouge auf den wohlgeformten Wangen ihres weiß gepuderten hübschen Gesichts, das an ein Kriehuber-Aquarell erinnerte; Professor Julius von Wagner-Jauregg, der berühmte Arzt, mit dem mein Vater manche Klettertouren unternommen hatte. An einer gefährlichen Stelle soll Wagner-Jauregg, als es um die Reihenfolge des Einstiegs ging, gesagt haben: »Ich glaube, wir riskieren den Treichl.« Der berühmte Literaturkritiker Adalbert Franz Seligmann, der in der *Neuen Freien Presse* mit AFS signierte, Moriz Benedikt von eben dieser Zeitung und Viktor Graetz, ein Jugendfreund meines Vaters, Generaldirektor der Steyrermühl, der das *Tagblatt* gehörte, und der durch Selbstmord endete, um den Nazis zu entgehen; Hofrat Schwiedland, Professor der Volkswirtschaftslehre; der Direktor des Kunsthistorischen Museums Ernst Buschbeck; Raoul Auernheimer, Journalist und Schriftsteller, mit seiner berühmt schönen, aber nicht besonders gescheiten Frau. Einmal wurde von Reflexbewegungen gesprochen, von Hühnern, die weiterlaufen, nachdem man ihnen den Kopf abgehackt hatte. Jemand erzählte, daß in einer Schlacht in Galizien ein Trommler, dem eine Granate den Kopf abgerissen hatte, die Trommel rührend weitergegangen sei. Dazu Frau Auernheimer: »Das Tollste ist dieser Patriotismus!« Schönheiten wie die Baronin Lini Ringhoffer – den Ringhoffers gehörten die Tatrawerke in Böhmen – und die Baronin Linda Latscher von

Lauenthal, Verfasserin eines beliebten Kochbuchs, beide sogenannte »contemporaines« meiner Mutter. Und zu all dem die übliche Gesellschaftsstaffage und zahlreiche Verwandte.

Einer, der konsequent nicht eingeladen wurde: Heimito von Doderer, obwohl die Doderers mit den Ferstels verschwägert waren, der aber seines Lebenswandels wie seiner politischen Überzeugungen wegen nicht »reçu« war, was ihn nicht allzu sehr geschmerzt haben dürfte. Der älteste Sohn Heinrich Ferstels, Max, hatte Charlotte (Lollo) von Hügel geheiratet; ihre Schwester Willy war mit Wilhelm von Doderer, Heimitos Vater, vermählt. Heimito und seine Geschwister, gleichfalls mit teutonischen Vornamen versehen, waren also Cousins und Cousinen der Kinder von Onkel Max Ferstel. Die Hügels waren deutsche Bau-Industrielle, die auch in Österreich tätig waren; Heinrich Ferstel arbeitete gerne mit ihnen. Sie besaßen eines der größten Eisenbahnbauunternehmen Deutschlands. An Onkel Immo, Heimitos älteren und sympathischen Bruder, erinnere ich mich sehr gut; er und seine Schwestern waren oft und gern gesehen. Heimito hingegen galt als völlig »débauchiert«, ein moralisch verkommener, in ständiger Opposition zu allem befindlicher Mensch, dessen literarische Ambitionen nicht ernst zu nehmen waren. Seine politischen Neigungen – er näherte sich frühzeitig den Nationalsozialisten – waren abstoßend. Das galt offenbar nicht für jedermann. So zum Beispiel nicht für Graf Gleispach, Professor des Strafrechts an der Wiener Universität; er stand, zumindest nach 1933, vorsichtig ausgedrückt, dem Nationalsozialismus nicht allzu kritisch gegenüber. Ebenso Heinrich von Srbik, ohne Zweifel ein bedeutender Historiker, für den das universalistische Staatsverständnis und die Sehnsucht nach dem Großreich eine gefährliche Versuchung bedeuteten. Er war ein Schulkollege meines Vaters im Theresianum.

Ein lieber Freund war der junge Industrielle Franz Josef (Franzl) von Mayer-Gunthof, gescheit, tüchtig und liebenswert, den mein Vater besonders schätzte. Er spielte in den drei ersten Jahrzehnten nach dem Zweiten Weltkrieg an der Spitze der Industriellenvereinigung eine führende Rolle in der österreichischen Wirtschaft und Politik. Aus dem weiten Umkreis der Wittgenstein (nicht Sayn, sondern Haben) kamen Stonboroughs, Salzer, Stockert. Dazu viele Freunde aus Industriellenfamilien: Schoeller, Skene, Gutmann, Seybel, Wagemann, Urban, Reininghaus, um nur einige der bekanntesten zu nennen. Kaum eine von ihnen hat physisch, geschweige denn als Unternehmer überlebt. Das sind, ungeordnet (ich wüßte auch nicht, wonach man sie ordnen könnte), Namen aus dem Kreis meiner Eltern. Sie zeigen deutlich, was diese wollten.

Schließlich zwei Namen, die in dem beschriebenen Milieu nicht in Gästelisten vorkamen: Camillo Castiglioni und Siegmund Bosel, die zwei Großspekulanten der Ersten Republik. Über den ersteren, von dem man sagte, er habe schlechten Leumunds wegen seinen Namen geändert, reimte Großvater:

> *Castiglioni*
> *Hieß er nach den ersten Millioni,*
> *Castigliarde*
> *Nach der ersten Milliarde.*
> *Hätte er nichts, dieser figlio,*
> *Hieße er einfach Castiglio.*
> *So wechseln die Namen mancher Knaben*
> *Mit dem, was sie haben.«*

Ich weiß, daß ich mich dem Vorwurf des in Memoiren üblichen, peinlich-langweiligen »name dropping« aussetze, erwähne dennoch all diese Namen als Illustration eines Milieus, das sich von der unbestreitbaren Eleganz und Leichtigkeit, aber auch von der bis zur Uniformität gehenden Homogenität und Geschlossenheit der aristokratischen, ebenso wie von der in den Umgangsformen schwerfälligeren (groß)bürgerlichen Gesellschaft, vor allem aber von der heutigen Schickeria in wohltuender Weise unterschied. In der geschilderten Buntheit war der Umgang meiner Eltern gewiß auch das Ergebnis ihrer ausgeprägten Individualitäten und ihres Mangels an Konformismus. Also bis zu einem gewissen Grad atypisch. Ein krasserer Gegensatz in der Zusammensetzung und im Verhalten als der zwischen dieser Gesellschaft und ihrem heutigen »Promi«-Äquivalent läßt sich kaum denken.

Eliten unterscheiden sich von Promis in erster Linie durch den gemeinsamen Besitz einer Wertordnung, nicht nur ethischer Werte, durch ungeschriebene »do's« und »dont's« und nicht zuletzt auch durch gemeinsame Vorurteile. Eines, das sich lange hielt, lautete: »Shopkeepers« sind nicht salonfähig. Das hieß in der gesellschaftlichen Wirklichkeit, daß Besitzer von Warenhäusern, von Handelsketten oder einfach Ladengeschäften gegen sehr große Widerstände anzukämpfen hatten. Natürlich gab es auch Ausnahmen, etwa die Juweliere Köchert und die Hutmacher Habig.

Damals, in den letzten Jahren der Monarchie und in den ersten der Republik, waren die hohe Bürokratie und die hohen Offiziere von einst noch ein tragendes Element der Gesellschaft, nicht wegen ihrer Herkunft, sondern wegen ihres sozialen Ranges als Beamte oder Offiziere. Der Rang ersetzte oft genug die Herkunft, wenn diese fehlte. (Und spätestens nach ein, zwei oder drei Generationen war auch die Herkunft da.) Es war also eine mobile, durchlässige Gesellschaft, eine typische Meritokratie im Gegensatz zu der ersten, der aristokratischen Gesellschaft, in der die Herkunftskriterien unerläßliche

Prärequisiten waren. (Wenn man, um voll dazuzugehören, sechzehn adelige Ahnen brauchte, dann hieß das gut 200 Jahre Zugehörigkeit zu dieser Schichte und bedeutete in der Regel einen hohen Grad von Verwandtschaft, das heißt Ahnenschwund mit allen positiven und negativen Folgen solcher Züchtungen.) Heute begegnet man in der Gesellschaft nur selten Beamten oder Offizieren, und wenn, dann gerade – entgegengesetzt zu früher – wegen der Familie, der sie entstammen, und nicht wegen des gesellschaftlichen Rangs ihres Berufes. Das müßte uns nachdenklich stimmen. Der Dienst für den Monarchen und den Staat, dessen unangefochtene Spitze er war, verlieh Glanz und Ansehen. Eine Weile setzte sich das in der Ersten Republik noch fort, wie der geschilderte Personenkreis beweist, bis es in der Zweiten Republik völlig und spurlos verschwand – umgekehrt proportional zu der wachsenden Anzahl von Sektionschefs. Ein einziges heutiges Ministerium hat beinahe mehr davon als alle Ministerien des alten Österreich zusammengenommen. Eine Ausnahme sind noch immer die Beamten des Außenministeriums; sie sind in vieler Hinsicht eine Elite.

1925 wurde von sozialdemokratischen Abgeordneten eine parlamentarische Untersuchung gegen die Biedermannbank gefordert, deren Geschäftsführender Verwaltungsrat mein Vater war, betreffend die »öffentlich aufgestellten Behauptungen, daß die Biedermann-Bank Begünstigungen durch Organe der Bundesverwaltung erfahren hat, ferner zur Feststellung, ob dem Abgeordneten Dr. Heinrich Mataja von der Biedermann-Bank Begünstigungen zugebilligt worden sind«. Die Prüfung einer Bank durch eine parlamentarische Untersuchungskommission erschreckt nicht nur die großen Einleger, vor allem aber diese, und veranlaßt sie, die Bank zu wechseln. So auch hier. Unverzüglich zog eine Reihe großer Kunden ihre

Guthaben ab. Das Todesurteil über die Biedermannbank war gefällt. Und was war das Ergebnis? Der Parlamentsausschuß unter dem Vorsitz des angesehenen Abgeordneten Franz Dinghofer faßte (teilweise Mehrheits-) Beschlüsse mit dem Ergebnis: Es sei nichts gefunden worden, was der Bank, ihrer Führung oder dem Abgeordneten Mataja vorgeworfen werden könne. Nichts – nur eine Bank war ruiniert.

Eine Illustration zu den damaligen Zuständen im Pressewesen: Das parlamentarische Geplänkel wurde von dem Boulevardblatt *Die Stunde,* dessen Herausgeber der berüchtigte Journalist Imre Békessy (Vater von Hans Habe) war, zu infamen Erpressungen benützt. Ein Redakteur der *Stunde* erschien aufgeregt mit einem Bürstenabzug in der Hand bei meinem Vater und zeigte ihm den schon gesetzten, sehr alarmierenden Artikel über die Bank mit der Bemerkung, daß man zwar bereit sei, ihn zurückzunehmen, daß aber eine Änderung des fertiggestellten Satzes unmittelbar vor Druckbeginn bedeutende Kosten verursachen würde. Die Bank erhalte die »Chance«, durch Bezahlung dieser Kosten das Erscheinen des Artikels in letzter Minute zu verhindern. Dieses Manöver wiederholte sich, wie mein Vater mir erzählte, einige Male.

Um eine Insolvenz der Biedermannbank zu verhindern, haben meine Eltern ihr nicht unbeträchtliches Vermögen – der Vater ganz, die Mutter fast ganz – geopfert; mein Vater saß einige Tage lang selbst an einem der Schalter der Bank, um Einleger zu beruhigen oder auszuzahlen. Mit seinem und seiner Frau Privatvermögen. All das, um der Schande einer Insolvenz zu entgehen.

Die Bank wurde schließlich liquidiert. Entgegen einigen Darstellungen ist sie weder in Konkurs noch in Ausgleich gegangen – dank des Gewissens und des Verantwortungsbewußtseins meines Vaters und meiner Mutter.

So war mein Vater im Jahr 1926, 47 Jahre alt, ein Mann mit Frau und drei Kindern, arbeitslos und ohne Vermögen. Eine harte Prüfung für den so sehr an Erfolg Gewöhnten. In Österreich ergab sich für ihn keine neue Aufgabe. Nach langen und sicher sehr schweren Monaten fand sich durch die Vermittlung des Professors der Nationalökonomie Julius Landmann, damals Leiter des Weltwirtschaftsinstituts in Kiel, eine Möglichkeit in Deutschland.

Zu Beginn der zwanziger Jahre, als sich das Fürstentum Liechtenstein von Österreich löste und zur Schweiz wandte, hatte mein Vater von der Anglobank aus die Bank in Liechtenstein gegründet, heute das finanzielle Kronjuwel des Fürstentums. Julius Landmann, damals an der Universität Basel, beriet Liechtenstein bei der Errichtung einer Zivil- und Handelsrechtsordnung für das Fürstentum; so lernte mein Vater ihn kennen; sie wurden Freunde. Ein Schüler von Landmann war der Nationalökonom Edgar Salin, Landmanns Nachfolger in Basel, dessen Vater die Vereinigten Kapsel-Fabriken Nackenheim AG besaß. Der alte Herr Salin wollte sich zurückziehen und meinem Vater wurde nun die Leitung des mittelständischen Industrieunternehmens angeboten. Nach einigen Monaten Probezeit für beide Teile, die mein Vater in Frankfurt verbrachte, nahm er das Angebot an. Es war für seine Maßstäbe eine sehr bescheidene Position. Ich habe niemals, nicht in der Zeit der Krise, nicht später, nicht in den Jahren nach zwei Herzinfarkten, zu keiner Zeit irgendein bitteres Wort, irgendein Wort des Selbstmitleids von ihm gehört.

Auch wenn wir nicht alles verstanden, wußten wir Kinder doch, daß unser Vater, den wir liebten, Schweres zu ertragen hatte. Eines Tages, ich war in der dritten Klasse, zwölf Jahre alt, wir liefen nach Schulschluß in den Hof, sagte mir ein Mitschüler: »Dein Vater ist ein verkrachter

Bankdirektor.« Im nächsten Augenblick lagen wir beide am Boden, ich faßte seinen Kopf bei den langen Haaren und schlug ihn auf das Pflaster des Hofes. Ich war blind vor Wut. Gott sei Dank packte mich jemand, zog mich in die Höhe und sagte leise: »Geh sofort nach Hause.« Es war der Pater Erembert, der zufällig Zeuge des Vorfalls war. Es wurde nie mehr darüber gesprochen; so waren die Schotten.

Mit unserer Erziehung, so glaube ich im Rückblick dankbar zu erkennen, gaben sich die Eltern große Mühe. Auch da zeigten sich deutlich die Zeichen der Zeit. Ein grundlegendes pädagogisches Ziel für sie war es, uns Respekt vor der Arbeit, ganz besonders der sogenannten manuellen Arbeit, beizubringen. Eigentlich, so ging die Rede, müßte jeder ein Handwerk erlernen, um sich durch manuelle Arbeit fortbringen zu können. Zweifellos war da ein kapitalistisches Schuldgefühl am Werk, ein philanthropischer Antriebsmechanismus der Begüterten. Vermutlich auch eine Reaktion auf die bolschewistische Revolution, das Hammer-und-Sichel-Syndrom, das Österreich nicht unberührt gelassen hatte. Die Heroisierung der Arbeit sollte nicht zu einem Monopol der Kommunisten werden.

Humanistische Bildung galt dennoch als unersetzlich; ideal, falls mit einem Handwerk verbunden – eine fast rührende Utopie. Dazu paßte ein anderes erzieherisches Steckenpferd der Eltern: Das Benehmen gegenüber Hausangestellten – das Wort Dienstboten war verpönt – wurde streng überwacht. Man hatte besonders freundlich zu sein; nur sehr gewöhnliche Leute behandelten ihre Angestellten unfreundlich. Hinter all dem verbarg sich das Bewußtsein und die Abwehr sozialer Spannungen, die man eine Generation vorher kaum mit der gleichen Sensibilität empfunden hätte, und des schon eingetretenen Wandels.

Sprachen waren wichtig. Zuerst Französisch, hieß es, denn wenn man mit Englisch beginnt, bekommt man nie mehr den richtigen Accent. Eine Französischlehrerin holte mich von der Volksschule in der Hegelgasse ab, brachte mich nach Hause, blieb zum Mittagessen und gab dann meinem Bruder und mir Unterrichtsstunden. Großmama mit ihrem hervorragenden Spürsinn für menschliches Strandgut hatte Aline Brez, die Lehrerin, weiß Gott wo und wie entdeckt. Sie war eine ziemlich extravagante Erscheinung, Tochter eines französischen Diplomaten, in Bukarest mit dem Diener durchgebrannt. Sie gebar ihm eine Tochter, wurde von ihm verlassen, von den Eltern verstoßen, lebte seit Jahren in Wien und gab Französischunterricht, um sich und ihre heranwachsende Tochter zu erhalten. Sie war nicht mehr ganz jung, nicht unhübsch, trug immer Schleier, den sie vom Hut über das Gesicht spannte, behielt beides während der Stunden an und hatte die unangenehme Gewohnheit, mich während des »dictée« mit einem Lineal auf die Finger zu klopfen. Während des Mittagessens wurde französisch gesprochen. Ich mußte Fabeln von Lafontaine auswendig lernen und bei allen möglichen Gelegenheiten rezitieren.

Ein paar Jahre später, als ich ins Gymnasium kam, nahm ich Stunden bei Professor Cambon, der an der Konsularakademie unterrichtete. Auch er hatte ein wenig Strandgutcharakter: Er war in Frankreich Berufsoffizier gewesen und hatte irgendwann, man wußte nicht weshalb, sein Land und seine Armee verlassen. Das Lehrbuch war der herrlich altmodische, klassische Ploetz, den heute niemand mehr kennt. Ich ging zu Professor Cambon in seine Wohnung in der Schleifmühlgasse, in ein Haus, in dem der Turnerbund ein Lokal besaß; sein Zeichen war an der Fassade angebracht, die vier zum Kreuz gestalteten F – Frisch, Fromm, Fröhlich, Frei –, Vorboten des Hakenkreuzes in der graphischen Form und im deutschnationalen Geist, der dahintersteckte, nicht weniger. Deutschtümelei hieß es zu Hause, dieser unsägliche, fast rührende, komische Turnvater Jahn, und damit verband sich die lapidare Feststellung: »Der Luther und der Richard Wagner sind an allem schuld.« Ein kühner, aber einprägsamer Satz mit einem wahren Kern, der die Beziehung meiner Eltern zu diesen Seiten des Deutschtums beschrieb. Luther habe mit der Verbindung von Religion und Nationalismus dem katholischen Europa des Mittelalters, das noch Reste einer gemeinsamen Kultur besaß, den Todesstoß versetzt, und Richard Wagners »Ring«, sein stabreimendes Gewabere, seien kaum zu ertragen.

Eines Tages beklagte sich Professor Cambon bei meinen Eltern darüber, daß ich ihn verlachte. Strafpredigt. Neue Klage. Neue Strafpredigt. Dann dasselbe bei den Schüller-Buben, Söhne von Freunden meiner Eltern, die als Musterknaben galten. Erstaunen. Zweifel an Cambon. Endlich kam es heraus: Der Arme litt an Paralyse, vermutlich die Folge einer in der Jugend erworbenen Lues. Um ihn nicht brotlos zu machen, wurden die Stunden fortgesetzt. Er trug fortan einen Eisbeutel auf dem kahlen Kopf, den er ganz ruhig und aufrecht hielt, ein Balanceakt, der meine Aufmerksamkeit mehr fesselte als die Grammatik.

Völlig vernachlässigt wurde meine, unsere, musikalische Erziehung. Es war rasch entschieden worden, daß wir kein Gehör hätten, daher unterblieben Klavierstunden; es gebe, so die Begründung, ohnehin genug Kinder, deren talentloses Klavierspiel den Erwachsenen auf die Nerven falle. Punkt. Ich bedauere das bis auf den heutigen Tag.

Unserer Lektüre wurde sehr viel Aufmerksamkeit geschenkt, vor allem von meiner Mutter. Sie war von den (Vor-) Urteilen ihres Vaters geprägt, der ihren Lesestoff ausgewählt hatte. Und so habe ich zwischen meinem zehnten und etwa fünfzehnten Jahr vor allem die deutschen Schriftsteller des 19. Jahrhunderts zumeist mit Vergnügen gelesen, viel Gustav Freytag, »Soll und Haben« vor allem, Herr von Fink und Anton Wohlfahrt, Grazie des Leichtsinns und schwerfällige Solidität, aber, ach, auch »Die Ahnen«; Conrad Ferdinand Meyer, mit Begeisterung Gottfried Keller, die Anmut des »Sinngedichts«, Adalbert Stifter, Theodor Fontane, Theodor Storm, Jeremias Gotthelf, der den pietistischen Inklinationen der Mutter entsprach. Eindrücke dieser Jugendlektüre sind geblieben. Immer wieder gehörte Zitate sind gespeichert und bei Bedarf abrufbar oder sind thematisch so verknüpft und vernetzt, daß sie spontan auftauchen und mich meiner Umgebung auf die Nerven fallen lassen. Die Weimarer Klassik zumal, mit Zitaten für jeden, aber auch jeden Anlaß. Aber auch Fontane mußte herhalten, die letzten Sätze aus »Irrungen und Wirrungen«: »Was hast du nur gegen Gideon, Käthe? Gideon ist besser als Botho.« Eigentlich ein ganzes Kapitel Soziologie. Oder der Schluß von »Effi Briest«: »Ach, Luise, laß ... das ist ein *zu* weites Feld.« Und trotz all dem Widerspruch und aller kritischen Distanz zu Deutschland gab und gibt es dank ihm für mich ein liebenswertes Bild des vorwilhelminischen Preußen. Meinungen und Urteile, vielleicht auch Vorurteile, wurden gebildet, die bis heute andauern. »Ulrich Huttens letzte Tage« war ein unumgängliches »Nachtkastlbuch«. Hofmannsthal, Schnitzler und in kleineren Dosen Thomas Mann waren so ziemlich das Modernste, was meine Mutter an deutscher Literatur kannte. Anders bei Engländern und Franzosen, da war sie ziemlich à jour. Sie bewegte sich auf den Geleisen der Ästhetik, Vater eher in der Wirrnis der Probleme. Er hat uns auf nordische Autoren aufmerksam gemacht, er liebte Ibsen, Björnson, Jens Peter Jacobsen, Strindberg. Beiden Eltern verdanke ich eine frühe Kenntnis von Hofmannsthal – mein Vater hatte den jungen Dichter im Kreis um Hermann Bahr kennengelernt –, der mein ganzes Leben lang meine ungebrochene Zuneigung besaß und besitzt. Er ist für mich fast ein Synonym des Österreich, das ich liebe und von dem ich wünschte, es wäre wirklich.

Für die Noten in unseren Schulzeugnissen entwickelten die Eltern keinen besonderen Ehrgeiz. »Die Anforderungen der Schulen entsprechen einer durchschnittlichen Begabung«, sagte Vater. »Wenn du glaubst, du bist unter dem Durchschnitt, dann fall durch.«

Ich bin unseren Eltern zutiefst dankbar für die Mühe, die sie sich mit unserer Erziehung gaben. Sie handelten nach einer der schönsten Bestimmungen des auch sprachlich herausragenden alten österreichischen Allgemeinen Bürgerlichen Gesetzbuches, in der es über die Erziehung unter anderem heißt: »Eltern haben überhaupt die Verbindlichkeit, ihre Nachkommen zu erziehen … und durch Unterricht in der Religion und in nützlichen Künsten den Grund zu ihrer künftigen Wohlfahrt zu legen.«

Ich habe das leicht höhnische »Bildungsbürger« nicht vergessen, das mir Medien immer wieder als Epitheton beigaben. Es stört mich nicht, es ist immer noch besser als Bildungsunbürger, wie unsere Intellektuellen, oder Unbildungsunbürger, die sich ihnen anbiedern, oder simple Unbildungsbürger, das sind die zahlreichsten. Zu den einzelnen Beschreibungen dieser Taxonomie kann ich mir eine Anzahl lebender Beispiele denken.

Häuser der Kindheit

Wenn der Sommer nahte, verwandelte sich die elterliche Wohnung in der Elisabethstraße. Es roch nach Kampfer, Vorhänge und Teppiche verschwanden, über Sessel und Sofas wurden »Houssen«, gestreifte Überzüge, gezogen; man spürte im kindlichen Gemüt, daß große Ereignisse bevorstanden: die Übersiedlung nach Mödling vor den Toren von Wien.

Der sommerliche Landsitz der Urgroßmutter Anna Thorsch in der Vorderbrühl, einem verträumten Tal am Rande der kleinen Stadt, war eine sehr hübsche biedermeierliche Villa, die Eduard Thorsch 1865 von der Gemahlin des Feldmarschalls Ludwig von Benedek erworben hatte; nach dem Zweiten Weltkrieg wurde sie von den Enkelinnen an den Trinitarierorden verkauft. Das »T« im Gittertor bedeutet zwar Thorsch, paßt aber auch für den neuen Eigentümer. Nur wenige Minuten zu Fuß, und man war bei der Höldrichsmühle und stand unter dem Lindenbaum aus Schuberts Lied.

In meiner Erinnerung ist das Haus nicht sehr klösterlich: Aus einem Salon mit Möbeln des Deuxième Empire, koketten »dos-à-dos«, »love seats« und »poufs«, trat man auf eine Terrasse, um die sich die »crimson-rambler«, beliebte Schlingrosen des 19. Jahrhunderts, rankten. Dort gab es an den Sommernachmittagen Bridge- oder eigentlich Whistpartien mit ein paar alten Exzellenzen.

Am Rande des Gartens, gegen die Husarentempelgasse

zu, war hinter Bäumen ein niedriger Bau versteckt, in dem eine Dampfmaschine elektrischen Strom erzeugte; ein riesiges Schwungrad mit einem breiten ledernen Transmissionsriemen, dessen Klatschen und Klicken ich noch heute im Ohr habe. Links neben der Einfahrt von der Brühler Straße stand das Gärtnerhaus und kurz danach ein recht unschönes Haus, die sogenannte Eiserne Villa, ein altes Bauwerk mit einer Remise im Erdgeschoß, in der sich nur mehr eine ausrangierte Kalesche, herrliches Spielzeug für uns, Rasenwalzen und andere Gartengeräte befanden. Darüber eine sonderbare Konstruktion, eine Art Fachwerkbau, dessen Gerippe aus Gußeisen dem kleinen Haus den Namen gab. Urgroßmutter hatte dieses Haus – es enthielt nur ein paar Zimmer – ihrer ältesten Enkelin, meiner Mutter, überlassen; es wurde das Sommerdomizil meiner Eltern.

Vater fuhr mit einem Fiaker von der Brühler Straße zum Bahnhof Mödling und mit der Eisenbahn nach Wien und kam abends auf dem gleichen Weg zurück, früh genug für eine Tennispartie. Hinter Urgroßmutters Villa stieg der Garten leicht an zum Tennisplatz und zur Kegelbahn. Dann kam der Wald um den Anninger mit seinen Kiefern, wo es schon im August nach Zyklamen duftete. Vater spielte mit einer oder der anderen der zwölf Enkelinnen der Anna Thorsch. Ich war Ballbub und bewunderte ihn in seinen langen weißen Hosen und der roten Seidenschärpe um den Bauch. Das Service begann mit »Ready? Go!« Gezählt wurde englisch. Wenn ich das »Weite Land« von Schnitzler sehe, habe ich unweigerlich das Bild der Brühl vor Augen. Es war, für Kinder, eine Welt für sich.

Unmittelbar benachbart, nur stellenweise durch einen Zaun getrennt, hatte Anna Thorschs Tochter Melanie – auch sie mit einem Ferstel, Onkel Wolfgang, verheiratet – einen Sommersitz. Dort hatte Onkel Max, Heinrich Ferstels ältester Sohn (von insgesamt fünf), eine Villa im Tudorstil erbaut, die für die wachsende Familie bald zu klein wurde und einen zwar gleichartigen, aber nicht völlig harmonisch angegliederten Zubau erhielt, so daß am Ende ein unwahrscheinliches architektonisches Gebilde entstand, das, noch heute im Besitz der Nachkommen, in seiner Unlogik eine höchst reizvolle und gemütliche Atmosphäre verbreitete. Da gab es einen Gartensaal mit einem riesigen Kamin und einem Geländer, auf dessen gepolstertem Lederrand man sitzen konnte. Im Stockwerk darüber befand sich eine Bibliothek aus braunem Holz und dahinter ein kleines Schlafzimmer. Hier wohnte die zweite Urgroßmutter, die ich erlebte: Charlotte Ferstel, für mich Großmama Lotte, die Witwe des Architekten, 1837, fünf Jahre nach Goethes Tod, geboren. Ich habe sie ganz deutlich in Erinnerung: Ich war neun Jahre alt, als sie 1922 starb. Wenn ich sie besuchte, bestieg sie eine kleine Bibliothekstreppe und holte von einem Bord einen Apfel: »Da hast du was Gutes.«

Diese Brühler Gartenwelt war von acht lärmenden jungen Mädchen, jüngeren Cousinen meiner Mutter, bevölkert; sie rannten kreischend umher, spielten Räuber und Soldaten mit uns und erzählten einander kichernd ihre Liebesgeschichten. Es wurde Theater gespielt, Szenen aus »Der Widerspenstigen Zähmung«, »Die Geschwister« von Goethe und aus den »Précieuses ridicules« von Molière.

In einer ihrer romantischen Aufwallungen, in denen meine Mutter nach Auswegen aus dem Gefühl der Dekadenz ihrer Zeit und ihrer Schichte suchte und sie im einfachen Leben vermutete, bewog sie meinen Vater, nach den Stätten der bäuerlichen Herkunft der Treichls zu forschen; im Jahre 1917 machten sie sich auf den Weg. Es war nicht allzu schwer. In den Taufbüchern der Pfarre Leogang fanden sie den Hinweis auf das Wolfganggut, fanden es, zu einem Drittel eingestürzt, mit nur mehr ein paar Joch Grund und Boden. Der letzte Bauer am Wolfganggut unseres Namens, Leonhart Treichl, war 1883 gestorben. Er hatte, wie alte Leute erzählten, fast seinen gesamten beträchtlichen Besitz, drei Güter, in Geschäften mit Schwellenholz für den Bau der Westbahn und in ständigen Rechtsstreitigkeiten, die er zu führen liebte, eingebüßt.

Am Wolfganggut, das zum Wolfganggütl geschmolzen war, saß die Familie Obwaller. Sie wollte nicht verkaufen – schon gab es das Gespenst der Inflation –, sie wollte nur tauschen. Zufällig wurde ein besserer Hof, die Ellmau, »rogl«, was auf pinzgauerisch soviel wie »in Bewegung«, hier »auf dem Markt«, bedeutet. Die Eltern erwarben ihn und tauschten dagegen das Wolfganggut ein, bauten den eingestürzten Teil wieder auf und richteten ihn ein, wobei mit Ausnahme der Hafnerarbeiten nur örtliche Handwerker beschäftigt wurden. Die Öfen wurden von der alten Wiener Firma Fessler gesetzt. 1920 war das Fest der Dachgleiche, Bauleute und Nachbarn kamen, der Pfarrer weihte das Haus. Von da an verbrachten wir dort alljährlich einige Sommerwochen mit den Eltern, Verwandten und Freunden, später, als wir selbständiger geworden waren, einige Male ein oder zwei Schiwochen im Frühjahr.

Die Reise allein war in den zwanziger Jahren schon ein Abenteuer. Mit dem Schnellzug fuhr man in einer Nachtfahrt nach Saalfelden, von dort mit dem von einer stöhnenden Dampflokomotive gezogenen Personenzug die Bergstrecke nach Hochfilzen, die erste Station in Tirol, dicht nach dem noch salzburgischen Grießenpaß, an dem das Wolfganggut liegt. Der Bahnhofvorstand von Hochfilzen hatte über den Bahnwächter 117 den uns benachbarten Dödlingbauer verständigt; der kam mit ein bis zwei Leiterwagen. Unzählige Gepäckstücke, Mutter, Kinder, Kinderfrau, Köchin und Mädchen wurden verladen. Die schweren, schönen Pinzgauer Rösser gingen ruhig, folgten dem Dödling Hias und einem Roßknecht auf »Hüstei« und »Hottei«, sie rochen nach »Bigl«, verbranntem Knochen, mit dem sie gegen die Pferdebremsen eingerieben worden waren. Schnaubend und mit wehenden Roßschweifen ging es die vier Kilometer dahin, auf einem schmalen Sandweg, dem Sommerweg, am verschilften Grießensee entlang. Der Winterweg wäre etwas kürzer gewesen, aber der war nur bei gefrorenem Boden befahrbar. Auf der linken Talseite leuchteten die Leoganger Steinberge im Grauweiß des Kalks. Überall wo das Kalkgebirge auf das Urgestein aufgefaltet worden war, wie die Geologen sagen, drangen Minerale und Erze aus dem Erdinnern herauf und so gab es und gibt es noch heute dieser Linie entlang von Brixlegg bis Werfen Bergbau um Bergbau: Kupfer, Silber, Nickel, Gold, Magnesit, Kristalle und seltene Mineralien. Der Landesfürst, der Salzburger Erzbischof, dem das Bergregal zustand, verpachtete die Schürfrechte. Bergbau und Verhüttung mehrten den Wohlstand der Bauern.

Das Leoganger Tal, in karolingischer Zeit »liuganga rivulus« genannt, das vom weiten Saalfeldener Becken zum Grießenpaß, der Tiroler Grenze, hinaufführt, ist noch immer schön, trotz mancher Entstellungen. Die erste war der Bau der Kaiserin-Elisabeth-Westbahn. Sie hätte den uralten Weg durch das Tal nach Lofer, die sogenannten Hohlwege, nehmen sollen, aber der Ehrgeiz der Ingenieure wollte die »Bergstrecke« – vier Prozent Steigung, für Eisenbahnen sehr steil – durch das Leoganger Tal bauen. Der Bahndamm, rücksichtslos die Talsohle entlang geführt, staute die Wässer, die auf der rechten Talseite vom roten Gestein des Spielbergs, dem letzten Ausläufer der Kitzbüheler Alpen, herab in den Grießensee fielen. Die Wiesen verwandelten sich in saure Böden und ergaben nur mehr Roßfutter. Überdies wurde das Tal Opfer schwerer Umweltsünden. Die Radentheiner

Magnesitindustrie baute nach dem Zweiten Weltkrieg ein Werk in Hochfilzen. Statt in dem nur ein wenig abgelegenen Schüttgraben wurde es genau an der Paßhöhe errichtet, so daß die unkontrollierten Emissionen bei Westwind nach Leogang und noch weiter talabwärts, bei Ostwind nach Fieberbrunn und weiter gelangten. Einer der beiden Winde wehte immer und so war durch behördliche Ignoranz die möglichst weite Verbreitung von Schadstoffen gesichert. Im Winter färbte der Staub aus dem frei stehenden und den Talschluß entstellenden Schornstein des Magnesitwerks den Schnee ockerrot, im Sommer merkte man es nicht so deutlich, aber die Kühe bekamen Durchfall. Die Bauern forderten Schadenersatz, der Bürgermeister Dr. Steidl, später Landesrat, dann Abgeordneter zum Nationalrat, vertrat sie energisch; endlich begann das Werk, seine Abgase zu filtern. Jahrzehnte später wurde es teilweise stillgelegt; der scheußliche Schornstein steht noch immer, ein Schandmal.

Aber es war nicht die letzte der Schändungen. Der alte Weg, eine sanft gewundene Sandstraße, von malerisch gekrümmten Vogelkirschbäumen begleitet, sollte einer neuen Straße weichen. In unüberbietbarer amtlicher Sturheit wurde sie unter dem FPÖ-Landesrat Walter Leitner geplant. Die alten Kirschbäume wurden gefällt, die Pinzgauer Zäune verschwanden. Statt unmittelbar neben der Eisenbahn zerschnitt sie hundert Meter von der Eisenbahntrasse entfernt das Tal ein zweites Mal. Das geschah, weil die Bundesbahn befürchtete, die Schneeräumung der Bundesstraße würde den Schnee auf die Bahngeleise schleudern, während die Straßenverwaltung die umgekehrte Befürchtung hegte. Seither ist den Grünen meine Sympathie, wenn auch inkonsequenterweise nicht meine Wählerstimme, gesichert. Gott sei Dank hat Leogang seit Jahren einen Bürgermeister und einen Amtsleiter, denen Landschaft und Ortsbild sehr am Herzen liegen.

Aber damals, in meiner Kindheit in den zwanziger Jahren, war das Leben in Grießen seit Jahrhunderten fast unverändert. Nur die Eisenbahn war ein Stück Moderne. Es gab kein elektrisches Licht, kein Gas, keine Traktoren, keine Zentrifugen. Mein Vater schaffte eine an und gab sie dem Eder Hans, unserem Pächter, der sich weigerte, sie zu benützen. Die Milch wurde in Stotzen, breiten, flachen Holzgefäßen, auf Regalen in der Milchkammer aufgestellt, der Rahm mit einer Holzkelle abgeschöpft und im Butterfaß zu Butter gedreht, die beste, die man sich denken kann. Jeder Hof hatte seine eigene Wasserleitung: In Rohren aus Lärchenholz kam das Wasser von der Höhe, ohne Druck. Der Brunnen rann im Haus Tag und Nacht. Im Sommer war das meiste Vieh auf der Alm, die Sennerinnen machten Butter und Käse, die auf Holzkraxen von den Almen heruntergetragen wurden. Das im Tal verbliebene Vieh war auf der »Frei«, der Gemeinschaftsweide, an der jeder Bauer je nach Größe seines Hofes Anteile, Gräser genannt, besaß. Gegen zehn Uhr vormittags, wenn es warm wurde, wurden die Gatter geöffnet, kamen die Kühe von selbst zurück zu ihren Ställen, wurden gemolken und am Nachmittag wieder hinausgetrieben – wie schon seit Jahrhunderten.

Wir spielten mit den Nachbarkindern. Sie hatten noch nie einen Fußball gesehen, kamen neugierig und zahlreich, wenn sie nicht arbeiten mußten. Sie lernten Fußball spielen und wir Pinzgauerisch; einige wurden lebenslange Freunde. Meine sanfte Schwester Susanne war von einer zahlreichen Gefolgschaft beinahe ehrfürchtiger Mädchen umgeben. Sie spielten Mädchenspiele oder saßen wie die Schwalben auf der langen Holzbank vor dem Haus.

Mein Vater, der seine ziemlich große Gamsjagd in Mallnitz und am Ankogel bei Kriegsbeginn aufgegeben hatte, pachtete nun am Spielberg von den Bundesforsten ein kleineres Revier, ungefähr tausend Hektar, mit einigen guten Balzplätzen des Auerwildes; sonst eine recht miserable Jagd mit ein paar armen Rehböcken, die den eisigen Wintern und den Wilderern entgangen waren. Mit acht oder neun Jahren durfte ich ihn begleiten und seither war ich, die Kriegsjahre ausgenommen, nie ohne jagdliche Tätigkeit – durchaus keine Seltenheit in Österreich. Ich wurde aber auch anderweitig eingesetzt: Post holen in Hochfilzen, anfangs zu Fuß, später mit dem Fahrrad, Brot holen beim Hüttbäck, dem Bäcker in Hütten, der köstliche Weinbeerweckerln machte, Petroleumlampen putzen, die Zylinder mit Spiritus und Zeitungspapier, Gewehr putzen.

Es gab kein Badezimmer, kein WC, nur »Plumpsklos«, man wusch sich in faltbaren flachen Gummiwannen, »rubber tubs« aus England; heißes Wasser konnte man haben. Ein einfaches, spartanisches, herrliches Leben.

Den einen oder anderen Sonntag, durchaus nicht jeden, wanderten mein Bruder und ich, meine Schwester war noch zu klein für den langen Marsch, zwei Stunden mit den Eltern in die Kirche nach Leogang und saßen im »Bidl«, der kleinen Empore rechts über dem Chor. Von unten stieg der Geruch des feuchten Lodens, vermischt mit Weihrauch. Die Männer waren nur bei Regen von Anfang an in der Kirche, sonst standen sie draußen und warteten auf dem schmalen Platz zwischen Kirche und Kirchenwirt, bis die Predigt zu Ende war. Nach der Messe saßen wir beim Kirchenwirt. Die Wirtin Lena, eine stattliche Frau mit Haarkrone und einem imposantem Kropf, gab Wolfgang und mir Salzburger Nockerln. Manchmal war für den Rückweg ein Wagen bestellt, manchmal ging es zu Fuß, wieder zwei mühsame Stunden, leicht bergauf.

Gegen Mitte August wurden wir zu den Großeltern auf die Seeburg nach Brixen geschickt. Das Haus, ein Ansitz aus dem 13. Jahrhundert, lange im Besitz der Fürstbischöfe, später der Herren von Guggenberg, lag auf einem Bergrücken zwischen Rienz und Eisack, die sich in Brixen vereinen. Man sah über die alte Bischofsstadt mit Dom, Pfarrkirche und Residenz, den Eisack entlang, der sich weit im Süden verlor. Tante Marianne, jüngste und Lieblingsschwester unserer Mutter, Mitte zwanzig, unverheiratet, führte den Gutsbetrieb: Wein-, Obst- und Gartenbau und Landwirtschaft mit einem Berghof, dem Maier am Bach an den Hängen der Plose. Marianne hatte in Schorn in Bayern Landwirtschaft und in Klosterneuburg Weinbau gelernt und führte den Betrieb geschickt und energisch. Es wird nicht einfach für eine junge Frau gewesen sein, mit eigensinnigen Schaffern und Gärtnern umzugehen. Onkel Paul (Baron Kuh-Chrobak) der das Schloß Pienzenau in Meran besaß, half mit Ratschlägen. (Ob er wirklich viel von Landwirtschaft verstand, weiß ich nicht. Er war Staatsbeamter, Sektionschef, »Präsidialist« im Finanzministerium und diente drei k. u. k. Finanzministern: Kállay, Bilinski und Burian. Onkel Alfons spottete: »Kállays Lakai, Bilins-Kuh und Burians Esel.«)

Die Seeburg war ein geräumiges Haus, ungefähr dreißig Zimmer. An die Westseite war eine Kapelle angebaut, in der Tanten vermählt, Enkel getauft und Großeltern eingesegnet wurden. Außerdem diente sie zweimal Einbrechern als Einstieg. Im Erdgeschoß befanden sich gewölbte Räume, einer mit recht gut erhaltenen Fresken aus dem späten Mittelalter. Dort stand ein Billardtisch, an dem nie jemand spielte.

Auf dem Rasen vor dem Hause spielten wir mit Tanten und Cousinen Croquet; an seinem Rand standen zwei uralte Libanonzedern und eine Wellingtonia, daneben war ein Rosengarten, von einer zinnengekrönten Mauer umgeben. Unter der Zeder saß Großmama am späten Nachmittag, wenn es kühler wurde, mit einer Handarbeit.

Manchmal mußte ich ihr aus französischen Romanen vorlesen, von denen mir nur einer in Erinnerung geblieben ist: »Le Roi des Montagnes« von Edmond About, die Abenteuer einer englischen Familie im wilden Mazedonien. Sie liebte dieses Buch, ich weiß nicht recht weshalb, vielleicht weil ihr alle diese gefährlichen Abenteuer erspart blieben. Großvater las auf der Terrasse vor dem Haus oder man hörte ihn drinnen Klavier spielen. Endlose Sommer, in denen nichts geschah und die Zeit stehenblieb.

Aber das idyllische Bild einer heilen Welt täuscht: Diese Welt war nicht mehr heil, und Großvater, ebenso wie meine Eltern, wußte es. Österreich-Ungarn, das für sie Österreich war, gab es nicht mehr. In der Bibliothek auf der Seeburg standen neben langen Reihen der obligaten Klassiker deutscher, französischer und englischer Autoren, neben den Memoiren großer Staatsmänner, neben der *Revue des Deux Mondes* in leuchtendem Rot viele Jahrgänge der *Fackel* und ließen keinen Zweifel daran, daß die heile Welt bereits untergegangen war. Ich habe einen kleinen Teil dieser Bibliothek einschließlich der *Fackel* geerbt und gestehe, letztere verkauft zu haben, weil ich – damals – nichts damit anzufangen wußte. Der Enkel war der Wirklichkeit ferner als der Großvater.

Wolfgang

Mein Bruder Wolfgang, am ominösen 20. April des Jahres 1915 in Wien geboren, war nur zwanzig Monate jünger als ich. In seinen braunen Augen lag wie ein Bodensatz eine Spur von Traurigkeit, die nie ganz verschwand. Trauer worüber? Rührend für die Erwachsenen, später unwiderstehlich für Frauen – wenn ich noch über sie nachdachte, hatte er sie schon erobert, eine beachtliche Schar in einem kurzen Leben. Ein wilder und zärtlicher Liebhaber, erzählte mir eine. Darüber weiß man nicht viel bei einem Bruder.

Wolfgang war der Liebling unserer Mutter. Sie leugnete es natürlich, aber es war schon so. Er verstand es, sie, die in ihren jungen Jahren jähzornige, unbeherrschte Frau, zu entwaffnen. Mit einem Blick, mit einem Lächeln, in dem vielleicht eine Spur von Spott lag, nahm er ihr die Kraft, streng zu sein, die, umgekehrt, ich in ihr wachrief. Ich kann mich, mit einer Ausnahme, an kein Gefühl der Eifersucht auf diesen geliebten Bruder erinnern. Die Ausnahme war ein kurzer, heftiger Schmerz, als die Eltern mir sagten, das Wolfganggut sei nach ihm benannt. Ich empfand das als grausame Zurücksetzung und war tief gekränkt. Dann sagten sie, das Haus heiße so seit dem 16. Jahrhundert.

Wolfgang war ein sanftes, oft ein wenig wehmütig wirkendes Kind, bald verträumt, in sich gekehrt, bald verspielt mit Freunden, die ihm ergeben zugetan waren und ihn bewunderten. Sportlich draufgängerisch, anders als ich, der ich vorsichtig, ja ängstlich war. Seine schriftstellerische, eigentlich dichterische Begabung trat bald zutage: Schon als Achtjähriger begann er zu dichten, pausierte dann ein paar Jahre vor Beginn der Pubertät und begann mit fünfzehn, sechzehn Jahren erneut unter dem Einfluß Rilkes, den er liebte und der ihn lebenslang begleitete. Ich verdanke Wolfgang meine Rilke-Liebe, auch sie währt bis zum heutigen Tag. Im Lessing-Gymnasium erwarb Wolfgang frühen Ruhm, als er einmal in den zwei Stunden, die für deutschen Aufsatz zur Verfügung standen, beide zur Wahl angebotenen Themen behandelte und ein doppeltes »sehr gut« erhielt.

Wolfgang war gesundheitlich weniger robust als ich. Nach dem Abitur in Frankfurt am Main zeigten sich im Röntgenbild Schatten auf der Lunge. Er verbrachte zwei Jahre der Schonung und des gesunden Lebens auf der Seeburg und inskribierte dann an der juridischen Fakultät in Innsbruck, später in Prag.

Ich weiß nicht, wie, aus welchen Quellen und Regungen seine frühe, ihn immer mehr und schließlich ganz erfassende Gegnerschaft, sein Haß gegen den Nationalsozialismus entstand. Er hat ihn von Anfang an, noch vor der »Machtergreifung«, als Herausforderung, als Auftrag zu handeln begriffen und diesen Auftrag angenommen. Ich kenne kaum einen anderen Menschen – die Geschwister Scholl vielleicht ausgenommen –, der so jung so deutlich seine Bestimmung sah.

Das war der unerbittliche Lebensplan eines Achtzehnjährigen, die Verpflichtung, die er sich auferlegte, auch um den Preis des Lebens. Der Plan hat sich so erfüllt, wie er gefaßt war.

Am 12. November 1933, wenige Monate nach der »Machtergreifung« der Nazis in Deutschland, entstand das folgende Gedicht:

»Mahnung.
Immer mußt du deinen Tag verändern:
Reiße dich von duftigen Gespielen
Und vom Tanz mit buntgewirkten Bändern
Los zu andern, himmelhohen Zielen.
Träum von Kronen, träum von fernen Ländern

Aber laß der Jugend Träume fahren
Wenn der Ruf ertönt zum wahren Werke.
Trotze niemals mit den harten Jahren!
Nein, versuche deine Stärke
In den wachsenden Gefahren.

Also wandle durch die Zeiten.
Für die großen, stillen Reiche
Gilt's sich würdig zu bereiten.
Denn im Tod bleibst du der gleiche,
Gleich in alle Ewigkeiten.«

Was macht aus einem jungen Menschen, der in dem trotz aller Krisen der Zwischenkriegszeit milden Klima eines traditionsgebundenen Elternhauses mit seinen festen Überzeugungen, aber ohne politisches Engagement aufgewachsen war, einen zum Äußersten bereiten Gegner des Nationalsozialismus? Er gehörte keiner Gruppe, keiner Bewegung an; er folgte seinem Gefühl, seinem Gewissen – keiner Ideologie, nur seiner Überzeugung. Er wollte, wie Václav Havel von sich sagte, »in der Wahrheit leben«. Er war weder Nachahmer noch wurde er Vorbild. Sein einsames Handeln und Sterben ist ein Einzelfall.

Er, der als Artillerieleutnant seine Versetzung ins Afrikakorps betrieb, um seinen Plan durchführen zu können, fiel als englischer Fallschirmspringer in der Nacht vom 12. auf den 13. Oktober 1944 beim Absprung nahe von Tolmezzo, dicht an der österreichischen Grenze, 29 Jahre alt, dem Gelöbnis treu, das er sich selbst elf Jahre zuvor abgelegt hatte. Sein Auftrag galt der Organisation des österreichischen Widerstands. Sein erstes Ziel war Salzburg. Es gab Verbindungsmänner. Klaus Huetz, der mit Wolfgang zusammen den nächtlichen Fallschirmsprung unternahm, überbrachte unserer Mutter die Nachricht. Sie waren in großer Höhe abgesprungen, was die Genauigkeit des Auftreffens verringerte. Die Luftströmung hatte sie auseinandergetrieben, Huetz konnte sich retten.

Robert Buchacher hat die Geschichte recherchiert und im *profil* vom 11. August 1986 berichtet.

Das War Office ließ sich Zeit mit der Todesnachricht. In einem Schreiben vom 17. Oktober 1945 – ein Jahr und vier Tage nach Wolfgangs Tod –, das ein englischer Offizier meiner Mutter überbrachte, hieß es: »He volunteered for service with the British armed forces in 1943 and served continuously with them until he was finally killed on active service on 13th October 1944. He was a man of outstanding intelligence and showed qualities of leadership which made him admirably fitted for the arduous duties which were assigned to him. It was clear from the start that he was the type of man who was destined to play a leading part in the shaping of Austria's future and it was therefore a great tragedy that he should have been killed so shortly before his native country succeeded in reaching the first step towards the independence, to which he had contributed so much.

He died while fighting for his country against the Nazi invader.«

Die Nachricht von seinem Tod erreichte mich in US-Kriegsgefangenschaft. Meine Schwester Susanne schrieb mir einen erschütternden Brief, dem meine zutiefst getroffene Mutter ein paar Zeilen anfügte. Unser Vater war schon Monate zuvor gestorben. Die Gewißheit war ihm erspart geblieben, aber als Nachrichten von Wolfgang ausblieben, hatte er etwas geahnt und in richtiger Einschätzung seiner Söhne diese Bereitschaft zum Äußersten bei Wolfgang und nicht bei mir gefühlt und gefürchtet. Meine Mutter hat ihren Sohn um mehr als dreißig Jahre überlebt, aber die Wunde blieb offen bis zuletzt.

Als ich im Lager Fort Getty an der Narragansett Bay den Brief meiner Schwester, diesen liebevollen, schmerzerfüllten Brief las, war es, als wäre mir ein Stück meines Körpers abgeschnitten worden. Ein entsetzlicher, tobender, rasender Schmerz. Eine Verletzung, die vernarbt, aber nicht verheilt ist, die nicht verheilen darf, die mir verbietet, zu vergessen oder zu verdrängen. An meinem Bruder messe ich, ungerechterweise, jene Überlebenden, die sich als Helden des österreichischen Widerstands fühlen und feiern lassen. Ich weiß, daß das ungerecht ist, ich weiß, daß auch sie ein Risiko eingingen und bloß mehr Glück hatten, ich weiß, daß es keine Verpflichtung gibt zu sterben. Dennoch: Ich sehe in meinem Bruder etwas Einzigartiges, zuwenig Gewürdigtes. Ich sehe mich selbst als einen der Überlebenden, der vielleicht in den USA noch einen Versuch hätte unternehmen sollen, als militärischer Kämpfer gegen das Dritte Reich angenommen zu werden, sehe das Fragwürdige dieses Überlebens.

Meine Schwester und ich gaben 1992 unter dem Titel »Am Ende war die Tat« ein Buch heraus, das Wolfgangs Abschiedsbrief an unsere Eltern, für den Fall geschrieben, daß er nicht überlebte, sein Tagebuch aus der Wüste, ausgewählte Gedichte und ein in der Gefangenschaft verfaßtes Dramolett enthielt. Es wurde im Oratorium der Österreichischen Nationalbibliothek durch Peter Michael Lingens präsentiert. Er sprach sehr eindringlich und bewegt. Annemarie Düringer las einige Gedichte. Hans Haider besprach das Buch fast liebevoll in der *Presse*, Ulrich Weinzierl in der *Frankfurter Allgemeinen Zeitung*. Der Herausgeber der *Zeit*, Theo Sommer, den ich kannte und dem ich ein Belegexemplar sandte, hat weder geantwortet noch das Buch besprochen. Die erste Auflage – einige hundert Exemplare – wurde verkauft, von der zweiten blieben rund dreihundert unverkauft. Ich übergab sie dem Unterrichtsministerium mit der Bitte, sie an Schülerbibliotheken zu verteilen. Ich weiß nicht, ob das geschehen ist, jedenfalls gab es keine Rückmeldung.

Wenige Monate nach meiner Rückkehr nach Österreich, im Winter 1946/47, fragte mich mein Tischnachbar bei einem Abendessen bei amerikanischen Diplomaten, der meinen Namen auf der Tischkarte gelesen hatte, ob mir der Name Martin Taggart etwas bedeute. Es war der Deckname meines Bruders in der britischen Armee. Mein Nachbar Sir Peter Wilkinson, damals noch Oberst in der britischen Armee, später britischer Botschafter in Wien, war Kommandierender Offizier der No. 6 Special Force (SOE, Special Operations Executive) gewesen, der mein Bruder zugeteilt war.

Wilkinson berichtet in seinem 1997 erschienenen Buch »Foreign Fields«:

»Treichl was an ardent Austrian patriot determined to assist the Allies in liberating his country from Nazi domination. As a junior officer in the Reichswehr, Treichl had succeeded in having himself transferred to the Afrika Korps with the sole intention of deserting to the British and volunteering to return to Austria as a resistance leader. He was a young man of great charm and integrity and we had the highest hopes that at last we had found someone of the right calibre to organize an effective Austrian resistance group. Enormous efforts were made to complete his training and procure the necessary forged documents in time for the October moon period when it was planned to drop him to Czernin at Tramonti and for him and a companion to be smuggled over the frontier by one of the courier lines which Fielding had organized from Forni Avoltri. Treichl's destination was Saltzburg (sic) where he was confident of finding friends and supporters. The operation took place on the night of 12 October and was a disaster. An inexperienced navigator mistook the lights of the gendarmerie barracks at Tolmezzo for the dropping zone which was some twelve miles distant. No recognition signals seem to have been exchanged and the mistake was inexcusable but the upshot was that Treichl and three other Austrians were dropped into the arms of a German patrol. Treichl was shot and killed on landing: his companion, Huber (der Name ist, wahrscheinlich absichtlich, verändert; recte Huetz), escaped in the darkness and succeeded in joining the British Mission some days later; while the two remaining Austrians – Priestley and Dale – were captured. Fortunately they were still wearing uniform and their cover story that they were British officers was believed. Consequently, instead of being handed over to the Gestapo, they were treated as prisoners of war and survived.«

In seinem Tagebuch, das meine Schwester und ich in dem erwähnten Buch veröffentlichten, schildert Wolfgang seine Erlebnisse in der britischen Gefangenschaft: die ständige Bedrohung durch die Nazi-Gefangenen, die mit Steinwürfen die nur ungenügend abgesonderten Anti-Nazi-Gefangenen angriffen; er und ein deutscher Oberleutnant mit etwa dreißig Antinazi, die aber keine Gemeinschaft mit Offizieren wollten, umgeben von etwa 7000 Nazis. Die lange Prozedur, ein zermürbendes Hin und Her, bis die Briten endlich seinen Wunsch erfüllten. Dann fast ein Jahr in einem benachbarten italienischen Lager. Und dann begann, wie Wolfgang schreibt, die angenehmste Zeit seiner Gefangenschaft. »Wir durften das Lager frei verlassen, wann immer wir wollten, um im nahen Bittersee zu schwimmen. Und endlich: Fünf Monate, die zweifellos die interessanteste und vielleicht auch schönste Zeit meines Lebens umspannen. ... ich habe fünf Fallschirmsprünge gemacht, ich bin im Tiberiassee geschwommen, ich habe den Frühling in den Bergen von Galiläa gesehen ... ich bin im ältesten Teil von Kairo von den Arabern fast totgeschlagen worden, weil ich um Mitternacht in ein zerfallenes Minarett kletterte, und ich habe im Mondschein auf dem Nil gesegelt. Ich habe am Fuße der Pyramiden im Menahouse Tee getrunken, ich habe im Geziraclub den Cricketspielern zugesehen und ich war beim Staatsminister für den Mittleren Osten, Lord Moyne, zum Dinner eingeladen. ... Ich kann Euch versichern, daß ich als regulärer Soldat in die britische Armee aufgenommen wurde, daß ich dem Intelligence Service angehöre und daß ich als britischer Offizier einen Auftrag in einem von den Deutschen besetzten Gebiet durchführen werde. Ich bin kein Spion und kein Agent. Ich bin Soldat, bzw. Offizier in einem ›Special Service‹. ... Der Haß gegen die Nazi ist in mir zur Besessenheit geworden, ich habe buchstäblich nichts anderes in meinen Gedanken. ... Ihr selbst, geliebte Eltern, habt uns so erzogen, daß keinem von uns ein Leben unter den Nazis erträglich scheinen konnte. Ich selbst habe eben das Glück gehabt, mich im Kampf gegen die Nazi einsetzen zu dürfen. ... Ich bete zu Gott, daß ich Euch allen nicht geschadet habe, aber selbst das müßte ich in Kauf nehmen in diesem Kreuzzug.«

Diese Befürchtung, Angehörige zu gefährden, war nicht unbegründet. Es müssen in der Tat, vermutlich durch den Austausch verwundeter Soldaten, Nachrichten über Wolfgang nach Deutschland gelangt sein, die, wenn auch im einzelnen unrichtig, von seiner und anderer Soldaten Aufnahme in die britische Armee wußten. Es gibt ein Schreiben des Landrates des Kreises St. Pölten vom 15. Juni 1944 an alle Gendarmerieposten, in dem es unter anderem heißt:

»Betrifft: Abgesetzt englische Fallschirmagenten im Gemeindegebiet von Klamm, Krs. Lilienfeld, ND., in der Nacht vom 10. Juni 1944.

Weiter: Die Geheime Staatspolizei, Außenstelle St. Pölten gibt mit Schreiben vom 14. Juni 1944 Nachstehendes anher bekennt:

In der Nacht zum 10. Juni 1944 gegen 0.00 Uhr wurde in der Nähe der Klammhöhe ... von engl. Störflugzeugen eine größere Anzahl Fallschirmagenten abgesetzt. Die Fallschirmagenten haben sich wahrscheinlich in mehreren Arbeitsgruppen im Raum von Niederdonau verteilt. Sie führten zwei komplette Sende- und Empfangsanlagen, 10 kg Sprengstoff ... mit sich.

Zu den nachstehend angeführten Personsbeschreibungen wird bemerkt, daß die genannten Agenten mit Kennkarten und Ausmusterungsscheinen auf ihre Decknamen lautend, versehen sind, die Totalfälschungen darstellen.

Personsbeschreibungen:

1) Wolfgang Treichl. Deckname: Wolfgang Tagert. (Treichl besitzt Kennkarte und Ausmusterungsschein auf diesen Namen), er ist 180 cm groß, breitschultrig, straffe Haltung, Sportgestalt, längliches Gesicht, schwarzes gewelltes Haar, linksgescheitelt, lichte Augen, geradlinige Nase, Ohren und Mund normal, gesunde weiße Zähne, elegante Kleidung, bestehend aus taubengrauen Anzug mit zartem roten Karomuster, ohne Weste, lange Hose mit Stulpen, einreihiger Rock, lichtblaues Hemd, gestreifte Krawatte, braune Halbschuhe, spricht Schriftdeutsch mit leichtem Wiener Dialekt und beherrscht engl. französisch und tschechisch.«

Es folgen acht weitere Beschreibungen. Dann heißt es weiter: »Ich ersuche, sofort nachdrückliche Fahndungsmaßnahmen zur Festnahme der vorangeführten Personen und weiterer, bisher noch nicht bekannter Agenten einzuleiten. Festnahmen oder bezügl. Wahrnehmungen ersuche ich, sofort auf dem kürzesten Wege, fernmündlich, der Geheimen Staatspolizei, Außenstelle St. Pölten mitzuteilen. Ich weise darauf hin, daß bei einer ev. Festnahme die Fallschirmagenten so zu verwahren und zu beaufsichtigen sind, daß sie weder flüchten noch Selbstmord verüben können, da ihre Aussagen von höchster Wichtigkeit sind.«

Die Quelle der Information der Gestapo ist mir nicht bekannt; zum Zeitpunkt des angeführten Fallschirmabsprungs befand sich Wolfgang noch in Ägypten; sein letzter Brief ist mit »Kairo 25.6.44« datiert. Aber die Gestapo hatte Kenntnis von seinem Namen, seinem Aussehen und seinen Absichten. Irgend jemand aus der Gefangenschaft in Ägypten muß ihn verraten haben. Ungefähr zu dieser Zeit wurden meine spätere Frau Helga Ross, Luigi (Alois) Marquet und Hansi Coreth, beide später hohe österreichische Diplomaten, von der Gestapo in Wien verhört und mit Folterung bedroht. Sie sagten nichts, konnten auch weder zu dem Fallschirmabsprung noch zu dem Verbleib Wolfgangs irgend etwas sagen, da sie nichts Näheres wußten. Aber sie kannten und teilten seine Einstellung zum Nationalsozialismus, wußten, daß er sich in britischer Gefangenschaft befand, und ahnten wohl, wozu er fähig war. Sie schwiegen.

In seinem Tagebuch erwähnt er unter dem 6. November 1943 »die freudige Nachricht, daß auf der Moskauer Konferenz die Unabhängigkeit Österreichs als offizielles Kriegsziel erklärt wurde«. Weiter heißt es: »Es wird in der Erklärung daran erinnert, daß Österreich eine gewisse Verantwortung auf sich geladen hat durch die Teilnahme am Krieg auf Seiten Deutschlands und daß es nach seinem eigenen Beitrag zu seiner Befreiung bei dem ›final settlement‹ beurteilt wird. Ich lese daraus eine gewisse Chance für mich, und auch der Oberst ist dieser Ansicht. Ich habe auf seinen Rat ein neues Gesuch geschrieben.«

Wolfgang Treichl hat einen Beitrag geleistet, den höchsten. Er hat sein Leben hingegeben. Und wenn wir mit erstaunlicher Selbstverständlichkeit eine Sonderstellung als befreites Land für uns beanspruchten, dann dank solcher Taten und Opfer.

Die Zweite Republik hat ihren begreiflichen Wunsch, als befreites Land behandelt zu werden, nur zögernd mit dem ebenso selbstverständlichen Wunsch, zu danken oder wenigstens zu gedenken, verbunden. Kaum ein Stein, kaum eine Tafel erinnert an die Menschen, die für die Befreiung Österreichs starben. Und die damit untrennbar einhergehende Verpflichtung, wieder gutzumachen, was gutgemacht werden konnte, ist nach langem Zögern und unter Druck erfüllt worden.

Wolfgangs Leben hat nur 29 Jahre gewährt, das leidenschaftlich, zuletzt besessen gelebte Leben eines Menschen von reinster Gesinnung und großer Begabung. Was wäre seine Zukunft nach dem Krieg gewesen? Eines ist gewiß: Wie es von Hamlet heißt, »er hätte, wär' er hinaufgelangt, unfehlbar sich höchst königlich bewährt.«

Großmutter

Marie Thorsch, meine Großmutter, wurde 1868 in Prag geboren; sie war noch ein kleines Kind, als ihre Eltern nach Wien übersiedelten. Ihr Vater Eduard Thorsch und sein Bruder Philipp waren Bankiers, die ihr ererbtes Unternehmen von Prag nach Wien verlagert hatten. Marie war erst fünfzehn Jahre alt, als Eduard im Juli 1883 starb. Zu seinem Tod schrieb die *Neue Freie Presse*: »Die Wiener Börse hat heute einen schweren Verlust erlitten. Eduard Thorsch war noch ein Bankier im richtigen Sinne des Wortes … heute repräsentiert ihre Firma, zumindest was die Höhe der Umsätze betrifft, das größte Bankhaus Österreich-Ungarns. … Das Haus Thorsch ist eines der wenigen, welche dem Wiener Platze noch seinen internationalen Charakter wahren. Auf allen europäischen Plätzen accreditiert, umfaßt es mit seinen Geschäfts-Operationen auch den ganzen europäischen Markt.«

Eduard Thorsch hatte eine Hannoveranerin geheiratet, Anna Berend, 1844 als Tochter eines Arztes geboren. Er dürfte nicht sehr viele Patienten gehabt haben, sagte man doch von ihm: Was ist das Ungezogenste in ganz Hannover? Die Glocke des Dr. Berend. Anna galt als sehr schön. Nach dem frühen Tod ihres Mannes erwarb sie als Witwensitz das Haus Jaurèsgasse, damals Richardgasse 9, heute die iranische Botschaft. Dieses Haus wurde erst nach ihrem Tod in den 1960er Jahren, also fast ein Jahrhundert später, von meiner Mutter verkauft.

Im Parterre hatte der Sohn Alfons seine Junggesellenwohnung. Ein in die Wand eingebauter, also unsichtbarer, die Harmonie des Stiegenhauses nicht störender Aufzug führte hinauf. Im ersten Stock lagen die Empfangsräume im Stil der Belle Epoque, mit einem Ballsaal, einem Musiksalon, Wintergarten, Speisezimmer, Bibliothek und ein oder zwei kleineren Salons. Im zweiten Stock befanden sich die Schlaf- und Wohnzimmer der Familie, im Hoftrakt, über den Remisen, wohnte das Hauspersonal. Der Hof hatte eine Einfahrt und eine Ausfahrt, so daß die Pferdewagen leicht wenden konnten.

An den Portier, Herrn Enk, der mir in meinen Kinderjahren mit seinem bodenlangen grünen Mantel Respekt und Bewunderung einflößte, erinnere ich mich sehr gut. Er versah seinen Dienst noch, als ich Student war, und wäre gekränkt gewesen, wenn jemand einen Hausschlüssel verwendet hätte. Für mich war das allerdings eine Behinderung in meinem Privatleben. Benötigte jemand von der Familie sogenannte Ballsessel – wie die heute noch üblichen gemieteten Goldstühle –, dann konnte er sie bei Großmama Anna ausborgen. Mehr als hundert waren zu meinem Erstaunen im Dachboden über der Remise verstaut. Anna Thorsch hatte keine eigene Equipage, vielmehr hielt sie einen sogenannten Unnumerierten, die Dauermiete eines Wagens mit Kutscher, der ständig zur Verfügung stand. Und ein außerordentlicher Luxus, den die Familie sehr genoß: Großmama Anna hatte die Parterreloge rechts Nr. 11 in der Hofoper, später Staatsoper, abonniert; nach ihrem Tod im Jahre 1922 übernahm ihr Sohn Alfons die Loge und behielt sie bis zu seiner Emigration im Jahre 1938. Wenn es im Programm etwas für Kinder gab oder niemand von den Erwachsenen in die Oper gehen wollte, kamen die Urenkel an die Reihe. »Hänsel und Gretel«, »Die Puppenfee«, »Schlagobers« sind frühe Erinnerungen, aber auch »Der Fliegende

Holländer«, den ich auf diese Art schon mehrmals gehört hatte, ehe ich ins Gymnasium kam. Ein besonderer Reiz der Oper für meine Geschwister und mich war das Eis, das in den Pausen von Demel oder Gerstner in die Logen gebracht wurde. Aber die meisten meiner Opernbesuche verbrachte ich auf Stehplätzen auf der vierten Galerie oder im Stehparterre.

Wohltätigkeit war in jener Zeit für reiche Leute eine selbstverständliche Verpflichtung. Diese Tugend fehlt den in Österreich nach dem Zweiten Weltkrieg zu großem Reichtum gelangten Industriellen, Bankiers und Besitzern von Ladenketten völlig; keiner von ihnen hat irgend etwas Besonderes an öffentlicher Wohltätigkeit getan. Wehmütig vergleicht man mit ihnen nicht nur die reichen Amerikaner: Rockefeller, Morgan, Guggenheim, Gould und so weiter, sondern auch die reichen österreichischen Familien der Gründerzeit. Recht aufschlußreich ist ein Blick auf die Stiftertafeln in Museen oder in Konzerthäusern aus den Tagen der Monarchie: Der Anteil jüdischer Familien ist überproportional hoch. Anna Thorsch hat während des Ersten Weltkriegs bis zu siebzig Kriegsblinde unterstützt, ja fast gänzlich erhalten. Ich habe noch als Kind eine Jause miterlebt, zu der die Blinden kamen. Ein Heim für hilfsbedürftige Frauen in Hietzing, das sie gegründet hatte und erhielt und das ihren Namen trug, verschwand in der Nazizeit und wurde nie mehr eröffnet.

So lebte eine Witwe, die sich mit 36 Jahren ein Häubchen aufsetzte und fand, jetzt sei sie eine alte Frau. Sie hatte zwei Töchter, Marie und Melanie, und einen Sohn, Alfons. Die Kinder wurden zu Hause unterrichtet, keines von ihnen ging je in eine öffentliche Schule. Es ist erstaunlich, daß beide Frauen diese Einschränkung ihrer Erfahrung mit ausgeprägtem und gelebtem Sozialempfinden überwanden. Onkel Alfons hat die Universitäten in Wien, Paris und Freiburg im Breisgau besucht, an der letzteren wurde er mit einer Dissertation über die Inflation zum Doktor der Staatswissenschaften (Nationalökonomie) promoviert.

Marie war ein sehr hübsches junges Mädchen und zudem eine glänzende Partie, um die sich nicht wenige junge Herren bemühten. Eines Tages hielt ein französischer Diplomat, ein Vicomte, bei Großmama Anna um Maries Hand an. Er pries sich mit folgenden Worten an: »Je suis, Madame, ni buveur, ni coureur, ni joueur...« Dieses »ni buveur, ni coureur, ni joueur« wurde in der Familie zum geflügelten Wort, um einen braven, fast allzu braven, aber eher langweiligen Mann zu beschreiben.

Er wurde enttäuscht. Marie verliebte sich in Erwin Ferstel, einen schönen, eleganten jungen Mann, der zudem gescheit und talentiert war. Aber der junge Beamte des diplomatischen Dienstes schien der Familie Thorsch keine besonders attraktive Partie zu sein. Für Marie, die das war, was man eine reiche Erbin nannte, war etwas ganz anderes vorgesehen als der gar nicht reiche Erwin Ferstel ohne prominente Position. Aber mit der ihr eigenen Starrköpfigkeit erklärte sie: »Entweder ich kriege ihn oder ich heirate überhaupt nicht!« Ein Mädchen, das solch schreckliches Los auch nur für möglich hielt, sprach unter den damaligen Verhältnissen eine furchtbare Drohung aus. Es wurde versucht, die Entscheidung hinauszuzögern, damit Marie es sich vielleicht doch noch anders überlege. Vergebens. Großmama hatte sich diesen Erwin Ferstel in den Kopf gesetzt und sie, die, wie sie selbst von sich sagte, zeitlebens eine Durchsetzerin war, ließ nicht locker, bis die Ehe zustande kam. Sie war damals 21 Jahre alt.

Aufgrund des Berufes meines Großvaters lebte das Ehepaar, später mit den Kindern, jahrelang im Ausland. Sehr bald stellten sich bei Großmama Symptome ein, die als Hysterie bezeichnet wurden. Sie litt an Spiegelfurcht, weshalb sie sich in ihrem ganzen Leben – und sie wurde immerhin 92 Jahre alt – nie selber richtig frisieren konnte. Wenn man eine Kammerjungfer zur Verfügung hat, dann kann man sich so etwas erlauben. Nie in einen Spiegel schauen zu können, welch Schicksal für eine schöne Frau! Sie litt an Klaustrophobie und einer Reihe anderer Schwierigkeiten, zum Beispiel mit der Verdauung. Das war besonders peinlich, weil sie sich nicht bei geschlossener Tür in einem WC aufhalten konnte. Daher benötigte sie ein Klo mit einem Vorraum und in diesem Vorraum stand Loni, die Kammerzofe, Wache. Für einen Diplomaten war eine solche Frau nicht gerade praktisch, aber die Ehe hat gehalten, und ich glaube, obwohl man das als Enkel nur schwer beurteilen kann, die Großeltern blieben bis zuletzt liebevolle Ehegatten.

Ihrem Arzt, dem berühmten Josef Breuer, war bald klar, daß er Großmama nicht helfen konnte. Er erzählte ihr von einem befreundeten jungen Mediziner, der gerade in Paris bei Charcot weilte, aber demnächst nach Wien zurückkehren werde. Den solle sie kommen lassen.

Er hieß Dr. Sigmund Freud und Großmutter wurde eine seiner ersten Patientinnen. Um das ins Unterbewußtsein Verdrängte hervorzuholen, versuchte er damals noch, wie er es bei Charcot an der Salpêtrière gelernt hatte, die Hemmungsschwelle mit Hypnose zu überwinden. Aber, wie Großmama immer wieder erzählte, die Hypnose scheiterte. Es gelang Freud nicht, ihren Widerstand zu brechen. Das war das Erlebnis eines sehr ernsten Versagens für den Arzt wie für die Patientin.

Ich habe von meinem achtzehnten Jahr an mehrere Jahre bei meiner Großmutter gewohnt; wir hatten lange Gespräche miteinander, sie hätte Konversationen gesagt. Sie war damals etwas über sechzig Jahre alt, was ich für ein hohes Alter hielt, und konnte sehr gut auf einen jungen Enkel eingehen; sie erlaubte mir gerne, Freunde, ehemalige Schulkollegen vom Schottengymnasium, zum Mittagessen mit ihr einzuladen. Sie waren begeistert von ihrer Klugheit, ihrem Witz und ihrem Charme. Ich las in diesen Jahren viel von Freud und war von dem, was ich als wissenschaftliche Logik empfand, ebenso beeindruckt wie von seinen Qualitäten als Schriftsteller.

Die mißglückte Hypnose war offensichtlich ein traumatisches Erlebnis. Wenn ich manchmal abends bei ihr im Salon saß und zerstreut mit dem Finger kreisend ein Teppichmuster nachzog, fuhr sie mich an: »Was machst du da, du willst mich hypnotisieren!« Und das Jahrzehnte später.

Wahrscheinlich war der Fall Marie Ferstel für Freud einer der Anlässe, auf die Hypnose zu verzichten und zur beschwerlichen und langwierigen Methode der freien Assoziation überzugehen. Mit oder ohne Hypnose: Großmutter war jahrelang seine Patientin, ohne daß er ihr geholfen hätte. Eine seiner Empfehlungen, um ihre ewigen Verdauungsprobleme zu bekämpfen, lautete: »Sie müssen lernen, sich von etwas zu trennen! Sie müssen zum Beispiel mehr Geld hergeben.« Von diesem Rat profitierte nicht nur Freud. Großmama hat sich immer für Leute eingesetzt, die ihr nahestanden, und hat dank ihrer vielseitigen Beziehungen und mit finanziellen Zuwendungen zu helfen versucht. Man könnte es beinahe ein zwanghaftes Verhalten nennen.

Die Behandlung wurde aufgrund der langen Auslandsaufenthalte immer wieder unterbrochen; wenn sie aber einige Monate in Wien war, setzte sie die Konsultationen bei Freud fort. Erst Jahre später, als sie in Berlin lebte, trennte sie sich definitiv von ihm. Bevor es zu diesem Bruch kam, hatte sie ihm aber noch einen großen Dienst erwiesen. Freud war seit langem Privatdozent; die Ernennung auch nur zum Außerordentlichen Professor – an eine Ordentliche Professur war überhaupt nicht zu denken – war ihm bisher versagt geblieben.

Eines Abends um das Jahr 1900 gab Tante Tini, Ernestine Thorsch, Schwägerin meiner Urgroßmutter, ein Diner. Unter den Gästen befand sich der damalige Unterrichtsminister Wilhelm von Hartel. Im Gespräch mit Großmama zeigte sich Herr von Hartel von einem Bild sehr angetan, das er in einem der Zimmer gesehen hatte; es war ein Böcklin, eine Burgruine darstellend. Großmama in ihrer spontanen Art versprach ihm das Bild für die Österreichische Galerie, wenn »mein Dr. Freud« endlich Professor würde. Es ist bekannt, daß dieser Absicht einige Bedenken und Einwände, durchaus nicht nur antisemitische, entgegenstanden. Aber eines schönen Tages war es soweit. Als man allerdings das versprochene Bild haben wollte, stellte es sich heraus, daß es gar nicht meiner Großmutter gehörte, die es dem Minister so leichtfertig versprochen hatte, sondern Tante Tini, die es keineswegs hergeben wollte, schon gar nicht für diesen Dr. Freud. Großmama mußte ein anderes Bild kaufen, einen Orlik, und Freud schrieb später an seinen Freund Fliess: »Hätte dieser Böcklin wirklich der Baronin Ferstel gehört, wäre ich drei Monate früher Professor geworden.«

Dennoch: Großmamas späteres, zusammenfassendes Urteil über Freud lautete, er sei als Therapeut »ein Scharlatan«. Scharlatan sprach sie französisch aus, was mir freundlicher schien. Meiner Bewunderung für Freud und meiner Behauptung der zwingenden Konsistenz seiner Theorie begegnete sie mit folgendem Vergleich: »Du hast eine Wollweste mit vielen Knöpfen. Du knöpfst sie zu; aber am Ende passiert es dir, daß dir ein Knopfloch übrigbleibt, für das kein Knopf mehr da ist. Weshalb? Du hast mit dem falschen Knopf begonnen.« Sie meinte, daß die (von Freud später aufgegebene) ausschließliche Fixierung auf »das Sexuelle« ein Irrtum sei.

Der nervöse Zustand meiner Großmutter verschlechterte sich in Berlin um die Jahre 1904/1905 erheblich.

Großvater hatte damals den diplomatischen Dienst bereits aufgegeben und war k. u. k. österreichischer Generalkonsul in Berlin, was ein ruhigeres Leben verhieß. Großmama wurde immer schwieriger und machte unangenehme Szenen. So sagte sie einmal zwei Stunden vor einem Diner des Botschafters, Graf von Szögyeny-Marich, für Kaiser Wilhelm II. ab. Der Kaiser hatte sich beim Botschafter angesagt (man konnte eine Majestät nicht einladen, sondern die Majestät sagte sich an, was eine große Ehre war) und auf die Frage des Botschafters, wen er anzutreffen wünsche, unter anderen Erwin und Marie Ferstel genannt. Der Kaiser schätzte Großvater, er wußte, daß Erwin Ferstel der Sohn des Architekten war, der sich um den Bau des Reichstagsgebäudes beworben und gegen den Bismarck sich ausgesprochen hatte, weil der Reichstagsbau nicht von einem Österreicher errichtet werden sollte. Schon aus Gegnerschaft zu Bismarck war der Kaiser für Ferstel. Es war ein verhältnismäßig kleines Diner von zwanzig Personen und natürlich eine besondere Auszeichnung, dazu geladen zu sein. Eine Frau, die in letzter Minute zu einem solchen Diner nicht erscheint, ist, wie meine Mutter es beschrieb, »eine Fatalität für einen Diplomaten«. Man kann Großmama alles Mögliche nachsagen: Snobismus nicht.

Eines Tages wurde mit Zustimmung Freuds beschlossen, Großmama für eine Zeitlang zur psychiatrischen Behandlung in der Heilanstalt Schlachtensee bei Berlin unterzubringen. Loni, die Kammerjungfer, die siebzig Jahre in ihren Diensten stand, begleitete Großmutter in die Klinik. Als Loni erfaßte, daß es sich um ein Haus handelte, in dem man »die Türen nicht von innen aufmachen konnte«, entschied sie: »Da bleiben wir nicht, wir gehen wieder weg«, packte kurz entschlossen meine Großmutter und brachte sie wieder nach Hause. Dieser Anlaß führte zum endgültigen Bruch mit Sigmund Freud und zu einer lebenslangen, an Abhängigkeit grenzenden Bindung an Loni. Wenn man irgend etwas bei Großmama erreichen wollte, wandte man sich am besten an ihre Kammerjungfer.

Fortan an wurde Marie Ferstel von einem Schweizer Arzt, Paul Dubois, behandelt, einem rührend geduldigen Mann, dessen Hauptwerk »L'éducation de soi-même« sie immer wieder las. Alljährlich verbrachte sie einige Wochen in Bern, um sich von Dubois behandeln zu lassen. Zu ihrer Lieblingslektüre zählten außer Dubois die Schriften des Marc Aurel und Feuchterslebens »Diätetik der Seele«.

Nach den Nürnberger Gesetzen war sie, obwohl mit einem »Arier« verheiratet und katholisch getauft, jüdischer Abstammung und daher höchst gefährdet. Ihr Mann war bereits verstorben und so bemühte sich mein Vater sofort nach dem »Anschluß«, sie in Sicherheit zu bringen. Zunächst wurde an Auswanderung gedacht, aber das hat sie, wie sie sich ausdrückte, entschieden »refüsiert«. Auch weigerte sie sich, irgendeinen Exoten – konkret vorgeschlagen wurde ein Bulgare – pro forma zu heiraten, um einen ausländischen Paß zu bekommen. Es war einfach nichts mit ihr zu machen, die immer drohender werdende Gefährdung schien sie überhaupt nicht zu tangieren; sie, die immer ein wenig unter einer Glasglocke gelebt hatte, nahm die Existenz des Dritten Reiches einfach nicht zur Kenntnis.

Also entschloß man sich auf Initiative meines Vaters, als letzte Rettungsmöglichkeit ein Abstammungsverfahren zu beantragen. Es gab eine Reihe von Zeugenaussagen, die erklärten, daß ihr Vater an der Paralyse, Folgekrankheit der Syphilis, gelitten habe und an dieser Pest des 19. Jahrhunderts früh verstorben war. Die Kinder seien nicht von ihm. Es gab noch Hauspersonal von dereinst, das bescheinigte, daß die schöne Urgroßmutter

Anna Verehrer, das heißt mögliche Väter ihrer Kinder, gehabt habe. Die Vermutung einer außerehelichen Vaterschaft sei schon seit jeher kolportiert worden. Auf diese Aussage gestützt, beantragte mein Vater beim Reichssippenamt eine Überprüfung der Abstammung. Das laufende Verfahren bot vorläufigen Schutz und bewahrte sie fünf Jahre lang vor dem Schlimmsten. Endlich wurde Großmama 1943, in jenem Jahr, in dem ich dem Ersatztruppenteil in Wien-Kagran zugeteilt war, zu einer Untersuchung in das Anthropologische Institut der Universität Wien vorgeladen, das im obersten Geschoß des Naturhistorischen Museums untergebracht war. Sie wünschte, von mir und selbstverständlich auch von Loni begleitet zu werden. Als wäre es gestern geschehen, sehe ich uns noch die mir endlos scheinenden Stiegen ins höchste Geschoß hinaufsteigen. Ich versuchte meine Erregung nicht merken zu lassen. Ich weiß nicht, ob Großmama erfaßt hatte, daß es um ihr Leben ging, jedenfalls war sie vollkommen ruhig, als ob sie das Ganze nichts anginge. Oben hatte ein Dozent, der, glaube ich, Geier hieß, seinen Arbeitsraum. Der Dozent war von besonderer Höflichkeit. Er wies Großmama einen Sessel zu und begann, ihren Kopf nach verschiedenen Richtungen zu vermessen. Dann mußten wir draußen warten, während er ein Gutachten verfaßte, demzufolge der »Längenbreitenindex des Schädels« und verschiedene andere Kriterien es ausschlössen, daß es sich bei der Probandin um eine Jüdin handle. Der Dozent war höflich, sachlich und verhielt sich so, als ob es sich um die routinemäßige Erhebung eigentlich bangloser Daten, vielleicht die Anzahl der Dioptrien bei Alterssichtigkeit, handle. Die Ungeheuerlichkeit der Nürnberger Gesetze, der Wahn der Rassenlehre, war zum banalen Vollzug mit ein paar Meßinstrumenten gelangt. Ein Hutmacher hätte auch nicht viel anders Maß genommen – und die Alternative hieß Auschwitz.

Einige Monate nach dem Besuch im Naturhistorischen Museum erging ein Bescheid des Chefs der Reichskanzlei an meinen Vater als Antragsteller und an meine Geschwister und mich, in dem es hieß, daß »der Führer und Reichskanzler« uns für »deutschblütig« erklärt habe. Weiter hieß es, daß ich Reserveoffizier werden, jedoch nicht in die Partei und ihre Gliederungen eintreten und auch nicht Berufsoffizier werden dürfe. Man kann sich vorstellen, daß ich dies als eine sehr schmerzliche Einschränkung empfunden habe.

Als ich nach dem Krieg beim Magistrat der Stadt Wien irgendein Dokument benötigte und deshalb einer Art Entnazifizierungsverfahren unterzogen wurde, fragte mich der Beamte: »Na, bei was warn S' denn?« Es hat mir ungeheuren Spaß gemacht zu antworten: »Ich war bei der Wehrmacht.« »Na, na, ich mein', bei der Partei?« »Nein, da war ich bei nichts.« »Aber gehen S'«, insistierte der ungläubige Beamte. »Sagen Sie's doch, da ist doch nichts dabei!« Und ich konnte ihm wahrheitsgetreu erwidern: »Ich durfte ja gar nicht.«

Großmama hat in Wien überlebt. Viele unserer Familie mußten Österreich verlassen. Freunde sind verschwunden. Ihre Tochter Marianne, mit Rudolf von Gutmann verheiratet, ihre Tochter Susanne, mit Baron Peter Dóczy verheiratet, mußten auswandern. Alle diese Ungeheuerlichkeiten sind irgendwie an ihr abgeprallt, wurden von ihr einfach nicht zur Kenntnis genommen. Sie hat sich eigentlich nie gefürchtet. Sie war das Gegenteil von arrogant, das Gegenteil von versnobt, aber sie war stolz. Und sie hat in manchen Dingen großes Glück gehabt.

So hatte sie zum Beispiel aus Südtirol eine Köchin namens Moidl Winkler nach Wien mitgenommen. Es war bekannt, daß meine Großmutter schöne Bilder aus der Ferstelschen Sammlung besaß. Eines Tages, noch vor Ende des Abstammungsverfahrens, standen zwei SS-Männer vor der Tür und begehrten die Kunstgegenstände zu sehen, offensichtlich in der Absicht, sie zu konfiszieren. Während sie noch in der Türe standen, kam Moidl zufällig dazu und erkannte einen der SS-Männer: »Dich kenn' ich, du bist ja der Auer aus Neustift.« Er war, wie Moidl wußte, wegen Bigamie gesucht worden. Die Männer machten kehrt und kamen nie wieder.

Onkel Rudi

Nach meiner Promotion zum Dr. juris (utriusque, wie es damals noch hieß) arbeitete ich ein Jahr als Volontär bei der Banque des Pays de l'Europe Centrale in Paris, dem Hauptsitz der Länderbank – Wien war seit 1918 nur eine Filiale –, und lernte dort vor allem den internationalen Devisenhandel, das Geschäft der Arbritageure, kennen, mit Kommunikations- und Recheneinrichtungen, die für heutige Begriffe vorsintflutlich waren. Diese Chance hatte mir eine Cousine verschafft, die mit einem Direktor befreundet war. Ich mußte mit wenig Geld auskommen, die Hälfte von der Bank, die andere von meinen Eltern.

Im Herbst 1937 bekam ich eine Stelle bei der Mercurbank, einem mittelgroßen Institut in Wien. Man erwartete sich einiges von mir und bot mir das für einen 24jährigen recht ansehnliche Gehalt von 400 Schilling, nach Steuer und Sozialversicherung immer noch 358. Der Personaldirektor, über dessen Kopf hinweg ich engagiert wurde, war wütend und ließ mich das, so oft es ging, auch fühlen.

Ich war zunächst im Kassensaal beschäftigt. Eines Tages wurde ich zu meinem Chef, dem Prokuristen Aufricht, gerufen, der mir mit einem sonderbaren Blick den Telefonhörer übergab. Ich sprach nur ganz kurz und wollte gehen; Aufricht hielt mich zurück. »Der Anruf war vom Bankhaus Gutmann, haben Sie eine Beziehung dorthin?«

»Es war die Sekretärin von Herrn Rudolf von Gutmann.«

»War es eine gute Nachricht?«

»Es war eine Einladung. Herr von Gutmann ist mein Onkel.«

Herr Aufricht rang nach Luft. »Herr von Gutmann Ihr Onkel, Ihr Onkel! Großer Gott, sind Sie herauswattiert mit der Verwandtschaft!«

Diese Geschichte mußte ich Rudolf oft erzählen. Dieser Onkel, den ich sehr verehrte, war mit der jüngsten und Lieblingsschwester meiner Mutter, Tante Marianne, verheiratet. Er verdient es, näher beschrieben zu werden. Alles in allem: ein Leben, wie es kaum mehr eines geben wird und das in aller Sonderbarkeit ein zwar kleiner, aber doch ein Teil der gesellschaftlichen und kulturellen Wirklichkeit Österreichs war. Eine Wirklichkeit, die manches, nicht jedes, heute verbreitete Klischee vom antisemitischen Österreich Lügen straft.

Der Lebensstil der großen jüdischen Familien in Österreich hatte sich im Laufe des 19. Jahrhunderts weitgehend dem des hohen und vermögenden Adels angeglichen: beide waren einander sozusagen auf halbem Weg entgegengekommen. Während die Aristokratie, soweit sie neben bedeutendem Grundbesitz über Geldvermögen verfügte, sich – spät genug – industriell zu betätigen begann, zog es die großen jüdischen Familien zum Grundbesitz und der damit verbundenen Lebensweise. Ein Beispiel: Rudolf und sein älterer Bruder Max besaßen allein auf dem Gebiet der heutigen Republik Österreich die Herrschaften Rottenmann-Strechen, Gföhl und Kalwang; zusammen an die 50 000 Hektar. Der Lebensstil spiegelt sich auch in den ehelichen Verbindungen wider: Rudolfs Schwestern wurden durch ihre Ehen Comtesse de Fitz-James, Lady Montefiore und Fürstin von Liechtenstein. Die Gutmanns dürften nach dem Kaiser und den Rothschilds wahrscheinlich das drittgrößte Vermögen im Land besessen haben. Rudolf von Gutmann war sicher einer der reichsten Männer Österreichs, ein bedeutender Kunstsammler, Gutsbesitzer in der Steiermark, Jäger und Heger.

Wie war dieser enorme Reichtum entstanden? Rudolfs Vater, Wilhelm von Gutmann, erzählt es in seinem 1891 als Manuskript gedruckten, 1911 als Neudruck nach der Originalausgabe bei Gerold erschienenen Buch »Aus meinem Leben«. Seine Vorfahren hatten es in den engen Grenzen, die ihnen durch das Gesetz gezogen waren, zu einigem Vermögen gebracht; der Vater verlor es, »nachdem er nahezu vierzig Jahre als angesehener, wohlhabender, industrieller Kaufmann gelebt hatte, durch plötzliche Mißerfolge« und starb bald darauf.

Wilhelm, 1827 geboren, war »mit zwölf Jahren verwaist, die Mutter erhielt unter großen Opfern und mit äußerster Anstrengung die Familie; sie trachtete einen kleinen Teil des Geschäftes zu erhalten und sich die Mittel dadurch zu verschaffen, daß sie die zurückgebliebene reiche Bibliothek meines Vaters, ihren Schmuck und die Silbergerätschaften bis auf das Unentbehrlichste veräußerte. Die Einschränkungen trafen zumeist die Person meiner Mutter, während sie für uns, ihre Kinder, namentlich soweit es die physische Pflege und den Unterricht betraf, es an nichts fehlen ließ.«

Der Achtzehnjährige mußte sich einer Erwerbstätigkeit widmen, »contre cœur«, wollte er doch lieber ein wissenschaftliches Studium beginnen. »Gegen commerzielle Tätigkeit«, so schreibt er, »hatte er eine innere Aversion, es fehle ihm jede theoretische kaufmännische Bildung, er habe nur sehr geringe Geldmittel und besaß keine Empfehlung an maßgebende Persönlichkeiten – er habe nur eine bewegende Kraft: den Drang nach Unabhängigkeit.« Zunächst erlitt er einen Mißerfolg nach dem anderen, bis er endlich, tief enttäuscht, 1849 »auf eigene Rechnung ein Gypsgeschäft errichtete und diesem Artikel bald auch

Kohle hinzufügte, jenen Artikel, der für mein äußeres Leben so bedeutungsvoll werden sollte«. Das war die Geburtsstunde des größten Kohlenimperiums von Österreich-Ungarn.

In den Jahren 1850, 1851 setzen die einander wechselseitig bedingende Industrialisierung und der Eisenbahnbau mit vermehrter Kraft und zunehmender Geschwindigkeit ein. Die Industrie begann sich auf Kohlenfeuerung einzustellen. Die nordmährischen Kohlenreviere, noch ganz schwach entwickelt, waren nicht ausreichend lieferfähig, die Eisenbahnen hatten nicht genügend Transportkapazität, der Kohlenpreis war daher hoch. Es mußte aus Preußisch-Schlesien importiert werden, woraus sich Konflikte ergaben: Gutmann ruiniere die österreichische Steinkohlenindustrie. Die »Baron Rothschild'schen Beamten in Witkowitz waren meine größten Gegner«. Aber seine unternehmerische Energie war nicht mehr aufzuhalten: 1852 hatte er schon die Kaiser-Ferdinands-Nordbahn (deren größter Aktionär die Rothschilds waren), die Donaudampfschiffahrtsgesellschaft, die Staats-Eisenbahn-Gesellschaft, die Englische Gasanstalt und zahlreiche Zuckerfabriken als Kunden. Wilhelm nahm seinen Bruder als Partner in das rasch wachsende Unternehmen, das fortan Gebrüder Gutmann hieß.

Man begann die Kohle als Brennstoff für den Haushalt, den Hausbrand, zu propagieren; eine verläßliche Vertriebsorganisation mit Zustellung in die Wohnung, den Keller oder auf den Dachboden wurde in Wien, Budapest und Brünn aufgebaut. 1865 brachte den Beginn der Geschäftsverbindung mit Baron Anselm Rothschild. Die herausragende Stellung der Familie wird in den Worten sichtbar: »Es war diese (Verbindung) geeignet, unser Selbstgefühl wesentlich zu erhöhen und damit unser Entwicklungsvermögen expansiver zu gestalten.«

1867 wurde der Steinkohlenbergbau Orlau-Lazy vom

Erzbistum Olmütz gepachtet und 1877 erworben; mit den Herren von Kuffner wurde eine Zuckerfabrik errichtet, gemeinsam mit Schoeller, Springer und Todesco wurden ärarische Gründe in Ungarn und Galizien erworben – der Staat war nach der Niederlage von 1866 zu Privatisierungen geneigt und wohl auch genötigt. 1872 erwarben die Gutmanns den »halben Besitz an dem Rothschild'schen Eisenwerk Witkowitz, das sich in sehr vernachlässigtem Zustand befand«. Daraus entstand in erstaunlich kurzer Zeit eines der größten europäischen Unternehmen der Eisen- und Stahl-Industrie, 1891 mit mehr als 9000 Arbeitern, am Höhepunkt an die 40 000 – bis zur Enteignung durch die Nationalsozialisten ausschließlich im Eigentum zweier Familien.

In ein paar Jahrzehnten – kaum mehr als ein Vierteljahrhundert – bildeten die Gutmanns eines der größten industriellen Vermögen Österreich-Ungarns, das zahlreiche Unternehmen der verschiedensten Zweige umfaßte. Das Bankhaus, das ihren Namen trug, war nur für die Familie und die ihr gehörenden Unternehmen bestimmt. Dem Sozialwesen wurden entgegen dem häufig gezeichneten Bild des voll entfalteten »Hochkapitalismus« dieser Zeit Aufmerksamkeit und beträchtliche Mittel gewidmet. »Um alle diese (industriellen) Leistungen erbringen zu können«, schreibt Wilhelm, »war ein tüchtiges Arbeiterpersonal notwendig. Der grosse Mangel an Wohnungen für dasselbe führte zu Errichtung einer kleinen Arbeiterstadt, welche heute schmuck und rein, sich um eine Kirche und Pfarrhaus gruppierend, nach vielen Richtungen eine Mustercolonie genannt werden kann … An unseren Schulen wirken elf Lehrer und dreizehn Lehrerinnen … die Mädchenschule und den Kindergarten leiten Klosterfrauen … eine Fortbildungsschule für den gewerblichen Unterricht, kostenlose Gelegenheit, … Pflanzstätte für künftige Meister und Vorarbeiter … Werksspital … Siechenhaus

... in häuslicher Pflege befindliche werden unentgeltlich durch drei Werksärzte behandelt und mit Medicamenten versorgt ... eine auf modernen Principien aufgebaute Bruderlade gewährt ... Unterstützung in Krankheitsfällen, die Ansammlung eines Capitals für Fürsorge für die Hilflosigkeit des Alters auf Werkskosten durchgeführte Selbstversicherung gegen Folgen von Unglücksfällen ...«

Rudolf wurde 1880 als zweiter Sohn (nach dem erstgeborenen Max) des mittlerweile in den Ritterstand erhobenen Wilhelm von Gutmann geboren. Seine Mutter, zweite Frau des verwitweten Vaters, war Ida Baronin Wodianer, aus einer Bankiersfamilie. Für die Arbeit im Unternehmen wurde in erster Linie der ältere Sohn herangezogen. Rudolf, nicht ausgelastet, begann sich für Kunst zu interessieren und in der Albertina einem ernsthaften Studium der graphischen Kunst zu widmen. Der eigentliche Anfang seiner Sammlertätigkeit war ein wichtiger Kauf: Noch nicht dreißig Jahre alt, erwarb er im Mai 1909 und Mai 1910 die Sammlung des böhmischen Industriellen Baron Adalbert von Lanna, eine der bedeutendsten für Graphik und Zeichnungen Alter Meister mit Werken von Dürer, Cranach, Rembrandt. Von da an ließ ihn die Sammlerleidenschaft nicht mehr los. Zwischen 1900 und 1938 entwickelte er sich zu dem heute erloschenen Typ des universalen Sammlers, und es entstand ein Kunstbesitz, der nicht einer bestimmten Gattung, Schule oder einem bestimmten Zeitalter galt. Er war von hohen ästhetischen Ansprüchen und einem sicheren Instinkt für Qualität geleitet und wurde von einem der damals besten Kenner alter Graphik beraten, Hofrat Josef Meder, Direktor der Albertina.

»Gleich bedeutend, jedoch nicht gleich streng ausgerichtet«, schreibt Christian Nebehay in seinen Erinnerungen, »war die Bibliothek.« Das Hauptaugenmerk des Sammlers galt kostbaren französischen Büchern des

18. Jahrhunderts in auserlesenen Exemplaren. Nebehay: »Wo immer man das Exlibris des Rudolf von Gutmann antrifft, kann man sicher sein, etwas auserwählt Schönes vor sich zu haben.«

Rudolf Gutmanns zweite Leidenschaft war die Jagd. Noch nicht ganz 25 Jahre alt, konnte er zwei nebeneinander liegende Güter in der Steiermark erwerben und vereinen: Lange Teichen des Baron Haas-Teichen (Eigentümer von Philipp Haas und Söhne) und Kalwang des Grafen Silva-Tarouca, zusammen ungefähr 15 000 Hektar auf beiden Seiten des Tales. Rudolfs Vorbesitzer, Silva-Tarouca, war bekannt für seine botanische Leidenschaft. In Kalwang gab es Glashäuser mit riesigen, mannshohen, sehr alten Azaleen, von denen einige zu Beginn der Blüte nach Wien und auf den Perlhof, wo Rudolf wohnte, transportiert wurden.

Rudolf war mit fünfzig Jahren noch Junggeselle, aber nicht allein. Er hatte in sehr jungen Jahren eine Freundin gehabt, die Zwillinge, zwei Mädchen, gebar. Eine Ehe kam nicht zustande, Rudolf erreichte aber eine Legitimierung seiner Töchter »legitimatio per rescriptum principis« (Papst und Kaiser konnten unehelich geborene Kinder für ehelich erklären), sie erhielten Namen und – anders als bei einer Adoption – Stand (Adel) des Vaters und waren, im konkreten Fall nicht uninteressant, voll erbberechtigt. Sie wuchsen ohne Mutter auf und wurden unter Rudolfs Aufsicht sorgfältig erzogen. Die eine, Leonore (Lorle), heiratete einen Holländer, Joop Thole, mit dem sie fünf Kinder hatte, die andere, Trude, den knapp über zwanzig Jahre alten und für eine Ehe noch nicht reifen, sehr gut aussehenden Wolfgang (Wolli) Ferstel. Tante Marianne wurde also die Schwiegermutter ihres Vetters und die Großmutter ihres Neffen.

Wolli hatte noch keinen Beruf erlernt und bereitete alsbald seinem Schwiegervater große Sorgen. Als ich nach der Matura in Frankfurt einige Wochen in Wien verbrachte, war ich eines Abends bei Wolli und Trude im Palais Gutmann am Beethovenplatz zum Abendessen eingeladen. Trude hatte kurz zuvor einen Sohn geboren und blieb zu Hause, als Wolli mich nach zehn Uhr in die Femina-Bar mitnahm. Die Revue ging zu Ende, die schönen Tänzerinnen erschienen in der Bar, und die Lebemänner trafen ein. Mit Bewunderung genoß ich den Empfang, der Wolli dort beschieden war – so tritt ein Mann von Welt in einem Nachtlokal auf, fand ich, siebzehn Jahre alt und zum ersten Mal in einem Etablissement dieser Art.

Damit Rudolf Tante Marianne heiraten konnte, mußte erst eine seit Jahrzehnten bestehende Verbindung, die auf sonderbare Weise zustande gekommen war, gelöst werden. Ein etwas geistesschwacher Halbbruder, Moritz, hatte ein Verhältnis mit einem Fräulein Mitzi Samek, einer sehr reizvollen Zirkusprinzessin, die sich eines Tages von einem Mann namens Gutmann, jedoch keinem Verwandten, adoptieren hatte lassen und fortan durchaus legal Gutmann hieß, was Außenstehende vermuten ließ, Moritz habe sie geheiratet. Die Folgen für ihre Kreditwürdigkeit bei Juwelieren und anderen Lieferanten kostspieliger Waren lassen sich denken. Um diesem unerwünschten Zustand ein Ende zu bereiten, wurde Rudolf beauftragt, mit der Dame über eine Beendigung ihrer Liaison mit Moritz, selbstverständlich gegen eine großzügige Abfindung, zu verhandeln. Das überraschende Ergebnis der Verhandlung war, daß die junge Dame die Geliebte Rudolfs wurde, ein weiterer erfolgreicher Schritt in ihrer Karriere, aber nicht der letzte. Rudolf, noch sehr jung an Jahren, hatte keineswegs den Wunsch, sie zu ehelichen. Ihr im Wege der Adoption erworbener neuer Familienname wurde von ihm als störend empfunden. Er fand einen Baron Bolschwing, der bereit war, Mizzi gegen ein entsprechendes Entgelt zu heiraten und sogleich zu verschwinden. Nun war sie die Baronin Bolschwing, »maîtresse en titre« eines sehr kultivierten und reichen Mannes, erhielt ein Haus in Wien, die Villa Diana in Kalwang, hatte ausreichendes Hauspersonal und entfaltete ein reges gesellschaftliches Leben, gab Diners und Jagden. Das *Salonblatt* der dreißiger Jahre berichtete gern und ausführlich darüber.

Onkel Rudolf und Tante Marianne heirateten im Herbst des Jahres 1930. Sie lebten am Perlhof, einem Besitz am Gießhübl bei Wien, den Rudolf vor vielen Jahren erworben hatte. Ein reizendes, nicht allzu großes Haus aus dem 18. Jahrhundert, das der Witwe eines hohen Offiziers gehörte, die sich das lebenslange Wohnrecht vorbehielt. Ein Reitplatz wurde errichtet, ein Pferdestall war vorhanden, ein kleiner Teepavillon wurde gebaut, ein Badezimmer, ein Schlafzimmer kamen hinzu, ein Garten wurde angelegt, die barocken Gartenfiguren aus Leopoldskron wurden aufgestellt und so ging es weiter, bis im Laufe der Jahre ein großes Haus entstanden war: der neue Perlhof. Marianne mochte ihn nicht sehr – es waren zu viele Erinnerungen an Rudolfs Vergangenheit damit verbunden. Als die alte Dame starb, wurde der alte Perlhof bezogen: ein bezauberndes kleines Haus, mit wunderschönen, hauptsächlich französischen Möbeln eingerichtet.

Sehr bald setzte die große Wirtschaftskrise der dreißiger Jahre ein. Witkowitz bekam sie empfindlich zu spüren. Der ungeheuer aufwendige Lebensstil mußte eingeschränkt werden, was Mariannes Intentionen entgegenkam. Die Erhaltung von Kalwang war teuer, jedenfalls in der Art, wie Rudolf den Besitz führte: mit 25 Jägern, mit vielen Gärtnern. Marianne überredete ihren Mann zum Verkauf an seinen Schwager, den regierenden Fürsten Franz von Liechtenstein, der mit Rudolfs Schwester Elsa verheiratet war. Der Preis war eine Million Dollar – im Jahre 1933 oder 1934 viel Geld für einen ertraglosen Forstbesitz, dennoch in keiner Weise den heutigen Relationen entsprechend. Für die Familie Liechtenstein ein sehr günstiges Geschäft.

In der entsetzlichen Nacht des »Anschlusses« flohen Rudolf und Marianne über die mährische Grenze nach Feldsberg, einem Liechtensteinschen Schloß, und von dort in einigen Etappen in der Schweiz und in Portugal nach Kanada. Sie erwarben auf der Insel Victoria, im Pazifik vor Vancouver gelegen, eine Farm und führten ein recht bescheidenes Leben. Ich habe sie 1963 besucht. Wie kam Rudolf auf die Idee, sich dort anzusiedeln? Er hatte als junger Mann eine Jagdexpedition in das damals noch recht unbekannte Alaska unternommen, in Vancouver ein Schiff gechartert, war mit Wissenschaftlern und steirischen Jägern, ohne weibliche Begleitung, fast ein Jahr lang in Alaska unterwegs und kam mit einer Reihe interessanter Trophäen zurück. Es gibt einen bebilderten Bericht über dieses Unternehmen, heute alltäglich, aber vor fast hundert Jahren eine Neuheit.

All das, der Luxus, die Maîtressen, die Jagdexpedition, hat den unangenehmen Beigeschmack von Auswüchsen des allzu großen Reichtums, der Maßlosigkeit, der Verschwendung. Aber man würde Rudolf und seinen großen menschlichen Qualitäten damit nicht gerecht, man täte ihm Unrecht, ließe man es dabei bewenden. Er empfand sehr deutlich die sozialen Verpflichtungen des Reichtums: Der Bau des Krankenhauses in Kalwang ist nur ein Beispiel dafür. Unzähligen Hilfsbedürftigen hat er geholfen. Noch als buchstäblich ausgeplünderter Emigrant – sein Kunstbesitz war von den Nazis sorgfältig inventarisiert, verpackt und für Bonzen wie Göring abtransportiert worden – erreichte er mit Hilfe eines Anwalts und ein paar Vermögenswerten, die den Nazis entgangen waren, daß seine pensionierten Privatangestellten, mehr als dreißig an der Zahl, auch weiterhin ihre Pensionen erhielten. Die Sozialeinrichtungen von Witkowitz – Kindergärten, Schulen, Krankenhäuser, Altersversorgung, Freizeitgestaltung, Sportstätten – waren frühzeitig ausgebaut worden und galten als vorbildlich. Auch in den vom mosaischen Glauben völlig emanzipierten, nicht nur assimilierten, sondern in die Oberschicht integrierten Juden wirkte des Moses Gesetz vom Zehnten fort. Wohltätigkeit zu üben war ein lebendiges ethisches Postulat.

Nach dem Krieg kehrten Rudolf und Marianne zu einem kurzen Besuch in das befreite Österreich zurück; leben wollten sie hier nicht mehr. Es war nicht so sehr der verletzte Stolz, sondern eine verwundete und verstörte Seele, die ihm eine Fortsetzung seines Lebens in Österreich unmöglich machte. Er hatte mit der alten Heimat abgeschlossen. Sie kehrten nach Kanada zurück, wo Rudolf 1966 im hohen Alter von 86 Jahren starb.

Von Wien nach Frankfurt

Im Sommer 1928 folgten wir, unsere Mutter mit uns drei Kindern, fünfzehn, dreizehn und zehn Jahre alt, unserem Vater nach Frankfurt am Main. Zurück blieb unsere sehr geliebte, unendlich gute Kinderfrau, das Fräulein Anna Dausek. Sie blieb jedoch in der Familie und übersiedelte zu unserer Cousine Annemarie Sacken, die jung verheiratet war und zwei kleine Töchter hatte. Dort wurde sie das »Leili«, bei uns war sie »das Fräulein« gewesen. Noch Jahre später, schon weit über siebzig Jahre alt und längst im Ruhestand, betreute sie uns in Wien. Sie war einer der gutmütigsten, selbstlosesten und unschuldigsten Menschen, die es je gab. Ihr Vater war ein »Pompfüneberer« gewesen; von ihm hatte sie ihr geradezu leidenschaftliches Interesse an Leichenbegängnissen und den sachkundigen Blick, der sie sogleich die Klasse des Begräbnisses erkennen ließ. Schon von weitem, wenn die wehenden schwarzen Federbuschen der Wagenpferde sichtbar wurden, wußte sie, ob es sich um ein wirklich feines oder ein eher gewöhnliches Leichenbegängnis handelte. Da gab es Konflikte mit meiner Mutter, die es ungehörig fand, Leichenzüge zu begaffen und ein striktes Verbot erlassen hatte, das in direktem Widerspruch zu den ausgeprägten Neigungen unseres Kinderfräuleins stand. Gemäß ihrer Herkunft aus dem überwiegend christlichsozialen Kleinbürgertum, so wie es manche Politologen und Zeitgeschichtler beschreiben, hätte sie Antisemitin sein müssen.

Das Gegenteil war der Fall: Selbst das Wort Jude oder jüdisch war tabu, es schien zu sehr mit antisemitischen Gefühlen verbunden; es mußte heißen: Israelit oder mosaisch. Das wurde uns eingeprägt als Folge ihres Menschenbildes – weiß Gott, woher sie es hatte –, das jede ethnische oder gar »rassische« Diskriminierung untersagte. Wahrscheinlich war es freimaurerischen Ursprungs: ein Hauch von »Zauberflöte« im Kinderzimmer. Sie war sehr prüde; Wörter, die ihr unanständig erschienen, wurden durch »Lala« ersetzt. Daher lautete der Titel des Buches »Ben Hur« »Ben Lala«. Literatur war nicht ihre Stärke. Eine wie sie meinen die Verse von Anton Wildgans:

»Manche freilich haben ohne
Haß dem eigenen Leben entsagt.
Waren Mutter an fremdem Sohne,
Tragen eine heimliche Krone
Wie Maria, die Magd.«

Mit uns kam die gleichfalls geliebte Josefine, ein slowenisches Stubenmädchen, eigentlich eine Kammerjungfer, die meine Mutter in die Ehe mitgebracht hatte.

Frankfurt war eine Stadt, in deren Kern das Mittelalter noch gegenwärtig war. Von keinem Barock überwältigt, führten die engen Gassen mit den schmalen Fassaden der Bürgerhäuser zum Römerplatz mit dem alten Rathaus, dem Römer, in dem seit der zweiten Hälfte des 16. Jahrhunderts die Kaiserkrönungen des Heiligen Römischen Reiches stattgefunden hatten. Der Platz sah noch immer aus, wie ihn Goethe in »Dichtung und Wahrheit« beschrieben hatte. Frankfurt war jahrhundertelang eine freie Reichsstadt gewesen, eine Bürgerstadt, deren Bürger, ihrer Reichsfreiheit bewußt, den Einzug des preußischen Heeres im Jahre 1866 mit geschlossenen Fensterläden erwartet hatten. Eine Stadt der Bankiers und Händler vorwiegend evangelisch-reformierter, also calvinistischer Konfession, mit einem weitgestreuten Netz internationaler Beziehungen, mit bedeutenden Privatvermögen, die in eleganten, nach außen eher bescheiden wirkenden Häusern inmitten französischer Möbel und fernöstlicher Keramik lebten. Die Familie der Freiherren von Bethmann, ungekrönte Könige der Frankfurter Gesellschaft, bewohnte die bezaubernde barocke Villa Ariadne, in einem großen Park gelegen, mit einem Pavillon für Thorwaldsens Marmorstatue der Ariadne, oder ein nahegelegenes Landschloß des 18. Jahrhunderts, »die Louisa«. Ihr Bankhaus spielte im 18. und 19. und noch zu Beginn des 20. Jahrhunderts eine führende Rolle im Emissionsgeschäft und somit in der Staatsfinanzierung. Das gleichfalls aus Frankfurt stammende Haus Rothschild war der Erzrivale. Nach dem preußisch-französischen Krieg fand in der Bethmannschen Villa ein Ball statt, den die drei Kaiser von Österreich, Rußland und des neu entstandenen Deutschen Reiches durch ihre Anwesenheit auszeichneten.

Mein Bruder und ich wurden von unserer Mutter im Lessing-Gymnasium angemeldet. Die deutschen Gymnasien hatten neun Schuljahre, sie begannen mit der Sexta; Quinta, Quarta, Untertertia, Obertertia, Unter- und Obersekunda, Unter- und Oberprima folgten. Bei der Einstufung in die Schulklassen gab es erste Erfahrungen. Bei mir hieß es: Er hat das fünfte Jahr Latein beendet; um ihn nicht zu überfordern, geben wir ihn in das laufende fünfte Jahr, die Obertertia. Dann hätte ich noch vier weitere Schuljahre zu absolvieren gehabt, also mit neunzehn Jahren das Abitur gemacht, zwei Jahre später als in Wien. Meine Mutter berief sich auf die hervorragende Qualität der österreichischen Schulen und bestand auf einer Aufnahmeprüfung. Diese wurde auf Latein und Griechisch beschränkt und schloß glücklicherweise Mathematik nicht ein. Das Ergebnis war, daß ich um zwei Jahre höher, also in die Obersekunda, eintrat. Ein Mitschüler, Sohn des Schweizer Althistorikers Mathias Gelzer, Ordinarius für alte Geschichte an der Frankfurter Universität, und ich waren die beiden jüngsten und besten Schüler. Das verdankte ich dem großartigen Schottengymnasium in Wien. Die beiden Schulen wirkten auf sehr verschiedene Weise. Die eine, im Geiste des Benediktinerordens, erzog weltzugewandte, tolerante Katholiken – es war noch ein paar Jahre vor der großen Reform innerhalb des Ordens –, durchaus im Sinne des benediktinischen »ora et labora«. Der in der Taufe verliehene »character indelebilis« wurde bewußt gemacht. Die Gewißheit, der römisch-katholischen Kirche anzugehören, genauer: ihr unentrinnbar zu gehören, hat mich in allen Phasen wechselnder Glaubensintensität niemals verlassen. Die milde, aber unantastbare Autorität der Mönche, die unsere Lehrer waren, hatte eine so stark prägende Wirkung, daß es mir noch heute unmöglich erscheint, den Rang des Priestertums, als Beruf wie auch von seiner Weihe her, in Frage zu stellen.

Den Geist der Schotten und die Individualitäten der Patres sehe ich noch deutlich vor mir: P. Vincenz Blaha, Mathematik und Physik unterrichtend, mit seinem messerscharfen Verstand und spöttischen Witz, Kopfstücke austeilend, mit leicht nasalem und durchaus freundlichem Tonfall uns »Trottel, schlampiges Aas« titulierend, oder P. Erembert Fries, der Lateiner, mit strahlend blauen Augen, milde und meditativ-verträumt, in sonderbarem Kontrast zur Präzision und Eleganz der lateinischen Grammatik und Syntax, ohne die ich niemals Deutsch erlernt hätte – wenn das zu behaupten nicht schon eine Anmaßung ist. P. Hermann Peichl, Religionsprofessor, unser Katechet, galt als Mönch der strengen Observanz. Uns die Liturgie verstehen machen war ihm wichtig und verhalf uns dazu, den Gottesdienst als heiliges Kunstwerk, als ästhetisches und mystisches Ereignis zu erleben. P. Hermann wurde im Zuge der Reform des Ordens in den dreißiger Jahren erst Abt-Koadjutor »cum jure successionis« – grausam für den entmachteten Vorgänger –, dann Abt des Schottenstiftes. Ich besuchte ihn fünf Jahre nach meinem Ausscheiden aus der Schottenschule, 1934, nach der Ermordung des Bundeskanzlers Dollfuß. Er duzte mich noch immer und fragte mich nach meiner politischen Einstellung, war zufrieden mit der Antwort und sagte abschließend: »Wer mit den Nationalsozialisten auch nur im geringsten sympathisiert, hält es mit der Gruppe der Mörder.« P. Erembert Fries, der Sanfte, wurde nach der Reform Weltpriester, Vincenz Blaha nach der Schließung des Klosters durch die Nazis Pfarrer in Gumpendorf. Nach der Befreiung 1945 wurde er Direktor des wiedererstandenen Gymnasiums und bekam den Titel Hofrat, wahrscheinlich als Trostpflaster für die erlittene Unbill. Er traute Helga und mich und taufte unseren älteren Sohn. Ich wäre sehr gekränkt gewesen, hätte er mir nicht noch immer Du gesagt. Bei allen Lehrern, die ich bei den Schotten hatte, war die Treue zu Österreich, der alte Auftrag aus der Zeit der napoleonischen Kriege, unverrückbar spürbar.

Aus der klösterlichen Atmosphäre des im frühen Biedermeier von dem berühmten Architekten Kornhäusel teilweise umgebauten und im wesentlichen neuerbauten Schottenstiftes mit seinen stillen Höfen und alten Bäumen kam ich also in das (städtische) Lessing-Gymnasium in Frankfurt am Main. Dort herrschte, seinem Namenspatron gemäß, der Geist der deutschen Aufklärung. Das Gebäude war kurz vor der Jahrhundertwende etwas außerhalb des Stadtzentrums aus dem roten Sandstein des Spessart gebaut worden, leicht gotisierend; »Non scholae sed vitae« stand über dem Torbogen der Hofeinfahrt. Der Direktor Ernst Majer-Leonhard, noch nicht vierzig Jahre alt, war Altphilologe und Archäologe. Er war ein außergewöhnlicher, geradezu leidenschaftlicher Pädagoge, mein Klassenlehrer (-vorstand) und Griechischprofessor. Ich hatte eine Klasse mit etwa vierzig Schülern bei den Schotten verlassen und kam in eine mit siebzehn. Majer-Leonhard hatte den Griechischunterricht modernisiert: dreimal in der Woche ein Zweistunden-Block. Die Klasse war in vier Gruppen geteilt, die nicht denselben, sondern aufeinanderfolgende Texte zu präparieren hatten, so daß viermal so große Stücke des Werkes gelesen werden konnten. Damit kam eine neue Gewichtung von Sprachunterricht und Literatur zustande. Wir konnten in weit kürzerer Zeit einen Dialog des Plato oder eine Sophokleische Tragödie lesen und als Kunstwerk, nicht als sprachlichen Steinbruch für Übungszwecke erfassen.

Immer wieder wurde uns Archäologie nahegebracht: Architektur, Bildhauerei und Vasenmalerei begleiteten den Griechischunterricht. Als Majer-Leonhard von meiner mentalen Abwesenheit in den Chemiestunden erfuhr, schlug er mir folgenden Handel vor: Ich wurde von Chemie und Physik dispensiert, mußte mich aber verpflichten, während mindestens der gleichen Anzahl von Stunden im Archäologischen Institut der Frankfurter Universität griechische Vasenmalerei zu studieren und darüber ein Referat zu halten. Das geschah. Im Rückblick scheint mir das Aufeinanderfolgen des soliden grammatikalischen Fundaments, das bei den Schotten gelegt worden war, und der lockeren Art des Lessing-Gymnasiums, mit der griechischen Kultur umzugehen, als geradezu ideale Verbindung. Majer-Leonhard war eine Art Winckelmann des 20. Jahrhunderts, »das Land der Griechen mit der Seele suchend«, in der Weimarer Republik ein sonderbar rührendes Unterfangen. Er hatte mich besonders gern, was mir die Verspottung als sein »pais kalos« eintrug. Er sprach immer wieder vom »Eros« zwischen

Lehrer und Schüler als Grundlage humanistischer Erziehung. Ich hielt ihm den ökonomischen Sachverhalt entgegen: Schulgeld gegen Wissensvermittlung, nicht weil ich unbedingt daran glaubte, sondern um ihm zu widersprechen. In Wahrheit verdanke ich diesem hervorragenden Lehrer sehr viel. Noch immer gehören Chorlieder der Sophokleischen Tragödien für mich zum Höchsten, was Dichtung je hervorgebracht hat, noch immer erfüllen mich »aktis aeliou« oder »eros anikate machan« mit ehrfürchtigem Schauder, noch immer erinnere ich mich an die Methode, wie man die schwarz- oder die spätere rotfigurige Vasenmalerei datiert und vor allem als kunstgewerbliche Reproduktion einer untergegangenen großen Malerei versteht, noch immer ist der Peloponnesische Krieg für mich eine der großen Tragödien der menschlichen Geschichte.

Die Schule spielte Theater in den antiken Sprachen. Mein Bruder Wolfgang gab den König Kreon in einer Aufführung der »Antigone«. Es war ein großer Erfolg. Die Truppe gastierte in einer Reihe von Städten in der hessischen Nachbarschaft und im Rheingau. Ich hingegen spielte einen fast stummen Sklaven in einer Komödie des Plautus und fand keinen Beifall; meine Mutter stellte nach der Premiere fest, noch nie ein ähnliches Antitalent wie mich gesehen zu haben.

Gleich nach Beginn des Naziregimes wurde Majer-Leonhard, dieser großartige Lehrer, gemaßregelt und kaltgestellt.

Im Geschichtsunterricht wurde ich zum österreichischen Patrioten. Der Aufstieg Preußens auf Kosten Österreichs, die Schlesischen Kriege, die nichts anderes waren als territoriale Raubzüge Friedrichs II., empörten mich. Diesen König den Großen zu nennen weigerte ich mich standhaft. Ich bewunderte die tapfere und starke Kaiserin im Kampf gegen den Usurpator, der das Heilige

Römische Reich, vom Hause Österreich seit Jahrhunderten regiert, verriet: all das schuf fast schlagartig ein neues, starkes und anhaltendes Österreichbewußtsein. Mein Bruder fühlte wie ich, im Gegensatz zu unseren Eltern, für die das »eigentliche« Österreich, wie sie es nannten, 1918 untergegangen war. Unser Land war die Republik Österreich, wir waren Österreicher, nicht Deutsche. Nicht Deutscher zu sein, nicht Deutscher sein zu wollen, das wurde ein Teil unseres Selbst, heute nennt man das Identität. Es gab heftige Diskussionen im Geschichtsunterricht. Aber man akzeptierte uns.

Die Schule war ihrem Namensgeber Lessing treu; noch herrschte im Lehrstoff und bei den Lehrern der milde Geist der deutschen Aufklärung. Aber bei den Schülern wurde, unter dem Einfluß der elterlichen Familien, die Realität des Deutschland der späten zwanziger Jahre in ihrer quälenden Zerrissenheit immer deutlicher fühlbar. Das Wort »Aufarbeitung« im heutigen Sinne war noch unbekannt, der geistige Vorgang aber nicht: die Auseinandersetzung mit dem verlorenen Krieg, dem Diktat von Versailles, mit der Erfüllungspolitik der Weimarer Demokratie war in vollem Gange. Die Kriegsliteratur hatte Hochkonjunktur: Ernst Jüngers »In Stahlgewittern« war längst veröffentlicht und wurde mit seinem heroischen Realismus vom nationalen Lager zustimmend aufgenommen und fleißig gelesen. Im Jahr 1928 erschienen »Krieg« von Ludwig Renn; »Jahrgang 1902« von Ernst Glaeser und »Die Katrin wird Soldat« von Adrienne Thomas waren kurz davor herausgekommen. Ein Jahr später, 1929, schlug Remarques »Im Westen nichts Neues« wie eine Bombe ein. Innerhalb eines Jahres eine Million Auflage in deutscher Sprache, in 32 Sprachen übersetzt, der Bestseller der Nachkriegsjahre schlechthin. Ich wurde vom Deutschprofessor beauftragt, ein Referat über Remarques Buch und Ludwig Renns »Krieg« zu halten.

Ich sah in Remarques Buch vor allem die Tragödie einer vom Krieg zerstörten Generation – zerstört, auch wenn sie überlebte. Die Banalität des Grauens, die Erniedrigung des Menschen durch die Routine des Entsetzlichen, das war die eigentliche Botschaft, das Elend der Wehrlosen, war das Thema, ohne jede politische Folgerung. Ganz anders Ludwig Renn; in seinem fast unbeholfen geschriebenen Buch kam immer wieder die politische Absicht zum Vorschein. Es war weit schwächer. Remarque hatte das Kriegstagebuch einer Generation aufgezeichnet, Anklage erhoben, ohne Pathos, ohne Sentimentalität, in der nüchternen Sprache der neuen Sachlichkeit, eine Anklage, gegen die es keine Verteidigung gab. Mein Referat wird reichlich naiv gewesen sein.

Für den Vortrag waren etwa zwanzig Minuten vorgesehen, dann für den Rest der Deutschstunde Diskussion. Sie kam schnell in Gang und wurde heftig; der Deutschprofessor versuchte, sie zu dämpfen, aber vergebens. Der Direktor hatte sich für das Thema interessiert und war gekommen. Er verfügte, daß die Debatte an einem der nächsten Abende fortgesetzt werden sollte. Die gesamte Oberstufe sollte daran teilnehmen, etwas über hundert Schüler. Der Schriftsteller Rudolf G. Binding, der ein Kriegsbuch geschrieben hatte, wurde als Diskussionsleiter gewonnen. Man stritt gar nicht mehr über das Buch, sondern über den Krieg, über das Soldatentum, über das Vaterland, über Deutschland, über den Mythos, über die Heroisierung des Kampfes. Bald war das Deutschland der Weimarer Republik angeklagt, bald das Wilhelminische Kaiserreich. Ein Abgrund wurde sichtbar zwischen »Rechts« und einem Nicht-Rechts. Scharfen Konturen des »Rechts« stand ein diffuses und schon deshalb weit schwächeres »Nicht-Rechts« gegenüber, das ein weites Spektrum politischer Meinungen umfaßte, die von der gemäßigten Mitte bis weit nach links reichten.

Deutschland litt am Vertrag von Versailles, das war begreiflich und darin waren sich alle mehr oder weniger einig. Aber dann schieden sich die Geister. Der soldatische Beruf, die Reichswehr des Generals von Seeckt, das Lob der Härte, die Mannestugend, die bündische Jugend, der Männerbund, der Krieg als Probe des Mannesmutes, gelobt sei, was hart macht, außenpolitische Besorgnis ist Feigheit, Erfüllungspolitik ist Verrat: so lautete das Vokabular. Nichts positiv Griffiges wurde dagegen vorgebracht – das ewige Dilemma der Vernunft; leidenschaftlich war nur die Ablehnung der nationalistischen Rhetorik, der sie nichts entgegenzusetzen wußte, was Emotionen auslösen konnte. Die Ratio hat kein Pathos. Es war ein aufgeregter, aufgewühlter Abend. Binding konnte die Debatte nicht kanalisieren. Spät nachts erklärte der Direktor sie für beendet und bat Binding um ein kurzes Schlußwort. Ergebnis: Er hielt sein eigenes Buch für das beste. So sind Autoren.

Das war ein Bild deutschen Seelenzustands zu Beginn des Jahres 1930, wenige Monate vor der Reichstagswahl, die im September den Nationalsozialisten einen unerwarteten und erdrutschartigen Stimmenzuwachs bringen sollte. Ich hätte über zwei Romane berichten sollen und löste eine tagelange Diskussion aus, die in einem durchaus bürgerlichen Humanistischen Gymnasium die zerrissene Weimarer Republik, ihre gefährlichen und leidenschaftlichen Strömungen sichtbar machte. Ich blieb im Grunde von diesen Konflikten unberührt in einer Art von Beobachterstatus und begriff mit einem Male, daß ich Österreicher und mein Thema das Buch des Remarque war und nicht die deutsche Befindlichkeit. Das deutsche Schicksal war nicht das meinige. Gott sei Dank.

Der Schleier des zivilen Weimar war zerfetzt; was dahintersteckte, wurde wenigstens in ersten Umrissen erkennbar: der beleidigte Nationalstolz, das gedemütigte

Deutschland, das die Niederlage von 1918, die Schande von Versailles nicht ertrug, das Verlangen nach Wiederherstellung des Reiches, seines Heeres, der Stolz auf die Helden, die Glorie des Soldaten, der Mythos von Langemarck, wo 1914 ganze Regimenter von Kriegsfreiwilligen gefallen waren, der Krieg als Vater aller Dinge, das Soldatische als Ort der Nation. Was hatte die Republik dem entgegenzusetzen?

Das war der Boden, in den das Gift des Nationalsozialismus gesät wurde. Die demokratische Weimarer Republik stand dem nationalen Aufbruch seelisch fast wehrlos gegenüber. Diese Weimarer Republik mit ihrem sonderbaren Übergang vom letzten Reichskanzler des wilhelminischen Deutschland, dem Prinzen Max von Baden, zu der Republik des Herrn Ebert. »Herr Ebert, ich lege Ihnen das Deutsche Reich ans Herz!« hatte Max von Baden gesagt. Und Ebert antwortete: »Ich habe zwei Söhne für dieses Reich verloren.« Worte. Dergestalt übernahm der Sozialdemokrat Ebert das Erbe des Reichs, freilich um ihm den Geist der Weimarer Republik einzuhauchen, ein gebändigtes, vom »furor teutonicus« befreites Deutschland, aber keinesfalls ein Deutschland, welches das ihm vorangegangene so haßte, wie die österreichischen Sozialdemokraten das Habsburgerreich gehaßt hatten. Es blieb in Deutschland nur die militante Linke, die sich dem internationalen Kommunismus verschrieben hatte, als kampfbereiter Herd des Widerstands gegen nationalistische Aggressivität. Aber diese extreme Linke war das Schreckbild nicht nur für die deutschnationale Rechte, sondern auch für die im Grunde bürgerliche deutsche Sozialdemokratie, ein Schreckbild, das es abzuwehren galt und das vielen Bürgern nicht nur Zweifel an der Demokratie, sondern auch die Bereitschaft nahelegte, ein gewisses Maß organisierter, militanter Abwehr – in der heutigen Diktion Faschismus – zu dulden.

In der leicht abgehobenen, schöngeistigen Welt eines Humanistischen Gymnasiums in Frankfurt am Main zu Anfang des Jahres 1930 wurden Umrisse einer außerhalb dieser Schulwelt schon existierenden Realität sichtbar, einer aggressiven Realität, gegen die sie nur blasse geistige Waffen bereithielt. Die Zerrissenheit des Deutschland von Weimar wurde mit einem Schlag in einem Schulzimmer wahrnehmbar. Der Direktor sah es deutlich. Wenn ich es später zu interpretieren versuchte: Zwar war das verbrecherische Potential des keimenden Nationalsozialismus damals noch nicht spürbar geworden – seine pompösen Phrasen, und erst recht »Mein Kampf«, das unlesbare Geschreibsel eines Tapezierergesellen, reichten gerade noch für den Spott der Gebildeten –, aber die nationalistische Grundwelle wurde in ihrer dumpfen Gewalt ebenso erkennbar wie die Hilflosigkeit der intellektuellen Abwehr. Es war nicht der kriminelle Nationalsozialismus, der da sichtbar und spürbar wurde, der war noch beschränkt auf Gruppen, die man als Außenseiter empfand und als Randgruppe in Distanz zu wissen glaubte, sondern eine viel breitere nationale Grundwelle, die von »Los vom Diktat von Versailles« bis zum Kampf gegen den Bolschewismus reichte. Es war nicht leicht für den Bürger, dem zu widerstehen.

Im März 1931 legte ich das Abitur ab. Ich war siebzehn Jahre alt und als Abiturient eines neunklassigen Gymnasiums daher sehr jung. Nun mußte ich eine wichtige Entscheidung treffen: einen Beruf wählen oder mich doch wenigstens für ein Studium entscheiden. Ich schwankte zwischen Architektur und Jus. Im letzten Schuljahr hatte ich Le Corbusiers »Vers une architecture« gelesen und war begeistert. Die Beziehung zwischen Architektur und Gesellschaft hat nie aufgehört, mich zu faszinieren. An ihren Bauten kann man die gesellschaftlichen Zustände einer Epoche oft deutlicher ablesen als an ihrer Literatur: die revolutionäre Kraft der Wiener Sozialdemokraten an den Wohnhausbauten der Gemeinde Wien der zwanziger und dreißiger Jahre, ihr Versiegen an der Ausdruckslosigkeit der nach dem Krieg errichteten. Eine psychotechnische Eignungsprüfung hatte ich gut bestanden. Ich war noch nicht wirklich entschlossen und wollte mir möglichst lange beides offenlassen; daher inskribierte ich, um keine Zeit zu verlieren, an der Juridischen Fakultät in Wien und bereitete mich gleichzeitig durch die vorgeschriebene praktische Arbeit für das Architekturstudium an der Technischen Hochschule Darmstadt vor, da ich nicht wagte, an zwei österreichischen Hochschulen gleichzeitig zu inskribieren. Und so arbeitete ich einige Monate als Maurerlehrling bei der Hochtief AG am Neubau der Reichsbank in Frankfurt. Ich mußte acht Stunden lang Zementsäcke tragen oder Klinkerziegel mit glasierter Fläche und scharfen Kanten ohne Handschuhe »schupfen«. Die blutig aufgerissenen Hände wurden mit Isolierband verbunden, dann mußte ich mit dem in die Hautrisse dringenden Kalkmörtel mauern. Das war eine Art Härtetest, und wenn man ihn bestand, hatte man es sehr gemütlich mit den Arbeitern in der Hütte. Man mußte nur noch Bier aus der Flasche trinken lernen, ohne zu schlucken – einfach rinnen lassen. Aber das gelang mir leider nicht. Es war die Krönung meiner »manuellen« Arbeit (um es in der Diktion meiner Eltern auszudrücken): erst Buchbinder, dann Eisendreher, nun Maurerlehrling. Noch heute, rund siebzig Jahre später, habe ich diese Arbeitserfahrungen in beinahe zärtlicher Erinnerung.

Aber es wurde nichts aus dem Architekturstudium. Der »schwarze Freitag« in New York lag eineinhalb Jahre zurück, die Krise hatte eingesetzt. Mein Vater führte mir eindringlich das Risiko der Mittelmäßigkeit in einem Beruf vor Augen, in dem der Erfolg – zumindest damals noch – weitgehend von künstlerischer Begabung abhing und nicht von »guten Beziehungen« zu den öffentlichen Auftraggebern. »Ein Architekt muß Einfälle haben«, sagte er, »was wird dir einfallen? Deine Häuser.« Aber er wußte und gestand es mir zu, daß eine wirklich große Begabung, das »feu sacré«, wie er es nannte, allen Warnungen zum Trotz die Wahl entscheiden würde. Ich besaß diese Begabung eben nicht, denn nach meiner Arbeit als Maurerlehrling entflammte sich das »feu sacré« nicht und so blieb es beim Jusstudium.

Um mich auf keinen Fall faulenzen zu lassen, wurde ich sogleich als Volontär nach Neuchâtel geschickt, zur dortigen Filiale des Comptoir d'Escompte de Genève, des Schweizer Pendants der Niederösterreichischen Escomptegesellschaft in Wien, die später in der CA aufging. In der Schweiz arbeiten zu dürfen, wenn auch nur als Volontär, war eine besondere Gunst. Ich mußte mich in Wien bei Generaldirektor von Stransky vorstellen, der mir diese Chance verschafft hatte. Ein eindrucksvolles Erlebnis. Stransky saß in seinem riesigen, höchst elegantem Zimmer im Haus Am Hof, später der Sitz der Länderbank, vor seinem »bureau plat«. Die Nachmittagssonne leuchtete durch rotseidene Vorhänge, die sich leicht bauschten. Ein livrierter Bürodiener in dunkelgrünem Frack und gestreifter Weste brachte Ledermappen zur Unterschrift. Neben dem Schreibtisch stand auf hohem Stiel ein wassergefüllter Aschenbecher, in den Herr von Stransky eine nach der anderen seiner ägyptischen Zigaretten, ich kannte die Packung der Marke Laurens, halbgeraucht aus gelben Fingern fallen ließ, sie zischten leise.

Also Bankberuf? Ganz so oberflächlich war ich doch nicht. Neuchâtel war eigentlich nur wegen der französischen Sprache gewählt worden und das Bankvolontariat als nützliche Beschäftigung, nicht als Vorentscheidung für die Berufswahl. Im Gegenteil: Mein Vater hatte im Bankwesen große Enttäuschungen erlebt, vor allem das Ende der Biedermannbank, und versucht, mir den Reiz der Industrie, der Erzeugung konkreter Güter gegenüber der Abstraktion des Bankgeschäfts anzupreisen.

Zwei Monate später brach die Creditanstalt zusammen; ihr folgten deutsche Banken. Tiefer Pessimismus breitete sich aus, weit über Österreich hinaus.

Ich verbrachte ein paar Monate in Neuchâtel mit unbeschreiblich langweiliger Tätigkeit in der Bank, aber sonst recht vergnüglich. Drei Wochen nach meinem Eintritt wurde die Bank insolvent und durch die übliche Fusion saniert. Jahrzehnte später, zu Beginn eines Vortrags, den ich in der Schweizerisch-Österreichischen Handelskammer in Zürich zu halten hatte, erzählte ich, daß ich schon einmal in einer Schweizer Bank tätig gewesen sei, berichtete von deren Schicksal und meinte: »So schnell habe ich später nie mehr gearbeitet.«

Das Jusstudium konnte ich nur in Österreich absolvieren, da ich später auf keinen Fall in Deutschland leben und arbeiten wollte. Aber man mußte deswegen nicht die ganze Zeit in Wien sein. Da meine Eltern in Frankfurt lebten, verbrachte ich einen Teil dieser Jahre in Frankfurt und erlebte dort das ruhmlose Ende der Weimarer Republik, die Verwandlung Deutschlands in den totalitären Nazistaat und in Wien den Leidensweg Österreichs.

Im Herbst 1931 übersiedelte ich nach Wien und wurde von meiner Großmutter in ihrem Haus Jaurèsgasse 9 aufgenommen. Das Parterre, früher die Junggesellenwohnung von Onkel Alfons, war an den als Bananenkönig bekannten Bruno Jellinek vermietet. Der erste Stock mit den einst im Stil Napoleons III. möblierten, nun halbleeren Salons war unbenützt und wurde nur gelegentlich für ein paar Monate von der Fürstin Lotti Windisch-Graetz gemietet. Großmama bewohnte den zweiten Stock, dort waren auch die Zimmer der seit kurzem verheirateten

Tanten Franziska und Marianne, in denen ich einquartiert wurde. Zur Eleganz des Wohnens bildete ein minimales Taschengeld einen grausamen Kontrast. Ein Schilling pro Tag: gerade genug für zwei Fahrten mit der Straßenbahn und sechs Memphis-Zigaretten. Es sollte ein Ansporn zur Entfaltung eigener Erwerbstätigkeit sein. So verdiente ich ein bißchen mit Nachhilfestunden, die das Schottengymnasium vermittelte, neigte aber mehr dazu, die Mildtätigkeit von Tanten und älteren Cousinen zu genießen. Ich war sehr faul und hauptsächlich mit meinem gesellschaftlichen Leben beschäftigt. Im Herbst machte man eine Runde von Besuchen, man »warf Karten ab«, ein mittlerweile völlig in Vergessenheit geratener Brauch: Visitkarten wurden an der Seite umgebogen, was bedeutete, daß man persönlich dagewesen war; dann wurde man eingeladen, nicht zu den üppigen Gelagen der heutigen Wohlstandsjugend, sondern zu sehr einfachen »après soupers« in den Elternhäusern junger Mädchen, mit ein bißchen Wein und ein paar Sandwiches und Bäckereien, manchmal mit, manchmal ohne Musik. Nach Neujahr, im Fasching, tanzte man mit den jungen Damen auf den zahlreichen Bällen, die es noch immer gibt, dem Schottenball, dem Theresianistenpicknick, dem Kalksburger Ball, dem Ungarball, dem Jägerball; natürlich gab es auch Bälle in privaten Häusern.

Dennoch: Es war das Wien der wachsenden politischen und wirtschaftlichen Krise. Der Brand des Justizpalastes lag nur vier Jahre zurück – er war für viele der Wendepunkt, der die Gefährlichkeit der Sozialdemokraten enthüllte. Und die Nationalsozialisten begannen sich immer deutlicher bemerkbar zu machen. Ihre Vorläufer kannte ich längst: In frühester Kindheit hatte ich die Männer in Windjacken gesehen, die in Viererreihen marschierten.

Mit dem Zusammenbruch der Creditanstalt erlebte ich zum ersten Mal bewußt den »Run« auf eine Bank. Panikstimmung, tiefes Erschrecken weit über Österreich hinaus, Staatskrise. Fehler und Verfehlungen wurden der Bankleitung vorgeworfen, der Untreueparagraph im Strafgesetzbuch mit rückwirkender Kraft geändert – die Verletzung eines uralten Grundsatzes: »nullum crimen sine lege praevia«.

Die Schere, die Österreich zerschnitt, begann sich zu öffnen. In den Novemberwahlen 1930 hatten die Christlichsozialen ein Zehntel ihrer Mandate an den Heimatblock, die Fraktion der Heimwehr, verloren, die Sozialdemokraten wurden dadurch zur stärksten Partei. Die Spannung zwischen den Lagern wuchs für jedermann fühlbar an. Das Programm der Sozialdemokraten, auf dem Linzer Parteitag wenige Jahre zuvor beschlossen, enthielt nicht nur das Ziel der »Vergesellschaftung der im Eigentum der Kapitalisten und der Großgrundbesitzer konzentrierten Produktionsmittel«, sondern auch ein eindeutiges Bekenntnis zum Anschluß an die deutsche Republik. Der Korneuburger Eid der Heimwehr forderte zwar »Vaterlandsliebe«, verwarf aber in unerträglichem Vokabular die westliche parlamentarische Demokratie und den Wirtschaftsliberalismus. War mir die Heimwehr nach dem Justizpalastbrand als gerechtfertigte Verteidigung gegen linken Furor erschienen, so wandte sie sich nun ziemlich genau gegen alles, was ich an politischen Überzeugungen und Vorstellungen besaß.

Ich durchlebte diese Zeit sozusagen zweigleisig: In Frankfurt nahm ich Anschauungsunterricht in der nationalsozialistischen Durchdringung Deutschlands, in der Machtergreifung durch ein totalitäres System, in Österreich erlebte ich den Existenzkampf gegen die zweifache Gefahr, den Austromarxismus und den Nationalsozialismus. Das volle Ausmaß der Bedrohung unseres Landes habe ich erst begriffen, nachdem ich den Beginn des Jahres 1933 in Deutschland bei meinen Eltern zugebracht, den Schock der Machtergreifung durch Hitler erlebt hatte und in das Österreich auf dem Weg in den Ständestaat zurückkehrte.

Schon während der Sommerferien 1933 am Wolfganggut spürte man die 1000-Mark-Sperre, die Deutschland gegen uns verfügt hatte. Sie brachte vor allem für kleine Orte – nicht so sehr für die Stadt Salzburg mit ihrem damals sehr internationalen Festspielpublikum – einen ruinösen Verlust von Einnahmen. Die Sperre hatte noch eine zweite, diabolische Wirkung: das Gefühl, wehrlos der Gewalt des Nachbarn ausgeliefert zu sein. Der Druck des nationalsozialistischen Deutschland auf Österreich setzte mit Macht und in immer stärker terrorartigen Formen ein: Propagandamaterial wurde nach Österreich gebracht, Flugzettel verteilt, pausenlos Bombenattentate verübt. Ohne die deutsche Unterstützung und Leitung wäre Österreich mit seinen Nazis ohne weiteres fertiggeworden. Ich weiß, daß manche Zeithistoriker diese Jahre anders darstellen. Ich kann nur sagen, wie ich sie erlebt habe. Ich empfand die Situation sehr deutlich als Zweifrontenkampf um den Bestand Österreichs: gegen die Nationalsozialisten und gegen die Sozialdemokraten – ohne je ganz zu begreifen, was eigentlich das Staatsverständnis der Sozialdemokraten und was ihre außenpolitischen Ziele waren. Hatten sie ihre Sehnsucht nach dem Anschluß begraben, wirklich begraben, oder nur temporär für die Dauer des Naziregimes? Ging es ihnen überhaupt um Österreich oder nur um ihre Partei? Der langjährige französische Gesandte in Wien, Gabriel Puaux, berichtet in seinen Memoiren, daß die Sozialdemokraten bei ihren Genossen in der französischen Regierung intervenierten, sie möchten der Völkerbundanleihe, einer lebenswichtigen Auslandsanleihe der Republik Österreich, einen Mißerfolg bereiten. Die Partei war wichtiger als das Land.

Mein Vater erklärte mir immer wieder, daß Österreich ohne die Sozialdemokraten nicht regiert werden könne; das wäre allenfalls bei einem Mehrheitswahlrecht wie in England, nicht aber in unserem proportionalen System denkbar. Aber wären die Sozialdemokraten dafür zu haben gewesen? Seipel hatte es versucht, sie hatten sich geweigert.

Von verschiedenen Seiten wurde ich gedrängt, in die Heimwehr einzutreten, besonders von einem der Schwiegersöhne von Onkel Alfons, der im Kraftfahrkorps der Heimwehr war. In seinem Haus habe ich Starhemberg kennengelernt. Man spürte die Kraft, die Geradlinigkeit, die Kameradschaftlichkeit, die von ihm ausging. Dennoch: Ich hatte kein gutes Gefühl, war nicht überzeugt, zögerte – und wieder war es mein Vater, der mich warnte. Ich hatte als Vierzehnjähriger während der Ferien in Leogang das Entstehen der Heimwehr als verständliche Reaktion auf die Streiks der Eisenbahner erlebt, als Selbsthilfe der Bauern, die Milch, Butter, Käse, Vieh und Holz nicht abtransportieren konnten. Aber das waren spontane Reaktionen, mit Notwehr vergleichbar, keine Dauerlösung. Starhembergs politischer Erfolg schien und scheint mir noch heute erstaunlich. Ein anständiger Charakter, Typus des guten Kameraden, nicht besonders intelligent, der aus dem Krieg zurückgekehrte, gekränkte Frontoffizier, der in jugendlichem Unverstand der grotesken, demagogischen Rhetorik Hitlers erlegen war, ein Haudegen, der nie zu Ende, in Wahrheit überhaupt nicht studiert hatte: Nur so konnte ich mir den haarsträubenden, phrasenhaften Unsinn des »Korneuburger Eides« erklären. Starhemberg besaß aber die in Jahrhunderten gewachsene Fähigkeit vieler österreichischer Aristokraten im Umgang mit den sogenannten einfachen Leuten, vor allem mit Bauern. Die angeborene Sicherheit im Auftreten, die keiner Pose bedurfte, die Bonhomie weckten Sympathie und

Vertrauen unter zutiefst verunsicherten Menschen. Er stand mit allem, was er hatte, für seine Ideen ein. Seine Unwissenheit ließ ihn sich gegen Demokratie, Liberalismus und Marktwirtschaft wenden, also letztlich versagen. Ich bin nicht in die Heimwehr eingetreten.

Die zunehmende Wirtschaftskrise ließ die Arbeitslosigkeit in entsetzlichem Ausmaß ansteigen, während die unmittelbar nach der Machtergreifung Hitlers einsetzende Rüstungskonjunktur die Beschäftigung in Deutschland anhob, was den Anschlußfreunden, nicht unbedingt nur Nationalsozialisten, Auftrieb gab. Die Geister begannen sich rasch zu scheiden. Neben der emotionalen Bindung an Österreich als Idee, als Heimat, als Vaterland – klingt das schon zu pathetisch? – gehörte eine gute Portion von klarem Urteil und innerer Festigkeit dazu, sich uneingeschränkt zur Unabhängigkeit Österreichs zu bekennen. Es hieß vor allem, die Priorität unserer Selbständigkeit über jede andere Überlegung anzuerkennen. Ich kannte ganz gut die Stimmung bei den Bauern in Leogang. Ihre materielle Lage hatte sich dramatisch verschlechtert, der Preis des Holzes, das die Haupteinnahmequelle war, als Geldbringer noch wichtiger als die Produkte der Milchwirtschaft, fiel und fiel; ich erinnere mich, daß zuletzt ein Festmeter Blochholz, an die Straße gestellt, für zehn Schilling zu haben und zeitweilig auch zu diesem Preis nicht verkäuflich war. Man brauchte kein Nazi zu sein, um neidisch über die Grenze zu schielen. Damals zu sehen, was sich in Deutschland anbahnte, zu verstehen, daß es die Vorbereitung des Krieges war, die die Beschäftigung ansteigen ließ, daß nur mehr planwirtschaftliche und dirigistische Maßnahmen die Geldentwertung verbargen, daß Demokratie, Freiheit und Rechtsstaat nicht mehr existierten, das alles zu sehen konnte man nicht ohne weiteres von jedermann verlangen. So nahm die illegale Tätigkeit einiger und ihre stillschweigende Duldung durch viele in der grenznahen Gegend deutlich zu. Bauernburschen schmuggelten Propagandamaterial über das Steinerne Meer, man sah immer mehr weiße Stutzen, sie galten als Zeichen der Nazigesinnung. Gegen Wadenstutzen war die Gendarmerie machtlos. Nachts brannten riesige Hakenkreuze an den Wänden des Birnhorns und des Steinernen Meeres. Es gab Bombenattentate gegen Bahnen, unter Brücken, öffentliche Gebäude, Tote und Verletzte. Den stärksten Halt gegen die Nazis gaben in Leogang der Pfarrer und ein paar aufrechte Männer, wie der alte Thomas Frick, ein Patriarch, der sieben Gewerbe hatte, sodaß es ihm damals eben siebenmal schlecht ging.

Das Elend der Demokratie

In den Jahren, die ich mit dem Jusstudium in Wien und in Frankfurt am Main verbrachte, war die parlamentarische Demokratie, in den meisten Ländern des europäischen Kontinents erst nach 1848 errungen, schon wieder in Verruf geraten. Nur die angelsächsischen Länder bewahrten ihre lange, ungebrochene Tradition und Einübung des parlamentarischen Systems.

Mit dem Parlamentarismus war die Idee des liberalen Verfassungs- und Rechtsstaats generell in der öffentlichen Achtung auf einem Tiefpunkt angelangt. Für die Massen war es einfach das Versagen des Staates angesichts der Nachkriegswirren, dann der Inflation und später der weltweiten Wirtschaftskrise, mit der eine verheerende Arbeitslosigkeit einherging.

An den Universitäten wurde die Diskussion zwar auf einer Ebene größerer theoretischer Kenntnisse und reicheren Vokabulars, nicht aber höherer Weisheit geführt. Die Protagonisten des universitären Kampfes gegen Demokratie und Liberalismus hießen Carl Schmitt in Deutschland und Othmar Spann in Wien. Carl Schmitts Schrift »Der Begriff des Politischen« war eine wütende Anklage gegen den Liberalismus. Sie wirkte. Demokratie wurde immer mehr gleichbedeutend mit Schwäche, kläglichem Versagen, zum Inbegriff des »losers« unter den politischen Systemen.

Die Hochschulen sorgten dafür, daß nicht nur Jusstudenten, nicht nur Geisteswissenschaftler dergestalt belehrt wurden, auch die Naturwissenschaften wurden nicht verschont. In einem totalitären System können auch Atome suspekt werden. Im Jahre 1934 mußte man, um an der Universität Frankfurt inskribieren zu können, die Teilnahme an einem mehrtägigen Kurs nachweisen, der sich in einem Schulungslager im Taunus ereignete. Der Tag begann dort mit paramilitärischem Ritual, wie Morgenappell mit Hissen der Flagge, der Hakenkreuzflagge natürlich. In den Vorträgen wurde das demokratische System vernichtend geschlagen, der Individualismus, der »Atomismus« des liberalen Staates als tödlicher Irrtum entlarvt und das Bild der um einen Führer gescharten, völkischen Gemeinschaft errichtet. Da wurde nicht an Plato, nicht an Fichte gespart, viel Moeller van den Bruck zitiert, ein paar Seitenhiebe auf das Christentum fehlten nicht. Das Judentum galt als Element der Zersetzung, Inbegriff der Negation, Erfinder der schädlichen Doktrin des Marxismus, aber auch seiner Gegenposition, des Kapitalismus – das ging flott in einem Aufwaschen und sollte das Staats- und Weltbild der studierenden Jugend des Dritten Reiches werden.

In Wien las der sprachgelenkige Othmar Spann über den wahren Staat. Man hörte und las ihn, auch wenn man nicht Jus studierte und auch wenn man nicht zu seiner Schule gehörte, vielfach nur, weil man ihn als eine Art von Kuriosität, den »Othmar Überspann«, betrachtete. Auch er wollte einen anderen als den demokratisch-parlamentarisch verfaßten Staat; er wollte die ständische Ordnung als die »organische Bindung der Gemeinschaft in einem ganzheitlichen Gebilde«. Othmar Spanns Ganzheitsschule wirkte in Wien tiefer und breiter, als man angesichts der Spannschen Esoterik erwartet hätte. Auch viele Nazis besuchten eifrig seine Vorlesungen. Doch Spann war durchaus kein Nationalsozialist; nach dem »Anschluß«

wurde er verhaftet und mit seinem Sohn Raphael in ein Konzentrationslager verschleppt.

In und vor der Universität prügelten sich studentische Gruppen, Korporationen und politische Organisationen, jüdisch aussehende Studenten wurden mißhandelt. Die Kapitalismuskritik lag in der Luft. Im Jahre 1931 veröffentlichte der Vatikan die päpstliche Enzyklika »Quadragesimo Anno«, vierzig Jahre nach der großen Lehre der Enzyklika »Rerum Novarum«. »Quadragesimo Anno« ist für eine in tiefer Not leidende, an allen Fundamenten zweifelnde, sich nach wegweisenden Antworten sehnende Menschheit verfaßt, von einem aufrichtig mitleidenden Papst, aber nicht von einem erleuchteten Ökonomen. Von der Überlegenheit des Kapitalismus überzeugt, hatte und habe ich gelegentlich meine liebe Not mit mancher katholischen Meinung zur Wirtschaft; doch ich habe in der Nazizeit niemals auch nur eine Sekunde an der unerschütterlichen Gegnerschaft der Kirche gegenüber dem Nationalsozialismus gezweifelt. Es gehört heute zum Stehsatz der linken Intellektuellen und zu den Pflichtübungen entlaufener Priester, der katholischen Kirche eine Komplizenschaft mit den Nazis vorzuwerfen. Ich glaube in der Nazizeit ziemlich hellhörig für derlei Verhalten gewesen zu sein. Ich habe, was ich von einzelnen Kanzeln an empörender Zustimmung gehört oder in kirchlichen Mitteilungen gelesen habe, stets als individuelle Entgleisung, aber nicht als Haltung der Kirche empfunden. Jedem Denkenden mußte das Dilemma des um seine Herde besorgten Hirten im Bannkreis des unerbittlichen, unversöhnlichen totalitären Regimes bewußt sein, das die Kirchen streng beobachtete, versuchte, sie gefügig zu machen und den Deutschen empfahl, ihre Kirche zu verlassen und sich »gottgläubig« zu erklären. In einem Saal im Haus des Wiener Erzbischofs hängt ein großes Bild des ans Kreuz genagelten Jesus. Der Körper des Heilands wurde durch Messerstiche verletzt: Nationalsozialisten haben in den Märztagen 1938 das erzbischöfliche Palais gestürmt und ihrer Gesinnung freien Lauf gelassen. Es ist gut, daß die Wiener Erzbischöfe das Bild nicht restaurieren ließen.

Nicht nur die Universitäten, auch Dichter wandten sich gegen das demokratische System. Führersehnsucht gab es auch in den elitären Sphären eines Stefan George. Mein Bruder und ich hatten ihn durch die Brüder Georg Peter und Michael Landmann kennengelernt, deren Mutter die einzige Frau im Männerbund des inneren Kreises um den Meister war. Ein großer Teil der Mitglieder dieses Kreises waren Juden – erstaunlich, wenn man Verse liest wie die folgenden aus dem Gedicht »Der Dichter in Zeiten der Wirren«:

»*Ein jung geschlecht das wieder mensch und ding*
Mit echten maassen misst ...
Sich gleich entfernt von klippen dreisten dünkels
Wie seichtem sumpf erlogner brüderei
Das von sich spie was mürb und feig und lau
Das aus geweihtem träumen tun und dulden
Den einzigen der hilft den Mann gebiert ...
Der sprengt die ketten fegt auf trümmerstätten
Die ordnung geisselt die verlaufnen heim
Ins ewige recht wo grosses wiederum gross ist
Herr wiederum herr – zucht wiederum zucht. – er heftet
Das wahre sinnbild auf das völkische banner
Er führt durch sturm und grausige signale
Des frührots seiner treuen schar zum werk
Des wachen tags und pflanzt das Neue Reich.«

Es ist zu kaum glauben, daß diese Verse von dem elitären Ästheten Stefan George geschrieben wurden.

Aber auch die »linken« Dichter, Bert Brecht und viele andere, lechzten nicht nach der westlichen Demokratie; sie blickten in hoffnungsvoller Erwartung auf die Sowjetunion und erwachten erst, und recht langsam, als die Hekatomben bekannt wurden, die die Stalinsche Säuberung unter den Literaten gefordert hatte.

In den meisten europäischen Staaten durchlebte die Demokratie eine Zeit schwerer Prüfung. In Italien war sie längst dem Faschismus des Mussolini gewichen, Spanien stand vor dem Bürgerkrieg, Frankreich stolperte von einer Regierungskrise in die nächste, die Weimarer Republik lag in den letzten Zügen. Einzig die beiden angelsächsischen Staaten, Großbritannien und die Vereinigten Staaten, und einige europäische Kleinstaaten bewahrten funktionsfähige Demokratien. Und auch in England gab es einen Oswald Mosley und eine Unity Mitford, seine Schwägerin, die Hitler liebte und es jedermann wissen ließ.

Die Olympischen Spiele von 1936 kamen heran. Sie waren ein willkommener Anlaß, an dem die westlichen Demokratien ihren Protest gegen Nazi-Deutschland höchst einfach hätten zeigen können, indem sie fernblieben. Viele Freunde und ich hofften inbrünstig, die westlichen Demokratien würden Hitler diesen Denkzettel erteilen, aber nein: Sie erschienen vollzählig und verhalfen ihm zu einem Triumph und Leni Riefenstahl zu einem gut gemachten Film. Das »Dritte Reich« war fest etabliert, die »Säuberung« Deutschlands in vollem Gang. Staat und Partei waren immer mehr zusammengewachsen. Der Röhm-Putsch hatte manche Rätsel aufgeworfen, aber eines wurde klar: Hitler war uneingeschränkter Herr. Er und seine Vasallen zögerten nicht zu morden, wo sie Gegner sahen oder zu sehen glaubten.

Viele sogenannte Intellektuelle – das Wort bekam einen üblen Beigeschmack – hatten sich rapid verflüchtigt.

Schauspieler wollen spielen, Regisseure Stücke »machen«, wie sie das ungehörigerweise nennen, Architekten wollen bauen, Journalisten schreiben, Schriftsteller gedruckt werden. Verleger wollen Zeitungen und Bücher verbreiten. Ist das eine gültige Entschuldigung für die demütige Unterwerfung unter das nationalsozialistische System?

Nicht die Intellektuellen, nicht die Künstler, nicht die Unternehmer: deutsche Offiziere, überwiegend aus alten Familien des deutschen Adels, haben den Versuch unternommen, Hitler zu töten. Ihre Motive verdienen besondere Achtung. Sie waren als Schicht durch den Nationalsozialismus nicht oder zumindest weit weniger geknebelt und bedroht als die Intellektuellen und Künstler. Überzeugung war stärker als existentielles Interesse.

Im »geistigen« Deutschland wagten nicht viele, sich öffentlich zu wehren. Der Ullstein Verlag versuchte noch nach der »Machtergreifung«, seine Linie gegen den Nationalsozialismus zu halten – »Auf ein Wort, Herr Reichsminister« lautete der berühmt gewordene Titel in der *Grünen Post* –, und wehrte sich tapfer, aber vergebens. Und es dauerte nur ein Jahr. Der mit Hilda Ullstein verheiratete Fritz Ross, der später mein Schwiegervater werden sollte, unternahm als »arischer« Aufsichtsratsvorsitzender der Ullstein AG durch Vermittlung des mit ihm befreundeten Professors Albrecht Haushofer (später im Gefängnis in Moabit von den Nazis ermordet) einen letzten Versuch bei Rudolf Heß, den Verlag, eine Hochburg des geistigen Lebens in Deutschland, zu retten. Vergebens: Schon 1934 wurde das größte europäische Presse- und Buchverlagsunternehmen, in den verlegerischen Konzepten, in der Technik, aber vor allem in der Unternehmensphilosophie führend, der Familie geraubt, die es gegründet, aufgebaut und geführt hatte,.

Mit der politischen verschwand auch die wirtschaftliche Freiheit. Die Planwirtschaft regierte in weiten Teilen

Europas: Produktion, Preise, Arbeitgeber-Arbeitnehmer-Beziehungen, Betriebsführer und Gefolgschaft, alles wurde staatlich oder durch angeblich freiwillige Übereinkommen der korporatistisch organisierten Unternehmensverbände geregelt. Die Rüstungskonjunktur begann, Unternehmen wechselten ihre Produktion. (Ein kurioser Geburtsvorgang in dieser Zeit: die Erteilung öffentlicher Aufträge an Unternehmen, die dafür nicht geschaffen waren und sie nicht kalkulieren konnten, führte zu den »Leitlinien für die Berechnung der Selbstkosten bei öffentlichen Aufträgen«. Daraus entstand jenes Verfahren, das man heute unter dem Namen »betriebliches Rechnungswesen« – Kostenrechnung – kennt.)

Deutschland verwandelte sich rasch. Hier gab es keine Illegalen, die sich plötzlich enttarnten, wie später in Österreich. Zunächst zeigte sich in der Frankfurter Gesellschaft, in den alten Familien des Patriziats, bei den berühmten Bankiers und Industriellen (die Zentrale der IG Farben war in Frankfurt), in der Universität kaum Zustimmung, geschweige denn Begeisterung. Ich habe mich oft gefragt, auf welchen verschlungenen Wegen diese zivilisierte, traditionsgebundene, gebildete deutsche Oberschicht, das sogenannte Bildungsbürgertum, nicht verarmt wie in Österreich, sondern durchaus wohlhabend (das hing mit dem den Hausbesitz schonenden deutschen Nachkriegsmietrecht zusammen), in so großer Zahl in die Falle des Nationalsozialismus ging. Verführerische Pfade waren angelegt worden: die Schande von Versailles tilgen, die bolschewistische Gefahr bannen, durch große Bauvorhaben Arbeit schaffen und die Wirtschaftskrise bekämpfen, den kulturellen Verfall, die »entartete Kunst«, das »dekadente, jüdische Zersetzungswerk«, den »Trümmerhaufen der vierzehn Jahre Marxismus« beenden. Und bald ging die Rede so: »Wer könnte ernstlich etwas dagegen haben? Das meiste davon ist richtig und wichtig, da kann man den Rest schon in Kauf nehmen. Die Übermacht der Juden war ja wirklich allzu groß, es kann wohl nicht schaden, sie ein bißchen zurechtzustutzen. Freilich, dieser Hitler mit seinem hysterischen Gebrüll, seinem Pathos, das ist nicht die Art, die wir gewohnt waren – aber mal sehen. Diese braunen SA-Hemden sind ja wirklich sehr vulgär, doch die schwarzen SS-Uniformen sind eigentlich ganz ordentlich anzusehen. Und dann gibt's ja auch noch den Reiter-Sturm.« Das ist eine ziemlich wahrheitsgetreue Wiedergabe des Geplappers, das man damals in den Kreisen der Frankfurter Gesellschaft hören konnte.

Nicht viele widerstanden. Von der ersten Stunde an in unerschütterlicher Opposition waren die vier Brüder Sayn-Wittgenstein-Berleburg mit ihrer wunderschönen, mutigen Mutter und ihrem Stiefvater Richard Merton. Richard Merton, eine der großen Persönlichkeiten der deutschen Wirtschaft, Hauptaktionär der Metallgesellschaft, wurde von den Nazis enteignet, in den Westwall geschickt, von der Prinzessin freigekämpft. Das Paar emigrierte nach England, wo er sogleich vom Wirtschaftsminister als Ratgeber gewonnen wurde. Nach einer »Führerrede« sagte Richard Merton eines Tages zu uns jungen Leuten: »Ich werde euch eine Geschichte erzählen. In einem Vogelnest auf einem Ast saßen vier kleine Vögel. Die Mutter flog fort, um Nahrung zu holen. Sie ermahnte die Kleinen, sich nicht aus dem Nest zu entfernen. Eines gehorchte nicht, fiel herunter, mitten in einen frischen Kuhfladen. Es begann zu schreien, da lief der frische Kuhdreck in seinen Schnabel, und es ertrank. Und die Moral von der Geschichte: Wer bis zum Hals in der Scheiße sitzt, soll das Maul nicht aufreißen.«

Das war bald nach 1933. Einer der Brüder Sayn-Wittgenstein wurde von der Gestapo ermordet, einer fiel in Rußland. Der älteste der Brüder, mein Klassenkamerad im Lessing-Gymnasium, wurde ein herausragender Kunsthistoriker, Verfasser bezaubernder Bücher, Beschreibungen von Landschaften und Schlössern. Der dritte Bruder, Casimir, ein sehr lieber Freund bis auf den heutigen Tag, war stellvertretender Vorsitzender des Vorstands der Metallgesellschaft, spielte eine bedeutende Rolle in der deutschen Nachkriegswirtschaft und in der Politik. Seine Meinung wurde und wird gesucht und geachtet.

Ich habe gute, sehr gute Freunde in Deutschland. Ich bewundere sie, ich habe deutsche Frauen bewundert, verehrt und geliebt. Meine Schwester ist mit einem Deutschen, den sie liebte und der ihre Liebe verdiente, bis zu seinem Tod verheiratet gewesen. Aber natürlich, wie mein Vater ein wenig verschlüsselt zu sagen pflegte: die horizontalen Affinitäten sind stärker als die vertikalen. Er meinte: Sozialschicht, Bildungsniveau und Wertegemeinschaft (um es mit einem heutigen Terminus zu ergänzen) schaffen über die nationalen Grenzen hinweg mehr Gemeinsamkeiten als die Volkszugehörigkeit innerhalb dieser Grenzen.

Deutsch ist meine Muttersprache, auch wenn sie ein wenig anders klingt als jenseits unserer Grenze. Das Burgtheater in Wien war das erste deutsche Nationaltheater. Das Heilige Römische Reich deutscher Nation stand jahrhundertelang unter der Führung der Habsburger, des Hauses Österreich. Und dennoch: Preußen hat uns bekämpft, ist zu einem nicht geringen Teil auf Österreichs Kosten groß geworden. Bismarcks Preußen hat das Wilhelminische Deutsche Reich geschaffen, die Schwächung Österreichs war eines seiner unverrückbaren Ziele. Der Zweibund von 1879 brachte beiden Partnern kein Glück, der österreichische Einfluß auf die deutsche Außenpolitik war kein glücklicher: Fürst Bülow beschreibt sehr drastisch in seinen Memoiren, wie sehr sich die braven Beamten im Auswärtigen Amt im Berlin von der allzu kavaliersmäßigen, arroganten Art des Grafen Berchtold, unseres Ministers des Äußeren, imponieren und beeinflussen ließen. Noch heute und jenseits dieser Vergangenheit: Das politische, das staatliche Gebilde Deutschland steht mir nicht näher als Frankreich oder England. Ich fühle nicht deutsch, ich wollte und will kein Deutscher sein. Was wäre aus unserem Land geworden, wenn Kaiser Franz Joseph im Sommer des Jahres 1908 nach dem Besuch Edwards VII. in Ischl versucht hätte, sich von der unbedingten Gefolgschaft im Bündnis mit dem Deutschen Reich zu lösen? Hätte er sein Reich, unsere Heimat erhalten können? Wenigstens noch für eine Weile gerettet?

Niemals habe ich mich Deutschen gegenüber unterlegen gefühlt. Im Gegenteil: Ich fand uns – natürlich immer nur auf vergleichbare Sozialschichten bezogen – leichter, beweglicher, liebenswürdiger, eleganter. Hofmannsthal hat im »Schwierigen« mit dem peinlich ungeschickten, seine eigene Unterlegenheit gegenüber dem österreichischen Grandseigneur spürenden deutschen Baron Neuhoff eine köstliche Beschreibung geliefert. Aber in der österreichischen Wirklichkeit der Jahre kurz vor und vor allem nach dem Beginn der Nazi-Herrschaft in Deutschland waren solche Gefühle nur Träume, in die man fliehen konnte, wenn man die Wirklichkeit nicht mehr ertrug. Ich will nicht die bekannten, entscheidenden Ereignisse und Wendungen aufzählen, sondern Bericht erstatten über das, was man heute die Befindlichkeit nennt, meine eigene – unreife – Befindlichkeit.

Zu Beginn des Jahres 1933 war ich in Wien. Das jämmerliche Ende des Parlaments im März erschien mir, jedenfalls zunächst, eher als Komödie denn als Trauerspiel. Daß die Regierung sie zur Einführung des autoritären Regimes benützte, fand ich unfair – aber ist Fairneß eine politische Kategorie in Kontinentaleuropa? Jedenfalls: Dieser Mortimer starb der Regierung sehr gelegen. Heute weiß ich: Es war die Erbsünde, die zur Katastrophe des Februar 1934 führte. Aber ich war damals und bin noch heute davon überzeugt, daß bewaffnete Verbände politischer Parteien in einem demokratischen Staat nicht geduldet werden können, daß die Sozialdemokraten nach dem Ersten Weltkrieg von Anfang an bewaffnet waren und das selbständige Österreich nicht wollten und daß die Erhaltung unserer Existenz als selbständiger Staat absolute Priorität hatte; daß man daher der Regierung für das, was sie im Februar 1934 getan hat, das Recht der Staatsnotwehr zugestehen mußte und ihr nur Notwehrüberschreitung vorwerfen kann. Die Grenze zwischen gerechtfertigter und exzessiver Notwehr zu ziehen ist meist schwierig und bei Kampfhandlungen in einer Bürgerkriegslage unmöglich.

Die Nationalsozialisten nützten die Wochen der aufgeladenen Atmosphäre nach der Parlamentsauflösung zu vermehrten Sprengstoffanschlägen; fast täglich krachte es an mehreren Stellen. Wenige Tage nach dem Februar-Bürgerkrieg las man ein Kommuniqué Englands, Frankreichs und Italiens, in dem die Aufrechterhaltung der österreichischen Unabhängigkeit verlangt wurde, ein Kommuniqué, das man als widerspruchslose Akzeptanz des Bürgerkriegs auslegen konnte. Dollfuß hatte sich bemüht, Italien als eine Art von Schutzmacht zu gewinnen. Ohne die »Wacht am Brenner« des Mussolini-Italien hätte Österreich vermutlich schon früher zu existieren aufgehört. Dollfuß war für mich wie für viele meiner Freunde und Verwandten ein starker und mutiger Mann geworden, und die zahllosen Witze über seine geringe Körpergröße verstummten. Die Verfassung, die uns am 1. Mai 1934 beschert wurde, war ein Gegenstand vor allem des Spotts, aber natürlich auch des tiefen Bedauerns. Von den drei Adjektiven, mit denen Österreich in der Präambel verbunden wurde, entsprach »christlich« zwar meinem

Glauben, jedoch verstand ich nicht, was das in der Verfassung zu suchen hatte. Mit zwei anderen Epitheta, »deutsch« und »ständisch«, war ich nicht einverstanden. Und in dem einleitenden Satz: »Im Namen Gottes, von dem alles Recht ausgeht, erhält das österreichische Volk diese Verfassung« fand ich die Berufung auf Gott, um eine Verfassung, Produkt politischen Denkens und Handelns, zu rechtfertigen, also eine Art republikanischen Gottesgnadentums, eher verwunderlich und das Wort »erhält« anmaßend. In Wahrheit war es wohl bloß der verlegene Versuch einer Rechtfertigung des autoritären Oktrois.

Dann kam der Juli-Putsch, die von Nazi-Deutschland gesteuerte Ermordung des österreichischen Bundeskanzlers. Ich erlebte diesen traurigen und empörenden 25. Juli in Leogang. Von Wut und Angst erfüllte Tage: War es das Ende? Es war noch nicht zwanzig Jahre her, daß ein österreichischer Ministerpräsident – Graf Stürgkh – von Friedrich Adler ermordet worden war, kurz vor dem Ende des alten Österreich.

Ich weiß, daß Dollfuß schwere politische Fehler zu verantworten hat, deren ganzes Gewicht erst im Rückblick deutlich zu erfassen ist. Im Zeitpunkt seines Handelns lag die Demokratie fast überall in Kontinentaleuropa in Agonie oder war schon beseitigt. Für mich ist Dollfuß aber auch der erste europäische Politiker, der die NSDAP als verbrecherische Organisation erkannt und verboten hat, und jener österreichische Politiker, der die Erhaltung der österreichischen Unabhängigkeit als vorrangige Aufgabe der Regierung betrachtete. Das kann weder von den großdeutschen noch von den sozialdemokratischen Parteiführern jener Zeit gesagt werden. Die Dankbarkeit dafür sollte ihm nicht versagt werden.

Der »Anschluß«

Den Winter 1937/38 verbrachten wir drei Geschwister in der kleinen Wohnung am Modenapark, die unsere Eltern für uns und für sie selbst als gelegentliches »pied à terre« gemietet hatten. Ich war vor einigen Wochen aus Frankreich zurückgekehrt, aus einem zwischen der Volksfront des Léon Blum und den Anhängern des Colonel de la Rocque gespaltenen, zerrissenen Paris in ein fiebriges, mit unheimlicher Spannung geladenes Wien. Die Nazis machten sich durch Stinkbomben in Kinosälen, aber auch durch wirkliche Sprengkörper bemerkbar, malten nachts Hakenkreuze an Hauswände. Die Sozialdemokraten waren seit dem unglücklichen Februar 1934 untergetaucht oder vertrieben, von der Szene verschwunden. Im Restaurant Stadtkrug in der Weihburggasse wurde zu später Stunde das Horst-Wessel-Lied gesungen, die Gäste erhoben sich und ihren rechten Arm, und in der nur ein paar hundert Meter entfernten Kaiserbar in der Krugerstraße sang der freundlich blickende Rittmeister a. D. Neumann das Kaiserjägerlied oder jenes vom Schönbrunner Park, in dem ein guter alter Herr sitzt, sorgenschwer. Ich liebe seither die Kaiserbar.

Der deutsche Druck auf Österreich verstärkte sich täglich, die angsterfüllte Ungewißheit wurde unerträglich. Am 12. Februar waren Schuschnigg und Guido Schmidt am Obersalzberg bei Hitler. Im Hintergrund beriet, wie man später erfuhr, der österreichische Diplomat Reinhard

Spitzy den »Führer« bei seinen Erpressungen gegen Österreich. Noch gab es Hoffnung, Zeit zu gewinnen und Unterstützung bei England und Frankreich zu finden. Einen Gewaltakt Deutschlands gegen Österreich würden die Westmächte nicht zulassen. Gierig suchte man nach Informationen, reichlich naiv glaubte man den Worten von Diplomaten. Tita Trentini, ein Cousin Schuschniggs, war in den Sturmscharen aktiv; er wußte, daß Schuschnigg fest daran glaubte, die Unabhängigkeit Österreichs verteidigen zu können. Hansi Coreth war wiederholt beim französischen Gesandten, Gabriel Puaux, eingeladen, einem wahren Freund Österreichs. Frankreich halte zu Österreich, hatte er immer wieder versichert. Ich kannte den Gesandten der USA, George W. Messersmith, einen Vertrauten Roosevelts. (Die Amerikaner hatten 1935 Großmamas Haus für die Gesandtschaftsbüros gemietet. Großmama hatte mir, dem Studenten im siebten Semester, die Mitwirkung beim Abschluß des Mietvertrages anvertraut. Sie ging nicht mehr zu irgendwelchen größeren gesellschaftlichen Anlässen, ich aber war gelegentlich Gast bei ihm in der Residenz in der Argentinierstraße.) Messersmith, freundlich, wie Amerikaner mit jungen Leuten umgehen, hatte auf meine Fragen wiederholt erklärt, die USA seien entschlossen, für die Unabhängigkeit Österreichs einzutreten. An solche Strohhalme klammerten wir uns und hofften bis zuletzt.

Im Februar wurde die Regierung umgebildet. Einige Nazis oder deren Sympathisanten mußten aufgenommen werden: Seyss-Inquart, Glaise-Horstenau und andere. Auch der Sozialdemokrat Adolf Watzek, ein Gewerkschafter, kam in die Regierung, ein zaghafter Versuch in der letzten Minute, sich mit den Sozialdemokraten zu versöhnen oder zumindest zu verständigen. Onkel Alfons sah von seiner Bibliothek auf den Eingang der deutschen Botschaft in der Metternichgasse. Es kamen viele Besucher, um sich anzubiedern. Er erblickte Bekannte: Philipp Schoeller, Onkel Max Ferstel. Hitler und Göring hielten Hetzreden: Sie sprachen von den unterdrückten Deutschen jenseits der Reichsgrenzen.

Am Abend des 9. März saßen wir drei mit einigen Freunden zu Hause: Edith Porada, Daria Trubetzkoj. Luigi Marquet, Hansi Coreth. Das Radio war eingeschaltet. Wir hörten Schuschnigg die Volksbefragung für den 13. März ankündigen. Die Rede endete mit: »Mander, s'isch Zeit.« Das war die richtige Entscheidung, mutig, anständig und kein Zweifel am Ausgang: eine deutliche Mehrheit für die Unabhängigkeit Österreichs. Von da an hingen wir fast ununterbrochen am Radio. Die Drohungen aus Berlin verschärften sich stündlich. Ich ging demonstrieren. Die einzige Demonstration, an der ich jemals teilgenommen habe, marschierte über die Ringstraße und hielt vor dem Parlament: »Rot-Weiß-Rot bis in den Tod!«

Am Abend des 11. März saßen wir wieder beisammen: meine Schwester Susanne, mein Bruder Wolfgang, Luigi Marquet und Daria Trubetzkoj. Das deutsche Militär stand an unserer Grenze. Schuschnigg sprach seine kurzen Abschiedsworte: »Gott schütze Österreich.« Es war aus. Wir schluchzten, weinten hemmungslos, lange, verzweifelt. Noch heute, 65 Jahre später, spüre ich die brutale Gewalt, die uns zerstörte, die verzweifelte Hilflosigkeit, das Gefühl, wehrlos vernichtet zu werden, den Haß gegen die Nazis, gegen Deutschland. Rache muß kommen, dieses Deutschland muß gestraft werden. Der Westen wird uns helfen, er kann das nicht zulassen, das war unsere Hoffnung. War es wirklich richtig, kein »deutsches Blut« vergießen zu wollen? Gemeint war wohl das österreichische. Zu welchem Zweck unterhielt ein Land ein Heer? 1809 hatten die Tiroler geschossen – auch gegen Bayern. Mußte immer wieder das Wort »deutsch« verwendet werden? Auch in der Verfassung von 1934 kam es vor. Und die Österreicher? Noch in dieser Nacht hörten wir am offenen Fenster das brausende Triumphgeschrei der Massen, die die Innere Stadt überschwemmten. Ich habe auch das nicht vergessen.

Am übernächsten Tag war ich nicht imstande, an meinen Arbeitsplatz in einer Filiale der Mercurbank an der Wiedner Hauptstraße zurückzukehren. Dann raffte ich mich auf und ging hin. Überall Hakenkreuze. Umbruch, Umbruch, Umbruch. In der Bank strahlte der Filialleiter über das ganze Gesicht. Ich hätte ihn gerne geohrfeigt. »Heil Hitler!« Ein großes Parteiabzeichen. Ich trug noch das rot-weiß-rote Band. »Was haben Sie da im Knopfloch?« Ich behielt es noch ein paar Tage, dann nahm ich es ab, es hatte keinen Sinn.

Am Michaelerplatz, in der Vorhalle des Loos-Hauses, stand zwischen den Säulen auf einem Sockel eine vergoldete Gipsbüste Hitlers, links und rechts von ihr zwei Männer in brauner Uniform. Einen von ihnen kannte ich. Es war Edi von der Lippe, jüngerer Sohn des Viktor Freiherr von der Lippe, den Josef Joham zum Generaldirektor der Semperit gemacht hatte und der somit seinen Broterwerb der Rothschild-Bank, der Creditanstalt, zu verdanken hatte. Aus der Herrengasse oder vom Kohlmarkt kommend, zogen die Leute an der Hitlerbüste vorbei. Die meisten hoben den Arm zum deutschen Gruß. Und Eduard von der Lippe wachte darüber.

Ein paar Tage nach dem deutschen Einmarsch kam Rolf Bartsch zu mir: »Sie haben meinen Vater verhaftet, er ist in der Rossau, in der Polizeikaserne.« Rolf war ein treuer Freund, vielleicht der mir am nächsten stehende, von Kindheit an. Wir waren gemeinsam auf das Gymnasium vorbereitet worden, um die fünfte Klasse Volksschule zu überspringen, und in das Schottengymnasium eingetreten. Rolfs Vater, ein Kamerad meines Vaters vom Freiwilligenjahr her, war Staatsbeamter gewesen, Ministerialrat im Finanzministerium, und dann in das Direktorium der Oesterreichischen Nationalbank berufen worden. Er war unter anderem auch für das Personalressort verantwortlich und hatte sich bei den »Illegalen« in der Nationalbank unbeliebt gemacht. Er wurde sofort nach dem »Anschluß« verhaftet und kam mit dem ersten Transport, dem angehört zu haben man als Ehre betrachten darf, in das Konzentrationslager Dachau. Ein halbes Jahr später kam er zurück, mit einem unsagbar rührenden, stummen Schmerz im Blick, und wurde sofort aus der Bank entfernt. Er hat, wie Rolf mir sagte, nie von Dachau erzählt. Rolf war Arzt, wurde zur Wehrmacht eingezogen, wurde Stabsarzt und im Rußlandfeldzug von einer Krankenschwester denunziert. Er hatte ihr auf die Frage, was er von der Frühjahrsoffensive 1942 halte, geantwortet: »Sie wird im Schlamm steckenbleiben.« Zersetzung der Wehrkraft, Degradierung. Ich traf ihn im Jahr 1943. Er hielt sich als Sanitäter in einem Wiener Lazarett, weil es ihm gelungen war, mit Hilfe einer Tinktur einen rätselhaften Ausschlag zu produzieren, der der gefürchteten Schuppenflechte glich. So mußte er zur Beobachtung im Lazarett verbleiben. Erst ganz spät, Anfang 1945, wurde er »zur Bewährung« an die Westfront versetzt, wo er in den letzten Wochen des Krieges fiel.

Die Eltern waren in Frankfurt, kamen erst nach ein paar Wochen. Vater war sehr pessimistisch. »Sie werden das schlucken, die westlichen Demokratien reagieren nicht so schnell.« Und die Deutschen und ihre österreichischen Helfer schlugen zu, Schlag auf Schlag. Die »Arisierung« begann, große und kleine, offizielle und private Raubzüge. Auch die Mercurbank wurde erfaßt. Die Mehrheit der Aktien war seit langem im Besitz der Dresdner Bank. Die Zentraleuropäische Länderbank, seit 1918 mit dem Gesellschaftssitz in Paris, gehörte zum Interessenkreis der Banque de Paris et des Pays-Bas, der großen französischen Banque d'affaires. Die trat ihre Anteile ab – so stark war Deutschland schon oder Frankreich so schwach. Mercurbank und Zentraleuropäische Länderbank wurden mit den Wiener Niederlassungen der Banca Commerciale und der Zivnostenská Banka vereinigt und umbenannt in Länderbank Wien AG. Ein Beispiel von vielen, wie rapide das deutsche Programm der wirtschaftlichen »Neuordnung« Europas verwirklicht wurde. Die leitenden Organe wurden neu besetzt. Der Präsident der Mercurbank verschwand und mit ihm fast alle anderen Direktoren; lediglich Direktor Hitschfeld wurde behalten, ein erfahrener, langgedienter Bankfachmann mit einer außerordentlichen Platzkenntnis, die er sich als Leiter der Wechselabteilung erworben hatte. Er benötigte keine Bilanzanalysen, um einen Kunden zu beurteilen, er sah Namen und wußte Bescheid. Heute nennt man das »Risk Management« und richtet dafür ganze Abteilungen ein. Die jüdischen Bankbeamten wurden gekündigt, soweit sie nicht von selbst die Bank verließen, weil sie auswanderten. Versammlungen wurden abgehalten, das Personal in den Kassensaal beordert, um stehend Hitler-Reden anzuhören.

Ich wurde bald darauf in die Zweigstelle Taborstraße versetzt, im zweiten Bezirk Wiens, der Leopoldstadt, dem alten Judenviertel. Gegenüber auf der anderen Straßenseite stand die Produktenbörse, an der Getreide und andere landwirtschaftliche Produkte gehandelt wurden, hauptsächlich von jüdischen Firmen; sie waren die wichtigsten Kunden, nun von Angst erfüllt. Noch bemühten sie sich, von ihrem Vermögen zu retten, was gerettet werden konnte, um die Emigration zu ermöglichen: Verkauf der ganzen Firma oder Verwertung einzelner Teile, Kauf von Devisen und Goldmünzen. Schon waren die Grenzen für den Kapitalverkehr geschlossen, Devisen streng bewirtschaftet. Als Leiter der Zweigstelle wurde ein Angestellter der Dresdner Bank aus Nürnberg eingesetzt, der auch einfache Geschäftsbriefe nur mit Hilfe eines Vorlagenbuches bewältigen konnte, das er versteckt auf den Knien hielt. Er wurde bald darauf Generaldirektor eines großen Industrieunternehmens im Interessenkreis der Bank. Dann kam sein Nachfolger, Österreicher, in mittleren Jahren. Es begann der Prozeß des vorsichtigen verbalen Abtastens und bald wurde klar, daß Musil kein Nazi war. Ich wurde zu seinem Stellvertreter ernannt, mit Zeichnungsbefugnis, mein erster Karrieresprung. Wir bemühten uns, unseren Kunden zu helfen. Viel konnten wir nicht machen, aber schon einen mitfühlenden Gesprächspartner zu haben, der auf ihrer Seite stand, schien ein kleiner Trost zu sein. Es wurde von Tag zu Tag schlimmer. Schamerfüllt erlebte man die Demütigung, die Mißhandlung und Beraubung der Juden, all das Entsetzliche, das man nicht verhinderte, nicht verhindern konnte. Die innere Kompensation war ein sich aufstauender Zorn, der sich in rauschhaften Vorstellungen der Rache entlud, die man eines Tages nehmen würde.

Meine Eltern lebten weiterhin in Frankfurt, aber ihre Lage veränderte sich deutlich. Seit dem Ende der Biedermannbank im Jahre 1926, als sie ihr Vermögen verloren hatten, zahlte Alfons Thorsch meiner Mutter eine Apanage als Entschädigung. Diese Apanage entfiel nun. Alfons und Marie Thorsch waren im Februar 1938 wie alljährlich mit den unverheirateten ihrer fünf Töchter nach St. Moritz in die Villa Suvretta gereist. Sie kehrten nicht mehr nach Österreich zurück. Zwei in Wien verbliebene Töchter versuchten, aus dem elterlichen Haus Wertgegenstände zu retten. Zu spät, die Diebe waren schneller. Unter anderem verschwand das prachtvolle Bombellessche Silber, ein Service für 24 Personen, Teller, Schüsseln, Besteck, für den Grafen Bombelles in der Zeit des Wiener Kongresses angefertigt. Es ist nie mehr aufgetaucht.

Vater war nach zwei Herzinfarkten sehr schonungsbedürftig; seine Tätigkeit in Frankfurt als Vorstand der Nackenheimer Kapselfabriken AG mußte eingeschränkt werden. In Wien gehörte er dem Verwaltungsrat der Handels-Actien-Gesellschaft an, eines Großhandelsunternehmens für die Versorgung von Einzelhändlern mit dem, was man heute das »non food segment« nennt, auch nach 1918 noch im gesamten Gebiet der einstigen österreichisch-ungarischen Monarchie. Vater hatte dieses alte, von Herrnhutern gegründete Unternehmen von der Anglobank aus gerettet und war ihm seither verbunden geblieben. Aus diesem Verwaltungsrat wurde er alsbald vom Vizepräsidenten der Handelskammer (Gauwirtschaftskammer) Dr. L. aus politischen Gründen vertrieben: L. wollte die Leitung selbst übernehmen. Ein anderes Mitglied des Verwaltungsrates, Fritz Flaecher, trat daraufhin aus Protest aus dem Verwaltungsrat aus und beschränkte sich auf die Leitung der Filiale Prag. Ich denke dankbar an diesen Ehrenmann.

Rudolf und Marianne Gutmann waren noch in der Nacht des »Anschlusses« in die Tschechoslowakei, in das Liechtensteinische Schloß Feldsberg, geflohen. Onkel Max und Tante Lollo Ferstel konnten sich vor Begeisterung kaum fassen, Tante Hedwig war glücklich. Zwei Cousins avancierten, einige Cousinen emigrierten.

Herbst 1938. Die Sudetenkrise weckte Hoffnungen: Diesen neuen Raubzug Hitlers würde »der Westen« nicht dulden. Es kam der 29. September, die moralische Kapitulation »des Westens« in der Konferenz von München. »Peace for our time« hatte Chamberlain gesagt; dieser Friede sollte noch elf Monate währen.

Wenige Wochen später kam es zu den ersten Pogromen. Ich habe die Juden gesehen, die auf der Straße kniend den Boden waschen mußten. Heute weiß ich: Ich hätte mich neben sie hinknien sollen. Die Erkenntnis begann zu dämmern, daß nur ein Krieg der nationalsozialistischen Herrschaft ein Ende bereiten konnte. Krieg wurde die Hoffnung, von der ich lebte.

Die Wehrpflicht wurde auch in Österreich eingeführt, das schon seinen Namen eingebüßt hatte, weil er ein den Großdeutschen verhaßtes Gebilde bedeutete. Der Jahrgang meines Bruders, 1915, wurde für zwei Jahre einberufen. Auch mein Geburtsjahr, 1913, wurde erfaßt, aber nur für eine kurzfristige Ausbildung von drei Monaten. Sollten wir auswandern? Konnten wir noch emigrieren, ohne unsere Eltern zu gefährden? Es war zu spät; Sippenhaft drohte. Eine Gelegenheit hätte es für mich gegeben. Otto Leithner, einer meiner Chefs in Paris, beschloß im dunklen Vorgefühl einer europäischen Katastrophe, nach Brasilien auszuwandern. Er bot mir an, mich mitzunehmen. Seine schwedische Ehefrau Amelie hatte ihn verlassen. Otto war ein interessanter Mann, Sohn des k. u. k. Feldmarschalleutnants Freiherrn von Leithner. Seine Mutter hatte am Ende des Ersten Weltkriegs das österreichische Büro einer schwedischen Wohlfahrtseinrichtung übernommen, »Rädda barnen« (Rettet das Kind); unterernährte österreichische Kinder wurden von schwedischen Familien aufgenommen. Der jugendliche Otto, siebzehn oder achtzehn Jahre alt, kam zu einer sehr angesehenen, dem Königshaus nahestehenden Familie und machte alsbald eine Tochter des Hauses zur Mutter. Die Ehe folgte, mehrere Kinder kamen zur Welt. Otto sollte nun etwas Vernünftiges lernen. Amelies Familie besaß ausgedehnte Landgüter, aber das Studium der Bodenkultur lockte Otto nicht. Nach einigen Versuchen landete er bei der Banque des Pays de l'Europe Centrale in Paris, entpuppte sich dort als begabter Devisenhändler und wurde nach einigen Jahren »directeur adjoint«. Er nahm einige seiner Pariser Kollegen mit nach Brasilien und schlug auch mir vor, ihn dorthin zu begleiten. Mein Vater, den ich um Rat bat, holte Erkundigungen ein und erfuhr, daß es sich um einen zweifellos sehr fähigen, aber auch sehr wagemutigen Mann handle. »Ich würde verstehen«, sagte mein Vater, »wenn du mit ihm nach Brasilien gehst, aber du kannst nicht erwarten, daß ein Vater seinem Sohn zu einem Abenteuer zuredet. Zu Abenteuern muß man sich allein entschließen.«

Noch während ich nachdachte, kam die Einberufung zur kurzfristigen Ausbildung für den 1. Mai 1939. Nun auszuwandern, also der Einberufung nicht Folge zu leisten, hätte unabsehbare Folgen für die Familie haben können; die Entscheidung mußte vertagt werden. Dann war es zu spät. Ich mußte nach Baden bei Wien zur Flakartillerie einrücken. Ein Barackenlager war unterhalb der Weilburg im Helenental errichtet worden. Die Rekruten waren in der Mehrzahl Wiener Arbeiter. Angenehme Überraschung: kaum ein Nazi darunter. Sie hatten bereits erfaßt, daß ihr Lohn nach der Währungsumstellung nicht nur nominell, sondern auch real gesunken war. Erste Anzeichen von Lebensmittelknappheit hatte es schon gegeben und nun, beim Militär, eine andere Art von Küchenzettel, als sie gewohnt waren. Die Kurzformel lautete: »So fett habt's ihr net g'fressen, wie mir g'schissen haben.« Mit ihnen konnte man ziemlich ungehemmt reden. Ein paar »Studierte«, Richter, Staatsanwälte, Rechtsanwälte, gab es auch, da mußte man schon eher aufpassen.

Der kurzfristigen Ausbildung von drei Monaten folgte mit wenigen Tagen Abstand eine neue Einberufung – diesmal war es die Mobilmachung. Der Krieg stand bevor.

Während der Ausbildungszeit hatte ich Harold Seidler kennengelernt, einen Richter, sieben Jahre älter als ich, der ein Freund wurde, der beste, weiseste und treueste, den ich jemals hatte. Wir wurden beide im August 1939 zur 5. Batterie des Flakregiments Nr. 8 in Stammersdorf bei Wien einberufen. Nach ein paar Tagen ging es in die

Slowakei. Wir fuhren durch das Waagtal nach Norden. Am Abend des 31. August hatten wir in den Bergen bei Poprad mit unseren Zwei-Zentimeter-Geschützen Stellung bezogen. Uns gegenüber sahen wir die Hohe Tatra: Polen. Eine Zigeunerin war eingetroffen und bot in einem primitiven Campingwagen ein paar Mädchen an. Fast der ganze Zug, immerhin an die dreißig Mann, folgte ihrer Einladung. Harold Seidler und ich blieben neben unseren Kanonen sitzen und redeten. Es wurde Nacht; im Morgengrauen würde es losgehen.

»Der Krieg kann nicht lange dauern«, sagte ich. »Deutschland ist dazu nicht imstande, der Westen ist zu stark.«

»Du irrst«, sagte Harold, »es wird sehr lange dauern.«

»Warum glaubst du das?«

»Es entspricht dem metaphysischen Sinn der Geschichte«, sagte Harold enigmatisch.

Im Krieg

Mein Leben als Soldat, anfangs als Kanonier, zuletzt als Leutnant in der Flakartillerie der deutschen Luftwaffe, verlief äußerlich nicht anders als das von Millionen anderer Soldaten. Die innere Erfahrung, und nur sie erscheint mir erzählenswert, ist die völlige und fast mühelose Spaltung des Bewußtseins, die es mir erlaubte, mit meinen Schicksalsgefährten zunächst als einfacher Soldat, später, Unteroffizier und Offizier geworden, mit den mir Anvertrauten in Harmonie, in militärischer Disziplin und Einsatzbereitschaft zu leben, zu kämpfen und dennoch die Hoffnung nicht aufzugeben, daß Deutschland diesen Krieg verlieren werde. Es gelang, reflexartig das zu tun, was man von Soldaten erwartet: gegen Feinde zu kämpfen, die Feinde waren, solange sie mich und meine Kameraden bekämpften, und wenn die Gefechtstätigkeit endete und der Reflex sich löste, zu wissen, daß der Sieg dieser Feinde die einzige Möglichkeit eines Weiterlebens nach dem Krieg war. Ein Doppelleben als seelische Überlebensstrategie.

Wie erbringt man eine solche psychische Leistung? Jahre später fand ich eine Art von Beleg für diese Bewußtseinsspaltung bei Friedrich August von Hayek. In seinem letzten Buch, »The Fatal Conceit«, sagt er, daß wir noch immer das Bewußtsein des frühen Menschen in der Kleingruppe der Jäger und Sammler in uns trügen und es mitgenommen hätten in eine neue Bewußtseinsstufe der erweiterten Ordnung (»extended order«), in die Großgesellschaft der autonomen Individuen, in der wir heute leben. Die frühen Menschengesellschaften »were adapted to life in the small roving bands or troops in which the human race and its immediate ancestors evolved during the few million years while the biological constitution of homo sapiens was being formed. These genetically inherited instincts served to steer the cooperation of the members of the troop, a cooperation that was necessarily a narrowly circumscribed interaction of fellows *known to and trusted by one another*. These primitive people were *guided by concrete, commonly perceived aims, and by a similar perception of the dangers and opportunities* – chiefly sources of food and shelter ... These modes of coordination *depended decisively on instincts of solidarity and altruism*« (Hervorhebung von mir). Obwohl Hayek etwas ganz anderes beschreibt: Es trifft genau auf das zu, was einen Zug Flakartillerie, drei Geschütze und dreißig Mann, zusammenhält.

Im Morgengrauen nach jener Nacht des 31. August 1939, in der ich mit Harold Seidler von den Bergen der Slowakei auf die Hohe Tatra schaute, begann der Krieg. In den wenigen Wochen des Polenfeldzugs erlebten wir keinerlei Gefechtstätigkeit. Die erste, schmähliche »Kriegshandlung« kam für mich erst ein halbes Jahr später, als wir in der Nacht zum 10. April 1940 in Schleswig-Holstein unsere mit Fetzen umwickelten Zwei-Zentimeter-Flak-Kanonen lautlos im Mannschaftszug aus dem verdunkelten Deutschland in das beleuchtete, friedliche, neutrale Dänemark zogen und eine aus Landmaschinen behelfsmäßig errichtete Grenzsperre bei Bredebro beseitigten. In den nächsten Tagen, an der Westküste Jütlands, bei Esbjerg, bekamen jeweils ein paar Mann Ausgang. Seidler und ich gingen in eine Konditorei, in der es Köstlichkeiten gab, die wir nicht mehr hatten. Rund um uns erhoben sich die Gäste und setzten sich woanders hin, so daß wir, deren Anwesenheit Ekel erregte, isoliert waren: eine kleine Demonstration. Ich war stolz auf die patriotischen Dänen, schämte mich und genoß ihre Schokolade.

Drei Wochen später begann der Frankreichfeldzug. Wir, die 5. Batterie der 1. Abteilung des Flakregiments (Wien-Kagran), waren der Panzergruppe Kleist zugeteilt. Von Ahrweiler aus Durchbruch über die Ardennen, Übergang über die Somme, in raschem Tempo nach Norden gegen Calais, dann Kehrtwendung nach Süden, mit wenigen Gefechten durch die schönen Städte Troyes, Auxerre, Autun, an den Schneider-Creusot-Werken, der großen französischen Rüstungsindustrie, vorbei nach Burgund.

Als der Waffenstillstand geschlossen wurde, standen wir südlich von Lyon. Ich war entsetzt über die militärische Schwäche Frankreichs, über den schnellen und völligen Zusammenbruch seiner Armee und manchmal auch über das empörende Fraternisieren der Zivilbevölkerung mit den deutschen Soldaten – ich hatte Stolz und Haß erwartet. Nur ein paar Tage Gefechtstätigkeit: Artilleriefeuer, das Erlebnis der Feuertaufe, ein unechtes, literarisches Gefühl: flüchtige Reminiszenzen an Goethes Beschreibung der Kanonade von Valmy – ein »Bildungsbürger« weiß, was er sich schuldig ist –, Gasalarm, aber es waren nur nicht detonierende, verrottete französische Granaten, aus denen gelbgrüner Rauch aufstieg. Wir verloren zwei Tote und eine Anzahl Verwundete. Ich hatte keine Angst, die lernte ich erst in Rußland kennen, gründlich.

Dann zurück nach Paris zur Siegesparade. Wir fuhren mit unseren Kanonen über die Champs-Elysées. La douce France gedemütigt. Ein trauriger Tag. Dann lagen wir einige Wochen in Bobigny-Drancy, einem Vorort von Paris, der später zum Sammelplatz von Judendeportationen wurde. Ich wurde zeitweilig wegen Landes- und Sprachenkenntnis als Kraftfahrer eingesetzt und mußte Offiziere in ein für sie reserviertes Bordell in Paris führen. Zu dolmetschen war da nicht viel. Während sich die Herren mit den Mädchen zunächst im Salon bekannt machten, ihre Auswahl trafen und dann in kleine Zimmer zurückzogen, blieb ich, der Chauffeur, bei der »Madame«. Bald führten wir ein politisches Gespräch. Sie betrachtete ihre und der von ihr betreuten Mädchen Tätigkeit als patriotischen Einsatz. Bezahlte Arbeit wie jede andere auch, ohne innere Beteiligung, um den Feind wenigstens auf diesem Gebiet ruhig zu stellen, während Frauen, die sich aus freien Stücken unentgeltlich dem Sieger hingaben, ihr Vaterland verrieten. Ihre Mädchen trugen dazu bei, fand Madame, solche Vorkommnisse hintanzuhalten.

Im folgenden Herbst und Winter waren wir zum Schutz des Leunawerks in unmittelbarer Nachbarschaft des alten Städtchens Merseburg eingesetzt. In der Nähe lag Sondershausen, die Residenzstadt der Fürsten von Schwarzburg-Sondershausen. Georg Henikstein, mit dem ich von Kriegsbeginn an zusammen war und der später in Rußland vermißt blieb, hatte eine Verbindung zu Frau von Halem, der Witwe des Hofmarschalls des verstorbenen Fürsten, eines der deutschen Duodezfürstentümer, das vom Hause Schwarzburg-Sondershausen bis 1919 regiert wurde. Wir wurden zu einem Essen eingeladen, bekamen Ausgang, wurden der Fürstin vorgestellt, lernten die Tochter der Frau von Halem, die reizende Malve, kennen. Frau von Halem hatte eine Wohnung im Schloß. Es schien ein Besuch in einer Kuriosität der deutschen Vergangenheit zu sein – aber das Dritte Reich war präsent: Hier waren erbitterte Gegner des Nationalsozialismus, voll Verachtung, mit erstaunlich klarem Blick. Zum ersten Mal hörte ich so offene Worte aus deutschem Munde. Hitlers Deutschland war nicht ihr Deutschland. Malves Bruder Nikolaus war, wie ich später erfuhr, im

Widerstand und wurde 1944 nach dem Attentat auf Hitler ermordet.

Um die Weihnachtszeit bekam ich Heimaturlaub. Auch nach dem siegreichen Blitzkrieg in Frankreich blieb mein Vater unerschütterlich bei seiner Meinung: Der Krieg ist verloren. England hält durch, Amerika hilft. Es gab erste Gerüchte über einen Krieg im Osten. Meine Eltern waren mit sehr hohen Herren der deutschen Generalität befreundet und spürten deren tiefe Besorgnis. Immer wieder sagte mein Vater, daß der temporäre Vorteil der »inneren Linie« und der Beherrschung des Kontinents auf die Dauer die See- und Luftherrschaft und damit die Kontrolle über die Rohstoffversorgung nicht aufwiegen könnten.

Im Frühjahr 1941 wurden wir von Mitteldeutschland nach Polen, in den Distrikt Lublin, verlegt, in das altösterreichische wolhynische Festungsdreieck Dubno–Rowno–Luck. Wir lagen bei Hrubieszów am Bug – am anderen Ufer waren die Russen. Ich war mittlerweile Wachtmeister O. A. (Offiziersanwärter) geworden und führte einen Zug, drei Geschütze und rund dreißig Mann. Ich kannte sie alle seit Kriegsbeginn, fast alle Österreicher, Wiener Arbeiter, zumeist eingeschworene Sozialdemokraten, wunderbare, verläßliche, hilfsbereite Menschen. Kaum einer ein Nazi, nur manchmal etwas ratlos. Der Batterieoffizier und ich zogen Bauernkittel an, nahmen unsere Feldstecher, gingen ans Ufer und versuchten drüben Geschützstellungen ausfindig zu machen für die Stunde, da die schweren Batterien den Fluß überqueren würden und wir sie gegen Luftangriffe zu schützen hätten. Eines Tages entdeckten wir am anderen Ufer ähnlich gekleidete Bauern mit Feldstechern, die uns betrachteten: russische Offiziere.

Am 22. Juni 1941 standen wir im Morgengrauen auf russischem Boden. In raschem Tempo ging es, immer zum Schutz der Panzerspitze eingesetzt, nach Osten. Novograd Wolhynsk, Shitomir, Richtung Kiew. Zerstörte sowjetische Panzer säumten die Vormarschstraße. Um den 15. Juli verlor meine Batterie im Erdkampf mit eingeschlossenen sowjetischen Truppen bei Roszishe innerhalb weniger Stunden 37 Mann und eine Anzahl Verwundeter – mehr als ein Viertel der Gefechtsbatterie. Eine mangelhafte Aufklärung hatte die Stärke der nördlich der Vormarschstraße abgeschnittenen russischen Truppen vollkommen falsch eingeschätzt. Ich kannte sie alle, diese zerfetzten Toten, seit mehr als zwei Jahren.

Wir wurden vorerst nicht aufgefüllt. Es ging weiter: Kiew. Eine riesige Umfassungsschlacht begann. Wir waren in der nördlichen Hälfte der Zange. Den Dnjepr hatten wir überquert, die Desna lag vor uns. Wir hatten uns eingegraben, um uns vor dem russischen Artilleriefeuer zu schützen, wenn wir nicht russische Flugzuge, die kleinen, beweglichen Ratas, zu bekämpfen hatten. In mein Schützenloch sprang ein Offizier des Heeres, nach den ersten Worten hörbar ein Österreicher. Wir machten uns bekannt. Er hieß Hans Igler. Wir sprachen über Baudelaire, während Kiew fiel. Dann war die Schlacht zu Ende. Von dem höher gelegenen rechten Ufer sah man in die Ebene, endlos, Haufen von Gefangenen, zerstörtes Material. Es sollen über 600 000 Gefangene gewesen sein – ungefähr gleich viel wie die erwachsene männliche Bevölkerung Wiens.

Kurze Zeit später wurde ich zu einem Offizierslehrgang an die Luftkriegsschule 6, Bernau bei Berlin, kommandiert. Es war die Rettung meines Lebens. Von meiner Batterie ist kein Mann heimgekehrt. Sie blieben in Stalingrad. Ich habe in diesen Monaten die Angst kennengelernt.

So war ich in den Augen meiner militärischen Vorgesetzten und nach dem Maßstab der deutschen Wehrmacht, wie auch jeder anderen Armee, ein ordentlicher Soldat, um das seit einiger Zeit so belastete Wort »pflichtgetreu« nicht zu verwenden, ein Soldat, der das Eiserne Kreuz II. Klasse noch als Gefreiter und später das Flakkampfabzeichen bekommen hatte, ein Soldat, den einzig der Glaube seelisch aufrecht erhielt: Nazideutschland muß und wird diesen Krieg verlieren. Von all dem, was die Wehrmachtausstellung gezeigt hat, habe ich, ohne die Authentizität der Ausstellung bestreiten zu wollen, nichts gesehen.

Es war die Bindung an die kleine Zahl der mir anvertrauten Menschen, die Bindung an die kleine Gruppe, die mich als Soldat handeln ließ, und die unerschütterliche Hoffnung auf den Untergang Nazideutschlands, die mich seelisch rettete. Und schließlich: Ich wollte überstehen. »Wer spricht von Siegen? Überstehn ist alles.«

Von Kagran nach Amerika

Ende des Jahres 1942 wurde ich zum Ersatztruppenteil in Wien-Kagran versetzt. Vor meiner Beförderung zum Leutnant hatte die Luftwaffe eine Auskunft bei der Gauleitung Wien eingeholt. Sie war denkbar schlecht: Abstammung, »Versippung«, Freundeskreis. Ein Hauptmann, Reserveoffizier, im bürgerlichen Beruf Rechtsanwalt, ein Österreicher, der schon den Ersten Weltkrieg mitgemacht hatte und kein Nazi war, wie sich im Laufe des Gesprächs aus vielen kleinen, aber untrüglichen Zeichen ergab, eröffnete mir meine neue Lage: »Sie können ihrer Abstammung wegen nicht zum Offizier befördert, aber auch nicht aus diesem Grund degradiert werden. Als Vorgesetzter sind Sie natürlich« – er verzog verächtlich seine Mundwinkel – »unzumutbar, daher« – und er lächelte freundlich-spöttisch – »muß ich Sie vom Dienst befreien, so schmerzlich das für Sie sein wird. Sie werden Heimschläfer und Selbstverpfleger; alle zehn Tage melden Sie sich hier und empfangen Ihren Wehrsold, Ihr Verpflegungsgeld und Lebensmittelmarken.« Wiederum das ironische Lächeln. Das war das schönste Geschenk, das man sich in meiner Lage überhaupt wünschen konnte.

Um mit der geschenkten Zeit etwas anzufangen, besuchte ich einen Französischkurs in einer Sprachschule. Die Kursleiterin war eine entzückende alte Dame, Ehefrau des k.u.k. Oberst a.D. Eminger, einer fast stadtbekannten Figur. Im dritten Bezirk jedenfalls kannte man den Herrn Oberst: ein hochgewachsener, eleganter Herr, leicht vorgebeugt, mit einem Kaiserbart und der dazugehörigen Gesinnung. Seine Frau, meine Lehrerin, war Universitätslektorin, trug den erlesenen Vornamen Euphemia, hatte einen englischen Vater und eine französische Mutter. Sie war dreisprachig, weltgewandt, mit jungen Augen und weißen Haaren, und bemutterte mich fast vom ersten Augenblick an. Bei ihr gab es diese keiner Aussprache bedürfende Gewißheit über die politische Gesinnung, die Menschen fast augenblicklich zu Freunden, zu Bundesgenossen in der braunen Flut werden ließ. Mein Französisch, in der Kindheit erlernt, in Paris 1936 und 1937 als Bankvolontär geübt und im Frankreichfeldzug erprobt, war ziemlich gut, jedenfalls weit über dem, was normalerweise in Kursen für Fortgeschrittene verlangt und geboten wird. Euphemia riet mir nach kurzer Zeit, vor einer Kommission der Reichsfachschaft für das Dolmetscherwesen die Prüfungen in den zwei Fächern, mündlich als Dolmetscher und schriftlich als Übersetzer, abzulegen. Das Ergebnis, Leistungsstufe I, Dolmetscher und Übersetzer – ich besitze noch das Zeugnis –, wurde selten erreicht und blieb nicht ohne Folgen. Bei der Prüfung war ein Beobachter der Wehrmacht anwesend gewesen. Kurze Zeit später wurde ich aufgefordert, das heißt kommandiert, einen Sprachkurs für Damen zu leiten, die im besetzten Gebiet in deutschen Dienststellen eingesetzt werden sollten. Da es sich hauptsächlich um Offiziersfrauen handelte, war ich in der Uniform eines Wachtmeisters untragbar und erhielt daher den Befehl, »bürgerliche Kleidung« zu tragen. »Heimschläfer«, »Selbstverpfleger« und »zivile Kleidung«, das war wohl das Höchstmaß an Freiheit, das man als Militärperson erlangen konnte. Dazu wurde ich für die Kurstätigkeit von der veranstaltenden Sprachschule sehr gut bezahlt. Mehr konnte man als 29 Jahre alter, gesunder Mann im vierten Kriegsjahr kaum erhoffen. Ein Jahr lang. Ein Jahr, in dem Helga, meine spätere Frau, begann, in meinem Leben die überragende, entscheidende und beglückende Rolle zu übernehmen, die sie 52 Jahre lang, bis zu ihrem Tod, innehatte und die sie seither in einer Art Allgegenwart fortsetzt, die ich nicht zu beschreiben vermag, aus einem Irgendwo, an das ich gerne glauben möchte, und mit einer Kraft, die mich überwältigt.

Gegen Ende des Jahres 1943 war der seit langem erwartete Bescheid des Reichssippenamtes gekommen, der meiner Großmutter das Leben rettete und eo ipso meine Geschwister und mich für deutschblütig erklärte. Die NS-Parteibürokratie arbeitete lautlos, mit unheimlicher Präzision, völlig undurchschaubar. Man wußte zwar, daß man überwacht wurde, daß man Objekt einer unbekannten Instanz war, aber nicht, wie diese Überwachung durchgeführt wurde noch von wem oder von wo. Ohne irgendeinen Schritt von mir erhielt ich zu Beginn des Jahres 1944 meine Beförderung zum Leutnant, die zwar längst fällig war, aber hintangehalten worden war, bis eben dieser Abstammungsbescheid erging. Mit der Beförderung fast gleichzeitig kam der Befehl, mich in Paris bei einer Dienststelle zu melden, die über meinen weiteren Einsatz verfügen würde.

Der Abschied von Wien, wo ich ein Jahr in vielerlei Beziehung sehr angenehm verbracht hatte, ein Jahr, das mir vor allem die beginnende Liebe zu meiner späteren Frau gebracht hatte, fiel mir schwer. Aber ich war natürlich auch glücklich, nicht an die Ostfront zurück versetzt zu werden, von wo ich kaum zurückgekehrt wäre. Ich begriff, daß ich in Frankreich vielleicht die Chance haben könnte, die Seiten zu wechseln; das konnte oder wollte ich nur im Westen unternehmen. Immer wieder hörte man in den »Feindsendern« an die Österreicher gerichtete Nachrichten, aus denen man schließen konnte, daß es so etwas wie österreichische Kampfeinheiten im Verband der Alliierten gab. Aus unserer Sicht hatte sich im Jahr 1943 die Kriegslage zum Besseren gewandelt. Sehr bedeutende Erfolge der Alliierten waren erzielt worden. An der Ostfront war die entscheidende Wende eingetreten. Die Landung in Italien war geglückt. Der Ausgang des Krieges war nunmehr gewiß: Deutschland hatte ihn verloren. In der Moskauer Deklaration vom 30. Oktober 1943 wurde zum ersten Mal die Wiederherstellung eines freien Österreich als Kriegsziel der Alliierten erklärt, aber auch auf die Verantwortung Österreichs hingewiesen und die künftige Bedachtnahme auf Österreichs Beitrag zu seiner Befreiung angekündigt. Das war eine Botschaft, die Hoffnung gab und mich in meinem Entschluß bestärkte. Nach meiner Meldung in Paris wurde ich zu einem Offizier des Heeres gebracht. Er war Österreicher, Offizier schon im Ersten Weltkrieg, Oberstleutnant Baron S. Er kannte meinen Vater und wußte von meinen Französischkenntnissen, die offenbar auch die Ursache meiner Versetzung nach Frankreich gewesen waren. Baron S., nach österreichischem Brauch mich duzend, sagte: »Ich schlage dir vor, in der Abwehr eingesetzt zu werden und hier in Paris zu bleiben.« Ich bat ihn »gehorsamst«, davon abzusehen, und mußte meine Ablehnung eigentlich nicht näher begründen. Es zeigte sich, daß er mich verstand. Ich wollte auf keinen Fall in Spionage oder in deren Abwehr verwickelt werden, weil mich das möglicherweise in einen unerträglichen inneren Konflikt gebracht hätte. So wurde ich eben anderweitig eingesetzt und nach Südfrankreich versetzt, zu einer Flakabteilung, deren Aufgabe es war, die Eisenbahnbrücke zwischen Cannes und St. Raphaël an der Bucht von Agay, in der Nähe von Anthéor gelegen, gegen Luftangriffe zu schützen. Die Zerstörung der Eisenbahnbrücke hätte die Verbindungslinie zwischen Marseille und Genua unterbrochen, deren Wiederherstellung gerade hier nicht einfach gewesen wäre. Es war ein bogenförmig geschwungener Viadukt, immer wieder Ziel alliierter Bombenangriffe, bei Tag von den Amerikanern, bei Nacht von den Engländern geflogen. Die Flakabteilung, zu der ich versetzt wurde, mit vier schweren und zwei leichten Batterien, war rund um diesen Viadukt aufgestellt. Die leichten Batterien – einer solchen wurde ich als zweiter Offizier nach dem Batteriechef zugeteilt – hatten im wesentlichen die Aufgabe, die schweren Batterien und natürlich auch den Viadukt vor Tiefflieger zu schützen. Wir kamen nie zum Einsatz unserer Zwei-Zentimeter-Flakgeschütze, denn die Angriffe wurden nur außerhalb unserer Reichweite von höchstens 2000 Meter in sehr großer Höhe geflogen. Während der rund sechs Monate, die ich dort verbrachte, wurde der Viadukt mehrfach angegriffen, aber nie getroffen.

Der Kommandeur der Abteilung war ein freundlicher älterer Herr, Major der Reserve, der schon den Ersten Weltkrieg mitgemacht hatte und Besitzer einer Bierbrauerei in Süddeutschland war. Schon in den ersten Minuten glaubte ich an kaum beschreibbaren, winzigen Zeichen zu spüren, daß er kein Nazi war.

Anfang Februar 1944. Es war Vorfrühling in der prachtvollen Landschaft am Fuße des Esterel-Gebirges mit seinem roten Gestein und der steil abfallenden Küste. Die Bucht von Agay ist, wie ich heute weiß, oft von Impressionisten gemalt worden, mir sind vor allem Bilder von Guillaumin bekannt. Auf einem kleinen Felsenkopf direkt über dem Meer hatte ich meinen Gefechtsstand. Ich habe ihn noch zehn Jahre später wiedergefunden. Wir bekamen den Befehl, in die Felsen Unterstände zu graben, zu bohren, zu sprengen, um für den Fall eines in für uns unerreichbarer Höhe geflogenen Bombenangriffs Deckung zu haben. Es stellte sich sehr bald heraus, daß wir die Löcher für die Sprengladungen nur ganz langsam und händisch bohren konnten, da wir sehr dürftige Werkzeuge hatten: Ein Mann hielt die Bohrstange, ein zweiter schlug mit einem großen Schlägel darauf, ein dritter räumte und goß Wasser. Wir benötigten dringend Kompressorenbohrer; die gab es aber nicht. Nach einiger Zeit wurden gelegentlich und für kurze Zeit Trupps von französischen Baufirmen für diese Zwecke eingesetzt, die einigermaßen maschinell ausgerüstet waren. Sie waren vielfach von deutschen Militärstellen unfreundlich behandelt worden und daher nicht besonders einsatzfreudig. Ich verstand mich gut mit ihnen, erlaubte ihnen zum Beispiel auch, während der Arbeit Wein zu trinken. In der Provence sind die Menschen gewöhnt, ihren Durst mit erheblichen Mengen eines leichten Weines zu stillen. Ich ließ sie das halten, wie sie wollten, sprach freundlich mit ihnen, und so machte die Arbeit in meinem Bereich sehr viel schnellere Fortschritte als bei den anderen.

Eines Tages fiel mir einer unter ihnen auf. Die Tweedjacke, die er über der blauen Arbeitshose trug und vor der Arbeit ablegte, war nicht die eines Arbeiters; sie verriet eher einen guten englischen Schneider. Ich beobachtete den Mann und begann ein wenig mit ihm zu reden. Er war sehr wortkarg. Ein paar Tage später sagte ich ihm unvermittelt auf den Kopf zu: »Sie sind kein Arbeiter. Was machen Sie hier?«

Er reagierte gefaßt. »Ich bin mit meiner Familie aus Belgien nach Nordfrankreich und dann hierher geflohen und muß meine Familie erhalten.«

»Und was ist Ihr Beruf?«

»Ich bin Ingenieur.« Das war das einzige, das ich ihm glaubte. Für mich stand fest, daß er und wahrscheinlich noch einige andere in den Bautrupps in der Résistance waren und sich so sehr genaue Kenntnis der deutschen Stellungen an der Mittelmeerküste erwarben. Es ist eigentlich unverständlich, daß lokale Bauunternehmen und vor allem Arbeiter, die an Ort und Stelle rekrutiert worden waren, für militärische Zwecke eingesetzt wurden.

So schön die Küste und so köstlich der Duft blühender Mimosen auch war, meinem Ziel kam ich keinen Schritt näher. Nur in einer anderen militärischen Verwendung konnte das gelingen. Irgend etwas mußte geschehen. Ohne eine konkrete Vorstellung erbat ich einen Marschbefehl zur Untersuchung von Magenbeschwerden, unter denen zu leiden ich vorgab. Das Lazarett, in das ich überwiesen wurde, hatte sich in Avignon befunden; es war nach einem Bombenangriff verlegt worden. Ich bekam Quartier im nahen Tarascon für meinen Fahrer und mich. Ein paar Stunden waren mir geschenkt; ich benützte sie, um das stolze Palais des Papes anzuschauen und einen Ausflug in die Umgebung zu unternehmen. Ich kam zum Pont du Gard, dem römischen Aquädukt, an das viel später eine Straße angebaut wurde, und kletterte den Hügel hinauf bis zum dritten Stockwerk des Bauwerks. In einer Galerie befindet sich die Wasserleitung, ein ungefähr einen dreiviertel Meter tiefer in Stein gefaßter Kanal, durch den das Wasser zur Stadt geflossen war. Dort oben wehte an diesem Märzmorgen der Mistral so stark, daß man froh war, im Wasserkanal, der nach oben offen war, weil die ihn abdeckenden Steine längst fehlten, gehen zu können, um nicht heruntergeblasen zu werden. Ich kam weiter ins Gelände und fand den Steinbruch, aus dem die Römer den Stein für den Bau des Aquädukts genommen hatten. Es war ein herrlicher Tag. Vor mir lag im Glanz der Frühlingssonne die unberührte Provence. Heide und Busch, endlose Hügelketten, duftend, kein Laut von Menschen, nichts erinnerte an den Krieg. Da waren nur das flimmernde Licht und die schwirrende und surrende, zeitlose Landschaft, ein unbeschreibliches Erlebnis, wie eine Entrückung aus der Gegenwart, ein Glücksgefühl, wie ich es nie gekannt hatte. Es würde alles gut enden, aber ich mußte endlich handeln, ich mußte fort von dieser deutschen Wehrmacht. Mein Platz war auf der anderen Seite.

Nach Stunden stieg ich hinunter zu meinem Wagen und Fahrer. Am Rückweg machten wir in Marseille Station. Auf der Cannebière traf ich einige Offiziere, die ich flüchtig kannte und die mir vorschlugen, den Abend mit ihnen zu verbringen. Im Restaurant des Hotel de Noailles, dem elegantesten von Marseille, auf der mit »brazéros« geheizten Terrasse, traf ich eine sonderbare Runde an: nur ganz wenige Offiziere in Uniform wie ich, der Rest in Zivil. Ingenieuroffiziere der Marine und einige Frauen: jene etwas zu schrillen weiblichen Wesen, wie sie landauf, landab die Sieger umgaben, meist aus Erwerbsgründen, manchmal aber auch nur, weil sie Männer wollten und der Attraktivität des Siegers erlagen.

Eine fiel mir auf. Es lag kein Männerarm auf ihren Schultern und keine Männerhand auf ihren Schenkeln. Zu ihr setzte ich mich. Mein Französisch machte sie neugierig, es half, rasch einander näherzukommen und die anderen Offiziere, die nicht mithalten konnten, zu distanzieren. Man war anders als die anderen, einer, der die Uniform des Feindes trug und mit dem man doch etwas gemeinsam hatte: die Sprache. Sie hatte einen schönen römischen Kopf, dunkle, sanfte Augen, in die man doch nicht ganz hineinsah und an deren Grund etwas wie eine Warnung, wie ein Hauch von Gefahr war. Sie spürte, wie gut sie mir gefiel. Spät abends fragte sie mich, wo ich stationiert sei und wann ich wieder nach Marseille komme. Reichlich naiv sagte ich ihr, ich würde gerne kommen, um sie wiederzusehen, aber es sei nicht so einfach, sie kenne die Wehrmacht nicht. Die lächelnde Antwort war: »Da irren Sie sich! Die kenne ich gut. Ich werde Ihnen eine Empfehlung an den Standortzahnarzt geben. Versuchen

Sie es mit dem. Er wird Ihnen dazu verhelfen, wiederzukommen.« Ich glaubte meinen Ohren nicht zu trauen. Wer war diese Frau, welche Rolle spielte sie? Sie schrieb zwei oder drei Worte auf eine Visitenkarte und gab sie mir.

Am nächsten Tag, noch ehe ich nach Agay zurückkehrte, fand ich, der Versuch müsse ganz einfach unternommen werden, und suchte den Standortzahnarzt auf. Nach einem Blick auf die Visitenkarte sagte er: »Was kann ich für Sie tun?« Ich erklärte ihm, ziemlich überflüssigerweise, daß meine Zähne durch den Rußlandfeldzug einigermaßen mitgenommen seien und daß ich gerne wieder nach Marseille kommen würde. Daraufhin stellte er mir nach kurzer Untersuchung einen Befund aus, in dem er schrieb, daß die »Kaufähigkeit des Gebisses und damit die Einsatzfähigkeit des Leutnants Treichl eine mehrmalige konservative Behandlung« erforderten.

Mit diesem Bescheid kehrte ich nach Agay zurück; wenige Tage später war ich wieder in Marseille. Ich wurde im selben Hotel einquartiert, legte mich zu einer kurzen Siesta auf mein Bett und schlief sofort ein. Eine leichte Berührung weckte mich: Sie stand da und lächelte über meine Verblüffung. Ich war sicher, mein Zimmer versperrt zu haben. Wir verbrachten den Rest des Tages miteinander. Sie schlug mir vor, von der zahnärztlichen Behandlung in Zukunft abzusehen und eine solidere Grundlage für unsere Treffen aufzubauen. In unserer Einheit müsse es doch Bedarf an einer Reihe von technischen Gütern geben, an denen es der Wehrmacht mangelte. (Es war so, wie sie sagte. Von Waffen und Munition abgesehen, fehlte es an allem; wir hatten nicht genügend Autoreifen, zuwenig Treibstoff, weder Preßluftbohrer noch Baumaterial noch Betonmischer.) Sie könne all das beschaffen. Sie habe durch ihre Tätigkeit in der Bauabteilung der deutschen Kriegsmarine die nötigen Verbindungen und Quellen. Ich meldete es meinem Kommandeur. Er war dafür, den Versuch zu wagen, und so kehrte ich nunmehr mit einem Marschbefehl und einem mit Holzgas betriebenen Wagen und einem Fahrer nach Marseille zurück. Maggy führte mich in das Quartier um den alten Hafen, in einen Keller, von dort durch einen unterirdischen Gang in einen zweiten. Ich begann das Schlimmste zu befürchten. War ich in eine Falle geraten? Wir gelangten in einen weiteren Raum, in dem elektrisches Licht brannte und hinter einem Tisch ein paar Männer saßen, die mit öligen Gesichtern und öligen Haaren den Eindruck typischer Mafiosi vermittelten. Ich bekam Listen von Waren vorgelegt, die sie beschaffen konnten. Es waren Preise ausgeschrieben, und ich gab zunächst einmal eine Versuchsbestellung auf. Die Addition ergab einen Betrag, der mir mit dem Kommentar mitgeteilt wurde: »plus fünf Prozent für Sie.« Ich wies das entschieden zurück, ebenso entschieden kam die Antwort: »Mehr ist ausgeschlossen.« Unter dem Tisch gab mir Maggy einen Fußtritt. Ich verstand, daß ich schweigen sollte. Wir gingen.

Der Kommandeur war einverstanden, die Bestellung wurde aufgegeben. Einige Tage später holten wir das Bestellte mit einem Lkw an einem Lagerplatz im alten Hafenviertel ab. Aber wie war das möglich? Eine Französin konnte sonst nicht verfügbare Waren beschaffen? Gestohlen aus Beständen der Marine? Nein. Auch dort fehlte es an diesen Dingen. Wie hing das alles zusammen? Mir dämmerte es nur allmählich. Die deutsche Marine baute an der französischen Südküste mächtige U-Boot-Bunker. Die Bauten wurden von zivilen französischen und spanischen Firmen ausgeführt. Die Vermutung lag nahe und wurde immer wahrscheinlicher, daß Beschäftigte des Marine-Oberbauamtes, so hieß diese Dienststelle, Kommissionen nahmen, wie man sie mir angeboten hatte, und daß Maggy die Verbindung zwischen dem

Oberbauamt und den zivilen Firmen hielt und so um diese Dinge wußte. Sie hatte daher eine in zweifacher Richtung einflußreiche Stellung: Sie hielt die Verbindung zu den Firmen, und sie wußte um die finanziellen Praktiken bei der Marinedienststelle. Man fürchtete sie und ließ sie gewähren. Mehr habe ich nie gewußt und wollte ich auch nicht wissen. Wir vertrauten einander völlig. Sie hatte mir erzählt, daß sie verheiratet war, ihr Mann, Berufsoffizier, war bei der französischen Exilregierung im Stab von General de Gaulle. Sie war in der Résistance und in ständiger Verbindung mit ihrem Netz. Nach der Landung der Alliierten in Südfrankreich würde sie sofort ihre Stellung verlassen und zu einem Verband der Résistance zurückkehren. Sie wußte, was ich vorhatte: Ich hatte mich längst in ihre Hand begeben. Ihr Plan war, daß wir nach der Landung der Alliierten an der Côte d'Azur sofort gemeinsam untertauchen sollten. Sie würde mich in ein vorbereitetes sicheres Versteck bringen. Von dort aus könnte sie für mich oder ich direkt die Verbindung zu den Alliierten aufnehmen. Vorher unterzutauchen war zu riskant, weil die Deutschen ein Netz von Agenten unterhielten, aber nach der Landung würde es leichter sein.

Mit Hilfe meines »Beschaffungswesens« erhielt ich große Bewegungsfreiheit. Maggy und ich waren zusammen in Aix-en-Provence in dem gemütlichen und sehr angenehmen Hotel Roi René, das für Zivilpersonen geöffnet war. Dort übergab sie mir eine in blanko ausgestellte französische »carte d'identité«, in der der Bürgermeister von Aix-en-Provence mein Photo abgestempelt und meine Identität bestätigt hatte; mein Name, mein Geburtsdatum, mein Geburtsort, alle persönlichen Angaben hingegen waren nicht ausgefüllt und konnten von mir nach Belieben eingesetzt werden. Sie mußte sehr gute Verbindungen haben. Wir waren vorbereitet für unsere gemeinsame Flucht. Es würde nicht mehr lange dauern.

Auch der Kommandeur, ein erfahrener Soldat, rechnete damit. Er war sich dessen ganz sicher, als am 6. Juni dem D-Day, die Alliierten in der Normandie landeten.

Manchmal nach dem Abendessen nahm er mich mit auf die Terrasse vor der Offiziersmesse. Wir blickten auf das Meer und sahen die Lichter der Fischerboote. Weit draußen fischten sie die Langusten, die in den Offiziersmessen besonders begehrt waren. Der Major wußte, daß der Krieg verloren war, daß ein schreckliches Ende bevorstand, daß das Naziregime ausgetilgt werden mußte. Ich glaubte, er verstand mich, auch wenn wir nur in Andeutungen sprachen; er begriff, daß meine Loyalität Österreich und nicht dem Deutschen Reich galt. Eines Tages sagte er: »Ich kann mir denken, was Sie vorhaben, ich verstehe das. Ich bin in einer anderen Lage und werde durchhalten.«

Das scheinbar ruhige Leben an der Riviera stand in einem sonderbaren Gegensatz zu der militärischen Lage, die seit dem 6. Juni unerhörte Dramatik gewonnen hatte. Es war nicht leicht, sich ein richtiges Bild der Lage zu verschaffen und ohne die englischen Sender völlig unmöglich. Aber es war riskant, man mußte mit größter Vorsicht vorgehen. Die Mannschaften waren nicht so ängstlich. Ich wußte, daß sie regelmäßig ausländische Sender, vor allem eben den englischen Militärsender, hörten und auch darüber sprachen. Ich tat so, als ob ich von nichts wüßte. Aber auch ich hörte natürlich heimlich die Kommentare, vor allem Liddell Hart, und litt darunter, daß ich niemanden hatte, mit dem ich wirklich sprechen konnte. Mir fehlte vor allem mein Vater, mit dem ich während des Jahres 1943, in dem ich mich hauptsächlich in Wien aufgehalten hatte, immer wieder geredet hatte, und mein geliebter Bruder. Mein Vater war keinen Moment von der Meinung abgewichen, daß der Krieg für Deutschland verloren sei.

Mit seinem unbestechlich klaren Verstand ließ er sich von keinerlei Siegesmeldungen täuschen. Er war fest davon überzeugt, daß Nazi-Deutschland zusammenbrechen müsse. Aber zunächst ließen einen die erbitterten und außerordentlich heftigen Kämpfe um den Brückenkopf in der Normandie immer wieder zweifeln und bangen. Die Verschärfung der Lage wurde besonders mit dem 20. Juli deutlich. Die Meldungen waren verworren, und es war auffallend, wie sehr alle mit ihrer Meinung zurückhielten, um sich ja keine Blöße zu geben. Zwei Tage später war es klar, daß das Attentat auf Hitler mißlungen war. Die zunächst fühlbare, groteske, aber auch demütigende Konsequenz für uns war, daß wir die Ehrenbezeigung durch Anlegen der Hand an die Mütze aufgeben mußten und daß Heer und Luftwaffe sie von nun an mit dem sogenannten Deutschen Gruß, dem ausgestreckten rechten Arm, erwiesen.

Für meine Aufenthalte in Aix-en-Provence, aber auch für die Besuche bei den Schwarzhändlern hatte sich Zivilzeug als nahezu unentbehrlich erwiesen, und so hatte ich mir längst einen Anzug machen lassen und Hemden besorgt und schritt nun an der Seite von Maggy als Franzose durch die Gegend. Die Identitätskarte hatte ich mit einem fremdartig klingenden Namen und mit dem Geburtsort Dakar ausgefüllt, um eine Kontrolle zu erschweren. Ich hatte mich um mehr als zehn Jahre älter gemacht, um einer eventuellen Einberufung durch französische Behörden zu entgehen. Ich war nun entschlossen, nach der erwarteten Landung in Südfrankreich mit Maggy im Untergrund zu verschwinden. Aber es kam anders.

Am 31. Juli 1944, meinem 31. Geburtstag, erhielt ich ohne jede Vorankündigung den Befehl, mich sofort nach Paris in Marsch zu setzen. Es war mir nicht mitgeteilt worden, weswegen und was meine nächste Verwendung sein würde. Ich wußte nur, daß ich sofort abzureisen und mich in Paris zu melden hatte. Mit Maggy gab es eine dramatische Szene. Sie sagte: »Jetzt mußt du sofort verschwinden, es ist alles bereit.« Aber ich wußte, daß das nicht ging – ihretwegen. Viel zu viele Menschen wußten von unserer Beziehung. Wenn ich verschwunden wäre, hätte man Maggy sofort verhaftet und verhört. Mit mir gemeinsam unterzutauchen verbot ihr ihre Pflicht als Résistance-Kämpferin. Sie durfte jetzt nicht verschwinden – noch nicht. Der Plan war gescheitert.

Die Reise von Marseille nach Paris, normalerweise eine Nachtfahrt, dauerte im August 1944 als Militärtransport fast eine Woche. Vor der Lokomotive wurden zwei oder drei leere Güterwaggons geschoben, um bei Minen die Sprengung auszulösen. Wir kamen nur sehr langsam voran, weil die Strecke immer wieder unterbrochen war. Mir wurde auf dieser Reise klar, wie erschüttert die Stellung der deutschen Wehrmacht auch im besetzten Frankreich war.

Am 6. August traf ich in Paris ein. Ich erfuhr bei der Kommandantur, daß ich zu einer Abteilung versetzt war, die die Evakuierung der Stadt mit Flakschutz begleiten sollte. Man erwarte von mir, daß ich mit Hilfe meiner Sprach- und Landeskenntnisse nützlich sein könnte. Damit war klar, daß die deutsche Wehrmacht Frankreich aufgegeben hatte, was nicht heißt, daß sie nicht immer noch zähe Rückzugsgefechte liefern würde. Die Batterie war in der Kaserne der Garde Républicaine auf der Place de la République im östlichen Paris einquartiert. Dort wurde ich hinkommandiert und bekam einen »Putzer« zugeteilt, einen Österreicher, mit dem sich schon nach wenigen Tagen ein ziemlich deutliches Gespräch führen ließ. Ich hatte meinen Zivilanzug mitgenommen und nun begann ein merkwürdiges Spiel. Ich hatte Freunde in Paris, Österreicher, die seit der Zwischenkriegszeit in

Frankreich lebten und mit meinen Eltern befreundet gewesen waren. Dort rief ich an und fragte, ob ich sie besuchen könnte. Sie sagten: »Natürlich, wenn du nicht in Uniform kommst.« Das war mir durchaus recht und so ging ich nach Dienstschluß mit einem kleinen Köfferchen, in dem sich mein Zivilzeug befand, in das nächste Café-Bistro. Nach einigen Minuten trat vor den erstaunten Augen des Patrons aus dem Klo, in das ein Leutnant hineingegangen war, ein Zivilist heraus. Der Patron schaute verblüfft, gab aber keinen Kommentar von sich. Ich hatte natürlich französisch gesprochen und damit ohnehin schon seine Aufmerksamkeit erregt, aber auch ein gewisses Wohlwollen erzeugt. Spät am Abend kehrte der Zivilist mit seinem Köfferchen zurück, betrat das Klo und verließ es als Leutnant. Das wiederholte sich nun täglich, so daß ich für den Patron des Bistros schon eine gewohnte Erscheinung wurde. Ich hatte einigermaßen Geld und tat nun einen entscheidenden Schritt: Ich suchte ein Hotel auf, in dem ich mich verstecken wollte. Mir fiel nichts Gescheiteres ein als das Hotel, in dem ich in den Jahren 1936 und 1937 gewohnt hatte, als ich in der Banque des Pays de l'Europe Centrale in Paris gearbeitet hatte, das Hotel Saint-Sulpice in der Rue Casimir Delavigne im Quartier Latin, eine der Straßen, die sternförmig zum Odéon hinführen. Es war denkbar schlecht gewählt, denn unter den Arkaden des Odéon hatten sich SS-Posten eingerichtet und im nahegelegenen Palais de Luxembourg war ein SS-Stab einquartiert. Diese Posten am Odéon machten sich gelegentlich das Vergnügen, einfach in die Gegend zu schießen.

Mein Hauptproblem war, daß ich zwar eine echte Identitätskarte besaß, die mich als Franzosen auswies, aber keine Lebensmittelmarken. Die Lebensmittelmarken waren regional verschieden, und ich konnte mit Marken aus dem früheren, nicht besetzten Vichy-Frankreich, wozu eben auch die Riviera gehört hatte, in Paris gar nichts anfangen. Im Gegenteil, ihre Verwendung wäre möglicherweise sogar unangenehm auffallend gewesen. Einige Vorräte konnte ich mir im Standort-Offiziersheim besorgen, das sich im Hôtel Rothschild an der Rue St. Honoré befand. Dort kaufte ich etliche Tafeln Schokolade, ein paar Schachteln Kekse und eine Flasche Cognac. Das war mein Notproviant für die nächste Zeit. Ich nahm ein Zimmer für einen Monat im Hotel Saint-Sulpice, das Zimmer Nummer 16. Diese Zahl betrachte ich seither als Glückszahl.

Am Abend des folgenden Tages saß ich mit anderen Offizieren aus der Caserne de la Garde République in unserem kleinen Offiziersheim an der Rue de Turbigo, wo wir zu Abend aßen. Paris war verdunkelt, auf der Straße fielen Schüsse. Einige von uns gingen auf die Straße und kamen nach kurzer Zeit mit zwei Zivilisten zurück, bei denen sie Pistolen in der Tasche gefunden hatten. Die Zivilisten hatten Armbinden, auf die mit Tinte oder Tintenstift die Buchstaben FFI geschrieben waren. Es stellte sich heraus, daß diese Buchstaben »Forces Françaises de l'Interieur« bedeuten sollten und daß sich die Zivilisten als Angehörige der Befreiungsarmee Frankreichs fühlten. Wie auch immer, ob sie nun völkerrechtlich als kämpfende Truppe anzusehen waren oder nicht, jedenfalls drosch man mit Stahlhelmen auf sie ein, bis sie ziemlich übel zugerichtet waren. Ich versuchte das zu verhindern und sagte, wir müßten die Feldgendarmerie verständigen. Die erklärte, sie wollten die Kerle nicht haben, wir sollten sie doch gefälligst selber umlegen. Das sollte am nächsten Tag geschehen. Das war für mich der letzte Auslöser eines Entschlusses, den ich schon lange mit mir herumgetragen hatte.

Am nächsten Vormittag packte ich mein Zivilzeug und Toilettegegenstände in zwei kleine Gepäckstücke. Mein

»Putzer« Baumgartner sagte: »Herr Leutnant, nehmen S' mich mit.« Er hatte mich durchschaut.

Ich sagte: »Das kann ich nicht. Was ich tue, tue ich von nun an als Franzose. Sie können die Sprache nicht. Ich gebe Ihnen ein bißchen Geld. Versuchen Sie, meinem Beispiel zu folgen, sobald Sie sich in einer deutschsprechenden Gegend befinden. Das wird Ihnen schon im Elsaß, spätestens wenn Sie den Rhein erreichen, möglich sein.«

Wieder betrat ein deutscher Leutnant das Bistro in der Nähe der Kaserne und verließ das Klo als Zivilist mit Gepäckstücken in der Hand. Ich wußte, daß ich einen entscheidenden, unwiderruflichen Schritt getan hatte. Jeder Fehler würde von nun an tödlich sein: Die Franzosen würden mich als Spion, die Deutschen, wenn sie mich fänden, als Deserteur erschießen. Ich war ganz ruhig, von einem Hochgefühl erfüllt. So ging ich mit meinen kleinen Gepäckstücken zur Seine hinunter, über die Ile de la Cité an der Préfécture de Police, vor der uniformierte Franzosen Wache standen, vorbei zur Place St. Michel und weiter einen mir wohlbekannten Weg, bis ich das Hotel Saint-Sulpice erreichte und mein Zimmer bezog.

Bis zum 25. August, dem Tag der Befreiung von Paris, habe ich das Hotel kaum noch verlassen können. Wenn ich es tat, dann immer wieder auf der Suche nach Eßbarem oder auch nur, um Luft zu schnappen. Doch die Situation wurde zusehends ungemütlicher, und ich wollte möglichst vermeiden, von irgendwelchen Streifen auf der Straße angehalten zu werden. Mein Zimmer bestand aus zwei Teilen, der hintere ging in einen Innenhof, den das Hotel und ein paar Nachbarhäuser bildeten. Über den Hof sprachen die Frauen aus den Nachbarhäusern eifrig und laut miteinander; das war meine wichtigste und ergiebigste Informationsquelle. Ich hatte kein Radio und bekam keine Zeitungen. Merkwürdigerweise funktionierte das Telefon bis zuletzt. Ich rief meine Freunde an, weil ich allmählich sehr hungrig wurde, und bat sie, mir etwas Essen zu schicken. Sie versprachen, mir durch eine Freundin, die eine Ambulanz des französischen Roten Kreuzes fuhr, Lebensmittel zu schicken. Aus dem Hinterhof hörte ich die Stimmen der Nachbarinnen, die immer wieder »Ils sont là!« riefen. Aber noch waren sie nicht »là«. Und so verging Tag um Tag. Nachts gab es Fliegeralarm, aber Paris wurde nicht bombardiert. Wir mußten jedoch in den Keller und dort ergaben sich Gespräche mit Bewohnern des Hotels oder mit anderen Leuten, die sich hier heruntergeflüchtet hatten. Ein falsches Wort hätte mich verraten. Gott sei Dank reichten meine Französischkenntnisse aus, um mich nicht verdächtig zu machen. Einmal kam eine Militärstreife. Dann endlich läuteten die Glocken von ganz Paris, läuteten und läuteten ohne Ende. Paris war befreit. Das war ein ungeheurer, erschütternder, erlösender Moment.

Für mich blieb nun ein weiterer entscheidender Schritt zu tun. Vorher aber wollte ich in meiner jugendlichen Neugier und Erlebnissucht noch das angekündigte Defilee sehen. Auf der Straße wurden blau-weiß-rote Kokarden verteilt; ich steckte mir eine an und begab mich auf die Champs-Elysées, drängte mich in die Menge und hatte die Möglichkeit, die Parade mit der Division Leclerc an der Spitze, der die Amerikaner höflicherweise den Vortritt gelassen hatten, zu erleben. Ich sah General de Gaulle auf dem Weg in die Kirche von Notre-Dame. Ich ergriff eines der Kinder in der Nähe und hob es in die Höhe, damit es auch sehen konnte. Da stand nun ein Österreicher, ein Offizier der deutschen Wehrmacht, mit einem französischen Kind in den Armen, mit einer blau-weiß-roten Kokarde am Rock, und rief: »Vive la France!« Von Dächern auf der anderen Seite der Champs-Elysées krachten ein paar Schüsse und plötzlich lag die Menschenmenge am Boden. Das Defilee ging ungerührt weiter, die Schüsse hörten auf.

Am Rückweg sah ich vor dem Petit Palais einen amerikanischen Soldaten Posten stehen und eine Aufschrift, CIC; später erfuhr ich, daß das »Counter Intelligence Corps« hieß. Ich wollte mit der Begründung eintreten, ich müsse mich nach einem Verwandten erkundigen. Es hieß: »Kommen Sie morgen wieder.« Das tat ich und wurde zu einem Oberstleutnant geführt. Viel später, nach Kriegsende, habe ich erfahren, daß sich ein oder zwei Zimmer nebenan mein angeheirateter Vetter Eric Warburg als amerikanischer Offizier befunden hatte. Um ein Haar wäre ich also ihm vorgeführt worden.

Ich erklärte dem Oberstleutnant meine Situation, versuchte, ihm klarzumachen, daß ich Österreicher sei, daß ich für die Wiederherstellung Österreichs und gegen Nazideutschland kämpfen wolle, und fragte ihn, ob ich in der österreichischen Einheit im Verband der alliierten Armeen dienen könne. Er erklärte mir, daß es eine solche Einheit nicht gebe, bot mir aber an, in einer polnischen Division zu dienen, mit der Chance, nach dem Krieg Pole werden zu können. Ich machte ihm sehr rasch klar, daß ich nicht die geringste Absicht hätte, Pole zu werden, sondern daß es mein Wunsch sei, wieder Österreicher zu sein.

»Dann kann ich Sie nur zum Kriegsgefangenen nehmen.« Ich wollte mich damit nicht zufriedengeben, konnte aber im Moment nicht mehr erreichen. Der Oberstleutnant meinte, ich würde auch als Kriegsgefangener erfahren, wenn sich die von mir gewünschte Möglichkeit bieten sollte. Es war eine große Enttäuschung; irgendwie hatte ich erwartet, mit offenen Armen empfangen zu werden. Ich mußte es aber zur Kenntnis nehmen und übergab ihm meine Pistole. Er ließ mein Gepäck aus dem Hotel holen, ich bekam eine Dose »Meat and

Beans«, eine Matratze, eine Decke und wurde in den Hof des Petit Palais geführt, in dem sich schon eine bunte Menge verdächtiger Personen befand.

Mitten in der Nacht weckte mich ein amerikanischer Soldat: »Get up!« Er führte mich in ein Zimmer, wo auf dem Feldbett meine beiden Gepäckstücke lagen. Ich wollte sie mit Dank an mich nehmen. »Nein, jetzt noch nicht, das war nicht alles.«

»Doch«, sagte ich, »das ist alles.«

»Nein.« Und schon wurde ich vor das Petit Palais geführt, unter die Kastanienbäume. Lichtkegel flammten auf; am Boden lagen zwei Pakete. »Open this!« Ich bückte mich. Da fiel ein Schuß. Das war also das Ende. Ich war sicher käseweiß und schlotternd, als ich sagte: »Wenn Sie mich erschießen wollen, dann sagen Sie mir das.« Die Antwort: »Es war ein Irrtum. Sorry, get up.« Ich öffnete die Pakete, in einem weiten Kreis umstanden mich amerikanische Soldaten. Heraus rollten ein Marmeladeglas, ein paar Keks und zwei kleine Tafeln Schokolade, ein paar Kartoffelchips. Allgemeine Erleichterung war spürbar und auf meine wahrscheinlich naive Frage, was das bedeuten solle, hieß es: »Never heard of boobie-traps?«

Dann sagte der Oberstleutnant, eigentlich sehr freundlich: »Sorry, we had to inflict this on you. What can I do for you?« Ich wollte einen Drink haben. Es war vielleicht ein Uhr nachts oder noch etwas später. Die Kantine war längst geschlossen, aber er verlangte von einem Quartermaster Sergeant: »You go and get some gin.« Eine Viertelstunde später saßen der Oberstleutnant, der Quartermaster Sergeant und ich in einem der Zimmer und tranken zu dritt eine Flasche Gin leer. Dann begab ich mich leicht angeheitert, mittlerweile wieder als Leutnant angezogen und unter Preisgabe meines Zivilzeugs, in Gefangenschaft.

Am nächsten Tag wurde ich in ein kleines Fußballstadion im Süden von Paris geführt, das, so weit ich verstand, den Feuerwehren gehörte. Dort befand sich eine große Anzahl kriegsgefangener Offiziere. Zu meiner unangenehmen Überraschung stammten die ersten, denen ich begegnete, aus meiner Einheit. Sie betrachteten mich mit einem gefährlichen Blick und fragten: »Wo kommen Sie her?« Von dem Moment an fühlte ich mich meiner Haut nicht mehr sicher. Ich verlangte, einem amerikanischen Offizier vorgeführt zu werden. Unglücklicherweise war es ein Filipino, und es kostete mich große Mühe, ihn davon zu überzeugen, daß Austria nicht Australia, sondern ein von Deutschland besetztes Land sei und daß ich in ein anderes Lager versetzt werden müsse, weil hier für mich Lebensgefahr bestehe. Der Wunsch wurde mir erfüllt; man brachte mich in einem Transportfahrzeug in ein anderes sogenanntes »Cage«. Dort verhörte mich ein amerikanischer Offizier. Er fragte mich über meine Jugend in Wien aus, in welche Schule ich gegangen sei.

»In ein Gymnasium.«
»Wie hieß es?«
»Es war eine Klosterschule.«
»Nennen Sie den Namen.«
»Schottengymnasium.«
»Wer waren Ihre Lehrer? Hatten Sie den Pater Vincenz?«
Das fragte mich im August 1944 in Paris ein amerikanischer Offizier. Viel später, nach meiner Rückkehr nach Österreich, erfuhr ich, daß mein »interrogator« ein Graf Trauttmansdorff war, der in der US-Army diente.

Und nun begann meine eigentliche Gefangenschaft. Ich hatte in meinem Gepäck weder einen Mantel noch eine Decke, nur ein paar Waschsachen, ein Hemd und ein paar Strümpfe und einige Bücher, mit denen ich mir im Hotel Saint-Sulpice die Zeit vertrieben hatte: darunter ein »Petit Larousse Illustré« und »Les Fleurs du Mal«,

»Rouge et Noir« und »Histoire de deux peuples« von Jacques Bainville. Ich habe diese Bücher nicht in meine Gefangenschaft nach Amerika mitgenommen.

Bald wurden wir auf offenen Lastwagen aus Paris abtransportiert. Wenn der Konvoi irgendwo halten mußte, bewarfen uns Frauen mit Tomaten oder auch mit Erde, auf die sie vor unseren Augen gepißt hatten. In solcher Weise von Freundlichkeiten begleitet, wurden wir in Richtung Cherbourg gebracht. Es waren die letzten August- und die ersten Septembertage. Wir blieben meist zwei, drei Tage in einem »Cage«, wurden einigermaßen ausreichend verpflegt, vom Internationalen Roten Kreuz registriert und waren in einem halbwegs erträglichen Zustand. Für mich war es nur deswegen eher schwer, weil ich ohne Mantel und Decke, vor allem in den regnerischen Nächten, nicht schlafen konnte. Von Zelten war keine Rede und so ging ich nachts auf und ab. Bei Tag lieh mir ein Österreicher, der schon den Ersten Weltkrieg mitgemacht hatte, ein sehr sympathischer Hauptmann, seinen Mantel, mit dem ich mich zudeckte; dann schlief ich in der Sonne oder auch im Regen ein paar Stunden.

Nach einigen Wochen wurden wir nach England gebracht, in eben jenen Schiffen, die die Alliierten für die Landung verwendet hatten, mit einem aufklappbaren Bug, aus dem die Fahrzeuge herausgerollt waren. So überquerten wir den Kanal und kamen nach Moreton-on-Marsh; dort bekamen wir endlich ein Dach über den Kopf und wurden in Wellblechbaracken einquartiert. Allmählich konnten wir unsere Sachen wirklich trocknen. Einige Tage später brachte man uns in Eisenbahnwaggons nach Southampton und dort in Lkws vom Eisenbahnzug zum Schiff, das uns nach Amerika bringen sollte. Wir fuhren durch ein Spalier von Engländern, die kehrt machten und uns ihre Rückseite zeigten, sobald sie uns als deutsche Kriegsgefangene erkannten. Eine englische Form, ihre Mißbilligung deutlich zu machen, die jedenfalls zivilisierter war als die von den Pariser Frauen gewählte.

So kamen wir auf eines dieser »Victory Ships«, die sich zu einem Geleitzug formierten. Am nächsten Tag liefen wir aus; wir sahen nichts davon, denn unsere »bunks« waren unter der Wasserlinie. Der Kommandant des Schiffes war freundlich und befahl uns jeden Tag nach dem Frühstück auf ein oberes Deck, an dem wir frische Luft haben konnten. Ich höre noch die Lautsprecher: »This is a drill, this is a drill, all hands to their battlestations, prisoner of war Deck C (B).« Dort standen wir bis gegen vier Uhr nachmittags oder hockten herum und hatten jedenfalls frische Luft und den großartigen Anblick eines Geleitzugs von ungefähr sechzig Transportschiffen, einigen begleitenden Kriegsschiffen und einem kleinen Flugzeugträger, da man in so geringer Entfernung vom europäischen Kontinent mit Angriffen der deutschen Luftwaffe rechnete. Sehr bald aber war diese Zone überschritten und der Flugzeugträger kehrte um. Wir wurden weiterhin nur von einem Zerstörer begleitet. Ein paar Kilometer breit und tief gestaffelt, Schiff um Schiff mit weißer Bugwelle, unbeirrbar, majestätisch vorwärts – ein Anblick wie ein feierliches Ritual und das erlösende Gefühl in die Freiheit, nicht in eine Gefangenschaft zu fahren. Ich dachte viel an meine Eltern, ob sie schon durch das Rote Kreuz die Nachricht von meiner Gefangennahme erhalten und nun eine Sorge weniger hätten.

Erste Nacht an Bord. Wir waren sehr erschöpft, hängten unsere Uniformröcke an die Gestelle, an denen Hängematten befestigt waren, und schliefen einen tiefen Schlaf. Am Morgen bemerkten wir, daß man uns in der Nacht die Orden und sonstige Hakenkreuzinsignien von den Uniformen genommen hatte. Die Amerikaner waren wild auf Souvenirs mit Nazisymbolen. Eine Beschwerde löste einen ziemlichen Wutanfall beim Schiffskommandanten aus; die amerikanischen Mannschaftsquartiere wurden durchsucht, die Souvenirs größtenteils gefunden und auf Haufen zusammengeschüttet, aus denen wir unsere Ehrenzeichen und Distinktionen suchen konnten. Alsbald bildete sich ein Markt. Ein Deutsches Kreuz in Gold war außerordentlich wertvoll, ein Ritterkreuz hätte nach der Logik des Ranges einen noch höheren Preis erzielen müssen. Aber die amerikanischen Soldaten bewerteten nicht den Rang des Ordens, sondern die Größe des Hakenkreuzes, und da war das Deutsche Kreuz in Gold unschlagbar. Die meisten tauschten Nazisymbole gegen Zigaretten ein, freilich ohne mit den Symbolen auch ihre Gesinnung abzugeben.

In den Wochen in den verschiedenen »Cages« zwischen Paris und Cherbourg war ich Nichtraucher geworden. Was mich kuriert hatte, waren die amerikanischen Soldaten, die außerhalb des Stacheldrahts standen, uns Zigarettenstummel hineinwarfen und sich am Anblick der um die Stummel raufenden deutschen Offiziere ergötzten. Ich besaß nur das Eiserne Kreuz Zweiter Klasse und das Flakkampfabzeichen für Erdeinsätze und natürlich auch die Hakenkreuzzeichen an der Uniformbrust und an der Kappe und habe sie gegen ein Mittel gegen Seekrankheit eingetauscht.

Wir bekamen zwei Mahlzeiten täglich, ein Frühstück um acht Uhr und eine Abendmahlzeit um vier Uhr nachmittags. Man zog mit einem Tablett an einem überaus reichhaltigen Büfett vorbei, konnte sich am Morgen Eierspeise und Würstel, Schinken, Brot, Butter, Marmeladen, Honig, Kaffee oder Tee, Milch, Obers, Juice aufladen lassen, soviel man wollte. Zur Abendmahlzeit gab es drei Gänge, auch da so viel, wie auf die Teller ging. Wir waren sehr ausgehungert und es bildete sich der Brauch heraus, daß zwei Gesunde einen Seekranken links und rechts unter die Arme nahmen, an der Cafeteria vorbeiführten, ihn dann am Boden ablegten und seine Portionen unter sich aufteilten.

Die Überfahrt dauerte zwölf Tage. Am 12. Oktober erreichten wir Boston und verbrachten noch an Bord die Nacht zum 13., jene Nacht, in der mein Bruder sein Leben verlor. Aber das erfuhr ich erst viele Monate später.

Einige der Mitgefangenen hatten begonnen, über die materielle Situation der Amerikaner nachdenklich zu werden. Das Nachdenken dauerte aber nicht sehr lange, denn schon in Boston begannen neue Zweifel. Wenn wir an amerikanischen Fabriken mit vollen Parkplätzen vorbeifuhren, meinte einer gelegentlich: »Die wollen uns nur imponieren, das sind ja alles Attrappen.« Sie waren wirklich unbelehrbar, glaubten blind und unerschütterlich an den Endsieg; glaubten, daß die Amerikaner uns gar nicht zu einem bestimmten Ziel führten, sondern daß der Transport so lange dauere, weil sie uns mit der Größe ihres Landes imponieren wollten, und dergleichen.

Nach einigen Tagen erreichten wir Concordia, ein Städtchen im Norden von Kansas, nahe von Nebraska, nicht allzu weit auch vom Geburtsort von US-Präsident Truman, Independence, Missouri. Dort sollte ich neun Monate bleiben.

In den Lagern Concordia und Fort Getty

Das Offizierslager Concordia bestand schon seit Deutschlands Niederlage im Afrikafeldzug. In einem großen Mannschafts- und Unteroffizierslager befanden sich etwa 3000, in dem unmittelbar benachbarten Offizierslager etwa 700 Kriegsgefangene aus dem deutschen Afrikakorps. Später, nach der Landung in der Normandie, wurden nur mehr Offiziere nach Amerika verschifft, weil man deren Anwesenheit in Kriegsgefangenenlagern in Frontnähe auf dem europäischen Kontinent als gefährlich ansah: Man befürchtete, daß sie eine Art von Widerstand oder Sabotage in den Lagern organisieren könnten.

Die Amerikaner hielten sich buchstabengetreu an die Genfer Konvention. Demnach standen den Offizieren ihrem Rang entsprechend Ordonnanzen (»orderlies« heißt es im englischen Text der Genfer Konvention) zu, und das wurde eingehalten. Auf sechs Leutnants, auf vier Hauptleute, auf zwei Majore und auf jeden Oberst und Oberstleutnant kam eine Ordonnanz. Das Lager war in Selbstverwaltung und hatte sich mit deutscher Gründlichkeit und Disziplin organisiert. Die Ordonnanzen wurden sozusagen gepoolt und nach ihren Berufen ausgewählt, so daß den Offizieren Köche, Kellner, Zimmerleute, Tischler, alle Arten von handwerklichen Berufen zur Verfügung standen; dementsprechend war das Lager auch ausgestattet worden. Die Amerikaner hatten lediglich Wohnbaracken zur Verfügung gestellt, die je vier

Wohnungen mit je zwei Schlafräumen umfaßten; in jedem Schlafraum konnten, ausgenommen bei den Obersten, zwei Offiziere wohnen; vor den Schlafräumen befand sich ein gemeinsamer Wohnraum mit einem riesigen eisernen Ofen, einem sogenannten »space heater«, und davor nach amerikanischem Brauch die Veranda, »the porch«. Die Baracken waren nach amerikanischer Art aus Holz gebaut, spartanisch, aber durchaus zweckmäßig. Die Gemeinschaftsräume waren mit Hilfe der handwerklichen Fachkräfte unter den »orderlies« sehr komfortabel ausgestattet. Es gab Spielzimmer für Schach oder Kartenspiele, es gab Musikräume, es gab clubraumartige Einrichtungen, eine sehr gute Bibliothek mit über 10 000 Bänden. Es gab eine Musikkapelle, die mehrmals in der Woche am späten Nachmittag spielte, während die Kriegsgefangenen in der milden Herbstsonne promenierten. Wir waren sehr verwöhnt. Die Waschräume waren sehr ordentlich, große Räume mit Waschbecken an Waschbecken und Duschen an Duschen, wie in Kasernen nicht unüblich, aber nach amerikanischem Brauch auch mit Klomuschel an Klomuschel, ohne Trennwände. An diese Form des Gemeinschaftslebens mußte man sich erst gewöhnen.

Wir erhielten den Verpflegsatz, der den amerikanischen Truppen im Hinterland zustand, pro Kopf und Tag etwa 4500 Kalorien, eine Menge, die man wirklich nicht essen konnte, vor allem nicht bei dem wenig anstrengenden Leben in der Gefangenschaft. Über das Wochenende durfte man keine Vorräte behalten, Freitag nachmittag war Kücheninspektion. Das ganze Lager stank nach verbranntem Schinken und Butter, weil die Amerikaner nicht bereit waren, Lebensmittel von den deutschen Gefangenen zurückzunehmen, aus Angst, sie könnten einer Verletzung der Genfer Konvention bezichtigt werden. Wir hätten diese Lebensmittel gerne irgendwelchen Hungernden zur Verfügung gestellt.

Die Verwaltung der Lager war nach ganz anderen als demokratischen Gesichtspunkten organisiert; während die Genfer Konvention die Wahl eines Sprechers als Vertreter der Gefangenen vorsieht, wurde im Lager Concordia und sicher in allen anderen Lagern das nationalsozialistische Führerprinzip angewendet. Unser Lagersprecher nannte sich auch nicht so, sondern nahm den Titel »Der deutsche Lagerführer« an. Es war ein Oberst Waltenberger, Artillerist, ein Offizier des Afrikakorps, der von den sechzehn Obersten gewählt worden war, welche eine Art von Ältestenrat bildeten. Dienstgrade unter dem Oberst wurden für diesen Vorgang nicht in Betracht gezogen. Die Wahl des Lagersprechers wäre vielleicht militärisch noch vertretbar gewesen; wirklich entsetzlich aber war der nationalsozialistische Terror, der in diesen Lagern ausgeübt wurde. Man muß sich vorstellen, daß diese unglaublich Verblendeten noch im Oktober 1944, als das Deutsche Reich, Hitlerdeutschland, schon auf einen schmalen Streifen zusammengeschmolzen war, an die Versprechungen des »Führers« glaubten und überzeugt waren, daß die V-Waffen und irgendwelche anderen Wunder das Ende herbeiführen würden. Der deutsche Sieg war gewiß, und so fiel die Reaktion auf Zweifler außerordentlich heftig aus. Vor meiner Ankunft hatte man in den Privatsachen eines Hauptmanns ein Tagebuch gefunden, in dem er Hitler als Bluthund bezeichnete und das Ende des Nationalsozialismus als den einzig möglichen Ausgang des Krieges bezeichnete. Eines Abends nach dem »roll call«, das war die Zählung durch die Amerikaner, wurde dieser Hauptmann durch eine Art Gasse der Offiziere in einen Spießrutenlauf gejagt. Er rannte bis zum Tor des Lagers und erklärte den Amerikanern seine Situation. Der amerikanische Lagerkommandant Oberstleutnant Eggers ließ sich von Waltenberger das Ehrenwort geben, daß dem Hauptmann über Nacht nichts geschehen würde; am nächsten Tag würde er ihn in ein anderes Lager versetzen. Am nächsten Tag war Hauptmann Truppschuh tot. Er hatte sich erhängt, so stand in ein paar hingekritzelten Zeilen, die man gefunden hatte. In Wirklichkeit gab es keinen Zweifel daran, daß er halb tot geprügelt worden war, dann ein Papier unterzeichnet hatte, auf dem stand, daß er die Schande nicht überleben wolle und freiwillig aus dem Leben scheide.

Dieses Ereignis wurde von der amerikanischen Presse aufgegriffen, und man stellte sehr eindringlich die Frage, was eigentlich in den Kriegsgefangenenlagern vorgehe. Von da an nahmen die Amerikaner doch einen gewissen Anteil. Den Kommandanten wurde ein Assistant Executive Officer zugeteilt, der sich mit den internen Zuständen zu beschäftigen hatte und den Gesprächskontakt mit Englisch sprechenden Insassen suchte.

Mir war es gelungen, sehr bald nach der Ankunft im neuen Teil des Lagers, im sogenannten Westlager, eine Versetzung in das Ostlager zu erreichen, wo in einer Baracke mit mir sehr sympathischen Leuten ein Bett frei war. Es waren drei Männer, mit denen ich noch heute befreundet bin. Der eine, Dieter Zander, stammte aus einer brandenburgischen Industriellenfamilie. Er hatte bei Jauch und Hübner gearbeitet, jener Hamburger Rückversicherungsfirma, deren Inhaber Otto Hübner zum deutschen Widerstand gehörte. Dieter Zander, um zwei Jahre jünger als ich, hatte vor dem Krieg eine Amerikanerin geheiratet; da er natürlich fließend Englisch sprach, war er zum Verbindungsoffizier zwischen der deutschen Lagerführung und dem amerikanischen Kommandanten und seinem Stab eingeteilt und erfüllte diese Funktion mit größter Geschicklichkeit. Sein sarkastischer Witz verlieh ihm den Nimbus großer intellektueller Überlegenheit. Er besaß das Vertrauen des amerikanischen Lagerkommandanten, sicherte den Gefangenen eine Reihe von Vergünstigungen, war daher für den deutschen Lagerführer unentbehrlich und ein absolut verläßlicher Mittelpunkt der kleinen Gruppe unbedingter Antinazis. Er lebt heute als Senior Partner eines Bankhauses in New York.

Horst von Oppenfeld, Rittmeister, pommerscher Gutsbesitzer, war Ordonnanzoffizier von Oberst Graf Stauffenberg gewesen; somit erübrigt sich jeder weitere Kommentar zu seiner politischen Einstellung. Der dritte in dieser Wohnung war Klaus Burk, Hamburger, ein ganz junger Leutnant, idealistisch, wißbegierig, absolut verläßlich, der den Nationalsozialismus sehr bald durchschaut hatte.

Das Leben in einem Lager führt zu typischen Verhaltensweisen. Man nimmt Einzelheiten sehr wichtig, über die man sonst nicht nachdenken würde, es gibt große Empfindlichkeiten, übertriebene Reaktionen auf Belanglosigkeiten, alle Phänomene eines Lebens ohne Frauen, kurz: den unvermeidlichen Stacheldrahtkoller. Die einzige Methode, damit fertig zu werden, war intensive Betätigung, vor allem durch Studien. Die YMCA (Young Men's Christian Association) hatte dem Lager Bücher geschenkt, die in eine Lagerbibliothek eingereiht wurden, rund 10000; im Besitz einzelner Gefangener waren weitere 20000. Die 30000 Bände wurden katalogmäßig erfaßt und konnten entliehen werden. In einem Magazin hatte ich die Rezension von F. A. von Hayeks Buch »Road to Serfdom« gelesen und es bestellt, die erste Auflage von 1944. Ich habe es nach Hause mitgenommen, es trägt noch den Zensurstempel des Lagers. Vor ein paar Jahren zeigte ich es den Nobelpreisträgern James Buchanan und Gary S. Becker, die anläßlich einer Tagung der Mont Pélerin Society bei mir zu Gast waren: sie nahmen es andächtig in die Hand wie eine Reliquie. Mir hat dieses Werk eine neue Erkenntnisebene eröffnet.

Es hatte sich eine Art Lageruniversität gebildet. Aus

Deutschland wurde in Aussicht gestellt, daß Studien an dieser Lageruniversität nach dem Krieg teilweise anerkannt werden würden. Da gab es ein paar gute Vortragende: den Germanisten Walther Killy, den Österreicher Adam Wandruszka, Schüler Heinrich von Srbiks, Historiker wie auch Professor Lehndorf, da gab es ein paar gescheite und eine Reihe von sehr verbohrten Dozenten. Es gab einen katholischen Lagerpfarrer, einen sehr gemütlichen Franken, Dienstgrad Oberpfarrer (Oberstleutnant), der in der Lagerkapelle täglich die Messe feierte. Er bekam vom Bischof der nächstgelegenen Diözese guten amerikanischen Meßwein in ausreichender Menge geschenkt und wurde von ein paar weinliebenden Katholiken, darunter Georg Graf Kesselstatt aus der berühmten Trierer Weingutsbesitzerfamilie, dazu verhalten, für die Kommunion nur wenig Wein zu verbrauchen, um monatlich einige Flaschen zu ersparen, die wir dann gemeinsam mit ihm an einem Abend austranken. Tag für Tag war einer von uns in der Kapelle und räusperte sich laut, wenn der Pfarrer während der Messe Wasser und Wein vermischte, um ihn an die gebotene Sparsamkeit zu erinnern. So hat die Lust auf einen guten Wein unserem Seelenheil nicht schlechtgetan, und wir kamen öfter in die Kapelle, als es sonst der Fall gewesen wäre.

In einem von uns gemeinsam verfaßten Papier versuchten Zander, Oppenfeld und ich, die Amerikaner auf eine Möglichkeit aufmerksam zu machen. Sie hätten jetzt etwa 400- bis 500000 deutsche Kriegsgefangene in den USA. Nach Kriegsende werde es die Aufgabe der Sieger sein, lebensnotwendige Einrichtungen in Deutschland wieder zum Funktionieren zu bringen. Die Amerikaner würden eine notdürftige Infrastruktur, die Ansätze einer Verwaltung aufbauen oder doch diesen Aufbau überwachen und begleiten müssen, und sie würden keinen einzigen Nazi mehr finden. Niemand werde zugeben, ein Nazi gewesen zu sein. Aber unter dieser knappen halben Million Kriegsgefangenen könne man eine gewisse Auswahl treffen. Wer jetzt sage, daß er ein Antinazi sei, dem könne man es noch glauben. Wir versuchten, den Amerikanern zu sagen, daß es für sie von eminentem Interesse sei, eine solche Auswahl vorzunehmen und diesen Leuten Amerika nahezubringen, damit während der Besetzung eine fruchtbringende Zusammenarbeit möglich sei.

Zander, der »Liaison Officer«, übermittelte unser Schreiben dem Lagerkommandanten. Wochen vergingen ohne jede Reaktion, wir waren enttäuscht. Eines Tages wurde ich mit der Bemerkung in die US-Lagerkommandantur gerufen, daß das internationale Rote Kreuz eine Inspektion vornehme. Das stimmte allerdings nicht. Man brachte mich in ein Zimmer, in dem mir ein amerikanischer Offizier das Papier vorhielt, das wir unterschrieben hatten. Es folgte ein Gespräch und am Ende fragte er, wie viele Leute wir wohl hinter uns hätten. Ich nannte aufs Geratewohl die Zahl von etwa 25 Leuten, die eine einigermaßen brauchbare Erklärung unterzeichnen würden, daß sie Gegner des Nationalsozialismus seien. Ohne jede Verabredung hatten Zander und Oppenfeld ähnliche Schätzziffern abgegeben. In der Folge gelang es uns tatsächlich, 25 Unterschriften unter folgende Erklärung zu bekommen: »Ich bekenne mich als Gegner des Nationalsozialismus, ich bin bereit, ihn zu bekämpfen, soweit dies mit der ›Ehre‹ eines deutschen Offiziers vereinbar ist (within the bonds of honour of a German officer).« Ich setze Ehre hier in Anführungszeichen – eine Ehre, die zum Gehorsam dem verbrecherischen Regime gegenüber gezwungen hätte. Im Grunde genommen eine Nullerklärung, aber da immerhin Stauffenberg und eine Anzahl deutscher Offiziere es für mit ihrer Ehre vereinbar gehalten hatten, Hitler umzubringen, hatte sie ja doch einiges Gewicht.

Im Lager Concordia erlebten wir die USA, wenn auch durch den Stacheldrahtzaun von der Wirklichkeit getrennt, als tägliche Konsumenten der Radiostationen und der Presse erstaunlich hautnahe. Von den Alltagsthemen der Lokalblätter bis zu den Zeitungen und Zeitschriften der intellektuellen Eliten stand alles zu unserer Verfügung. In diesen Herbstmonaten des Jahres 1944 hatte es schon die Konferenz von Dumbarton Oaks gegeben, in der die Gründung der UNO beschlossen wurde, und die Konferenz von Bretton Woods über das künftige Weltwährungssystem. Noch im Winter wurde die Konferenz von Jalta abgehalten: Die Nachkriegswelt zeigte ihre ersten Konturen. Mit ungeheurer Spannung verfolgten wir, die kleine Schar der Antinazis, diese Entwicklung der politischen Landkarte des Europa, in das wir bald zurückzukehren hofften.

Der Sieg der Alliierten rückte näher und näher. Die deutsche Wehrmacht war an allen Fronten geschlagen, das noch von den Nazis gehaltene Deutschland nur mehr ein kleiner, verwüsteter Rest. Aber noch immer wollte es keiner der Lagerinsassen glauben. Bis zuletzt gab es einen sogenannten Offiziersunterricht, der regelmäßig einmal in der Woche stattfand, taktische Aufgaben und Sandkastenspiele in kleinen Gruppen mit Stabsoffizieren als Lehrer. So wurde zum Beispiel anhand von Karten, natürlich keinen militärischen, und einem Sandkastenmodell folgendes durchgespielt: Deutschland gewinnt den Krieg, aber die Amerikaner, dumm, verbohrt und unanständig, wie sie sind, wollen das nicht zur Kenntnis nehmen und geben die Kriegsgefangenen nicht frei. Also müssen wir uns den Weg in die Freiheit selbst erkämpfen. Wir sammeln Vorräte für die ersten Tage. In einem nächtlichen Ausbruch überwältigen wir die Wachen, besetzen den Stützpunkt vor dem Lager, nehmen uns die Waffen und schlagen uns so bis an die Ostküste durch. Es war eine Distanz von an die 3000 Kilometer, die wir kämpfend durchqueren hätten müssen. In einem Hafen in Virginia besetzen wir ein Schiff und treten die Rückfahrt ins siegreiche Deutschland an. Das war buchstäblich Gegenstand eines Offiziersunterrichts, völlig ernst gemeint, in den ersten Monaten des Jahres 1945.

Im April 1945 gab Lagerkommandant Eggers ahnungsvoll den Befehl, daß aus Anlaß von »Führers« Geburtstag, dem 20. April, alle Kundgebungen zu unterlassen seien. Am Abend des 19. April wurde gegen diesen Befehl ein Fackelzug veranstaltet. In Fett getränkte, zusammengerollte Zeitungen brannten, als Hunderte Offiziere sich nach einem Rundmarsch in der Lagermitte versammelten und die Lieder der Nation und »Heute gehört uns Deutschland und morgen die ganze Welt« sangen. Zu diesem Zeitpunkt befand sich Hitler schon in dem Bunker, aus dem er nicht mehr lebend kam. Oberstleutnant Eggers teilte uns am folgenden Tag in einem Schreiben mit, daß aufgrund der Mißachtung seines Befehls eine Reihe von Vergünstigungen aufgehoben werde. Die Lebensmittelrationen wurden drastisch gekürzt, was wahrscheinlich nicht ganz der Genfer Konvention entsprach, Kino und Einkaufsladen wurden gesperrt.

Ich hatte eine Zeitschrift vorbereitet und begann nun mit ihrer Herausgabe. Sie trug den Titel *Ausblick* und war als Gegenblatt zu den offiziellen *Neuen Stacheldrahtnachrichten* (NSN) gedacht. Es war nicht leicht, Mitarbeiter zu gewinnen. Die Amerikaner stellten mir eine Vervielfältigungsmaschine und Papier zur Verfügung. Hauptthema war für mich die Nachkriegsordnung; Bretton Woods hatte stattgefunden, die Gründung der Vereinten Nationen war in Vorbereitung, Pläne für Deutschlands Zukunft (Morgenthau) wurden entworfen. Über die Wiederherstellung der Unabhängigkeit Österreichs wurde ebenfalls wiederholt berichtet. *Der Ausblick*, von den Nazis als »Der Auswurf« bezeichnet, aber gelesen, erschien und natürlich war ich von dem Augenblick an zuerst verdächtig und bald gefährdet. Wir füllten leere Konservendosen mit ein paar Steinchen, befestigten sie an der Innenseite der unversperrbaren Eingangstüre und feilten uns die fast meterlangen Schürhaken des Ofens als Waffen zurecht, die nachts neben unserem Bett lagen. Unsere Gruppe war mittlerweile etwas gewachsen. Da war Hendus, ein Oberlandesgerichtsrat, Walter Weyl, ebenfalls Richter, Georg Graf Kesselstatt, Baron Fritz Etthofen.

Eines Tages wurden wir versetzt, erst Zander, dann Oppenfeld und ich, später eine Reihe anderer Unterzeichner der Unterschriftenliste. Wir kamen nach Rhode Island, einem kleinen Staat an der Ostküste, wo unmittelbar am Atlantik, an der Spitze der Narragansett Bay, ein Lager mit dem Namen Fort Getty errichtet worden war. Tiefer drinnen in der Bucht lagen die großen Häuser der reichen Familien des 19. Jahrhunderts, der Astors, der Vanderbilts, der Morgans. Das Lager war für Kurse unter der Bezeichnung »Reorientation Camp for Selected Prisoners of War« vorgesehen. Unglaublich, was die Amerikaner da an Universitätslehrern aufboten. Der erste »director of studies« war Professor Howard Mumford Jones, Präsident der angesehenen American Academy of Arts and Sciences. Ihm stand Thomas Vernor Smith, Professor der Philosophie an der Universität von Chicago, zur Seite. T. V. Smith war demokratischer Politiker, er hatte Lincolns Sitz im Staatssenat von Illinois innegehabt, war später eine Zeit lang Congressman at Large und während des Krieges in besonderer Mission im befreiten Rom gewesen, wo er mit seinem missionarischen Eifer Harold Macmillan sehr auf die Nerven gegangen sein soll. Er war ein geistvoller, höchst gebildeter, sanfter und nur in Fragen der Ethik unerbittlich strenger Mann, mehr

Politologe in der heutigen Terminologie als reiner Philosoph. Er versuchte uns in seinen Vorlesungen die amerikanische politische Philosophie nahezubringen. Einige Male lud er mich in sein Quartier im Lager ein. Ich mußte Coca-Cola mit Bacardi-Rum trinken, und wir führten lange Gespräche. Immer wieder wollte er eine Erklärung dafür haben, wie es möglich gewesen sei, daß »das Volk der Dichter und der Denker« in diesen Abgrund der Verblendung und des Verbrechens gestürzt war. Zander, Hendus und ich versuchten schriftlich eine Entwicklung zu analysieren, die beim Ordensstaat des Deutschen Ordens begonnen hatte und an deren Ende der Ersatz des Gewissens durch den Gehorsam stand. Pflichterfüllung als Staatsmythos. Gehorsam gegenüber dem preußischen Staat, an dessen Spitze der Monarch »von Gottes Gnaden« stand. Wir fanden Hunderte historische und philosophische Facetten, die uns bestätigen sollten, aber es war alles nicht ganz überzeugend. Wahrscheinlich war das Verhältnis der Deutschen zum Nationalsozialismus, das sie mitschuldig werden ließ, weit weniger emotional als das ihrer österreichischen Gesinnungsgenossen. Sie taten nur ihre Pflicht oder was sie dafür hielten.

Die Vorlesungen des T. V. Smith haben für mich das Bild der Vereinigten Staaten bleibend geprägt: die Pilgrim Fathers, die protestantische Arbeitsethik, die puritanischen Tugenden, die brutale Härte der Landnahme, die Widersprüche zwischen der religiösen Toleranz und der Unterdrückung der Indianer, der Bruch mit England aus durchaus materiellen Gründen und das Pathos der Aufklärung, Locke auf der einen, Rousseau auf der anderen Seite. Der faszinierende Diskurs zwischen Jefferson und Madison bei der Verfassung der Unabhängigkeitserklärung: »Life«, »Liberty«, aber das dritte Grundrecht, »Property«, war umstritten: für Madison und Hamilton, die ihren Locke gelesen hatten, unverzichtbar, für Jefferson, von Rousseau beeinflußt, nicht akzeptabel. Es blieb die blasse Formulierung des »Pursuit of Happiness«.

Von entscheidender Bedeutung war das Verhältnis zur Macht des Staates, zur Macht überhaupt, politisch oder wirtschaftlich. Da heißt es nicht: »Macht braucht Kontrolle«, was sich in der politischen Realität meist als inhaltslose, phrasenhafte Forderung erweist, sondern da galt es, Macht nicht entstehen lassen, sie jederzeit durch Gegenmacht aufzuheben. Aus diesen Wurzeln stammt die Antitrust-Gesetzgebung des kapitalistischen Amerika. Sie ist streng und wirksam; Österreich, das sich, wie die meisten kontinentaleuropäischen Länder, über den »brutalen« amerikanischen Kapitalismus erhaben fühlt, hat nichts auch nur annähernd Vergleichbares, was einen ähnlich starken Konsumentenschutz bieten würde wie die Beschränkung durch die Antitrust-Gesetzgebung. Aus dieser Wurzel stammt auch der wirksame Schutz der Kleinaktionäre vor der Willkür der Großen; wiederum hat Österreich nichts Vergleichbares. Aber ohne solchen Schutz der kleinen Aktionäre ist ein funktionierender Aktienmarkt nicht möglich. Demokratie nicht so sehr als Herrschaft der Mehrheit denn als Chance der Minderheit, die Mehrheit zu erobern. Immer wieder Schutz der Schwachen in einem System, das angeblich die Herrschaft der Stärkeren und Ausbeutung der Schwachen zum Prinzip erhebt.

Ein weiterer Kurs wurde über »Military Government« gehalten. Das war die Vorbereitung auf das Besatzungsregime. Der Professor war ein nicht sehr martialischer, geistvoller Jurist, mit dem man sich gut unterhalten konnte. Nachmittags gab es hauptsächlich Englischkurse. Der Leiter war Major Henry Lee Smith, weithin bekannt durch eine kuriose Radiosendung: »Where do you come from«. Darin sagte er Leuten nach ihrem Akzent auf den Kopf zu, wo sie geboren waren, wo sie die Schule besucht oder studiert hatten und wo sie lebten. In den USA gibt es vor allem regional, aber auch der Sozialschicht nach differenzierte Akzente, aber keine Dialekte. Es war verblüffend, wie das feine Ohr von Henry Lee Smith kleinste Unterschiede zu hören und zu lokalisieren verstand.

Im Englischunterricht zeigte sich die hohe Professionalität des Einwandererlandes. Grundannahme war: Wenn Sie einen fremdländischen Akzent haben, wird Ihr Gegenüber mehr auf Ihren Akzent hören als auf das, was Sie sagen wollen. Es liegt also in Ihrem Interesse, das Fremdländische in Ihrer Aussprache abzulegen. Dazu dienten vor allem phonetische Übungen. Nicht das einzelne Wort, sondern Satzteile in der richtigen Betonung wurden geübt. Unser allzu britisches Englisch wurde (in Anlehnung an George Bernard Shaws »Pygmalion«) als das der Miss Higginbottom, einer fiktiven altjüngferlichen Lehrerin, verdammt. Verräterische Fehler, zum Beispiel der teutonische »glottal stop«, wurden zur Korrektur unseres Akzents oder unserer Aussprache herangezogen.

Im Juli ging der Zweimonatskurs zu Ende, und ich bereitete mich auf die Rückversetzung in ein anderes, normales Lager vor. Da wurde mir eröffnet, ich könne, wenn ich wolle, in den nächsten Kursen dem Professor für »Military Government« als Fakultätsassistent zur Verfügung stehen, um eine Art von Verbindungsdienst zwischen ihm und den Kursteilnehmern herzustellen. Ich nahm das an und blieb, Zander ebenso. Ich hatte mich vergewissert, daß durch mein Verbleiben in Fort Getty mein Rücktransport nach Europa und meine Entlassung aus der Kriegsgefangenschaft keinesfalls verzögert würden. Es gab auch keine bevorzugte Behandlung der Österreicher, ich hätte nur eine Versetzung in ein Lager mit nichtdeutschen Offizieren, die in der deutschen Wehrmacht gedient hatten – vorwiegend aus den baltischen Staaten –, erreichen können. Das erschien mir wenig attraktiv.

Am nächsten Lehrgang nahm Oberleutnant Walter Hallstein teil, Professor der Rechtswissenschaft an der Universität Rostock. Nach Deutschland zurückgekehrt und von den US-Militärbehörden, die ihm vertrauten, gefördert, wurde er sehr rasch zu einem der einflußreichsten Männer der deutschen Nachkriegsszene. Zunächst Präsident der neu entstehenden Universität Frankfurt, dann in die Verhandlungen zur Bildung der Montanunion eingeschaltet, wurde er später Staatssekretär, zunächst im Bundeskanzleramt, dann im Auswärtigen Amt. Die nach ihm benannte Hallstein-Doktrin, seinem klaren, aber wenig flexiblen Denken entsprungen, wurde zur über ein Jahrzehnt lang befolgten Maxime der bundesdeutschen Haltung in bezug auf die DDR. Ihr zufolge betrachtete die BRD die Aufnahme diplomatischer Beziehungen mit der DDR durch einen dritten Staat, mit dem sie diplomatische Beziehungen unterhielt, als unfreundlichen Akt, den sie mit dem Abbruch der diplomatischen Beziehungen beantwortete. Walter Hallsteins Verstand, Wissen und intellektuelle Redlichkeit sind über jeden Zweifel erhaben, dennoch scheiterte sein außenpolitisches Konzept. Davon war in Fort Getty allerdings nicht die Rede; noch gab es keine klaren Vorstellungen über die künftige Gestalt des westlichen Rest-Deutschland. In den Gesprächen über Vergangenheit und Zukunft empfand ich ihn stets – vor allem auch in seiner Einstellung zu Österreich – als friderizianischen Preußen.

Noch ein Kurs, und es wurde Winter. Man teilte mir mit, daß ich Anfang 1946 aus der Gefangenschaft entlassen werden würde. Was blieb? Ein gründlich verändertes Bild Amerikas, ohne unmittelbaren Kontakt mit der Wirklichkeit von hervorragenden Lehrern, in vielen privaten Gesprächen und durch Lektüre vermittelt. Ein Staatsmythos, der in erstaunlichem Ausmaß auf vorrevolutionäre Zeiten zurückgeht, auf den Geist der dreizehn

Kolonien, lange ehe sie sich von England lösten. Ein kurioses »mixtum compositum« aus englisch-aristokratischer Tradition und egalitärer Aufklärung, aus puritanischer Askese und eigennützigem Gewinnstreben; aus Individualismus und Gemeinsinn. Kurz, in der Tat eine neue Gesellschaft, die sich schon in der »Virginia Bill of Rights«, mehr als ein Jahrzehnt vor den »Droits de l'homme« der Französischen Revolution, ankündigte: die Konzentration des Eigentums im Großgrundbesitz, der im 17. Jahrhundert mit königlichen Privilegien aufgebaut worden war, wurde durch Beseitigung des »entailment« – einer dem Fideikommiß ähnlichen Rechtsinstitution – zerschlagen; die unbedingte Religionsfreiheit und die völlige Trennung von Kirche und Staat, für die vorherrschende anglikanische Tradition ein schwerer Entschluß.

Diese philosophische Fundierung der Vereinigten Staaten kennt längst nur mehr eine kleine Schicht der höchstgebildeten Amerikaner in ihrer Entstehungsgeschichte, in den Inkunabeln der Demokratie, in Autorennamen, in Geburtsstätten. Die Einwanderer des 19. und 20. Jahrhunderts hatten andere Sorgen. Aber das Resultat dieser amerikanischen Aufklärungsphilosophie und ihrer kämpferischen Umsetzung in Unabhängigkeitserklärung und Verfassung und letztlich im Krieg gegen England, die daraus resultierende Beziehung der Bürger zum Staat und ethische Grundwerte der amerikanischen Gesellschaft, das ist im Gegensatz zu den europäischen Nationalstaaten der Kitt, der die US-Nation zusammenhält.

Zwischendurch gab es abendliche Diskussionen mit T. V. Smith. Als einer von uns einmal sagte, es gebe doch auch zahllose anständige, unbeteiligte Deutsche im nationalsozialistischen Deutschland, kam ganz ruhig und klar die Antwort: »Decent? Death is decent under these circumstances.« Das löste sofort die Schuldfrage aus. Wir glaubten zwischen juristischer und moralischer Schuld unterscheiden zu sollen und beide gegen die politische Schuld des Staates, der Regierenden abgrenzen zu dürfen. Für die politische Schuld würden wir in den Konsequenzen des verlorenen Krieges, in der Pflicht zur Wiedergutmachung, in Reparationen büßen müssen. Über die juristische, die immer nur eine von Personen sein konnte, müßten Gerichte entscheiden. Für die moralische aber seien wir nur Gott oder unserem Gewissen verantwortlich. Noch heute, mehr als ein halbes Jahrhundert später, wird diese zweite Frage immer wieder von Historikern und Philosophen gestellt und auch heute noch kann sie, anders als die erste, nicht von Gerichten, sondern nur vom Gewissen des Einzelnen und am Ende von Gott mit einem Schuldspruch oder Freispruch beantwortet werden.

Die Frage der Wiedergutmachung des Unrechts, das den Juden angetan worden war, schien uns ganz selbstverständlich mit der einfachen Formel »restitutio in integrum« zu beantworten, soweit es sich um restituierbare materielle Schäden handelte, wobei uns die zu erwartenden Schwierigkeiten sicher nicht annähernd bewußt waren. Vor allem hatten wir keine realistische Vorstellung von der Größe des Verbrechens. Es ist nicht das quantitative Ausmaß allein, das den Holocaust zu dem einzigartigen Phänomen der Menschheitsgeschichte macht, aber es ist doch gewissermaßen jener Hegelsche Punkt, in dem die Quantität zur Qualität wird. Eben dieses Ausmaß war uns verborgen, was Rückschlüsse auf die Bewußtseinslage und den Wissensstand der großen Mehrheit im Nazideutschland und vor allem bei Wehrmachtsangehörigen zuläßt. Ich halte das nicht für eine Entschuldigung, sondern glaube vielmehr, daß es ein Verschulden war, zuwenig unternommen zu haben, um mehr zu wissen und nicht nur zu ahnen. Aber es ist eine Tatsache.

Heimkehr und Befreiung

Im Jänner 1946 begann der Rücktransport. Wieder die Schiffsreise über den Atlantik, von Boston nach Le Havre, diesmal nicht mehr im Geleitzug; die Meere waren wieder sicher. Ich erinnere mich an keine Einzelheiten dieser Fahrt, ich war schon in einem neuen Leben, in einer Welt der Erwartung. »Was werden Sie in Zukunft machen?« hatte man mich in Fort Getty gefragt. »Ich weiß es noch nicht, aber Sie werden es früher oder später in der Zeitung lesen«, war meine ziemlich unverschämte Antwort. Aber ich war wie berauscht: ein Land wiederfinden, das ich verloren hatte, etwas tun können, das der Mühe wert war, Helga finden. In der Gefangenschaft war mir klar geworden, daß unter den Frauen, die ich kannte, sie die eine war, mit der ich leben wollte, nicht nur jetzt, sondern mit der ich alt werden könnte. Ich war noch jung, 32 Jahre, aber ich dachte mehr ans Altwerden als je zuvor. Die erste Jugend war vorüber, Hitler hatte sie mir gestohlen; sieben Jahre Jugend waren versäumt, unwiederbringlich verloren. Nun mußte ich ein reifes Leben beginnen, die Zukunft planen. Heiraten. Familie. Arbeiten. Österreich.

Von Le Havre brachte man uns in ein nahes Lager, bei Bolbec. Es war winterlich. Große Zelte, eines für fünfzig Mann – sehr primitiv für uns in den USA verwöhnte Kriegsgefangene. Die Amerikaner hatten mit untrüglicher Naivität ziemlich üble Gestalten der deutschen Wehrmacht als Wachmannschaft für das Lager angestellt; es hieß, daß sie einen Teil unserer Rationen für sich abzweigten und damit französische Frauen ankauften, die sie für viel Geld an die Amerikaner weiterverkauften. Jedenfalls hatten wir wenig, sehr wenig zu essen, und bald zeigte sich, was schon ein bißchen Hunger mit Menschen anzustellen imstande ist. Am Sonntag gab es pro Zelt zwei Wecken Weißbrot mit Rosinen, die in fünfzig dünne Schnitten zerlegt wurden. Aber die Rosinen waren ungleich verteilt. Um diese Ungerechtigkeit zu korrigieren, hatte der Zeltälteste, ein Major, eine Lösung parat. »Meine Herren, Offiziersehrenwort: Wer 'ne Korinthe findet, spuckt sie wieder aus dem Mund. Die Korinthen werden hier auf dem Papier gesammelt und dann werden sie gerecht verteilt. Offiziersehrenwort.« So geschah es. Ich habe dort keine Rosinen verzehrt.

Im Lager war eine kleine Kapelle; Litauer, die im Verband mit der deutschen Wehrmacht dienten, hatten sie halb in die Erde gegraben, Wände und Dach aus Kistenbrettern, Zaunpfählen und Karton errichtet und gedeckt. Man konnte kaum aufrecht darin stehen. Ich habe eine der schönsten Messen meines Lebens in dieser Grube gefeiert: mit dem melancholischen Gesang der Litauer, die knorrige Rosenkränze in ihren knorrigen Händen hielten. Nie habe ich fester an die Erlösung geglaubt, nie war ich Gott dankbarer.

Ich weiß nicht mehr, wie lange wir in diesem Lager blieben, wohl an die drei Wochen. Dann ging es rasch: Eisenbahnfahrt nach Frankfurt, das ich gewählt hatte, um meine Schwester aufzusuchen und weil der nächste Transport nach Österreich erst eine Woche später abgehen sollte. Zwei Papiere wurden mir in die Hand gedrückt: ein Entlassungsschein und eine Bestätigung über mein Dollar-Guthaben, meine Ersparnisse, die ich zu Hause einlösen konnte, ungefähr 400 Dollar, für mich ein kleines Vermögen. Ich trug Teile amerikanischer Uniformen – gute Stoffe, Offizierszeug –, der Mantel schwarz gefärbt, am Rücken noch die deutlich lesbaren Spuren des weggekratzten P. W., »Prisoner of War«. In zwei Seesäcken hatte ich Schätze: einige Kilo Seife, Schokolade und Zigaretten, Bücher, Wäsche und als wertvollstes eine Schreibmaschine, Hermes-Baby. Auf ihr hat Helga später die Übersetzung von zwei Dutzend Büchern getippt. Mit der Schokolade hat meine Mutter aufgeräumt.

Als ich in Frankfurt aus dem Zug stieg, war ich zum ersten Mal seit sechs Jahren und neun Monaten ein Zivilist und frei. Zwar in Deutschland, aber bald würde ich zu Hause sein, schon jetzt würde ich die Muttersprache vernehmen. Das war zunächst nicht der Fall; die ersten Worte, die ich hörte, waren »harminz Dollar«, dreißig Dollar auf ungarisch. Es war das herrschende Idiom des Schwarzhandels, der sich am Frankfurter Bahnhof fest in ungarischer Hand befand.

Meine rührend liebevolle Schwester, sehr hübsch, zart und wohlgeformt, war schwanger, was man aber noch nicht sah. Sie war seit 1943 mit einem Arzt verheiratet, Willem Zacherl, deutsch trotz des österreichischen Namens; ich kannte ihn nur von der Hochzeit. Er war ein höchst gebildeter, musisch begabter, liebenswerter Mann, mutig und charakterstark, bewährter Antinazi, schwierig für seine Vorgesetzten und unbedingt verläßlich für seine Freunde und ein hervorragender Arzt.

Ich blieb nur kurz in Frankfurt und reiste dann weiter nach Salzburg – erstaunlicherweise gab es schon eine Verbindung – und von dort nach Berg-Grießen, eine Haltestelle nach Leogang. Ich schleppte meine Seesäcke durch den Schnee 300 Meter quer über das Dödlingfeld bis zum Wolfganggut. Dann stand ich in der Küche, sah meine Mutter. Wir umarmten uns – es ging nicht ohne Tränen bei uns beiden. Ein Hund begrüßte mich wie den Odysseus bei seiner Heimkehr, obwohl er mich gar nicht kannte – er muß irgend etwas gespürt haben. Ich war zu Hause. Ein neues Leben hatte begonnen. In einem befreiten, wiedererstandenen Österreich.

Helga war in Genf bei ihrer Großmutter Antonie Ullstein, Sie kam. Am 22. Februar bat ich sie in der kleinen Bibliothek am Wolfganggut, meine Frau zu werden. Sie war bereit. Die wichtigste Entscheidung meines Lebens war getroffen – und die richtigste. Ich besaß nichts, was ich ihr hätte geben können. Meine Mutter gab mir einen Ring, einen von Brillanten umgebenen Rubin, den sie von ihrer Großmutter bekommen hatte. Heute gehört dieser Ring meiner Schwiegertochter Désirée.

Als ich wenige Tage später bei ihrem Vater um Helga anhielt, eröffnete er mir nach einem kurzen Wort der Zustimmung, daß er meine Mitarbeit in dem von ihm wieder ins Leben gerufenen Ullstein Verlag und in der Druckerei Waldheim-Eberle, einstiger Ullstein-Besitz, deren öffentlicher Verwalter er nach 1945 geworden war, erwarte. Waldheim-Eberle, eines der größten Druckereiunternehmen Wiens, gehörte seit den frühen zwanziger Jahren dem Berliner Ullstein-Haus und war mit dessen Enteignung durch die Nazis in den Besitz des Deutschen Verlags geraten. Im Zuge der Neuordnung des Verlags- und Druckereiwesens in Deutschland wurde Waldheim-Eberle vom Drucker der NSDAP, dem Münchner Buchgewerbehaus Müller KG, erworben und eben diesem gehörte es noch bis zum Ende des »Dritten Reichs«. Fritz Ross, unternehmerisch und energisch, hatte unmittelbar nach der Befreiung Österreichs bei Staatskanzler Renner, stellvertretend für die Familie, die Ansprüche des Hauses Ullstein angemeldet und wurde aufgrund dessen zum öffentlichen Verwalter des herrenlos gewordenen Unternehmens bestellt. Er gründete die Ullstein & Co GmbH in Wien, nahm Kontakt mit den in der Emigration verstreuten Mitgliedern der Familie Ullstein auf, die noch nicht an Rückkehr dachten, und begann die Verlagsarbeit. Er war 55 Jahre alt, hatte auf seinem Gut Weinwartshof in der Nähe von Tulln die Nazizeit, das Kriegsende und eine kurze Verhaftung durch die Russen überlebt. Der Grund für diese Verhaftung blieb unbekannt. Er sprach ein paar Worte Russisch, bezeichnete sich als Schriftsteller; all dies und seine sehr große Bibliothek halfen ihm. Die Russen hätten Respekt vor geistiger Arbeit, sagte ihm ein Offizier, und ließen ihn wieder frei.

Ross war an Tatkraft und Entschlossenheit den Ullsteins seiner Generation weit überlegen. Sein Schwager Karl Ullstein hatte sich in Amerika eine Existenz geschaffen, die er nicht preisgeben wollte. Er besaß ein Handelsunternehmen für Druckmaschinen. Leopold, Karls jüngerer Bruder, hatte sich in London gelegentlich mit verschiedenen Partnern verlegerisch betätigt; er war begabt, wirr, für systematische, zielbewußte Arbeit völlig ungeeignet. Gleichfalls in London lebte Frederick, ein Sohn des Hermann Ullstein, einer der fünf Brüder. Mit einer Engländerin, die den schönen Namen Guinness trug, verheiratet, versuchte er noch britischer als britisch zu sein, was ihm aber nicht recht gelang. Er war ebenfalls zu unternehmerischer Tätigkeit unfähig und flüchtete sich später nur allzu bereitwillig in die Arme Axel Springers. Martha Ullstein, die zweite Frau und Witwe von Louis Ullstein, verkaufte als erste ihren Anteil an Springer. Dann gab es noch Heinz Ullstein, den Sohn von Louis, dem genialsten der fünf Brüder, gescheit, witzig, zynisch. Auch ihm fehlte der Impetus der früheren Generation, jener fünf Söhne des Gründers, die ihr Unternehmen zu dem wahrscheinlich größten europäischen Zeitungs- und Buchverlagsunternehmen gemacht hatten. Von dieser Generation lebte nur mehr Rudolf, eher sportlich als intellektuell, Liebhaber edler Pferde, schneller

Autos und schöner Frauen. Er war der Druckfachmann und hatte die Emigration zeitweise als Druckereiarbeiter tapfer überlebt. Er verkörperte die Tradition des Hauses, das die Nationalsozialisten knapp ein Jahr nach der sogenannten Machtergreifung geraubt hatten.

Keiner von ihnen kehrte zunächst nach Deutschland zurück, keiner von ihnen versuchte die Verlagstätigkeit wieder aufzunehmen. Kampflos überließen sie das Feld anderen Verlegern, die alsbald den wieder entstandenen und wachsenden Markt unter sich teilten. Die alte Ullstein-Zentrale, ein riesiger Gebäudekomplex Ecke Kochstraße – Friedrichstraße im Zentrum Berlins, war völlig zerstört. Das Druckhaus Tempelhof stand noch, es war von den Amerikanern für ihre Öffentlichkeitsarbeit beschlagnahmt. Sie hatten dort einen treuhändigen Verwalter eingesetzt.

Fritz Ross war der einzige aus der Familie, der buchstäblich vom ersten Tag nach Kriegsende an, Jahre vor den anderen, den Wiederaufbau des Verlags betrieb, von Österreich aus, was seine Möglichkeiten von vornherein beschnitt. Aber wenigstens auf dem Buchmarkt konnte man den Verlagsnamen wieder ins Leben zurückrufen. Ihm, Fritz Ross, gebührt die Dankbarkeit der Familie Ullstein für sein entschlossenes Handeln, das den berühmten Namen in die Gegenwart zurückholte.

Von all dem wußte ich nur sehr wenig, als mein künftiger Schwiegervater mich zur Mitarbeit drängte. Nach einigen Tagen Bedenkzeit nahm ich das Angebot an. Ein dritter Neubeginn – beinahe ein Abenteuer. Meine Mutter hatte mir abgeraten: Vermische nicht familiäre und berufliche Verbindungen, das führt unweigerlich zu Konflikten. Sie hatte recht, aber ich habe ihren Rat nicht befolgt. Ich wurde kaufmännischer Leiter der Druckerei Waldheim-Eberle und Geschäftsführer der Ullstein & Co GmbH.

Am 27. April 1946 heirateten Helga und ich in der Pfarrkirche von Zeiselmauer. Pater Vincenz Blaha, einst mein Mathematikprofessor, traute uns. Dóczy und Sacken kamen, Aichinger, einige Freunde, darunter Luigi Marquet und Hansi und Christl Coreth – keine zwei Dutzend Hochzeitsgäste. Das Auto für die Braut lieh uns ein amerikanischer Diplomat, mit dem wir befreundet waren, Paul Geier. Aus Muckendorf und der Nachbarschaft waren viele gekommen, die Kirche war voll. Während der Hochzeitsmesse sang Irmgard Seefried die Kantate »Meinem Hirten bleib ich treu« von Bach, Wolfgang Schneiderhan, ihr Ehemann, begleitete sie auf der Violine. Helga hatte Irmgard in den letzten Wochen des Krieges in den Katakomben bei der Stephanskirche, die als Luftschutzkeller dienten, kennengelernt, sie blieben eng befreundet bis zu Irmgards frühem Tod. Die Muckendorfer waren nicht recht zufrieden. »Ein verhungerter Sopran und eine einsame Geige, das ist doch nichts für eine Hochzeit. Da hätte schon ein Bläserchor spielen müssen.« Fritz Ross mußte den Bläserchor zu einer Nachfeier im Gasthaus einladen.

So begann eine Ehe, die 49 Jahre währte, mit einer Frau, die bis zuletzt, allen Schmerzen einer achtzehn Jahre währenden Trigeminus-Neuralgie, allen Operationen trotzend, jung, fast mädchenhaft, biegsam, schön blieb. Sportlich begabt. Eine Fechterin, von Ellen Müller-Preis ausgebildet, die im Naziregime nicht in das Olympiateam gelangen konnte, eine hervorragende Dressurreiterin, solange ihre Wirbelsäule das gestattete. Eine Frau, die ihre unglaubliche Kraft und ihren Mut im Eintreten für ihre Grundsätze mit einer fast grenzenlosen Hilfsbereitschaft für andere Menschen verband. Sie besaß eine vollkommene Selbstbeherrschung, um die ich sie beneidete: In mehr als fünfzig Jahren habe ich nicht ein einziges Mal erlebt, daß sie die Kontrolle über sich verlor. Daher auch ihre Schlagfertigkeit, ihr Witz dort, wo ich wütend geworden wäre. Eine Kostprobe: Bei einem Abendessen bei Nico und Mary Henderson (Sir Nicholas Henderson, zweimal britischer Botschafter in Washington, Buchautor, war damals Presseattaché an der britischen Botschaft) trafen wir Arthur Koestler und seine Frau. Nico stellte Helga als eine Ullstein-Enkelin vor. Koestler hatte bei Ullstein in Berlin gearbeitet und dort einer KPD-Gruppe angehört, was die Ullsteins milde tolerierten. Er erging sich in Schimpftiraden über die fünf Brüder. Ich ärgerte mich. Helga hörte ihm ruhig zu, und als er endlich endete, sagte sie ihm nur: »Daß mein Großvater nicht so war, weiß ich, weil ich ihn gut kannte, die anderen kannte ich nicht so gut. Aber ich bin enttäuscht, denn als Nico mir sagte, wir würden Sie treffen, habe ich mich auf einen Abend mit einem unterhaltenden Mann gefreut.« Das genügte: Koestler war wie verwandelt. Daß er nicht amüsant sein sollte, ertrug er nicht. Den Rest des Abends bemühte er sich ausschließlich um Helga. Mit ein paar Worten hatte sie ihn in aller Ruhe »degonfliert«. Ein Beispiel für viele.

Sie war in einer Berliner Gruppe, die Juden zur Flucht in skandinavische Länder verhalf, sie blieb in Gestapoverhören angesichts drohender Folter standhaft. Sie trat öffentlich für Simon Wiesenthal ein und gegen Kreisky auf, als dieser Wiesenthal verunglimpfte.

Ich weiß nicht mehr, wer sie eines Tages dazu bewog, vorübergehend bei der Betreuung von Multiple-Sklerose-Kranken mitzuhelfen. Es wurde eine lebenslange Aufgabe. Obwohl Hausfrau und Mutter zweier Söhne, begann sie, einige MS-Kranke regelmäßig zu betreuen, sie zu waschen, für sie zu kochen, aufzuräumen und ihren Haushalt zu besorgen. Täglich eine oder zwei Familien. Durch Zufall sah ich Helga eines Tages auf einem Trottoir in Währing Holz hacken, eine Arbeit, deren Technik sie nicht voll beherrschte. Frau Edletitsch, die Patientin, sagte ihr: »Sie sind eine liebe Frau, aber Spandl machen können S' nicht.«

Was sie hingegen perfekt konnte: übersetzen. Eine sehr anspruchsvolle Arbeit, im allgemeinen nicht hoch genug eingeschätzt. Englisch und Französisch kann bald jemand, wenigstens einigermaßen, selten wirklich gut. Aber Deutsch? Daran hapert's bei den meisten. Übersetzen verlangt echte schriftstellerische Begabung.

Sie war gern mit Freunden beisammen, doch sie konnte sehr gut allein sein. Wir hatten 25 Jahre lang eine kleine Jagd in den Voralpen gepachtet und bewohnten dort in völliger Einsamkeit, einige Kilometer von der Bundesstraße entfernt, ein verlassenes altes Bauernhaus. Ich war viel im Revier unterwegs, sie blieb zu Hause. Eine Freundin fragte: »Ist dir da nicht langweilig?« Helgas Antwort: »Wieso langweilig? Ich sagte dir doch, da kommt niemand hin.«

Mit erstaunlicher Beharrlichkeit verfolgte sie ihre Ziele. Sie erreichte die Errichtung einer MS-Station im Haus der Barmherzigkeit, für dreißig Patienten, die sie alle kannte und betreut hatte, die aber so pflegebedürftig waren, daß sie nicht länger zu Hause bleiben konnten.

Man wollte sie zur Präsidentin der MS-Gesellschaft wählen. Sie wehrte sich: »Ich bin dafür nicht geeignet, ich kann mich nicht durchsetzen.« Schließlich gab sie nach, wurde gewählt und bedankte sich mit den Worten: »Sie sehen, wie recht ich hatte. Ich habe gegen meinen Vorsatz Ihre Wahl angenommen, ich kann mich eben nicht durchsetzen.«

Jahrelang erklärte sie mir, daß in Österreich Hospize für unheilbar Kranke fehlten und daß sich hier eine dringende Aufgabe für das Rote Kreuz ergebe. Dann begann die Caritas damit und wurde mir als Beispiel vorgehalten. Das Rote Kreuz folgte; sie hat es nicht mehr erlebt. Das

Hospiz des Roten Kreuzes in Salzburg wurde nach ihr benannt – eine Geste, die mich tief gerührt hat.

Fehler? Was ihr fehlte, waren Ehrgeiz, Eitelkeit, Geltungsbedürfnis. Sie war völlig anspruchslos. Man muß wahrscheinlich in so großem Luxus aufwachsen wie sie, um so bescheiden zu sein.

In einen alten Lodenmantel gekleidet, zog sie am Lichtmeßtag 1995 ihren Einkaufswagen von der Salmgasse zum Rochusmarkt und erlitt dort eine Embolie im Stammhirn. Irgend jemand brachte sie nach Hause zurück. Ich saß beim Zahnarzt; unsere Haushälterin rief mich an. Helga lebte noch 36 Stunden. Unsere Söhne kamen, der eine vom Arlberg, der andere aus London. Wir waren bei ihr bis zuletzt. Auf dem Gedenkblättchen für sie stehen ein paar Zcilen von Andreas, unserem jüngeren Sohn, die knapp und genau das Wesentliche sagen:

»Dein Mut war groß – wie Deine Liebe,
Dein Ich war jeder, nur nie Du,
Wenn Deine Kraft uns allen bliebe,
wir fänden immer Glück und Ruh.«

Sie war der Mittelpunkt meines bewegten Lebens, die Achse, um die ich mich drehte, wie das Rad an eine Mitte gebunden, die es nie erreichen kann. Ohne Achse hat das Rad nichts, worum es sich drehen könnte, es wird sinnlos. Die Achse macht die Bewegung des Rades nicht mit, erträgt sie nur. Aber ohne Rad wäre sie keine Mitte. Im Brief einer Freundin stand: »Sie stand mir nahe und blieb doch unnahbar.« Kardinal König schrieb mir: »Sie haben sie nicht verloren, sie ist Ihnen nur vorausgegangen.« Ich hoffe, daß er recht hat.

Unser gemeinsames Leben begann in einem Österreich, in dem es noch an allem fehlte: Knappheit regierte. Eine kurze Hochzeitsreise ins kalte Badgastein – es gab noch kaum Hotelbetriebe für Österreicher –, dann bezogen wir eine möblierte Zweizimmerwohnung, die Herma von Gutmannsthal gehörte, in einem teilweise wiederhergestellten Dachboden, erreichbar über eine Stiege, die eher eine Leiter war. Ein Jahr später boten uns Annemarie und Dick Sacken eine Wohnung im Ferstelschen Palais in der Reisnerstraße 51 an. Zwei Zimmer im zweiten Stock und über uns im ausgebauten Dachgeschoß ein Kinderzimmer: Unser erster Sohn war schon unterwegs. Der erste Stock, einstmals nur Empfangsräume, war an den British Council vermietet, ein höchst angenehmer Hausgenosse. Im Parterre wohnte meine Großmutter Marie Ferstel. Glückliche Jahre.

Ein erstaunlich reges gesellschaftliches Leben hatte sich um die in Wien akkreditierten Diplomaten der westlichen Alliierten entwickelt. Nicht nur im privaten Verkehr, auch im Kontakt mit dem offiziellen Österreich ließen sie die Tatsache in den Hintergrund treten, daß sie Angehörige einer Besatzungsmacht waren. Bei den Westmächten übergaben schon in den Jahren vor 1950 die militärischen Kommissare das Heft an Diplomaten: General Béthouart, Verfasser eines Buches über den Prinzen Eugen und Erleger zahlreicher Tiroler Gemsen, wurde durch den Diplomaten Payart, General Mark Clark durch den Botschafter Thompson, der britische General Mack durch Sir Harold Caccia abgelöst. Sie waren wegen der Kontakte mit den Sowjets besonders sorgfältig ausgewählte Vertreter ihres Landes, die alle in späteren Jahren Spitzenpositionen einnahmen: Thompson wurde US-Botschafter in Moskau, damals einer der beiden wichtigsten Plätze, Harold Caccia Botschafter in Washington, dann Permanent Undersecretary, höchster Beamter des Foreign Office, zum Lord erhoben und saß im Oberhaus. Erst nach dem Staatsvertrag verlor Wien diese außerordentliche Bedeutung; es war nicht mehr Höhepunkt, sondern wurde eine Zwischenstation in der diplomatischen Karriere.

Lady Caccia hatte von einem englischen Freund eine Empfehlung an Dick und Annemarie Sacken mitgebracht, dort lernten wir sie kennen. Beide waren außerordentlich starke Persönlichkeiten. Harold, sehr angelsächsisch, mit großen unschuldig-blauen Augen, die mit einem Schlag durchdringend blicken konnten, mit allen Vorzügen der Erziehung, die die berühmten Schulen Englands zu bieten haben, Eton und Cambridge, klassische Bildung, sorgfältig verborgen und doch spürbar, kühle und klare politische Sicht, im Ganzen ein Ergebnis der höchsten Stufe europäischer Zivilisation. Nancy, dunkel, keltisch, aus einer Waliser Familie stammend, strahlend oder auch eisig, wenn sie wollte, vielleicht nicht wirklich schön, aber was man »striking« nennen kann, von unübersehbarer Präsenz. Bei näherer Bekanntschaft entdeckte man eine reich talentierte Frau: begabte Malerin, musikalisch, sie nahm Gesangstunden in Wien bei Paul Schöffler und sang Mozart mit ihrer wunderschönen Stimme. Josef Krips und das Mozartensemble der Staatsoper waren ständige Gäste bei ihr. Ich weiß nicht, wie es kam, daß ich Nancy Caccia in unserem kleinen Auto, einem Steyr-Baby, irgendwohin bringen mußte. Sie vergaß einen Handschuh. Ich sandte ihn ihr mit ein paar Blumen und den Versen:

>»Forgetfulness is not a thing
>Which men in women really love.
>Another time when motoring
>Forget yourself but not your glove.«

Anstatt mir die Antwort zu geben, die ich verdient hätte, antwortete sie mit einem kleinen Gedicht, in einer Elfenbeindose verpackt, witzig, ironisch. Die Dose habe ich noch, das Gedicht finde ich nicht mehr. So begann eine lebenslange Freundschaft.

Neben dem offiziellen Verkehr mit Politikern und anderen Dignitären sammelten Caccias bald einen privaten Kreis von Österreichern um sich: Felix und Sissi Czernin, Wolfgang und Alex Czernin, Stéphanie Harrach, Fritz und Eva Mayer (Fritz wurde etwas später Industriellenpräsident), Josef Schwarzenberg, Ferdinand und Emma Traun, Emil und Kira Weinberger, Hans und Renée Wilczek. Die Botschaft in der Metternichgasse war während des Krieges schwer beschädigt worden; Caccias wohnten zunächst in einem Fürstenbergischen Haus in der gleichen Straße. Unter Nancys Ägide wurde die Botschaft in vollem Glanz und mit exorbitanter Überschreitung der präliminierten Kosten restauriert und alsbald bezogen. Was zu Zeiten der Monarchie Residenz und Kanzlei des Botschafters zugleich gewesen war, diente nun, in der kleinen Republik, nach der enormen Ausweitung der diplomatischen Bürokratie, die ein eigenes Gebäude erforderte, bloß als Residenz.

Sie führten ein sehr gastliches Haus: kleine Diners, große Diners, Wochenende im Schloß Thal bei Graz, Bälle und Kostümfeste in der Botschaft. Nancy klagte über die schlechten Gewohnheiten der Österreicher: Die Milieus vermischten sich nicht, immer stünden die Aristokraten beieinander und redeten über andere Aristokraten, die Künstler mit Künstlern über andere Künstler, die Politiker mit ihresgleichen, und so weiter. Wir trafen dort englische Künstler und Literaten, wie Osbert Lancaster, Freya Stark und einen Onkel von Nancy Caccia, den Hauptankläger im Nürnberger Prozeß, Sir Geoffrey Lawrence, der Lord Oaksey wurde.

Mit erstaunlich sicherem Instinkt erfaßten Caccias die menschlichen Qualitäten österreichischer Politiker. Sie liebten Leopold Figl, der kaum ein Wort Englisch sprach, schätzten Adolf Schärf, vertrauten beiden, mißtrauten anderen. Ich weiß, daß Harold sehr viel für die Vorbereitung des Staatsvertrags getan hat, daß er seinen Minister Anthony Eden immer wieder auf die Wichtigkeit der österreichischen Integrität hinwies: Die Teilung Österreichs an der Enns, diese durchaus ernstzunehmende sowjetische Drohung, sei keinesfalls zu akzeptieren, und die Neutralität Österreichs sei der Preis dafür. Ich weiß, daß die Neutralität mindestens im gleichen Maß wie ein österreichischer auch ein Wunsch der Westmächte, zumindest der Briten, war: für uns der Preis für den Staatsvertrag, für die Briten das Zurückdrängen der Russen auf die Potsdamer Grenzen.

Die amerikanische Botschaft umfaßte noch mehr Diplomaten als die der anderen westlichen Länder. Auch unter ihnen hatten wir einige Freunde, vor allem Walter und Alice Dowling, die von Wien als Botschafter nach Bonn gingen. Louis Roché, dem französischen Botschafter, verdanke ich eine diplomatische Lebensregel. Roché war in jungen Jahren Paul Claudel, dem Dichter und Botschafter in Brüssel, zugeteilt. Als er seinem Chef seinen Ärger über eine nicht erhaltene Einladung berichtete, sagte ihm Claudel: »Junger Freund befolgen Sie diese Regel: Les gens qui m'invitent, m'honorent et les gens qui ne m'invitent pas me font plaisir.«

Natürlich pflegten diese Diplomaten den gesellschaftlichen Verkehr mit den wichtigen Repräsentanten des politischen und wirtschaftlichen Österreich, daneben aber auch mit uns unwichtigen jungen Leuten ohne Amt und Würden. Wir Österreicher ohne politische oder wirtschaftliche Funktionen hatten natürlich nur ganz bescheidene Möglichkeiten, sie einzuladen. Unsere Behausungen waren beschränkt, Lebensmittel knapp. Meine im Krieg angesammelten Ersparnisse hatten sich in nichts aufgelöst

– und doch: Wir waren vergnügt und optimistisch. Es ging aufwärts, in kleinen Schritten, von Tag zu Tag, von Jahr zu Jahr. Die Amerikaner, die Engländer, selbst die Franzosen waren unsere Freunde und Bundesgenossen. Sie wollten das Ende der Besatzungszeit, sie vertraten gegenüber den Sowjets unsere Interessen, unseren Anspruch auf völlige Freiheit und Souveränität. Das wirtschaftliche Elend und die Bürgerkriegsstimmung der zwanziger und dreißiger Jahre waren endgültig überwunden. Die Sozialisten hatten den Austromarxismus über Bord geworfen, die Christlichsozialen hatten ihre Lektion gelernt, den Korporatismus abgelegt. Das großdeutsche Lager gab es nicht mehr – so schien es. Wir waren eine parlamentarische Demokratie. Wir konnten uns als ein Land des Westens fühlen, dort gehörten wir hin, das war der Geist, in dem ich erzogen worden war. Wir waren ein befreites Land, »der Westen« der uns so lange enttäuscht hatte, war Sieger, er hatte uns erlöst, wir waren befreit von den Nazis, den Deutschen. Der verbotene Name Österreich war wieder zu Ehren gekommen, wir waren auf dem Weg in eine gute Zukunft. Es lohnte sich, dafür ein wenig zu darben, zu arbeiten. Wir hatten Freunde in der Welt, wir hatten gute Politiker, vernünftige Gewerkschafter. Mit vier Kommunisten im Parlament konnten wir gut leben. Das war der fast rauschhafte Optimismus dieser allerersten Jahre.

Enttäuschungen ließen nicht lange auf sich warten, im öffentlichen Leben und im Beruf. Die erste Enttäuschung in der Politik kam schon 1949: Der neugegründete Verband der Unabhängigen, VdU, erzielte mit sechzehn Mandaten einen überraschend hohen Wahlerfolg. Das Programm, an dem der gescheite und anständige Herbert Kraus maßgebend mitgearbeitet hatte, enthielt eine Reihe für mich durchaus annehmbarer Forderungen allgemein liberal-demokratischer Art, aber auch das »Bekenntnis zum deutschen Volkstum«. Schon die Wortwahl, die Verbindung von Bekenntnis und Volkstum, verriet eine nationalistische Wurzel, die meiner Vorstellung von Staatlichkeit widersprach. Und dazu die Verbindung des Volkstums mit deutsch. Deutsch als Sprachgemeinschaft, deutsch als Literatur, das bedurfte keiner besonderen Betonung. Aber das »Bekenntnis zum deutschen Volkstum« hieß ja wohl etwas ganz anderes: eine ethnische, »völkische« Gemeinschaft, die jede politische Distanz zu Deutschland in die Nähe des Verrats am eigenen Volk rücken würde. Das war der eine Kernsatz, der das ganze übrige Programm zu einer Maske vor dem großdeutschen Gesicht machte. Und das elf Jahre nach dem »Anschluß«. Da war es also wieder, das totgeglaubte »nationale« Lager. National nannten sie sich, weil sie die österreichische Nation leugneten. Und der Ansatz zu einer echten liberalen Partei, die wir so dringend brauchten und die uns noch heute fehlt, war vertan.

Die Enttäuschung im Beruf war schon 1948 gekommen: der Raubzug des Ministers für Vermögenssicherung und Wirtschaftsplanung, Peter Krauland, der Waldheim-Eberle als gemäß dem Verbotsgesetz der Republik Österreich verfallenes Vermögen erklärte, die öffentliche Verwaltung aufhob und das Unternehmen sogleich an eine ad hoc gegründete schwarz-rote Pachtgesellschaft, Der Kreis GmbH, verpachtete, an der je zur Hälfte der ÖAAB und die Gewerkschaft beteiligt waren. Ein Paradebeispiel für politische Korruption. Darüber, wie über andere Missetaten Kraulands, hat Peter Böhmer eine Dissertation geschrieben, die später auch in Buchform erschien (»Wer konnte, griff zu«). Ich kannte Krauland persönlich. Er war ein intelligenter und gebildeter, belesener Mann, mit einer gleichfalls gebildeten, sympathischen Frau verheiratet, die von seiner politischen Habgier und Gewissenlosigkeit wahrscheinlich nichts ahnte. Kraulands Raub an

Waldheim-Eberle, über den ich hier aus der Erfahrung eines unmittelbar Betroffenen berichte, war typisch für die damalige Haltung der österreichischen Regierung. Krauland wurde später vor Gericht gestellt und nur aufgrund eines vorher erlassenen Amnestiegesetzes freigesprochen.

Die widerrechtliche Aneignung von Waldheim-Eberle zerstörte mit einem Schlag unsere kühnen Pläne. Bei Waldheim-Eberle wurden sowohl das *Neue Österreich*, eine Tageszeitung der drei Parteien ÖVP, SPÖ, KPÖ, wie auch der der amerikanischen Besatzungsmacht gehörende *Wiener Kurier* gedruckt. Wir hofften, mit der Rückstellung von Waldheim-Eberle an Ullstein eine gute Startposition für den Erwerb des *Kurier* zu besitzen, den die Amerikaner eines nicht allzu fernen Tages in österreichische Hände übergeben würden. Zwar zahlte die Republik Österreich später an die Familie Ullstein einen völlig unzureichenden Betrag für Waldheim-Eberle, den die Ullsteins in ihrer Geldnot leider akzeptierten, aber der Verlust einer Einstiegsposition in den österreichischen Zeitungsmarkt blieb ein entscheidender, nicht mehr gutzumachender Nachteil. Ein späterer Versuch, die Nachfolge beim *Kurier* anzutreten, scheiterte an einer nicht recht durchsichtigen Transaktion eines später verurteilten ÖVP-Politikers mit dem Mühlenbesitzer Ludwig Polsterer, der offenbar sehr überzeugungskräftige Argumente einzusetzen wußte. Die spätere Haltung Polsterers gegenüber der ÖVP dürfte ihr eine nicht unverdiente Enttäuschung bereitet haben.

Nach dem Verlust von Waldheim-Eberle im Jahre 1948 gab es 1952 noch einmal eine Gelegenheit, in den Zeitungsmarkt einzutreten. Hans Dichand begann ein Gespräch mit uns über die Herausgabe der *Kronenzeitung*. In Berlin war soeben – sieben Jahre nach dem Ende des

»Dritten Reichs« – die Restitution der Ullsteins durchgeführt worden: die Ullstein AG war wieder ins Leben getreten. Sie verfügte zwar über das Druckhaus Tempelhof, aber über keinerlei Periodika. Fritz Ross und ich versuchten vergeblich, sie zu einer Partnerschaft mit Dichand zu überreden. Die Zurückhaltung galt nicht seiner Person oder dem verlegerischen Konzept der *Kronenzeitung* – obwohl sie unter Ullsteinschem Einfluß gewiß ein teilweise anderes Produkt geworden wäre –, sondern dem nicht unverständlichen Wunsch, sich zunächst auf die Bundesrepublik zu konzentrieren.

Das Verlagsgeschäft ist eine sehr demokratische Übung. Verlagserzeugnisse sind dem permanenten Votum ihrer Leser unterworfen: ihrer Neugierde, ihrem Informationsbedürfnis, ihren politischen und kulturellen Neigungen, ihren guten und schlechten Instinkten. Über eine Tageszeitung entscheidet ein »plébiscite de tous les jours« (Ernest Renan über die *Nation*). Die Kunst und die Verantwortung des Verlegers liegen vor allem im Ausgleich zwischen seinem Gewinnstreben und den ethischen Postulaten gewissenhafter Information und deutlicher Trennung von Information und Interpretation, also Meinung. Das heißt aber auch, daß die Leser über das intellektuelle Niveau und die interpretative Tendenz des Blattes entscheiden und daß somit letztlich auch sie und nicht der Verleger allein das Produkt bestimmen.

Hans Dichand ist zweifellos einer der begabtesten Journalisten der Nachkriegszeit. Er hat mit untrüglichem und wachem Instinkt und Verstand gefunden, was die größte Leseranzahl wirklich wünscht. Walther Killy, mit mir Kriegsgefangener in den USA und später Professor für deutsche Literaturgeschichte in Göttingen, pflegte zu sagen, Grimms Märchen enthielten modellhaft alle die Geschichten, die Leser in einer Zeitung wirklich anzutreffen wünschen: das vom Prinzen erlöste Dornröschen, das zu Glanz gelangende Aschenbrödel, die Grausamkeiten der Stiefmutter gegen Hänsel und Gretel, der böse Wolf und wie man ihn besiegt, Mitleid mit Tieren. Politik lesen die meisten Leute ungern und höchstens zwischen solchen Geschichten.

Noch während der Waldheim-Eberle-Jahre kam Ernst Molden, von seinem Sohn Fritz begleitet, mit dem mutigen Plan zu Fritz Ross, die alte *Neue Freie Presse*, zunächst als Wochenzeitung, wieder ins Leben zu rufen. Er wollte einen Druckvertrag. Ross sagte ihm: »Ihre Leser und Ihre Mitarbeiter sind ausgewandert oder in Auschwitz geblieben. Von sieben Millionen heutigen Österreichern tragen sechs Millionen Lederhosen. Sie werden es schwer haben.« Dank Moldens Beharrlichkeit kam es dennoch zum Erscheinen der *Presse*. Ihn und seinen Sohn ehrt der publizistische Ehrgeiz, der fast tollkühne unternehmerische Mut. Sie haben bleibendes Verdienst erworben, auch wenn Fritz jene Eigenschaften nicht in vollem Maße besitzt, die einen angenehmen Bankkunden ausmachen.

Zurück ins Jahr 1948. Nach dem Waldheim-Eberle-Raub wollte ich mich vom Ullstein Verlag verabschieden und in meinen alten Beruf, das Bankwesen, zurückkehren. Mein Schwiegervater beschwor mich in langen Spaziergängen am Donauufer bei Muckendorf, zu bleiben. Ich blieb.

Doch plötzlich ergab sich für mich eine überraschende Wendung: die Möglichkeit, in das politische Leben einzutreten.

Einige Monate vor den Nationalratswahlen des Jahres 1948 fand Franz Josef Mayer-Gunthof, ich sollte als Abgeordneter für die ÖVP kandidieren. Mayer-Gunthof, ein noch ganz von der österreichisch-ungarischen Monarchie geprägter großer Herr, war damals Vizepräsident der Vereinigung Österreichischer Industrieller und ein wichtiger und einflußreicher Mann in der österreichischen

Wirtschaft und Politik. Franzl, wie er genannt wurde, war ein Freund unserer Familie, der als junger Mann im Hause meiner Großeltern verkehrt hatte, ein Tänzer, wie man das damals nannte, der jüngeren Schwestern meiner Mutter. Nach seiner Rückkehr aus sibirischer Kriegsgefangenschaft führte er sehr erfolgreich die Textilindustrie in Mährisch-Trübau, die er geerbt hatte. Mein Vater hielt ihn für einen der tüchtigsten jungen Industriellen Österreichs. Franzl plante also eine politische Karriere für mich, nebenberuflich, für ein paar Jahre. Das müsse neben meiner Tätigkeit als Verleger doch möglich sein, meinte er. Der ÖVP täten junge Leute nur gut, die liberale Ideen, Sprachkenntnisse und Auslandserfahrung hätten und daher imstande wären, mit maßgebenden Leuten der westlichen Besatzungsmächte in deren Sprache zu reden und nicht allzu unbeholfen-provinziell zu wirken. Also wurde ich zur Vorstellung bei der ÖVP beordert. Ich hatte mich zum Direktor des Bauernbundes zu begeben, zu Ferdinand Graf, dem späteren Verteidigungsminister, der damals die Personalagenden der ÖVP führte.

Ich kam in das Büro Grafs in der Schenkenstraße. Graf war schon vor dem »Anschluß« in der Christlichsozialen Partei tätig gewesen, er war Kärntner, unbestreitbar treuer Österreicher, aktiv gegen die Nazis. Fast sofort nach dem Einmarsch der Deutschen wurde er verhaftet und mit dem berühmten ersten Transport nach Dachau geschickt. Viel später, als er mein Aufsichtsratspräsident in der CA geworden war, erzählte er mir von diesem Transport. Sie saßen eng gedrängt in Eisenbahnwaggons und mußten auf Kommando eines SA-Mannes ihr Gegenüber ohrfeigen, worauf wiederum auf Befehl des SA-Mannes das geohrfeigte Gegenüber ihnen ein Gleiches tun mußte, alles zum Vergnügen der SA, die auf diese Erfindung stolz war.

Graf, ein großer, beleibter Mann, setzte sich hinter seinem Schreibtisch zurecht und forderte mich auf, mein

Anliegen vorzubringen. Ich versuchte ein paar Gedanken zur wirtschaftspolitischen Entwicklung in der Richtung einer Marktwirtschaft mit sozialer Komponente vorzutragen – ich hatte meinen Röpke, Eucken, Neumark gelesen –, zeichnete Österreich als Teil der westlichen Welt, sprach von dem Ziel konvertibler Währung und weitgehendem Freihandel. Nach ein paar Minuten richtete sich Graf in seinem Sessel etwas auf, legte die Arme weit auseinander auf den Tisch und sprach mit einem tiefen Baß ungefähr folgendes: »Es ist ja sehr freundlich von Ihnen, Herr Doktor, daß Sie sich zur Verfügung stellen wollen, aber«, und es kam ein Ton von Verachtung in seine Stimme, »aber Sie sind ein typischer Intellektueller.« Man spürte, wie sehr er diese verabscheute. »Sie sind ein typischer Intellektueller, und der Kaffeesieder vom Eck is ma liaba, weu der bringt ma Stimmen, verstehen S'. Ich danke.« Damit waren die Audienz bei Ferdinand Graf und meine politische Laufbahn nach einer knappen Viertelstunde beendet. Vielleicht war es gut für die ÖVP, daß es so kam. Für mich war es sicher ein ungeheures Glück, nur wußte ich das damals noch nicht.

Doch die Einstellung des Ferdinand Graf gibt zu denken. Das Individuum H. T. war politisch sicher völlig unbegabt, weil wenig massenwirksam; soweit hatte Graf recht. Die Spezies aber, die mit mir abgelehnt wurde, war auch durch andere, geeignetere Individuen in der ÖVP kaum vertreten. Die »Intelligenzija« in der ÖVP war eine »Chasse gardée« des Cartellverbands. Ich bin kein Gegner des CV, ich bin grundsätzlich für Eliten, und der CV ist in einem gewissen Maße eine Elite. Doch er ist nicht imstande, jenen Teil der Gebildeten anzusprechen, die das alte antiklerikale, antihabsburgisch-österreichische Lager bevölkern und die daher teils nach links, teils nach rechts, zu den Sozialisten oder zu den Nationalliberalen, damals VdU, heute FPÖ, abwandern. Der letzte Versuch, dem abzuhelfen, wurde von Kamitz mit dem Akademikerbund als einer der ÖVP nahestehenden, aber nicht unterstellten Organisation unternommen. Ich war einer der Nachfolger von Kamitz im Jahre 1981 und scheiterte schon nach zwei Jahren am – CV.

Für mich war die Abfuhr durch Ferdinand Graf ein Glück – und der ÖVP entging nichts, denn ungeachtet meines Ausscheidens aus der Kandidatenliste erzielte sie im Oktober 1948 ein durchaus respektables Wahlergebnis.

Der erfolglose Urheber meiner politischen Laufbahn, Franz Josef Mayer-Gunthof, blieb zeitlebens ein verehrter väterlicher Freund für mich. Seinen Vornamen hatte er seinem Geburtsdatum, dem 18. August, zu verdanken, Kaisers Geburtstag, ein Festtag für ganz Österreich. Franzls bedingungsloses Bekenntnis zu Österreich, sein unternehmerischer Mut, seine unablässige Bemühung um die internationale Wettbewerbsfähigkeit der österreichischen Industrie, seine Fähigkeit, mit dem politischen Gegner überzeugend zu reden, sichern ihm ein dankbares Gedächtnis. Er war Industrieller und nicht Technokrat, nicht ferngesteuert, sondern der eigenen Überzeugung gehorchend, streng in seinen Ehrbegriffen und milde in seinem Urteil.

Ich blieb also beim Ullstein Verlag Wien. Wir konzentrierten uns zunächst auf den Buchverlag. Er war in dem Waldheim-Eberle gehörenden und benachbarten ehemaligen Haus der Posamenteriewarenfabrik Lendvay in der Lindengasse untergebracht, in äußerst bescheidenen, aber in ihrer biedermeierlichen Einfachheit und Stille für einen Buchverlag angemessenen Räumen. Begonnen hatte Fritz Ross mit einer Serie von Klassikern unter dem Namen »Ewiges Wort«, von Goethe bis weit ins 19. Jahrhundert. Die zerstörten oder verlorengegangenen privaten Bibliotheken sollten wieder gefüllt werden. Die Serie wurde von Edwin Rollett, unserem Verlagsleiter, sorgfältig ediert; wir bekamen holzfreies Papier, damals noch eine Seltenheit, und die Bücher waren broschiert, um sie für einen möglichst großen Kreis erschwinglich zu machen. Das »Ewige Wort« errang, was man einen Achtungserfolg nennt, mehr nicht – die Nachfrage nach Kaffee und Schokolade war größer als die nach Klassikern. Rollett brachte Autoren von Rang wie Franz Theodor Csokor oder Hans Thirring, den Philosophen und Physiker, dessen »Homo sapiens« wir publizierten.

Helga arbeitete im Verlag mit. Sie lieferte hervorragende Lektorate und entpuppte sich als perfekte Übersetzerin: Sie hat zwei Dutzend Bücher und einige Theaterstücke sowohl aus dem Englischen als auch aus dem Französischen übertragen. Sie spürte die kleinsten Nuancen und Zwischentöne des Originals und war, um es vorsichtig auszudrücken, der deutschen Sprache mächtig, was leider nicht von jedermann im Schreibgewerbe gesagt werden kann. Die Übersetzung von »Bonjour Tristesse« der Françoise Sagan gewann sie in einer anonymen Konkurrenz gegen eine Anzahl bewährter, professioneller Übersetzer durch das Votum einer kleinen Jury. Freilich stand sie nicht unter dem gleichen Zeitdruck wie jene Übersetzer, die mit dieser sehr schwierigen Arbeit ihren Lebensunterhalt verdienen müssen.

Ich hatte Glück: Mir gelang ein Haupttreffer. In der amerikanischen Zeitung für Deutschland las ich die Geschichte von Kon-Tiki, der Überquerung des Pazifik auf einem Floß, die dem Norweger Thor Heyerdahl und seinen Kameraden gelungen war, um den Ethnologen seine von ihnen bestrittene These zu beweisen, daß die Bevölkerung Polynesiens aus Südamerika gekommen sei. Unmöglich, sagten die Ethnologen, wie wären sie über das Meer gekommen, ohne Schiffe, ohne Kompaß? Das

Floß wurde aus Balsaholz gebaut, vierzehn Meter lang, ohne Nägel, nur von Bastseilen zusammengehalten. Die Fahrt gelang. Ich wollte die Buchrechte in deutscher Sprache. Der norwegische Verlag war einverstanden; als Anzahlung verlangte er lächerliche 832 Schweizer Franken; ich werde den Betrag nie vergessen. Aber Schweizer Franken konnte man nur mit Genehmigung der Oesterreichischen Nationalbank bekommen. Das Mitglied des Direktoriums, das ich darum bat, sagte mir: »Aber lieber Dr. Treichl, für so was haben wir keine Devisen. Druckt's österreichische Bücheln.« Ein Schweizer Freund lieh uns das Geld – ein Devisenvergehen, das mit Gefängnis bestraft werden konnte. Wir haben mit dem Bestseller »Kon-Tiki« das Tausendfache dieser Anzahlung an Devisen verdient und der OeNB abgeliefert. Jahrzehnte später – ich war Generalrat der Nationalbank und die Untat verjährt – erzählte ich sie dem Direktor, ohne ein Lächeln auf sein Gesicht zaubern zu können.

»Kon-Tiki« war der bravouröse Auftakt zu einer Erfolgsserie von Reise- und Abenteuerbüchern, wie Heinrich Harrers »Sieben Jahre in Tibet«, die Bergbücher von Herbert Tichy, dem mutigen, bescheidenen, einsamen Bergsteiger; Maurice Herzogs »Annapurna«, Hunts »Mount Everest«, Rolf Mageners »Die Chance war Null« und Dutzende andere.

Wir publizierten auch die Briefe Kaisers Franz Josephs an Katharina Schratt, lange vor Brigitte Hamann. Ein Freund, der ehemalige österreichische Konsul Urbas, später Journalist und Buchautor unter dem Pseudonym Cormons, hatte uns darauf aufmerksam gemacht. Baron Anton Kiss de Ittebe lebte in der St. Gilgener Villa seiner Mutter Katharina Schratt. Mein Schwiegervater und ich fuhren zu ihm, die Fahrt über den Pötschenpaß war mit den alten Autos, die man damals – ich glaube, es war 1947 – hatte, ein Abenteuer. Wir saßen mit Baron Kiss auf einem Balkon in der Herbstsonne, vor uns ein großer Koffer mit den Briefen des Kaisers, sicher mehr als tausend, und begannen zu lesen. Kiss behielt sich die Genehmigung vor, die zu publizierenden Briefe auszuwählen. Er wollte vor allem jene nicht zur Veröffentlichung freigeben, in denen die nicht unerheblichen finanziellen Ansprüche seiner Mutter an den unendlich großzügigen und geduldigen Kaiser deutlich wurden. Das war nicht unbegreiflich, und wir mußten es akzeptieren. Der von uns gewünschte Herausgeber, Egon Caesar Conte Corti, erfolgreicher Autor biographischer Werke, paßte Kiss nicht. Er bestand auf Jean de Bourgoing, einem seriösen, aber nicht sehr attraktiven Autor, Verfasser eines Werkes über Daffinger. Der trockene und reservierte Herausgeber Bourgoing schien die zweifachen Gewissensskrupel des Anton Kiss de Ittebe, nämlich die des Sohnes über die Preisgabe des Privatlebens seiner Mutter und die des vom Kaiser zum Baron erhobenen k. u. k. Diplomaten über die Indiskretion gegenüber seinem Monarchen, eher zu beruhigen als der publikumswirksamere Corti. Wir mußten auch das akzeptieren. Ich habe mich in einem kurzen Vorwort des Verlags etwas vom Herausgeber distanziert und den Kaiser als den wahren Autor des Buches bezeichnet, was Baron Bourgoing mir niemals verziehen hat. Die andere Hälfte der Korrespondenz, die Briefe der Katharina Schratt an den Kaiser, waren und sind unauffindbar – Franz Joseph war nicht nur Kaiser, sondern auch ein großer Herr. Nach Kiss' Tod wurden die Briefe von seiner Haushälterin und Erbin der Österreichischen Nationalbibliothek verkauft und wurden damit allgemein zugänglich, sodaß Brigitte Hamann sämtliche Briefe ohne jede Beschränkung zur Verfügung standen.

Dank eines guten Kontakts mit Julliard erwarben wir noch vor Erscheinen der französischen Originalausgabe die deutschen Rechte von Françoise Sagans »Bonjour

Tristesse« und später einige ihrer nachfolgenden Romane. Wir brachten Malapartes »Kaputt«, George Orwells »1984«, Norman Mailers »Die Nackten und die Toten« in Lizenzausgaben für Österreich.

Außenminister Karl Gruber, den ich recht gut kannte, veröffentlichte bei uns sein Buch »Zwischen Befreiung und Freiheit«. Es wurde eine politische Sensation. Gruber hatte mit dem Gruber–De Gasperi-Abkommen einen großen Erfolg für Südtirol errungen; damals entzündeten sich auf beiden Seiten des Brenners die Leidenschaften an der Südtirolfrage, die heute weit gelassener betrachtet wird. Gruber verfolgte einen klaren Westkurs, er pflegte die Beziehungen zu den Amerikanern und nahm in seinem Verhalten zu den Sowjets die kommende Entwicklung – den Kalten Krieg – vorweg. In seinem Buch berichtete er über die unter der Bezeichnung Figl-Fischerei bekannt gewordene Episode, die vertraulichen Gespräche Figls mit den Kommunisten im Jahre 1947 über Zugeständnisse Österreichs an die Russen, um den Staatsvertrag zu bekommen, und seine eigene heftige Reaktion. Ich stieß bei der Lektüre des Manuskripts auf diesen Bericht, hielt ihn für innenpolitisch brisant, wahrscheinlich für die österreichische Regierung unangenehm, und überredete Fritz Ross dazu, Kanzler Raab davon in Kenntnis zu setzen. Das war vielleicht moralisch angreifbar, aber es geschah. Raab äußerte erstaunlicherweise keine Bedenken. Mein Erstaunen währte allerdings nicht lange; kaum war ein Vorabdruck in der *Presse* erschienen, gab es große Aufregung, und Gruber trat im November 1953 zurück. Figl wurde sein Nachfolger. Ich habe nicht den geringsten Zweifel daran, daß Raab nur deshalb keine Bedenken vorgebracht hatte, weil er einen guten Vorwand dafür suchte, sich von Gruber zu trennen, der dann Botschafter in Washington wurde. Gruber war ein sehr intelligenter, weltoffener, eindeutig marktwirtschaftlich denkender

Mann. Er war schroff in Verhalten und Ausdruck und mußte daher in Österreich auf Widerstand stoßen. Für den Ullstein Verlag jedenfalls war die ganze Aufregung nicht ungünstig – es war eine durchaus wirksame Werbung für das Buch.

Mittlerweile waren in Berlin die Restitution der Familie Ullstein und die Wiedergeburt des Verlags vollzogen. Karl Ullstein wurde Vorstandsmitglied, Rudolf Ullstein Aufsichtsratsvorsitzender und Fritz Ross sein Stellvertreter. Wien hatte eigentlich seine Aufgabe erfüllt, die Überleitung in das restituierte deutsche Haus konnte beginnen. Sie verlief, wie Transaktionen innerhalb einer Familie zumeist, recht mühsam. Doch es war Eile geboten, denn Westdeutschland hatte gegenüber der in der DDR gelegenen Insel Berlin einen bedeutenden Vorsprung. Der Buchverlag wurde in Wien auf Sparflamme weitergeführt, das Schwergewicht lag auf der Österreich-Ausgabe des *Stern,* die wir dem hervorragenden Eberhard Strohal anvertraut hatten. Die Zusammenarbeit mit dem *Stern* brachte uns in enge und freundschaftliche Beziehung zu Gerd Bucerius, dem die einfluß-, aber nicht ertragreiche Wochenzeitung *Die Zeit* und die Hälfte des *Stern* gehörten. Es ergaben sich interessante Aspekte einer Zusammenarbeit mit Ullstein in Deutschland, über die ich noch berichten werde. Jedenfalls mußte sich die Planung der Verlagsarbeit für Ullstein immer mehr auf die Bundesrepublik richten. Fritz Ross als stellvertretendem Aufsichtsratsvorsitzendem fiel dabei eine wichtige Rolle zu; er, dem es gelungen war, noch während der Blockade nach Berlin zu gelangen, hielt sich nun fast jeden Monat mindestens einige Tage dort auf. Auch ich war häufig mit ihm oder allein in Berlin. Ich wußte, daß ich früher oder später würde dorthin übersiedeln müssen, wollte ich bei Ullstein bleiben. Andernfalls mußte ich mir eine andere Tätigkeit suchen.

Bei der IBV

Die politische und mit ihr die wirtschaftliche Situation in Österreich hatten eine bedeutende Wendung genommen. Die kommunistische Gefahr war seit 1950 so gut wie gebannt. Es ist das bleibende, historische Verdienst der österreichischen Gewerkschaften, vor allem der Bauarbeiter unter der Führung Franz Olahs, den kommunistischen Anschlag auf Österreich vereitelt zu haben.

Nicht zum ersten Mal in der Geschichte bildete eine wirtschaftliche Notlage den Zündstoff für eine politische Umwälzung. In diesen ersten Nachkriegsjahren drehte sich unaufhörlich die Inflationsspirale; die Preise stiegen, die Kaufkraft der Lohn- und Gehaltsempfänger sank, und immer wieder wurde versucht, diese Entwicklung durch Lohn-Preis-Abkommen aufzuhalten. Nach dem vierten dieser Lohn-Preis-Abkommen kam es im September 1950 zu einer von den Sowjets gesteuerten Streikbewegung in ihrer Besatzungszone. Kommunistische Rollkommandos wurden gegen E-Werke eingesetzt. Nicht eine Kampftruppe der »Kapitalisten«, sondern die Bauarbeiter, angeführt von Olah, schlugen diesen Aufstand nieder. Österreich schuldet ihnen bleibende Dankbarkeit. (Aber diese Dankesschuld, so beeile ich mich anzufügen, ist nicht aufrechenbar gegen Irrtümer der Gewerkschaften in anderem Zusammenhang.) Kaum ein Jahr später kam es noch einmal zu einem Lohn-Preis-Abkommen, dem letzten.

Wenige Monate später, zu Beginn des Jahres 1952, berief Figl einen Finanzminister, der die weitere, erfolgreiche wirtschaftliche Entwicklung Österreichs gestaltete: Reinhard Kamitz. Es war der Wendepunkt, der Beginn eines langanhaltenden wirtschaftlichen Aufstiegs. Kamitz blieb auch in den folgenden Regierungen Raab Finanzminister, bis er 1960 das Präsidium der Oesterreichischen Nationalbank übernahm.

Ein neuer Wind wehte. In der Bundesrepublik Deutschland hatte der Röpke-Schüler Alfred Müller-Armack 1947 mit seinem Buch »Wirtschaftslenkung und Marktwirtschaft« die Inkunabel der freien Wirtschaft geschrieben. Und Ludwig Erhard setzte die soziale Marktwirtschaft in die Wirklichkeit um – sozial als irenische Komponente –, um nach planwirtschaftlichen Dezennien das Konzept der Marktwirtschaft mehrheitsfähig zu machen.

Mit Kamitz schuf ein Mann eine neue Epoche für Österreich, der ziemlich genau den Merkmalen des Liberalen in seiner klassischen Definition entsprach – eine für unser Land seltene, fast singuläre Erscheinung. Die befreiende Wirkung, die von ihm ausging und nach seinem Ausscheiden aus der Regierung deutlich abebbte, scheint mir am ehesten mit der Kraft vergleichbar, die fünfzehn Jahre später Gerd Bacher den ORF neu erfinden ließ.

25 Jahre später wurde ich vom Julius-Raab-Verein gebeten, bei einem Festakt zu Ehren von Reinhard Kamitz anläßlich seines 25jährigen Regierungsjubiläums die Glückwunschrede zu halten. Der schwer erkrankte Mann, der an einer Aphasie litt, nicht artikuliert sprechen, aber hören konnte, nahm tränenüberströmt meine Laudatio entgegen. Ungefähr dasselbe schrieb ich auch in meinem Vorwort zu dem Buch »Reinhard Kamitz. Wegbereiter des Wohlstands«, das sein langjähriger Sekretär Fritz Diwok und Hildegard Koller verfaßt haben. Ich zitiere daraus.

»Man muß sich, wenn man die Leistung und die Bedeutung von Kamitz richtig beurteilen will, die sonderbare Antinomie zwischen der ökonomischen Theorie und der wirtschaftlichen Realität Österreichs vor Augen halten. Die Tatsache, daß Österreich einen einzigartigen Beitrag zur modernen ökonomischen Theorie geliefert hat, ist nur wenigen bewußt. Auf den Kopf der Bevölkerung bezogen, wird die Leistung Österreichs in der Hervorbringung bedeutender theoretischer Nationalökonomen kaum von einem anderen Land erreicht. Beinahe entgegengesetzt proportional dazu verläuft die Entwicklung der wirtschaftlichen Wirklichkeit: Es gibt keine wirklich bedeutenden Unternehmen. Mit Leichtigkeit kann jedermann ein halbes Dutzend Schweizer Unternehmen von weltweiter Geltung und weltumspannender Aktivität nennen, aber man wüßte mit vielleicht einer Ausnahme kaum von einem Schweizer Nationalökonomen zu berichten, dessen schöpferisches Genie dem des halben oder ganzen Dutzend der größten wirtschaftlichen Denker Österreichs gleichkäme. Offenbar hat die monarchisch-feudale Struktur des Habsburgerreiches nicht den rechten Keimboden für starke Unternehmer abgegeben. Neben aristokratischer Muße und bürokratisch-militärischem Dienst blieb wenig Raum für das bürgerliche Ideal der unternehmerischen Arbeit. Zwar lächelte das Antlitz der Monarchie gnädig und blickte wohlwollend auf die mit ›allergnädigsten Privilegien‹ merkantilistisch geförderte Wirtschaft, aber die binnenorientierte Selbstbeschränkung blieb. Mit der Republik, vollends der Zweiten, gefror der milde Blick des Paternalismus zu einem Schielen. Das rechte Auge wachte ängstlich über dem zarten Pflänzchen von Gewerbe, Handel und Industrie, auf daß nicht der kalte Hauch des Marktes und des Wettbewerbes sie gefährde, das linke aber blickte mißtrauisch, um kapitalistische Ränke sogleich zu entlarven und mit Sendungsbewußtsein im starren Blick sicherzustellen, daß sozialer Fortschritt und Zufriedenheit nur dank Macht und Eingriff des Staates verwirklicht würden, ein Staat, der uneingeschränktes Eigentum der politischen Parteien zu sein hatte. Aus den Fenstern der Ministerien (und der Nationalbank) wachten strenge Augen, damit nicht unternehmerisches Ungestüm sich über binnenwirtschaftliche Schranken schwinge und in transnationalem Wildwuchs die ihm innewohnenden Kräfte entfalte. Dergestalt der Entwicklung eigener Initiativen entwöhnt, hofft das österreichische Volk immer wieder in der Stunde der Not, daß ein gütiger Herrscher ihm Hilfe gewähre, und ist's nicht der Kaiser selbst, dann der republikanische Ersatz für den Monarchen: ein starker Bundeskanzler. Ein solcher war es, der Reinhard Kamitz entdeckte. Den Kamitz, der Österreich auf den Weg zum modernen marktwirtschaftlichen Industriestaat führte. Den Liberalen, den ersten und für lange Zeit den einzigen.

Der Begriff Liberalismus ist in Österreich meist politisch verstanden worden. Liberalismus als wirtschaftliches Konzept hat es in unserem Lande nur während kurzer Zeitabschnitte gegeben. Die Wirtschaftstheorie, die, von England ausgehend, die Welt des ›ancien régime‹ in den Frühkapitalismus trug, hatte die liebenswert somnolente Donaumonarchie nur flüchtig und ohne tiefgreifende Folgen berührt.«

Als Kamitz antrat, war Österreich von den vier alliierten Mächten besetzt. Die Inflationsspirale drehte sich von einem Lohn-Preis-Abkommen zum nächsten. Für die von den zusammengebrochenen Fronten des Dritten Reiches älteren Heimgekehrten wie für die ihnen nachfolgenden ganz jungen schien das Land ohne Hoffnung.

»Am ehesten war noch meine Generation zuversichtlich. In dieser Zeit hat sich mit den Namen Figl die unerschütterliche Treue zu Österreich und mit Raab-Kamitz das Erlebnis eines historischen Aufschwungs verbunden, einer Entfaltung aller wirtschaftlichen Kräfte, einer plötzlichen Freisetzung außerordentlichen Leistungsvermögens. Ein Gesetzeswerk entstand, das Schlag auf Schlag wie ein Riesenbagger die Hemmnisse wegräumte, die dem Aufschwung entgegenstanden, Aufbruch zu einer neuen Ordnung, ohne Bevormundung, auf einem klaren Konzept beruhende freie Marktwirtschaft. Der Reform der Währung folgte die Rekonstruktion der Banken, ein Gesetz für die Oesterreichische Nationalbank, die Herstellung der Wahrheit inflationsverzerrter Bilanzen (Schilling-Eröffnungsbilanzengesetz) und damit erhöhte Innenfinanzierung der Unternehmen, kräftige Anregung der Investitionen durch das System der vorzeitigen Abschreibungen, die Förderung der Exporte (vielleicht der am wenigsten marktwirtschaftliche Teil der Kamitzschen Reformen) und endlich die gewiß mutigste Tat: Senkung der Steuerlast, um das Wachstum zu fördern und so das Budget zu sanieren. Es war ein Sieg über die Resignation der einen wie über die Illusion der anderen: die Institutionen, die Parteien, die Politiker wüßten nicht nur, was der Wirtschaft frommt, sondern sie seien auch imstande, durch Grob- und Feinsteuerung immer wieder die Machbarkeit der Konjunktur zu beweisen. Obgleich der antizyklischen Budgetpolitik verschrieben, glaubte Kamitz nicht so sehr an die Machbarkeit der Konjunktur als vielmehr an die Machbarkeit von unternehmerischer Tätigkeit, er glaubte an die Leistungsfähigkeit gesunder Betriebe, an die in den Menschen schlummernden Kräfte. Kamitz vertraute, wo andere argwöhnten. Gewiß stand der private Unternehmer, das private Eigentum an Produktionsmitteln seiner Denkweise näher als der Staatsbesitz. Dennoch: Die verstaatlichte Industrie Österreichs hat unter keiner Regierung größeren Aufschwung genommen als unter jener, der er angehörte. Er stand aber auch nicht an, die nach dem Kriege verstaatlichten Banken – zunächst teilweise – in private Hände zu überführen und ihre Geschäftsleitungen damit auch gegenüber einem großen Kreis kleiner Aktionäre verantwortlich zu machen. Er erkannte auch die besondere Lage der Großbanken mit ihren bedeutenden Industriebeteiligungen sowie ihre Verantwortung gegenüber der Gesamtwirtschaft und den unzähligen Kleinaktionären, die ebenfalls Anteile an diesen Industriegesellschaften besaßen.

Kostbarste Frucht dieser Jahre: ein neues mittelständisches Unternehmertum entstand und eine Schicht selbstbewußter junger leitender Angestellter, die bis auf den heutigen Tag in marktwirtschaftlichen Kategorien denken und handeln und die nicht von außerwirtschaftlichen Institutionen und Hierarchien abhängig sein wollen. Liberale mit einem Wort, aber liberal nicht im Sinne bloß passiver Toleranz oder fehlenden Engagements, vielmehr im Gegenteil im Sinne bewußter Verpflichtung zur Aufrechterhaltung der privaten Unternehmer- und Wettbewerbswirtschaft, kurz: Liberale im klassischen Sinne, im Sinne von Kamitz. Er hat eine Generation wachgerüttelt.«

Noch war es eine Zeit der Bescheidenheit, aber auch des Mutes und der Zuversicht, des Gelingens, eine Art von kollektivem Erfolgserlebnis. Ein neues Kleid, ein neuer Anzug war etwas Besonderes, eine Reise ein Ereignis. Es ging aufwärts, nicht nur wirtschaftlich. Am 26. April 1952 zog die Pummerin in den Stephansdom ein; ganz Österreich hörte andächtig, dankbar und gerührt ihr Dröhnen.

Am Abend des 27. April 1956 saßen Helga und ich in den »Drei Husaren«, um unseren zehnten Hochzeitstag zu feiern. Ich war wenige Monate zuvor nach fast zehn Jahren als Gesellschafter des Verlags Ullstein in Wien ausgeschieden. Die Restitution der Ullsteins in Berlin war so weit fortgeschritten, daß die verlegerische Arbeit in Wien eingestellt und nach Berlin übergeleitet werden konnte. Sollte ich in den Vorstand der Ullstein AG eintreten? Folglich nach Berlin übersiedeln? Helga wollte auf keinen Fall dorthin. Sie hatte die Enteignung, die Auswanderung ihrer Familie erlebt, sie hatte später erlebt, wie sich fünf Geschwister ihrer Großmutter, die nicht auswandern wollten, das Leben nahmen, um dem KZ zu entgehen. Sie setzte Berlin, Deutschland, die Deutschen mit dem Nationalsozialismus gleich. Begreiflich, sie hatte noch die Machtergreifung durch Hitler erlebt, ehe die Familie Ross auf ihr Landgut im niederösterreichischen Tullnerfeld übersiedelte. Ihr Vater war 1932 in Vorahnung des Kommenden als »Arier« von den Ullsteins zum Aufsichtsratsvorsitzenden gemacht worden. Sie hatte erlebt, wie er wenige Tage nach dem 30. Juni 1934, nach dem sogenannten Röhm-Putsch, zu Rudolf Heß beordert wurde. Dort wurde ihm eröffnete, daß die Ullsteins fünf Tage Zeit hätten, ihr Unternehmen »abzutreten«. Es war das bei weitem bedeutendste Verlagsunternehmen Deutschlands, mit über 10000 Beschäftigten, einem halben Dutzend Tageszeitungen, Zeitschriften, Magazinen, Wochenzeitungen, Nachrichtendienst und Korrespondenten weltweit. Ein liberales, in manchen Publikationen eher links von der Mitte liegendes, höchst gewinnbringendes Unternehmen, mit großem Einfluß auf das politische und kulturelle Leben, auf das geistige Klima in Deutschland wurde für ein paar Millionen Reichsmark, nicht einmal ein Zehntel seines Wertes – und das in der Form von kaum verwendbaren Reichsschatzanweisungen – seinen Eigentümern zwangsweise abgenommen. Der Griff der Nazis nach einem Unternehmen mit so starkem Einfluß auf die öffentliche Meinung war ein konsequenter Schritt in der totalen Machtergreifung, in der Gleichschaltung und Manipulation des Denkens.

In einem psychologisch begreiflichen, wenn auch den Tatsachen nicht ganz entsprechenden Schluß setzte Helga Deutschland mit dem Nationalsozialismus gleich und sah in Österreich das erste Opfer, eine Beute der Nazis und nicht deren zweite oder gar erste Heimat. Daher ihr Widerstand gegen eine Übersiedlung nach Berlin, dem ich mich fügte.

Für mein Ausscheiden gab es aber auch noch andere Gründe. Die restituierte Ullstein AG Berlin wurde von Karl Ullstein, einem Bruder meiner Schwiegermutter, geführt, dessen unternehmerische Schwäche ich bereits deutlich kennengelernt hatte. Er hatte sich als Emigrant in den USA eine neue Existenz aufgebaut und war erst nach langem Zögern in die alte Heimat zurückgekehrt. Ein liebenswerter Mann, klug, friedfertig, anständig, mit einem Witz begabt, der nicht verletzte, aber unsicher in seinen Entscheidungen, kraftlos und ohne Antrieb, seinem Bruder und seinen Vettern dennoch turmhoch überlegen. Das Versagen dieser dritten Generation der Ullsteins führte dann auch sehr bald zum Verkauf ihres Unternehmens an Axel Springer, noch ehe es richtig zur Entfaltung gelangte. In der vierten Generation, in der sich sonst niemand aus der Familie profilierte, waren Karl Ullsteins Schwiegersohn Robby Layton und ich die einzig möglichen zur Führung berufenen Männer. Der schwachsinnige »Proporz« zwischen den fünf Erbenstämmen verhinderte das: Mit uns wäre der »Stamm Hans«, die Nachkommen des ältesten der fünf Brüder oder deren Ehegatten, »zu dominierend« geworden. Robby Layton wurde Vorstandsvorsitzender erst von Ford Deutschland, dann der Feldmühle AG, war einer der maßgebenden Männer in der deutschen Wirtschaft, und ich gelangte an die Spitze der Creditanstalt – das läßt uns beide als nicht völlig ungeeignet erscheinen. Statt sich unsere Mitarbeit zu sichern, engagierten die Ullsteins als Vorstandsmitglied für die finanziellen Aufgaben einen Mann, den sie so lange bewunderten, bis er wegen Untreue zu einer Gefängnisstrafe verurteilt wurde.

Es hatte ein aussichtsreiches Zukunftsprojekt für den restituierten Ullstein Verlag gegeben. Zum Zeitpunkt der verspäteten Restitution 1952 war natürlich schon ein deutsches Pressewesen entstanden und der Markt voll besetzt. Ein Eindringen mit neuen Produkten in den Westen wäre sehr teuer und sehr riskant gewesen. Aber es ergaben sich andere Möglichkeiten. Mein Schwiegervater und ich hatten eine Beziehung zu Gerd Bucerius aufgebaut, dem Eigentümer des Verlags der *Zeit* und der Hälfte des Verlags Henri Nannen, in dem der *Stern* erschien. Im Verlag Ullstein Wien erschien eine österreichische Lizenzausgabe des *Stern* mit einigen redaktionellen Österreich-Seiten und eigenem österreichischem Anzeigenteil. *Die Zeit* brachte erhebliche Verluste, der *Stern* war gewinnbringend. Um *Die Zeit* zu retten, wollte Bucerius seinen Anteil am *Stern* an Nannen verkaufen. Es gelang mir buchstäblich in letzter Minute, ihn davon abzubringen und ihm klarzumachen, daß er nur mit dem *Stern* als »cash cow« *Die Zeit* erhalten könnte. Bucerius brachte Nannen dazu, ihm den halben Anteil am *Stern* um jenen Preis zu verkaufen, den dieser selbst bereit gewesen war, an Bucerius zu zahlen.

Aus dieser sehr freundschaftlichen Beziehung zu Bucerius entstand das Projekt, daß er seine Verlagsobjekte gegen einen entsprechenden Aktienanteil in den Berliner Ullstein Verlag einbringen sollte. Ullstein führte erfolgreiche Verhandlungen mit der britischen Besatzungsmacht, die ihre Zeitungen für Deutschland, *Die Welt* und *Die Welt am Sonntag*, an ein deutsches Unternehmen abgeben wollte. Den Briten schien das Haus Ullstein mit seiner demokratischen und »Middle of the road«-Tradition die richtige Lösung. Das Projekt war fast ein Jahr lang durchdacht, diskutiert, von einem Wirtschaftsprüfer begutachtet und bewertet worden. Fritz Ross und ich hatten alles mit Karl Ullstein und Bucerius abgesprochen. Es war gelungen, Karls anfängliche Bedenken und Befürchtungen zu überwinden. Der neue Ullstein Verlag würde mit einem Schlag eine Tageszeitung, *Die Welt*, die *Welt am Sonntag*, den *Stern* und *Die Zeit* herausbringen – eine führende Position im deutschen Verlagswesen. Am nächsten Tag sollte Karl Ullstein nach Hamburg fliegen, um die Übernahme der *Welt* und der *Welt am Sonntag* bei der englischen Besatzungsmacht zu unterzeichnen. Fritz Ross und ich kehrten nach Wien zurück.

Am nächsten Tag, wir warteten gespannt auf die Vollzugsmeldung, kam ein Fernschreiben von Karl aus Hamburg: »Konnte mich nicht entschließen. Habe soeben Herrn Springer gratuliert.« Wir waren wie vom Blitz getroffen. Das war das Ende des Ullstein Verlags, noch ehe er begonnen hatte – gescheitert am Versagen Karls als Unternehmer. Er war als Mensch so liebenswert, daß ich lange gezögert habe, diese Begebnisse zu erzählen. Sie sind aber, glaube ich, schon deshalb berichtenswert, weil sie in der Geschichtsschreibung des Hauses Springer anders und unrichtig geschildert werden. Für mich stand von da an fest, daß ich nicht bei Ullstein bleiben würde. Für Axel Springer war es der wichtigste Schritt seines Lebens als Verleger. Er hatte ein unbedeutendes Lokalzeitungsunternehmen geerbt und befand sich nun mit einem Male im Besitz eines großen, traditionsreichen Verlagsnamens. Man muß ihm attestieren, daß er diesem Namen Ehre machte: politischer Weitblick, anständige Gesinnung ohne peinliche Zerknirschung, mutiges Bekenntnis zu Berlin, Großzügigkeit und eine große verlegerisch-unternehmerische Begabung zeichneten ihn aus und ließen seine aufgesetzten, in Wahrheit sehr deutschen Allüren des Weltmanns verzeihen. Er hat jedenfalls aus dem Unternehmen weit mehr gemacht, als es Karl oder gar Frederick Ullstein jemals gelungen wäre.

Und so saßen Helga und ich, noch ohne neue Beschäftigung, an jenem 27. April bei den »Drei Husaren«. Im Laufe des Abends kam Hans Igler mit einigen Freunden an unserem Tisch vorbei. Er blieb kurz stehen und sagte mir: »Ich wußte nicht, daß du von Ullstein weggehst. Wenn die Wahlen im Mai für uns (gemeint war die ÖVP) gut ausgehen, schlage ich dir etwas Interessantes vor. Versprich mir also drei Wochen Geduld.«

Damit war ich einverstanden. Ich hatte mich soeben vergeblich um einen Posten bei der OECD in Paris beworben und war weiter auf der Suche. Die Wahlen fanden am 13. Mai 1956 statt und brachten der ÖVP einen Mandatsgewinn. Das war Iglers Stunde. Er hatte seit Jahren eine leitende Funktion im ERP-Büro inne, besaß das Vertrauen von Bundeskanzler Raab und war ohne Zweifel einer der begabtesten und einfallsreichsten Männer in der Wirtschaftspolitik der Zweiten Republik. Es gelang ihm noch in der Wahlnacht, die Zustimmung Raabs zur Gründung einer Verwaltungsholding für die Verstaatlichte Industrie Österreichs zu erlangen. Die juristische Konstruktion war von Sektionschef Edwin Loebenstein, dem Leiter des Verfassungsdienstes im Bundeskanzleramt, abgesegnet worden. Julius Raab schätzte ihn mit vollem Recht ganz besonders. Loebenstein war ein hervorragender Jurist, in seiner Haltung der Tradition seiner Familie gemäß noch ein typischer Vertreter der noblen hohen Beamtenschaft der alten Monarchie.

Der Entschluß, die Anteilsrechte der Republik an der Verstaatlichten Industrie durch eine Holding verwalten zu lassen, war damals geradezu revolutionär. »Die Verstaatlichte« war in den zehn Jahren seit Kriegsende zu einer schier uneinnehmbaren Festung sozialistischer Wirtschafts- und Gesellschaftspolitik geworden. Hinter der Idee der Holding stand der Wille, die Verwaltung dieser Unternehmen durch ein Ministerium zu beenden und durch eine nach privatwirtschaftlichen Gesichtspunkten arbeitende Holdinggesellschaft zu ersetzen, um die Privatisierung vorzubereiten und durchzuführen, sobald die dafür erforderlichen Voraussetzungen geschaffen sein würden. Das war für die damalige politische Ideenwelt in beiden Regierungsparteien etwas völlig Neues, Umstürzendes, Erschreckendes. Es hat mehr als dreißig Jahre gedauert, bis die Privatisierung Wirklichkeit wurde. Und das erst, als die stolzen unsinkbaren Schiffe heruntergewirtschaftet und drei Viertel ihrer 130000 »absolut sicheren« Arbeitsplätze verloren waren. So weit war Igler seiner Zeit voraus.

Die Verstaatlichte Industrie war durch ein Gesetz im Jahre 1946 geschaffen worden; eher eine Verlegenheitslösung als ein klares Konzept. Die größten Industrieunternehmen Österreichs waren während der Nazizeit in deutschen Besitz übergegangen, in wichtigen Fällen Staatsbesitz geworden – wie die den Reichswerken Hermann Göring gehörende österreichische Stahlindustrie –, oder sie wurden überhaupt erst in der Kriegswirtschaft geschaffen, zum Teil neu auf der »grünen Wiese«, wie die VOEST und die ihr benachbarten, das Kokereigas der VOEST verarbeitenden österreichischen Stickstoffwerke. In Ranshofen wurde eine Aluminiumindustrie errichtet, deren hoher Energiebedarf von den Laufkraftwerken am Inn gedeckt wurde. Daß diese Werke sich in Bayern befanden und daß der Rohstoff aus dem besetzten Jugoslawien kam, spielte im siegessicheren Dritten Reich keine Rolle. In Oberösterreich entstand als Produkt europäischer Großraumplanung eine Industriekonzentration an der Kreuzung der Achse Rhein–Donau–Schwarzes Meer mit der erhofften Verlängerung zu den

Erdölquellen von Baku und der Achse Ostsee–Prag–Triest. Die nach dem Untergang Nazideutschlands herrenlos gewordenen Unternehmen waren zunächst in dem Bestreben verstaatlicht worden, ihr Fortbestehen zu sichern, was für den Wiederaufbau der österreichischen Wirtschaft entscheidend war, und sie vor dem Zugriff der Besatzungsmächte zu bewahren, was im Westen überflüssig war und im sowjetisch besetzten Osten nichts half. Diese zweite Rechtfertigung der Verstaatlichung war demnach illusionär.

Die Verstaatlichung war im Parlament einstimmig beschlossen worden. Die ÖVP, damals wirtschaftspolitisch nicht allzu gut beraten, hatte es unterlassen, in das Gesetz den vorläufigen Charakter der Verstaatlichung aufzunehmen, von einer Privatisierung zum geeigneten Zeitpunkt gar nicht zu reden. Nicht einmal der Motivenbericht enthielt einen Hinweis darauf.

Für die Sozialisten wurde »die Verstaatlichte« bald zu einer heiligen Kuh. Die Notlösung verwandelte sich in ihren Augen zu einem Erfolg ihrer Ideologie und ihres Glaubens an die Fähigkeit des Staates, Unternehmen zu führen. Verstaatlichung war für sie ein erster Schritt in die Richtung des gesellschaftlichen Eigentums an den Produktionsmitteln, des alten Traums der Sozialisten. Angesichts der bestehenden Machtverhältnisse war dies allerdings ohne Zustimmung der ÖVP nicht möglich. Aber auch in dieser Partei fanden sich genug Politiker, die an der Möglichkeit Geschmack fanden, bei der Vergabe interessanter, wichtiger und relativ gut dotierter Posten mitzuwirken. Dieser für österreichische Verhältnisse riesige Konzern, der weit mehr als ein Viertel der gesamten Industrieproduktion umfaßte, sollte nun nach marktwirtschaftlichen Grundsätzen verwaltet werden. Dazu wurde die Industrie- und Bergbau-Verwaltungsgesellschaft (IBV) gegründet. Ihre Geschäftsführer waren Hans Igler, von dem die Idee stammte, als Vorsitzender ferner Sektionschef Schopf und Sykora. Beschlüsse der Geschäftsführung konnten nur einstimmig gefaßt werden; es gab also ein Vetorecht für jeden der drei Geschäftsführer – ein Zugeständnis an die SPÖ, deren Vertreter Schopf war. Schopf, ein ehemaliger Siemens-Ingenieur, war der Leiter der Sektion IV im Bundesministerium für Verkehr und Verstaatlichte Unternehmen gewesen, dem Bundesminister Karl Waldbrunner vorstand. Waldbrunner und Schopf waren österreichische Sozialdemokraten der alten Schule: persönlich anspruchslos, fast asketisch, korrekt, linientreu bis zu völliger Fixierung. Waldbrunner war in der Zeit des Ständestaats in die UdSSR geflohen, hatte dort die Kriegszeit verbracht und war in der Moskauer Nomenklatura als Karl Karlowitsch bestens bekannt und beliebt. Es mag dem Einfluß sowjetischer Methoden in der Führung der Wirtschaft, die er während seines Exils kennengelernt hatte, oder den eigenen Überzeugungen oder beidem zuzuschreiben sein, wie die ministerielle Verwaltung der Verstaatlichten Industrie gestaltet wurde.

Meine ersten Bemühungen, mich in meine neue Aufgabe einzuarbeiten, ergaben das für westliche Augen wunderliche Bild einer Berichterstattung von Unternehmen an ihren Eigentümer, in dem hauptsächlich Gütermengen, Statistiken mit prozentuellen Veränderungsraten, aber kaum monetäre Werte aufschienen. Das heißt, es wurde über Tonnen, Laufmeter, Stückzahlen, Barrels, Coils, Anzahl von Personen oder Stunden berichtet, aber nicht über Schilling. Kurz, es gab hinreichend Mengenstatistik, aber kaum betriebswirtschaftliche und unter dem Jahr keine Daten der Finanzbuchhaltung. Nicht daß die Unternehmen solche nicht gehabt hätten, aber die Sektion IV fragte gar nicht danach. Der Eigentümer wollte Produkte, nicht Gewinne. In den Erzeugnissen dieser Verstaatlichten Industrie sahen die Sozialisten noch eine für sie typische Neigung erfüllt: Es waren fast ausnahmslos Grundstoffindustrien. Neben dem Staatseigentum als Vorstufe der Vergesellschaftung gehörten Konzentration auf Grundstoffe und möglichst große Unternehmenseinheiten, nahezu Monopole, zu den sozialistischen Wunschbildern.

Hans Igler hatte mir die Stellung eines Leiters der Finanzabteilung angeboten, die aber auch sein langjähriger Mitarbeiter im ERP-Büro, Emil Hauswirth, beanspruchte. Es kam zu einer durchaus logischen Aufteilung in zwei Finanzabteilungen innerhalb der Igler unterstellten Direktion: die eine, mit Hauswirth besetzte, der aber noch andere Aufgaben vor allem wirtschaftspolitischer Natur für Igler erfüllte, und eine andere, die meine, der das Berichtswesen, die Bilanzpolitik, die Erstellung der Schilling-Eröffnungsbilanzen, das Prüfungswesen sowie Dividendenpolitik und Emissionen oblagen. Ferner gab es in Iglers Direktion eine Präsidialabteilung mit Ministerialrat Tschech, einem grundgescheiten, sehr gebildeten, sehr österreichischen Beamten, der unmittelbar aus dem »Mann ohne Eigenschaften« entstiegen schien. Für die Öffentlichkeitsarbeit waren Alfred Bleyleben, der aus seiner Funktion als österreichischer Handelsdelegierter aus New York geholt wurde, und Zandler als Leiter der Personalabteilung zuständig. Hauswirth und die beiden letztgenannten folgten mir später in die CA.

Ehe ich meinen Anstellungsvertrag erhielt, mußte ich eine Arbeit abliefern, in der ich meine Gedanken über das Berichtswesen ausführen sollte. Das Hauptproblem schien mir eine Methode zu sein, die möglichst frühzeitig wichtige Änderungen in der Lage der Unternehmen, Alarmsignale anzeigen würde, um ein noch rechtzeitiges Eingreifen des Eigentümers zu ermöglichen. Ich stellte in meiner Arbeit im wesentlichen auf die Liquiditätsentwicklung ab und auf Daten, die rasch verfügbar sein würden, also vorwiegend monetäre Größen, sowie auf Budgets, Soll-Ist-Vergleiche und Abweichungsanalysen.

Im Juni 1956 wurde ich mit einem Gehalt angestellt, das weit unter meinem bisherigen Einkommen lag, aber die Aufgabe war faszinierend; ich nahm sie begeistert an. Meine Anstellung fiel in die Zeit, in der die österreichischen Unternehmen ihre Schilling-Eröffnungsbilanzen (SEB) erstellen mußten. Die Inflation der Jahre nach der Befreiung hatte die buchmäßigen Wertansätze obsolet werden lassen. Das Schilling-Eröffnungsbilanzgesetz schuf die Möglichkeit der Neubewertung innerhalb der von ihm vorgeschriebenen zeitlichen und wertmäßigen Grenzen. Damit konnten die Eröffnungsbilanzen so gestaltet werden, daß Aktienemissionen möglich sein würden.

Hans Igler hatte Kanzler Julius Raab davon überzeugt, daß die Verstaatlichung der bedeutendsten österreichischen Industrieunternehmen nicht nur deren Entwicklung behindere, sondern auch die wirtschaftliche Entwicklung Österreichs überhaupt hemme. Es sei unerträglich, gewissermaßen einen Staat im Staate zu haben, der nach den Grundsätzen einer politischen Ideologie mit einem gemeinwirtschaftlichen Mythos geführt werde. Ein Anteil von mehr als einem Viertel der österreichischen Industrie werde von Männern geleitet, die parteipolitisch ausgewählt und gebunden seien. Sie stünden in einem Loyalitätsverhältnis zu der politischen Organisation, die sie entsandt habe, seien also in entscheidenden Fällen ferngesteuert. Wenn Österreich sich für die Verhaltensmuster der westlichen Welt entscheiden wolle, müsse das zum Rückzug des Staates aus der Wirtschaft und daher zur Privatisierung führen. Ein Wahlslogan in dem soeben geschlagenen Wahlkampf hatte gelautet: »Zerschlagt das Königreich Waldbrunner«. Das hieß nichts anderes als Privatisierung durch Publikumsgesellschaften. Aber da war noch ein weiter Weg zurückzulegen.

Zunächst waren die Unternehmen nun aufgrund eines Gesetzes gehalten, die SEB zu erstellen, und dabei wollten wir schon auf die Absicht künftiger Privatisierung über den Kapitalmarkt Bedacht nehmen. Das hieß vor allem folgendes: Bei der Neubewertung des Anlagevermögens nach der Schilling-Stabilisierung ergaben sich zwangsläufig wesentlich höhere Ansätze, damit aber auch ebenso wesentlich erhöhte Abschreibungen. Innerhalb der vom Gesetz festgelegten Grenzen mußten die Aufwertungen sich an der Ertragskraft der Unternehmen orientieren; es mußte angestrebt werden, Spielraum für attraktive Dividenden zu belassen.

Zweitens: Das sich nach Aufwertungen ergebende, wesentlich erhöhte Eigenkapital war in neues Grundkapital (Aktienkapital) und Rücklagen so aufzuteilen, daß sich kapitalmarktfähige Emissionskurse ergeben würden. Wenn zum Beispiel 100 Millionen Eigenkapital in 25 Millionen Grundkapital und 75 Millionen Reserven zerlegt würden, wäre der rechnerische Emissionskurs 400 Prozent, bei einer Aufteilung 50 Millionen Grundkapital und 50 Millionen Rücklagen ergäbe sich ein Emissionskurs von 200 Prozent, bei 75 Millionen Grundkapital und 25 Millionen Rücklagen ein Emissionskurs von 133 Prozent. Das Grundkapital müßte nach der zu erwartenden Ertragskraft mit einer im internationalen Vergleich annehmbaren Dividende bedient werden können. Als für den Kapitalmarkt interessante Unternehmen betrachteten wir zunächst die Stahlindustrie: VOEST, Alpine, Edelstahl Böhler, Schoeller-Bleckmann, ÖMV, die noch in USIA-Verwaltung der Sowjets stand, Elin, Simmering-Graz-Pauker. Die an sich sehr gesunden Siemens-Halske (Schwachstrom) und Siemens-Schuckert (Starkstrom) sowie die AEG-Union waren zu sehr von ihren einstigen Müttern abhängig, um zumindest in absehbarer Zukunft für Privatisierung über den Kapitalmarkt in Betracht zu kommen.

Vor unseren Augen stand das Bild einer Anzahl bedeutender Publikumsgesellschaften in einem funktionierenden Aktienmarkt an der Wiener Börse. Ein Traumbild für das in politischem Rigorismus erstarrte Österreich, ein Traum, der durchaus hätte Wirklichkeit werden können, wenn es nur den politischen Willen gegeben hätte. Doch der fehlte. Die Folgen: strukturell die Erstarrung in der Verstaatlichung, die das Entstehen wirklicher Großunternehmen, Industrien wie auch Banken, verhinderte. Länder wie die Schweiz, die Niederlande, Schweden, selbst Luxemburg besitzen solche, und sie sind als »Flugzeugträger« für die in Österreich in so erfreulicher Anzahl und so gesunder Verfassung vorhandenen Mittelbetriebe unerläßlich. Bei uns wurden sie durch im Ausland beheimatete Multinationale ersetzt.

Personell: Proporz und Abhängigkeit leitender Mitarbeiter von politischen Parteien; zumindest auf längere Sicht ist das ein negatives Selektionskriterium. Welcher tüchtige Mann mit einigem Selbstvertrauen will in seiner beruflichen Arbeit von der Gunst einer politischen Partei abhängig sein?

Gesamtwirtschaftlich und gesellschaftspolitisch: Es fehlten entscheidende Impulse und Kandidaten für einen leistungsfähigen Aktienmarkt. Der fehlt noch heute, und die verspätete und zaghafte Privatisierung ist ein wesentlicher Grund dafür. Ein anderer ist das starre System der Altersvorsorge und damit das Fehlen von Pensionsfonds. Auch hier ist das Festhalten an überholten sozialistischen Denkmustern die Ursache der Misere.

Aber zurück zum Beginn meiner Arbeit in der IBV. Für die Umsetzung unserer Überlegungen in die Realität der Verstaatlichten war kaum geeignetes Zahlenmaterial vorhanden. Dieses galt es nun zu beschaffen: eine Aufgabe für Wirtschaftsprüfer.

Die Abschlußprüfer der verstaatlichten Unternehmen hatten bisher sehr kursorische Pflichtprüfungsberichte erstellt. Ihre Tätigkeit wurde nach einem völlig anachronistischen Tarif unzureichend vergütet, betriebswirtschaftliche Aufgaben wurden ihnen nicht gestellt. Es kam sehr rasch zu einer engen und sehr fruchtbaren Zusammenarbeit mit bedeutenden Wirtschaftsprüfern (zum Beispiel Austria AG mit Schick und Szobcsik, Exinger, Prof. Jonasch, Zahlbruckner und vielen anderen), die nun zum Teil weit über die Routineberichte hinausgehende Arbeiten lieferten. Eine sehr wichtige Studie eines Teams von Wirtschaftsprüfern untersuchte im Auftrag der IBV in einem Unternehmensvergleich die Ertragskraft der europäischen Stahlindustrieunternehmen (deutsche, französische, luxemburgische, belgische und österreichische), bezogen auf die Tonne Rohstahl. Wir wollten die Ertragslage der VOEST, der Alpine und der Edelstahlgesellschaften und ihre Wettbewerbsfähigkeit auf dem Weltmarkt kennenlernen. Nur dann konnten wir realistische Vorstellungen über das festzulegende Grundkapital bilden. Es zeigte sich 1956/57 zu unserer größten Überraschung, daß die VOEST das ertragsstärkste Unternehmen Europas war, vor allem wohl dank dem Blasstahlverfahren, einer der vielen Glanzleistungen österreichischer Techniker und Metallurgen, deren außerordentlicher Begabung in der Geschichte unserer Wirtschaft nur selten adäquate kommerzielle Talente gegenüberstanden. Es kam zu langwierigen Verhandlungen über die Relation von Grundkapital zu Rücklagen, Schlüsselgröße für den Emissionskurs, aus dem sich marktgerechte P/E-ratios (Kurs/Gewinn-Verhältnis) ergeben sollten.

Ein typisches und wichtiges Beispiel unserer Bemühungen ist mir in deutlicher Erinnerung: die Verhandlungen mit der VOEST. Ich hatte lange Debatten mit dem Finanzdirektor Lettner, der vom Leiter der betriebswirtschaftlichen Abteilung begleitet war. Er hieß Heribert Apfalter und war der spätere Generaldirektor, der allzu früh unter nicht ganz geklärten Umständen starb. Die Eigenmittel der VOEST ergaben mit den neuen SEB-Wertansätzen rund drei Milliarden; im Jahre 1956 ein sehr hoher Betrag. Lettner schlug ein Grundkapital von 400 Millionen vor. Das war in zweifacher Hinsicht viel zu niedrig: einerseits als Dividendenbasis für den Eigentümer IBV, dessen Interesse ich zu vertreten hatte, andererseits aber auch für unsere Kapitalmarktüberlegungen. Es hätte sich daraus der völlig prohibitive rechnerische Emissionskurs von 750 Prozent ergeben. Mühsame Versuche, Lettner hinaufzulizitieren, mißlangen. Es kam zu Verhandlungen mit dem Vorstandsvorsitzenden Generaldirektor Walter Hitzinger; auch er leistete Widerstand. Ich mußte einen Bluff riskieren und die Alpine gegen die VOEST ausspielen. Ich sagte Josef Oberegger, dem Generaldirektor der Alpine, der ähnlich wie jener der VOEST sehr zurückhaltend war, daß wir, die IBV, bei der VOEST auf einem Grundkapital von 1,5 Milliarden bestehen würden. Worauf Oberegger bei Eigenmitteln von zwei Milliarden ein Grundkapital von einer Milliarde akzeptierte. Als ich dies Hitzinger »streng vertraulich« mitteilte, gab er nach und erklärte sich mit 1,5 Milliarden für die VOEST einverstanden. Beiden Herren war es wichtiger als alles andere, den zwischen ihnen bestehenden Abstand zu wahren. Oberegger wollte nicht zu weit unter der VOEST und Hitzinger deutlich über der Alpine liegen. So sicherten wir der Republik Österreich eine annehmbare Dividendenbasis und schufen zugleich eine der unerläßlichen Voraussetzungen für die spätere Privatisierung. Darunter stellten wir uns zunächst nicht den Verkauf der im Besitz der Republik stehenden Aktien, sondern die Aufnahme zusätzlichen Kapitals durch Emission junger Aktien vor.

VOEST und Alpine waren in vieler Hinsicht grundverschieden. Ein altes, traditionsreiches, verwickeltes, vom Bergbau bis zum Einzelhandel reichendes Unternehmen in denkbar ungünstiger geographischer Lage: die Alpine; ein modernes, auf wenige Erzeugnisse spezialisiertes, im Hinblick auf Transportkosten eher günstig gelegenes, mit modernster Technologie arbeitendes Unternehmen: die VOEST. Ebenso verschieden waren die Unternehmenskulturen. Der Eindruck entstand schon beim ersten Besuch. Bei der VOEST eine paramilitärisch wirkende Betriebswache in Uniform mit Lederkoppel und strammem Gruß; bei der Alpine das Pendant in steirischer Tracht, das leicht nostalgisch an die Zeit der Hammerherren erinnerte. In den Werkshallen der VOEST spannten sich über die Blechstraßen Spruchbänder mit Texten wie »Wir danken unserem Generaldirektor Hitzinger«. (Der Personenkult war nicht auf die VOEST beschränkt. Bei den österreichischen Stickstoffwerken gab es einen Generaldirektor Hueber, dessen Portrait in den Büros der Angestellten zu sehen war: je nach Rang des Zimmerbenützers als großes, eingerahmtes Photo, als Farbradierung und bei noch höheren Herren als Ölbild. Das Thema Hierarchie und Personenkult in sozialistischen Systemen harrt noch seiner wissenschaftlichen Bearbeitung.)

In die Zeit der Anfänge der IBV fiel auch die Diskussion über vorzeitige Abschreibungen als ein wichtiges Instrument der von Finanzminister Kamitz betriebenen Wirtschaftspolitik der Anregung von Investitionen. Zugleich wurde damit auch die Finanzierung der Investitionen erleichtert – vorausgesetzt, daß die erhöhten Abschreibungen auch in entsprechend hohen Preisen erwirtschaftet werden konnten. Infolge der hohen Wachstumsraten der späten fünfziger Jahre, der starken Nachfrage nach

Grundstoffen, dem Hauptprodukt der Verstaatlichten, war das fast durchwegs der Fall. Aber es war natürlich eine Finanzierung über im Vergleich zum Weltmarkt erhöhte Preise, die im geschützten Inland in der Regel durchsetzbar waren. Den Unternehmen war bei dieser Ertragslage und der dadurch gegebenen Innenfinanzierung der Reiz zur Aufnahme neuen Kapitals genommen. Gerade das Gegenteil wollten wir in der IBV erreichen. Wir wußten um den starken politischen Widerstand gegen den Verkauf des durch Ideologie geheiligten Bundeseigentums; das wäre ja die Preisgabe des erreichten sozialistischen Wunschziels gewesen. Daher hatten wir jedenfalls zunächst auf die Aufnahme zusätzlichen Kapitals von privaten Investoren, also Neuemission junger Aktien, gesetzt, was, so hofften wir, leichter durchsetzbar sein würde. Diesen Plänen standen die vorzeitigen Abschreibungen entgegen. Igler versuchte daher, dagegen aufzutreten – in unserer Sicht durchaus logisch und begreiflich. Fast ebenso begreiflich war der Wunsch der Industriellenvereinigung, für die ihr angehörenden Unternehmen die vorzeitigen Abschreibungen zu bekommen: Die Aussichten auf erhöhte Erträge und Innenfinanzierung ließen alle anderen Überlegungen in den Hintergrund treten.

Es kam zu einer äußerst heftigen Auseinandersetzung im Haus der Industrie am Schwarzenbergplatz. Mayer-Gunthof, der Präsident, und Fetzer, der Generalsekretär, ein Wirtschaftsprüfer und Steuerexperte ersten Ranges, und wir, Hans Igler und ich, saßen einander gegenüber. Wir versuchten, das Zukunftsbild einer österreichischen Industrielandschaft mit weitgestreutem Aktienbesitz in der Hand privater Kleinaktionäre mit einer zu Aktionären gewordenen neuen Mittelschicht zu zeichnen. Dies konnte angesichts der österreichischen Unternehmensstruktur nur mit Hilfe einer wenigstens teilweisen Privatisierung der Verstaatlichten Industrie gelingen. Sie waren die einzigen Großunternehmen, die für Aktienemissionen auf einem zu bildenden Kapitalmarkt geeignet waren. Wir malten das Bild einer von der politischen Dominanz befreiten ehemaligen Staatsindustrie in leuchtenden Farben. Aber die Industriellenvereinigung beharrte auf der Notwendigkeit, die Erträge der weitgehend in Familienbesitz befindlichen, von ihr vertretenen Unternehmen durch die vorzeitigen Abschreibungen zu steigern und sie von Fremdfinanzierungen unabhängig zu machen. Unser Vorhaben wurde in einer höchst emotionalen Debatte als »Kriegserklärung an die Industrie« bezeichnet.

Mayer-Gunthofs Widerstand war übrigens in persönlicher Hinsicht sehr mutig und ein Beweis für seine Charakterstärke. Er war nicht nur mit dem Schoeller-Clan verwandt; er war überdies Generaldirektor der Vöslauer Kammgarn, einstiger Rothschild-Besitz, die nunmehr dem Haus Schoeller gehörte. Hans Igler war mit einer Enkelin von Richard Schoeller verheiratet und vertrat im Hause Schoeller dessen Erbinnen mit einem Anteil von 33 Prozent. Er war also letztlich ein maßgebender Eigentümer des von Mayer-Gunthof geführten Unternehmens.

Finanzminister Reinhard Kamitz fällte schließlich die Entscheidung zugunsten der vorzeitigen Abschreibungen. Es läßt sich manches für diese Entscheidung vorbringen, aber es steht fest, daß mit ihr das Entstehen eines österreichischen Aktienmarktes als wesentlichster Teil des Kapitalmarktes für Jahrzehnte verhindert wurde. Der Kapitalmarkt war von da an auf Obligationen beschränkt und wurde zur ausschließlichen Domäne der Gebietskörperschaften wie Bund, Länder und Gemeinden und der Energiewirtschaft. Das Ziel der schrittweisen Privatisierung der Verstaatlichten war in weite Ferne gerückt.

Dennoch gaben wir das Fernziel nicht auf. Teilerfolge waren uns gegönnt, um die von der IBV verwalteten Unternehmen an die Standards und Methoden des Westens heranzuführen. In vielen Fällen gab es noch keine ordentlichen Organe, keine Vorstände und Aufsichtsräte, sondern öffentliche Verwalter. Wir bemühten uns, ordentliche Organe zu bestellen sowie für die Aufsichtsräte führende Persönlichkeiten aus Industrie und Banken und aus der technischen und wirtschaftlichen Forschung und mit angesehenen Rechtsanwälten zu besetzen. Die Vorstandsmitglieder sollten wenn möglich aus den Unternehmen geholt werden. Der Proporz war unumgänglich, anders gelang keine Einigung in der Geschäftsführung der IBV, aber es gab immerhin Beispiele dafür, daß bisher politisch nicht deutlich festgelegte Männer es zögernd akzeptierten, einer Partei beizutreten oder ihr zugerechnet zu werden, und es dennoch verstanden, sich ihren Freiraum zu sichern. Hervorragend qualifizierte Männer wie von Mayer-Mallenau bei Böhler, sein Mitarbeiter und Nachfolger Bayer, Oberegger bei der Alpine, Schnitzer bei Schoeller-Bleckmann sind typische Beispiele dafür. Die IBV war in den Aufsichtsräten je nach Größe durch einen Geschäftsführer oder einen Mitarbeiter vertreten und dadurch in ständigem Kontakt mit den Vorständen so hinreichend informiert, daß eine echte Einflußnahme möglich war. Es zeigte sich sehr bald, daß die Vorstände den Dialog mit den Eigentümervertretern in vielen Fällen aufnahmen. Sie begriffen, daß dadurch sehr oft die Durchsetzung ihrer Konzepte gegenüber der Zeit der ministeriellen Verwaltung deutlich erleichtert wurde. Widerstand gegen die Privatisierungsabsicht kam von den Vorständen kaum; je klüger sie waren, desto früher erkannten sie darin die Vorteile freier Entwicklung. Widerstand kam von den Politikern beider Regierungsparteien, von den »Sozialisten in allen Parteien«, denen Friedrich August von Hayek sein »Road to Serfdom« gewidmet hatte, die ihren Einflußbereich schwinden sahen.

Loyalitätsbindungen ganz anderer Art gab es bei den verstaatlichten Siemens-Betrieben in Österreich, den als getrennte Gesellschaften geführten Siemens-Halske für Schwachstrom und Siemens-Schuckert-Werken für Starkstrom. Beide hingen hinsichtlich Forschung und geistig-technischem Eigentum sehr weitgehend von den einstigen Muttergesellschaften in der BRD ab. Die Siemens-Leute in Österreich waren in erster Linie Siemensianer, die Unternehmenskultur des Hauses war weit stärker als politische Überzeugungen oder Patriotismus. Das Haus Siemens war klug genug und wohl auch seiner Stärke so gewiß, daß es die Verbindung zu den einstigen österreichischen Töchtern aufrechterhielt und pflegte. Diese Einstellung war bei Siemens nicht ganz unumstritten, aber sie obsiegte und führte letzten Endes zu dem entscheidenden Erfolg, daß die österreichischen Unternehmen in den Besitz des Mutterhauses zurückkehrten. Ich bin stolz darauf, eine erste firmenrechtliche Verknüpfung als Zeichen guten Willens erreicht zu haben: Die österreichische Siemens-Gesellschaft besaß eine Tochter, die Wiener Kabel- und Metallwerke AG (WKM), die nicht unmittelbar verstaatlicht, sondern eine Beteiligung des verstaatlichten Unternehmens war, somit als mittelbar verstaatlicht galt. Es gelang, eine Luxemburger Holding des Hauses Siemens an der WKM zu beteiligen. Erst Jahrzehnte später entschloß sich Bruno Kreisky, der Not gehorchend, die Unternehmen an das Mutterhaus zurückzugeben, dessen Politik damit aufgegangen war.

Ganz anders die AEG-Union. Die hatte seit Jahren eine stramm organisierte, linkssozialistische Belegschaft. Das Werk Stadlau lag in der sowjetischen Besatzungszone und war ein leuchtendes Beispiel kommunistischer

Orthodoxie. Es hatte der deutschen Muttergesellschaft schon in der Zwischenkriegszeit Sorgen bereitet. Nach dem Zweiten Weltkrieg distanzierte sich die deutsche AEG deutlich von der österreichischen Tochter und verweigerte ihr die Teilhabe an den Forschungs- und Entwicklungsergebnissen. Bei einem Besuch der AEG-Mutter versuchte ich, die alte Verbindung wiederherzustellen. Ich gelangte bis zum Vorstandsvorsitzenden, dem berühmten Geheimrat Boden, der, obwohl recht betagt, die Zügel fest in der Hand hielt. Boden blieb bei seinem Nein. Die AEG wollte nichts mehr mit der kommunistischen Belegschaft zu tun haben. Die AEG-Union war allein nicht lebensfähig; so kam es zur Fusion mit der Elin, die von da an Elin-Union hieß.

Das war eine Lektion in der Bedeutung von Unternehmenskulturen. Siemens war es gelungen, Reste der alten Loyalitätsbindungen eines einst patriarchalischen Firmenunternehmens in eine Zeit hinüberzuretten, in der die Gesellschaft längst zu einer Publikums-AG geworden war und die Familie nur mehr einen Minderheitsanteil besaß. Die paternalistische Prägung durch Eigentümervertreter war offensichtlich stärker und auch für die Arbeiterschaft überzeugender als die idealistische, die Welt des Kapitalismus und seines sozialistischen Gegenpols transzendierende Philosophie eines Walter Rathenau, des großen Mannes der AEG, Sohn von deren Gründer. Der bedeutende Denker Rathenau war sonderbarerweise in seiner wirtschaftspolitischen Praxis einer der Architekten der deutschen kriegswirtschaftlichen Planung und des dazugehörigen Dirigismus. All sein soziales Engagement vermochte nicht die Drift der AEG-Arbeiterschaft in die Richtung kommunistischer Rätewirtschaft zu verhindern. Diese verschiedenen Unternehmensphilosophien sind weit von dem entfernt, was heute die Geister scheidet: Shareholder oder Stakeholder, aber eines scheint aus der Entwicklung ablesbar: Ein starker Eigentümer entfremdet die Mitarbeiter nicht dem Unternehmen, im Gegenteil, er bindet sie – wenn seine, des Eigentümers Bindung glaubhaft ist.

Unsere Bemühungen, die Verstaatliche Industrie an die (westliche) Normalität heranzuführen, blieben auch innerhalb der privaten Industrie nicht unbestritten. Es gab eine Gruppe, die Berührungsängste empfand und es lieber gesehen hätte, die »Verstaatlichten« wie Aussätzige zu behandeln und in einer Isolation zu belassen, in der sie verdorren würden. Vor allem sollten sie gehindert werden, über den Bereich der Grundstoffindustrie hinaus in die Finalindustrie einzudringen. Das war mit Sicherheit weder eine realistische, das heißt durchsetzbare Forderung noch war sie letztlich im Sinne einer marktwirtschaftlichen Ordnung; im Gegenteil, was da gefordert wurde, war ein dirigistischer Eingriff. Das war nicht im Sinne so gescheiter Männer wie Hans Lauda und Mayer-Gunthof. Es ist deren Weitblick zu danken, daß sie immer wieder betonten, es gebe für sie nur eine österreichische Industrie. Sie haben das Verstaatlichten-Ghetto verhütet.

An der Unantastbarkeit der Verstaatlichung hielten die Sozialisten, Gefangene ihrer Orthodoxie, wider alle wirtschaftliche Rationalität unbeirrbar fest. In einer Rede vor der SPD München setzte sich Kreisky 1971 mit dem Wandel im sozialdemokratischen Denken auseinander. Er sah den »Sozialismus als Arzt am Krankenbett des Kapitalismus« und versuchte Otto Bauers Ehrenrettung, indem er ihn als Vorläufer des Marshallplans und auch von John Maynard Keynes hinstellte. Es gehe um die Möglichkeiten des Staates in der Ökonomie. Darin hat die österreichische Sozialdemokratie eine alte Tradition: Schon Karl Renner sah 1917 eine »Durchstaatlichung der kapitalistischen Wirtschaft« voraus. In einer Rede auf dem niederösterreichischen Landesparteitag der SPÖ in

St. Pölten am 13. Juni 1967 sagte Kreisky, von der Verstaatlichung der Schwerindustrie sprechend: »Das ist doch einer der größten Fortschritte auf dem Wege zur Vermenschlichung der modernen Industriegesellschaft«, und weiter: »Wir haben auf der anderen Seite die verstaatlichten Banken, die ihrerseits wieder den größten Teil der nicht durch das Verstaatlichungsgesetz erfaßten Industrie kontrollieren. Auch hier müssen wir mit aller Deutlichkeit sagen: Es mag möglich sein, daß da und dort bei einem Handelsbetrieb oder einem anderen Betrieb kleinere Eigentumsverschiebungen denkbar sind; aber an der Tatsache, daß die österreichischen verstaatlichten Banken einen so großen Teil der österreichischen Wirtschaft kontrollieren und finanzieren, können wir deshalb nichts ändern lassen, weil das in Wirklichkeit bedeuten würde, daß wir dem fremden Kapital die österreichische Wirtschaft ausliefern.« Dieses mit Kreiskyscher Wortgewalt formulierte Credo galt natürlich ebenso schon zu Beginn der IBV. Es klingt merklich anders, als es etwa noch in den zwanziger oder dreißiger Jahren geklungen hätte. Man spürt bei Kreisky den Ansatz zu einem sogenannten dritten Weg zwischen freier Wirtschaft und sozialistischer Planung und Lenkung. Die Suche wird auch heute noch fortgesetzt und keineswegs nur in Österreich. Mag sein, daß es ein Weg zur Gewinnung demokratischer Mehrheiten ist, aber gewiß nicht zu Wettbewerbsfähigkeit, Wachstum und Vollbeschäftigung.

Es ist Kreisky erspart geblieben, das Debakel der Verstaatlichung in Österreich zu erleben; ich gönne ihm das. Die Folgen sind weit katastrophaler, als der österreichischen Öffentlichkeit bewußt ist, weit schlimmer als die Vergeudung von Hunderten Milliarden von Steuergeldern, die einer Schimäre geopfert wurden. In Zahlen kann nicht ausgedrückt werden, was Österreich infolge der Verstaatlichung nicht erreicht hat, was uns entgangen ist: Wir sind weder in der Industrie noch in der Finanz in die Spitzenliga vorgedrungen, obwohl wir mit unserem großen Schatz an vielseitigen Begabungen dazu imstande gewesen wären. Ein Nachkriegsjahrzehnt hindurch wurde das hervorragende Können österreichischer Techniker und sehr viel an Steuergeldern und ERP-Mitteln in Illusionen investiert. Für einen Großteil der Erzeugnisse unserer Verstaatlichten ist der Standort Österreich, sowohl was Lohn- wie Transportkosten angeht, denkbar ungünstig. Das war nicht unvorhersehbar – jedoch die Dogmatik obsiegte. Das ist eine, sicher nicht die einzige Ursache dafür, daß Österreich – bis zu der Glanzleistung Red Bull des Dietrich Mateschitz – nichts dem Vergleichbares besitzt, was andere Kleinstaaten auszeichnet: kein Nestlé oder Novartis wie die Schweiz, kein Heineken-Bier oder Unilever wie die Niederlande, kein Carlsberg-Bier wie Dänemark; die Liste ließe sich fortsetzen.

Vor den Augen des IBV-Teams stand die Zukunftsvision einer österreichischen Wirtschaft mit einer Anzahl im Weltmaßstab wirklich großer Unternehmen. Das setzt einerseits unabdingbar Publikumsgesellschaften in weitgestreutem Aktienbesitz voraus und erfordert andererseits im Heimatland einen funktionierenden Aktienmarkt, auch wenn dieser allein nicht ausreicht und ausländische Märkte in Anspruch genommen werden müssen. Der heimische Kapitalmarkt wiederum braucht Unternehmen, die sich seiner bedienen, er bedarf eines Regelrahmens, der Kleinaktionäre schützt und den Einfluß der Banken beschränkt. Ist es nicht bezeichnend für unsere Mentalität, für unsere Scheu vor dem Finanzmarkt, daß wir schon vor langer Zeit und mit politischem Eifer und Stolz die unbestreitbar notwendige und wichtige Insider-Kontrolle schufen, während das wahrscheinlich noch wichtigere Übernahmerecht und die dazugehörige Institution erst vor weniger als einem Jahr geschaffen wurden? Bisher kamen die Kleinaktionäre bei Übernahmetransaktionen immer wieder zu kurz.

Und schließlich braucht dieser Markt große institutionelle Investoren. Dazu zählen in der heutigen wohlhabenden Gesellschaft die Pensionsfonds, die in allen funktionierenden Kapitalmärkten eine Schlüsselrolle spielen. Das verstaubte Staatsmonopol der Pensionsvorsorge, von unseren Sozialpolitikern zärtlich umhegt, hat das bisher verhindert und darum sieht der Kapitalmarkt so jämmerlich aus.

Das Eigentum an den Gesellschaften, die mit Aussicht auf Erfolg an den Aktienmarkt hätten herangeführt werden können, blieb in der Hand des Staates, also in Wahrheit der politischen Parteien. Der Aktienmarkt blieb eine Spielwiese der verstaatlichten Großbanken. Die Aktien der von ihnen als Mehrheitseigentümer beherrschten Unternehmen waren die wichtigsten an der Wiener Börse notierten Werte. Diese nach den verstaatlichten nächstgrößten Unternehmen waren, weil im Besitz der verstaatlichten Banken, in sozialistischer These daher der mittelbaren Verstaatlichung unterworfen. An der Börse, ohne ausreichendes und geeignetes Material, nahezu ohne institutionelle Investoren und von Banken beherrscht, agierten ein paar kleine Spieler, die dort ihren Adriaurlaub oder ihr nächstes Auto gewinnen wollten. Daran hat sich im Grunde nicht allzu viel geändert.

Zwei Versuche gab es, diesen Teufelskreis zu durchbrechen. Hermann Withalm, der spätere Vizekanzler, versuchte als Staatssekretär im Finanzministerium, die Volksaktie zu schaffen, indem er Gesellschaften aus dem vom Finanzministerium verwalteten Deutschen Eigentum an die Börse brachte. Die Intention war vollkommen richtig: Neue Schichten sollten Industrieeigentümer werden, und der sprichwörtliche »kleine Mann« sollte an die Aktie herangeführt werden und sie als ein Instrument der

Veranlagung seiner Ersparnisse wahrnehmen. Um unerfahrene, leichtgläubige und ängstliche Anleger zu gewinnen und zu halten, konnten nur allerbeste Werte geeignet sein. Withalm standen als Verwalter des »Deutschen Eigentums« mit der Aufgabe, es zu liquidieren, nur kleine und letztlich ungeeignete Unternehmen zur Verfügung, doch ihm gebührt das Verdienst, sich als erster österreichischer Politiker für die Idee der Aktie in der Hand kleiner Anleger eingesetzt zu haben.

Der zweite Ansatz war ein Meisterstück von Reinhard Kamitz. Er benützte im Herbst 1956 einen Engpaß bei der Erstellung des Budgets für 1957: Um die für die Valorisierung von Gehaltsforderungen der Beamten erforderlichen Mittel bereitzustellen, konnte er die Teilprivatisierung der CA und der Länderbank durch ein eigenes Bundesgesetz erzwingen. Aber es war eben nur eine Teilprivatisierung mit dem entscheidenden Nachteil, daß sie auf die Willensbildung in den von ihr erfaßten Unternehmen keinerlei Einfluß hatte. Insgesamt wurden 40 Prozent privatisiert, 30 Prozent als Vorzugsaktien ohne Stimmrecht und 10 Prozent Stammaktien mit Stimmrecht, die je zur Hälfte bei politisch determinierten Institutionen oder Syndikaten plaziert wurden. Unverkennbar war die panische Angst vor dem kleinen privaten Aktionär, der an Kursgewinnen und Dividenden interessiert sein würde und dem ein Management, das ihm dieses verschaffen würde, wichtiger wäre als dessen Parteizugehörigkeit.

Drei Jahre nach Gründung der IBV, im Mai 1959, kam es wieder zu Nationalratswahlen. Das Klima in der Großen Koalition hatte sich deutlich verschlechtert; die Verstaatlichte war einer der Zankäpfel, vielleicht der am allermeisten umkämpfte. Der Vorsprung der ÖVP reduzierte sich auf ein Mandat, die Ansprüche der SPÖ stiegen; erst in einem zweiten Anlauf gelang es, eine Regierung unter Raab zu bilden (dank energischen Eingreifens von Bundespräsident Schärf). Aber Raab war seit einem leichten Schlaganfall angeschlagen und trat im April 1961 zurück. Der Rückhalt, den die IBV und ihr Konzept der Privatisierung bei ihm gefunden hatten, hatte mit seinen Kräften nachgelassen und verschwand unter seinem Nachfolger Alfons Gorbach fast völlig. Igler hatte die IBV schon 1960 verlassen und war Gesellschafter von Schoeller & Co geworden. Ich war 1958 in die CA eingetreten; einige Kollegen folgten mir bald. Die IBV verlor ihren Schwung. Die Verstaatlichungsmentalität hatte den Ansatz der IBV überlebt und hielt sich noch lange. Aber auch das Konzept der Privatisierung war unwiderruflich in die Welt gesetzt, und einiges Konkrete war erreicht worden. Die Verwaltung durch eine selbständige Gesellschaft wurde nicht mehr rückgängig gemacht, das im Wahlkampf von 1956 angegriffene »Königreich Waldbrunner« nicht wiederhergestellt, ordentliche Organe waren in den meisten Fällen bestellt, das Berichts- und Prüfungswesen den im Westen üblichen Standards angeglichen worden. Die zum Teil mit Persönlichkeiten außerhalb der Verstaatlichten besetzten Aufsichtsräte schirmten die Vorstände einigermaßen ab und verstärkten die Tendenz zu ertragsorientierter Unternehmungsführung. Alles in allem: Die Unternehmen wurden der Normalität angenähert.

Aber auch die bereits oben dargelegten negativen Folgen blieben. Der ideologische Anspruch und die Rechtfertigung sozialistischen Starrsinns lautete: Sicherung der Beschäftigung. Die Realität ist, daß die Anzahl der in der Verstaatlichten Industrie Tätigen von rund 135 000 auf weniger als 40 000 schrumpfte. Das lange Zeit angewandte Mittel, um das Schwinden der Beschäftigung aufzuhalten, war eine wachsende Ostorientierung. Exporte in die Ostländer waren aber nur in Verbindung mit großzügiger Finanzierung zu haben. So verbanden wir den Nachteil nicht dauerhaft haltbarer Beschäftigung mit wachsender Kreditgewährung unter österreichischer Staatshaftung an Ostschuldner zweifelhafter Bonität. Und versäumten zugleich, in den zukunftsträchtigen freien Weltmarkt einzudringen.

Schließlich sollte man auch nicht die verheerenden psychologischen Folgen eines Systems übersehen, in dem nur Karriere machen konnte, wer sich zu einer Partei bekannte. So wurden die weniger Widerstandsfähigen zu Opportunisten, stärkere Charaktere zu Staatsverächtern.

Das Festhalten am vermeintlich schützenden Eigentümer Staat war aber auch der Ausdruck einer verbreiteten Zaghaftigkeit, einer Art von Agoraphobie, die wir auch in der Privatindustrie fanden: lieber bescheiden in einem geschützten Heimmarkt als im Wettbewerb auf dem großteils freien Weltmarkt mit größeren Chancen, aber auch Risiken. Doch angesichts der unaufhaltsamen Globalisierung war die österreichische Haltung eine hinhaltende Verteidigung, die nur mehr verzögern, nicht aber endgültig verhindern konnte und heute fast verschwunden ist.

Hans Igler, der eigentliche Gründer der IBV, war seiner Zeit um Jahrzehnte voraus, ein Mann von außerordentlicher Intelligenz, hoher Allgemeinbildung und profundem ökonomischem Wissen. Er hatte den unbekümmerten Mut zum Neuen und gab seinen Mitarbeitern große Freiheit. Sein völlig unorthodoxer Arbeitsstil führte manchmal zu Reibungen im hierarchischen und bürokratischen Getriebe Österreichs. Er war ein konsequenter Vertreter marktwirtschaftlichen Denkens, einer der wenigen echten Liberalen dieses Landes. Kreisky, in wirtschaftlichen Fragen unsicher, ließ sich manches von ihm sagen. Leider nicht genug. Mir brachten die zwei Jahre

Arbeit in der IBV tiefe Einblicke in Mentalität und Arbeitsweise sozialistischer Unternehmensführung und in die zünftlerische Gedankenwelt der ÖVP. Ich denke mit großer Dankbarkeit an diese Jahre, an Hans Igler und viele andere, mit denen ich damals arbeitete.

Meine Jahre in der Creditanstalt
1958 bis 1991

Im Herbst 1956 erhielt ich in meinem Büro in der IBV – wir hatten seit einigen Wochen das Haus Kantgasse 1, noch heute der Sitz der ÖIAG, bezogen – einen Anruf. »Ich verbinde mit Herrn Generaldirektor Joham« sagte die sehr damenhafte Stimme der Frau Wanka. Ich war elektrisiert. Josef Joham war einer der mächtigsten Männer Österreichs; ich hatte ihn bisher nicht persönlich kennengelernt. »Ich wußte nicht, daß Sie bei Ullstein ausgeschieden sind, aber was machen Sie in dieser Verstaatlichten Industrie? Wann kommen Sie in die CA? Kommen Sie mich besuchen.«

Schon beim ersten Besuch ergab sich, daß Joham vor allem jemanden für die Auslandsabteilung, allenfalls auch für die Kreditabteilung suchte, auf jeden Fall aber fürs erste als Konsulent. »Sie sind zu teuer, ich kann Sie zunächst nicht systematisieren. Bei Konsulenten habe ich mehr Spielraum, dann kann einige Zeit später eine Systematisierung auf dem entsprechenden Niveau erfolgen.« Ich wollte nicht als Konsulent in die Bank eintreten, ich brauchte einen klar definierten Vollmachts- und Verantwortungsbereich. Es kam zu keiner Einigung. »Bleiben wir in Kontakt. Überlegen wir beide. Rufen Sie mich in ein paar Monaten wieder an.« Das wiederholte sich einige Male ohne Ergebnis bis in die Mitte des Jahres 1957. Dann wieder: »Ich verbinde mit Generaldirektor Joham.«

Diesmal sagte er: »Sie haben einen Dickschädel. Seit heute Vormittag sind Sie Stellvertretender Direktor der Creditanstalt Bankverein; ich gratuliere Ihnen.« Ich stammelte irgend etwas und sagte dann: »Ich kann doch nicht so einfach von der IBV weggehen, ich muß das zuerst mit Dr. Igler besprechen.«

»Überlassen Sie das mir«, war Johams Antwort.

Dann kamen lange Verhandlungen über mein Arbeitsgebiet. Ich wußte, daß es in der Auslandsabteilung wenig wirklich interessantes Geschäft gab: an Auslandsemissionen, oder internationalen, syndizierten Krediten nahm weder die CA noch eine andere österreichische Bank teil. Ich hatte versucht, ein bißchen herumzuhören, und erfahren, daß es da wenig Hoffnung auf rasche Änderung gab. Die CA hatte einen Vertreter in New York, im übrigen waren die österreichischen Banken im Ausland so gut wie nicht präsent. Das Kreditgeschäft schien mir wesentlich interessanter zu sein, Risikobeurteilung, laufender Kontakt mit den interessantesten österreichischen Unternehmen und natürlich auch Karriereaussichten ließen mich die Kreditabteilung vorziehen. Am Ende gab Joham nach.

So trat ich am 1. März 1958 in die Dienste der Creditanstalt-Bankverein – für die folgenden 33 Jahre.

Am ersten Morgen erschien ich bei Klenz, Direktor und Leiter der Kreditabteilung. Er hatte die ganze Abteilung in seinem Zimmer, genau unter dem des Generaldirektors, versammelt und stellte mich vor: »Der Vorstand hat es für richtig befunden, mir einen Stellvertreter zu bestellen. Er heißt Heinrich Treichl und steht hier vor Ihnen. Ich danke, Sie können wieder gehen.« Es war ein schwieriger Beginn. Klenz war nicht bereit, die Arbeit mit mir zu teilen. Er zitierte Napoleon: »Un mauvais général est mieux que deux bons.« In diesem ersten Jahr versuchte er systematisch, mich von Kunden und Mitarbeitern fernzuhalten. Er kannte die Schuldner der Bank sehr genau und konnte seine Entscheidungen rasch, souverän und richtig »aufgrund der bisherigen Erfahrungen« treffen; von betriebswirtschaftlicher Analyse der Bilanzen hielt er nicht allzuviel, bekam aber auch nur sehr simple Bilanzaufgliederungen zu sehen, die keine tieferen Einblicke ermöglichten. Mir erschien das Zahlenmaterial ungenügend. Aber Anregungen zur Verbesserung wurden ungnädig aufgenommen. Dem Generaldirektor berichtete er, daß ich keine merkbare Tätigkeit entfalte. Aber Joham kannte seine Leute und fragte Klenz: »Und Sie haben ihm die Wege zur Betätigung geöffnet?« Danach wurde es besser. Klenz litt in zunehmendem Maße an Depressionen, was zu längeren Abwesenheiten führte. Das gab mir immer wieder die Möglichkeit, das Vertrauen der Mitarbeiter und der Kunden zu gewinnen, die sich mehr und mehr auf mich einstellten und auch nach Rückkehr von Klenz von seinen Krankheitsabsenzen zu mir kamen.

Ein Jahr nach meinem Eintritt, in der Osterzeit 1959, starb Joham. Eine Epoche ging zu Ende. Ich habe ihm viel zu verdanken. Er war ein außerordentlich intelligenter, eher wortkarger Mann der diskreten, aber entschlossenen Machtausübung. Politisch völlig abgesichert und einflußreich, traf er klare Entscheidungen aufgrund genauester Kenntnis der Sache. Als Vorgesetzter hat er sich mir gegenüber als gerecht und als Beschützer in einem Konflikt erwiesen, den ich mit einem sehr mächtigen Industriellen hatte. Bundeskanzler Ender hatte Joham während der Krise der CA im Jahre 1931, als die Republik haftend einspringen mußte, aus Tirol nach Wien geholt. In der Nazizeit, als die CA zum Interessenkreis der Deutschen Bank gehörte, hatte er sehr gute Beziehungen zu Hermann J. Abs und dessen Kollegen Tron unterhalten; nach dem Krieg hegten die Amerikaner daher große Bedenken gegen ihn. Kurt Grimm, Johams Berater schon in den dreißiger Jahren, der während des Krieges in der Schweiz mit Allen Dulles, dem Chef des US-Geheimdienstes, in Verbindung war, half ihm entscheidend beim »Screening«. Ich habe bei Walter Dowling, damals Nummer zwei der US-Botschaft, den Bericht des Kongreßabgeordneten Johnson über Österreich gesehen, in dem Joham als das Zentrum eines ungeheuren, undemokratischen, weil außerhalb jeder demokratischen Kontrolle liegenden, einem feudalen Lehenssystem ähnlichen Machtnetzes in Österreich beschrieben wurde, was Dowling zu der Bemerkung veranlaßte: »I consider Dr. Joham to be public enemy number one.«

Der Tod des Mannes, der von 1931 an eine zentrale Machtposition in Österreich innegehabt hatte, löste nicht allein in den engeren Zirkeln der Politik heftige Bewegung aus. Obwohl Joham nur wenig in der Öffentlichkeit aufgetreten war, obwohl er die Medien mied, so gut es ging – »alles Unglück kommt vom Reden«, war einer seiner Wahrsprüche –, war sein Tod ein großes Ereignis. Eine Aura geheimnisvoller Macht hatte sich um ihn gebildet. Nach dem Requiem in der übervollen Kirche Am Hof fand sich auf den Straßen die nekrophile Bevölkerung Wiens ein, um den Anblick des Kondukts so recht genießen zu können.

Nach einigem Gezerre wurde Erich Miksch zunächst zum Vorstandsmitglied bestellt und dann, nach nochmaligem Gezerre, zum Generaldirektor ernannt. Mit ihm trat ein ausgewiesener Fachmann die Nachfolge Johams an. Miksch war seit Jahrzehnten Leiter des Sekretariats, der Stelle, an der alle wichtigen Fäden des Hauses sich vereinten. Der Chef des Sekretariats wußte alles, was man in der CA wissen mußte.

Wie würde sich der Wechsel an der Spitze der Bank auswirken? Generaldirektor-Stellvertreter Benedikt Kautsky, Bewahrer großer sozialdemokratischer Tradition, ein bezaubernder alter Herr, ließ mich kommen und sagte:

»Wir sind beide neu in der CA. Wie empfinden Sie den Wechsel von Joham zu Miksch?«

Ich meinte: »Aus einer absoluten Monarchie ist eine absolute Republik geworden, sonst hat sich nicht viel geändert.«

Ich lernte die leitenden Herren der zweiten Ebene näher kennen, unter ihnen hervorragende Fachleute: Juristen, Spezialisten des Bank-, Börsen- und Steuerwesens, ohne deren Rat und Meinung kaum ein einschlägiges Gesetz im Finanzministerium erarbeitet wurde. Sie waren ein Qualitätsmerkmal der CA und trugen wesentlich zu der führenden Stellung der Bank bei. Johann Mayer, der Miksch als Leiter des Sekretariats nachfolgte, war ein solcher und dazu ein besonders gütiger und liebenswerter Mensch. Auch unter den ganz jungen, kurz vor mir oder gleichzeitig mit mir eingetretenen gab es außerordentliche Talente.

Eine Runde von Antrittsbesuchen hatte ich schon absolviert; es zeigte sich, daß die Verschmelzung von acht Banken mit der CA noch immer nicht völlig zur Aufgabe früherer Unternehmensidentitäten geführt hatte. Ich erfuhr, daß die Anglobank-Leute in der CA stiefmütterlich behandelt würden, daß die Bodencredit-Leute träge und die »Bankvereinler« unseriös seien. Es gab dreizehn Volldirektoren, dreizehn Stellvertretende Direktoren (inklusive meiner Person) und dreizehn Abteilungsdirektoren. Ich war mit 44 Jahren kein Jüngling mehr, dennoch mit Abstand der Jüngste unter diesen 39 Herren der völlig überalterten zweiten Ebene. Nach der Krise von 1931 waren jahrelang keine jungen Leute mehr angestellt worden; 1938 hatten die jüdischen Mitarbeiter das Haus verlassen müssen. Erst nach dem Krieg kam es zu einer systematischen Aufstockung und damit Verjüngung des Personals. Dem Vorstand unterstanden direkt dreißig Abteilungen – zuviel für eine straffe Führung.

Der Krach der CA und alles, was sich daraus ergab, hatte das Haus nachhaltig geprägt. Die Einsetzung eines Vertrauensmannes der Auslandsgläubiger, Adrian van Hengel, als Generaldirektor, die jahrelange Sanierungsarbeit, die Last des vor allem mit der Bodencreditanstalt übernommenen Industriekonzerns: all das hatte jeden Funken unternehmerischer Initiative ausgelöscht. »Wir sind die Rothschild-Bank, wir haben die allererste Kundschaft, wir könnten schon im Jänner die Bilanz für das laufende Jahr schreiben, wir brauchen nicht die vielen Zweigstellen, die uns der Bankverein mit seinen kleinen Kunden gebracht hat«: So sah man die Creditanstalt, majestätisch thronend über allen anderen. Doch die Zeiten hatten sich geändert. Die verfügbaren Einkommen auch der mittleren, ja selbst der unteren Einkommensschichten waren erheblich gestiegen und machten bei zunehmender Spareignung gerade diese Schichten zu wichtigen Einlegern. Die Sparkassen hatten das längst erkannt, es war ja ihre traditionelle Kundschaft. Sie betrieben daher intensiv den Ausbau ihres Außenstellennetzes. Die Raiffeisenkassen machten es ihnen nach. Die Banken schliefen.

Die Eröffnung neuer Zweigstellen war an die Bewilligung durch das Finanzministerium gebunden, die restriktiv gehandhabt wurde; der Marktanteil der Banken war ständig zurückgegangen. Im Vergleich zu anderen Instituten, zumal den Sparkassen und den Raiffeisenkassen, hatte die CA zu wenig »Saugnäpfe«, also Außenstellen. Daraus ergab sich automatisch das Problem der ungenügenden Mittel für mit der Wirtschaft wachsende Kredite. Die Lücke mußte mangels Kundeneinlagen mit Zwischenbankgeldern, die wir von der Girozentrale und der Genossenschaftlichen Zentralbank bekamen, geschlossen werden, eine bankpolitisch nicht unbedenkliche Abhängigkeit von einem äußerst engen Geldmarkt. Das ging so lange noch einigermaßen, bis die Leitung dieser beiden sogenannten Spitzeninstitute – sie waren die Geldsammelstellen der Sparkassen und der Raiffeisenkassen – in die Hände ehrgeiziger und begabter junger Männer, Josef Taus und Helmuth Klauhs, gelegt wurde, die eigene Initiativen entfalteten. Außenstellennetz und Einlagengeschäft waren deutlich als Schwachstellen zu erkennen.

Als ein drittes Problem empfand ich die Industriebeteiligungen, die in der Öffentlichkeit zumeist als besondere Stärke der CA gesehen wurden. Von einem Konzern zu sprechen, wie es allgemein der Brauch war, war nicht ganz richtig. Es gab kein unternehmerisches Konzept, das diese Beteiligungen miteinander und mit der CA verband; vielmehr waren sie hauptsächlich durch Fusion der CA mit anderen Banken in ihren Besitz gelangt, in manchen Fällen aber auch, um Schuldner und Gläubiger vor drohender Insolvenz zu retten. Die Bezeichnung Konglomerat beschreibt das Gebilde vielleicht am treffendsten. Es war nicht schwer zu sehen, daß die Kumulation des Risikos als Eigentümer und als Kreditgeber, um es vorsichtig zu sagen, nicht ungefährlich war. Die Industriebeteiligungen der CA waren darüber hinaus in zweifacher Hinsicht kritisch: zum einen war ihr Anteil an der Bilanzsumme insgesamt sehr hoch und zum anderen, und das war wohl das größere Problem, war der Anteil der CA an den einzelnen Unternehmen fast in allen Fällen so hoch, daß ihr zum Unternehmerrisiko auch noch die Führungsverantwortung zufiel – eine Aufgabe, für die Banken sich nicht eignen. Sie sollten sich auf die Kontrollfunktion des Aktionärs beschränken. Das englische und ähnlich das amerikanische Trennbankensystem vermeiden diese Gefahren. Die Creditanstalt, schon von Geburt an Industriegründungsbank, war besonders exponiert. Sie verkörperte geradezu den Typus der kontinentaleuropäischen Universalbank.

Ich unternahm einen ersten Versuch, etwas Neues anzufangen. In der zweiten Hälfte der fünfziger Jahre erkannte die Deutsche Bank (DB), zu der wir traditionell enge Beziehungen unterhielten, daß sich eine bedeutende gesellschaftliche Entwicklung ereignet hatte, und begann sich dem sogenannten Mengengeschäft zuzuwenden: Sie führte den genormten Privatkleinkredit ein und wandte sich damit an eine Schicht von Beziehern kleinerer Einkommen, Arbeiter und Angestellte. Das war ein ziemlich revolutionärer Schritt für ein Institut, das allgemein als die typische Bank der Reichen und Großen galt. Ich erhielt vom Vorstand die Bewilligung, dieses Produkt an Ort und Stelle bei der DB in Frankfurt am Main zu studieren. Eine Woche lange konnte ich mich genauestens informieren. Als Ergebnis unterbreitete ich dem Vorstand den Antrag auf Einführung dieses neuen Geschäfts mit der Rechtfertigung: Es gibt eine soziale Symmetrie der beiden Seiten der Bilanz. Wenn wir die Einlagen des »kleinen Mannes« haben wollen – und wir brauchen sie dringend –, dann müssen wir ihm auch als Schuldner vertrauen. Mit einem Schlag zwei Fliegen: Der Kreditnehmer von heute würde zum Sparer von morgen werden und uns seine Ersparnisse anvertrauen.

Die wesentlichen Kriterien des Produkts: ein genormter Kredit, leicht zu verstehen für den Kunden und leicht handzuhaben für die Mitarbeiter der Bank. Der Kunde legt eine Arbeitsbescheinigung vor und gibt sein Einkommen an (zum Beispiel mittels Lohnzettel). Daraus, aus der Anzahl der Haushaltsmitglieder und aus eventuell bestehenden Dauerbelastungen ergibt sich schon, auf einer Tabelle errechnet, der für ihn mögliche Höchstrahmen. Es werden keine Sicherheiten verlangt, nur Mithaftung des Ehegatten. Und etwas Psychologie: Die Kredite werden nicht von Kreditsachbearbeitern behandelt, sondern direkt am Bankschalter beim ersten Vorsprechen des

Kunden, wenn er die verlangten Unterlagen bereit hat, gewährt. Keine »kafkaeske« Behandlung des Kreditsuchenden mit einer Entscheidung durch unerreichbare Instanzen. Ich verglich es mit der Absolution durch den Beichtvater: sie wird noch im Beichtstuhl gewährt. Außerdem: Für den Erfolg des Produktes ist Marketing entscheidend. Es muß »beworben« werden, was für Kredite bis dahin nicht üblich war.

Einer der mächtigsten Volldirektoren der Bank schrieb an den Vorstand: »Treichls Vorschlag treibt die Bank in vorhersehbare entsetzliche Verluste.« Doch ein Wunder geschah: Der Vorstand erteilte seine Genehmigung. Der PKK wurde eingeführt und erwies sich als Bestseller und, da er reichlich kalkuliert war, auch als Gewinnbringer. Die Spanne mußte groß genug sein, um eine gewisse Ausfallsquote zu gestatten. Der PKK funktionierte nach dem Versicherungsprinzip. Der »kleine Mann« besaß als Schuldner eine sehr beachtliche Bonität; unsere Ausfälle waren sehr gering. Es war in der Tat das erste Mal, daß eine Bank ihre Tore für den »kleinen Mann« öffnete, ihm half, den Bronze- und Marmorkomplex zu überwinden. Dieser Sinneswandel kam auch in unserer Werbung zum Ausdruck. Als mir der Slogan »Uns ist kein Problem zu groß« vorgeschlagen wurde, war ich dafür, ihn umzudrehen: »Uns ist kein Problem zu klein!«

Eine zweite Innovation dieser Jahre war die Einführung der Exportfinanzierung. Deren Konstrukteur war ein junger Mann der Österreichischen Kontrollbank (ÖKB): Helmut Haschek, einer der begabtesten, fleißigsten und sympathischsten in der Bankenwelt Österreichs. Um seine Ideen gegen viele Widerstände durchzusetzen, brauchte Haschek Verbündete. Er versuchte mich dafür zu gewinnen. Wir spazierten einige Winterabende lang durch die Innere Stadt, diskutierten und endeten im Kaffeehaus.

In der Bank bestanden große Bedenken gegen diese neuartige Finanzierungsform, vor allem die Befürchtung, Kunden an die für Exportkredite zuständige Kontrollbank zu verlieren. Ich bestand auf dem Hausbankenprinzip, das heißt, die ÖKB dürfe nur mit Banken, nicht aber mit der Firmenkundschaft verkehren. Die österreichische Exportfinanzierung, die Gesetze, auf denen sie beruht, die verschiedenen Garantie- und Kredittypen sind mustergültig, meines Wissens vergleichbaren Regelungen in anderen Ländern überlegen, und sie sind alle das Werk von Helmut Haschek. Rund zehn Jahre später wurde er Generaldirektor der Kontrollbank. Bis zu seinem allzu frühen Tod waren wir in freundschaftlicher Zusammenarbeit verbunden.

Im Jahre 1962 endete das Vorstandsmandat des Dr. Albrecht von Ressig; er hatte das Pensionsalter erreicht. Ein altösterreichischer Herr, in seiner vornehmen Art in der Öffentlichkeit wenig in Erscheinung getreten, ein international erfahrener Bankier, der die spezifisch osteuropäischen Risken genau kannte und der Bank in der Entwicklung des Geschäftes gerade mit diesen Ländern, aber auch in Relation zur westlichen Welt in den überaus schwierigen ersten Nachkriegsjahren sehr wertvolle Dienste geleistet hatte. Im Dezember wurde ich an seiner Stelle zum Mitglied des Vorstandes bestellt – nach viereinhalb Jahren in der CA ein Erfolg, der mich sehr stolz machte. Ich verdanke ihn vor allem Generaldirektor Miksch und Kurt Grimm, der Miksch zu meiner Bestellung riet. Sicher war diese Bestellung nicht ohne Zustimmung der ÖVP erfolgt, die damals noch den Bundeskanzler und den Finanzminister stellte. Aber überraschenderweise wurde ich von der Partei nicht angesprochen, niemand forderte irgendein Versprechen von mir, niemand befragte mich über meine Gesinnung. Der einzige Kontakt mit der ÖVP in dieser Zeit, an den ich mich erinnere, ist ein Gespräch mit dem damaligen Landeshauptmann der Steiermark, dem alten Josef Krainer, einem jener großartigen ersten Nachkriegspolitiker. Er vereinbarte ein Treffen im Café Landtmann und sprach, ohne einen Zweck dieses Gesprächs anzudeuten, über Gott und die Welt mit mir. Ich weiß noch, daß ich mich vehement für eine echte Privatisierung nicht nur der Verstaatlichten Industrie, sondern vor allem auch der Banken einsetzte, über die gefährlichen Schwächen der Alpine-Montan sprach und mich nachher fragte, ob ich ihn wohl sehr geschockt hatte.

Ich hatte großes Glück gehabt. Einige Monate später wäre dieser Karrieresprung in weite Ferne gerückt.
Während meines Sommerurlaubs Ende Juli 1963 erhielt ich einen Anruf von Miksch, der mich unverzüglich nach Wien zurückrief. Er eröffnete mir, daß vor einigen Tagen Zimmer-Lehmann, etwas Ähnliches wie der Pressesprecher der CA und im übrigen ein Freund aus Kinderzeiten, Herrn Franz Knapitsch bei ihm eingeführt habe. Knapitsch besaß als offener Handelsgesellschafter die Hälfte der Saatguterzeugung Schiwitz & Co. OHG, die nach jahrelangem Betrug insolvent geworden war, und haftete voll für sie. Die Firma, Kunde einer CA-Zweigstelle, hatte der Bank als Sicherheit für Millionenkredite gefälschte, in Wirklichkeit nicht existierende Forderungen abgetreten. Es ergab sich der dringende Verdacht, daß der Leiter der Zweigstelle von den betrügerischen Manipulationen der geschäftsführenden Gesellschafterin Frau Schiwitz gewußt hatte. Knapitsch, eine nicht sehr gut beleumundete Figur, der gelegentlich in die Wiener Gesellschaft einzudringen versuchte, jedoch zum Beispiel bei Mayer-Gunthof Hausverbot hatte, besaß ein kleines Gut in Kärnten. Er erklärte, für die Kredite der Firma nicht zu haften, da diese auf unredliche Weise

gewährt worden seien, und behauptete, daß ein Kassenbote der Firma Schiwitz namens Rauscher mir in einem großen Kuvert etwa 200000 oder 300000 Schilling als Bestechungsgeld überbracht habe. Mein Freund und Rechtsanwalt Dr. Seidler war der Meinung, ein Ehrenbeleidigungsverfahren sei eine zu schwache Maßnahme, und empfahl die Erstattung der Anzeige wegen Verbrechens der Verleumdung. Der Tatbestand war schwierig zu beweisen: Es mußte nachgewiesen werden, daß der Täter wider besseres Wissen und in Kenntnis der strafrechtlichen Folgen für den Verleumdeten gehandelt habe. Der Untersuchungsrichter in dem Strafverfahren gegen Schiwitz wegen betrügerischer Krida, Dr. Gerstorfer, zog den Verleumdungsfall an sich, behandelte ihn aber – zunächst – nicht. Für mich begannen drei sehr schwere Jahre. Gerstorfer sagte auf mein Drängen: »Ich weiß ohnehin, daß die Anschuldigung gegen Sie nicht stimmt, und ich muß erst den Betrugsfall durchführen.«

Erst nach drei Jahren, im Winter 1966, kam es zum Prozeß Schiwitz; nach einigen Tagen unterbrach Dr. Gerstorfer den Prozeß und eröffnete das Strafverfahren gegen Rauscher. Frau Schiwitz als Zeugin bestritt die Bestechungsgeschichte. Nach wenigen Minuten gestand Rauscher, die Unwahrheit gesagt zu haben, und wurde zu einigen Monaten Freiheitsstrafe verurteilt. Ein Alptraum von mehr als drei Jahren war für mich zu Ende. Ich muß dankbar vermerken, daß nicht nur Miksch, sondern auch der Aufsichtsrat, namentlich das Präsidium, Ferdinand Graf und Paul Schärf, Bruder des Bundespräsidenten, Generaldirektor der Wiener Städtischen Versicherung, mir niemals ihr Vertrauen entzogen hatten. Der Verleumder Rauscher fand nach Entlassung aus dem Gefängnis eine Anstellung bei der BAWAG und dann bei der Wiener Städtischen Versicherung oder umgekehrt. Von dieser wurde er wegen Untreue entlassen und verschwand. Leider konnte nie nachgewiesen werden, daß er von Knapitsch angestiftet worden war.

Zu meinem neuen Arbeitsgebiet gehörte nun auch die Auslandsabteilung. Ihr galt mein besonderes Interesse. Ich bemühte mich, den Abstand zu den Entwicklungen im Ausland nicht noch weiter wachsen zu lassen. Das Auslandsgeschäft der CA war damals im wesentlichen auf den Zahlungsverkehr, das Dokumentengeschäft (Akkreditive) und den Devisenhandel in eigenen Abteilungen und in der Auslandsabteilung auf die Kontaktpflege, die Überwachung der Gegenseitigkeit, auf Bonitätsüberprüfungen – allesamt Routineangelegenheiten – beschränkt. Die CA nahm wie auch alle anderen österreichischen Kreditunternehmungen am internationalen Kredit- und Emissionsgeschäft nicht teil. Die Mentalität und die Praxis der beiden österreichischen Großbanken waren damals in höchstem Maße binnenorientiert. CA und Länderbank waren der Rest des einst wichtigsten mittel- und osteuropäischen Finanzplatzes. Der Schrumpfungsprozeß, die Einsetzung von Völkerbundkommissaren unmittelbar nach dem Ersten Weltkrieg, der Zusammenbruch der Creditanstalt im Jahre 1931, ihre Überwachung durch Auslandsgläubiger, alle diese traumatischen Erfahrungen verstärkten die traditionelle Binnenmentalität Österreich (die im Großstaat Österreich-Ungarn noch erträglich war) und ließen sie nachgerade zu einer manifesten Agoraphobie werden – für den Kleinstaat verhängnisvoll. Ausländische Banken hatten hingegen längst Geschäftsmöglichkeiten mit Österreich entdeckt: Die zahlreichen österreichischen Auslandsemissionen – Bund, Länder und die Energiewirtschaft, zumal der Verbundkonzern, nahmen Geld im Ausland auf – wurden ausnahmslos von ausländischen Banken allein, oft ohne Mitwirkung österreichischer Institute geführt. In erster Linie trat hier das englische Bankhaus S. G. Warburg in Erscheinung. Ich litt geradezu physisch und war entschlossen, die CA führend oder mitführend in das Auslandsemissionsgeschäft einzuschalten.

Das Bankwesen war weltweit in Bewegung geraten. Es gab faszinierende Neuerungen. Das Bankgeschäft war seit seinem Entstehen in der Lombardei im Spätmittelalter international gewesen und erst nach 1929 durch die Entliberalisierung des internationalen Kapitalverkehrs beschränkt worden. Aber nun, im werdenden Europa nach dem Abschluß der Römer Verträge, in einer großen Welle der Liberalisierung, nahm die internationale Kooperation die Form von Bankengruppen – informell Clubs genannt – an, die an die Stelle der alten, bis 1914 üblichen internationalen Bankensydikate traten. (In den achtziger Jahren verschwanden die Clubs, und es sonderte sich eine kleine Spitzengruppe der ganz großen Banken, der »Global Players«, ab.) In der Europäischen Gemeinschaft entstanden die beiden bedeutendsten Gruppierungen dieser Art: die EBIC und die ABECOR. Den Kern der EBIC bildeten die Deutsche Bank, die französische Société Générale, die niederländische AMRO-Bank (Amsterdamsche und Rotterdam), die belgische Société Générale de Banque und die englische Midlandbank. Etwas später kam noch die italienische Banca Commerciale Italiana (Comitbank) hinzu; somit war die EBIC ein Club von Banken der Europäischen Gemeinschaft. Die Mitglieder trafen sich regelmäßig zu Berichten, Informationsaustausch und geschäftsstrategischen Beratungen, behandelten einander präferentiell, vor allem auch im Emissionsgeschäft, und gründeten Joint Ventures, zum Beispiel in Brüssel für mittelfristige Kredite, in London, in New York, in Hongkong.

All dem sollten die österreichischen Banken fernbleiben? Unerträglicher Gedanke. Wir mußten an diesen

Entwicklungen teilnehmen, wollten wir nicht in hoffnungsloser Provinzialität versinken. Am Ende würde all dies an uns vorbei von ausländischen Banken für unsere besten Kunden besorgt werden.

Ich begann auf eigene Faust vorsichtige Gespräche mit der Deutschen Bank, ohne zu echten Verhandlungen autorisiert zu sein, woran ich keinen Zweifel ließ. Eine Aufnahme in die EBIC würde für eine Bank aus einem Land, das nicht Mitglied der EWG war, sehr schwierig sein. Aber ich spürte, daß Hermann J. Abs in alter Anhänglichkeit an die CA uns helfen wollte. Auch seine Kollegen – Wilfrid Guth, Franz Heinrich Ulrich, F. Wilhelm Christians, die später seine Nachfolger wurden – waren bereit, uns den Weg zu ebnen. Ich hatte auch recht gute Kontakte zu den anderen EBIC-Mitgliedern.

Als erster Schritt wurde uns eine Beteiligung an der BEC in Brüssel angeboten. Das Brüsseler Joint Venture der EBIC, die BEC (Banque Européenne de Crédit), widmete sich mittelfristigen Krediten in einer neuen Quasiwährung, dem Eurodollar, eine Erfindung des genialen Michel von Clemm von Crédit Suisse First Boston (CSFB). Von London ausgehend, entwickelte sich dieses »Off-shore«-Geschäft, einigermaßen vergleichbar mit dem Güterhandel in Zollfreigebieten, den nationalen Kreditrestriktionen entzogen. Ein neuer Markt entstand und wuchs mit großer Geschwindigkeit. Ich setzte unsere Beteiligung im Vorstand der CA durch; damit hatten wir einen Fuß in der Türe zur EBIC, deren Mitglied wir später wurden.

In diesen Jahren lernte ich die führenden europäischen Banken und die Herren an ihrer Spitze einigermaßen gut kennen. Miksch hatte mir die Mitgliedschaft im Institut International d'Etudes Bancaires (IIEB) übergeben. Das war ein sehr illustrer Club, der höchstens 56 Mitglieder in verschieden großen Delegationen ausschließlich europäischer Länder hatte; die großen entsandten vier bis fünf, die kleineren ein bis drei Mitglieder. Man traf sich zweimal im Jahr an wechselnden Orten von Donnerstag abend bis Sonntag, hörte sorgfältig vorbereitete Referate über Bankthemen und diskutierte – all das unter strikter Vermeidung jeglicher Öffentlichkeit. Die Mitglieder wurden in der Regel vom Staatsoberhaupt oder vom Regierungschef und vom Präsidenten der Zentralbank empfangen oder hatten sie als Gäste und Sprecher beim Freitagabend-Dinner. Der Sekretär diente, natürlich ehrenamtlich, mehrere Jahre und bereitete mit dem jährlich wechselnden Präsidenten die Sitzungen vor. Auch mir wurde diese Ehre zuteil. Ich verdanke dem Institut sehr wertvolle Kenntnisse, Anregungen und Verbindungen. Alle EBIC-Banken waren im IIEB vertreten. Es freut mich, daß mein Sohn Andreas jetzt Mitglied ist.

Das politische Klima in der ersten Hälfte der sechziger Jahre war das der fortgesetzten Koalition unter der Führung eines ÖVP-Bundeskanzlers. Schon über zwanzig Jahre hatten diese Koalition und das ihr zugrunde liegende Kräfteverhältnis der politischen Parteien gedauert und Österreich dementsprechend ge- oder richtiger verformt. Der Immobilismus war unverkennbar; in der politischen Klasse hatte man sich darauf eingerichtet und schien nicht unzufrieden.

Der Wahlsieg der ÖVP von 1966 jedoch, mehr dem Olah-Effekt auf seiten der SPÖ als gewachsener Stärke der ÖVP zuzuschreiben, hatte die Machtverhältnisse zum ersten Mal seit 1946 verändert. Zwanzig Jahre Koalition und Proporz waren vergangen. Es ergab sich die Chance zu einem neuen Ansatz. Ein neuer Typ von Politiker stand an der Spitze der ÖVP: Josef Klaus.

Das wurde auch im Ausland registriert. Die CA hatte traditionell enge Beziehungen zur Deutschen Bank, namentlich zu Hermann Josef Abs, dem Sprecher des Vorstands. Abs war eine herausragende Persönlichkeit, er hatte wesentlich dazu beigetragen, die Bundesrepublik aus ihrer Nachkriegsisolierung herauszuführen. Er war international unbestritten einer der bedeutendsten Bankiers dieser Epoche. Jahrzehntelang währende Angriffe gegen ihn wegen seiner Tätigkeit im Ausland während des Dritten Reiches hatten ihm paradoxerweise in Deutschland weit mehr zu schaffen gemacht als im Ausland. In der Schweiz standen uns die drei Großbanken nahe. Persönliche freundschaftliche Kontakte gab es vor allem zu Alfred Schäfer, dem Präsidenten der Schweizerischen Bankgesellschaft (UBS), und Eberhard Reinhardt von der Schweizerischen Kreditanstalt. Auch Schäfer galt als einer der erfolgreichsten Bankiers dieser Generation.

Die veränderte politische Lage in Österreich gab einfallsreichen Bankiers wie Abs und Schäfer zu denken. Beide kannten die österreichischen Verhältnisse sehr genau. Sie wußten natürlich, welche Schwierigkeiten die Verstaatlichung uns bereitete und welch außerordentliche Möglichkeiten eine Privatisierung für unsere Bank bieten würde. Sie erklärten sich bereit, gemeinsam, als DB und UBS, die Mehrheit des Aktienkapitals der Creditanstalt Bankverein aus dem Besitz der Republik Österreich zu erwerben, mit dem Ziel, diese Aktien nach Maßgabe des Markts und der Entwicklung der Bank im Publikum in Österreich und im Ausland zu placieren. Zehn Prozent der Stammaktien waren seit der von Kamitz erzwungenen Teilprivatisierung von 1956 streng getrennt nach Partei in »privatem« österreichischem Besitz. Fünfzehn weitere Prozent würden im Lauf der Zeit wohl in Österreich untergebracht werden können, sodaß eine sogenannte Sperrminorität für die nationalen Interessen Österreichs gesichert wäre. (Die Sozialdemokraten haben sich 1997 diese Sorge erspart).

Mit diesem Projekt ging Erich Miksch im Jahre 1968 zu Bundeskanzler Klaus. Er erzählte mir den Kern des Gesprächs. Bundeskanzler Klaus lehnte ab: »Zu dieser Transaktion fehlt mir die politische Möglichkeit.« Miksch, der im allgemeinen höflich Distante, konnte auch sehr scharf und pointiert reagieren wie in diesem Fall: »Was dir fehlt, Herr Bundeskanzler, ist nicht die politische Möglichkeit, sondern der politische Mut.«
Zweifellos wäre der Verkauf der CA-Mehrheit politisch nicht einfach gewesen. Legistische Probleme, schwierige Abstimmungen im Hauptausschuß des Nationalrats und überhaupt ein Aufschrei der gequälten Seele der SPÖ waren zu erwarten. Ich bin dennoch davon überzeugt, daß die ÖVP-Mehrheitsregierung den Verkauf hätte durchsetzen können.
Josef Klaus war eine starke Persönlichkeit. Ich hatte ihn kennengelernt, als er Landeshauptmann von Salzburg war. Er unterschied sich deutlich von den bisherigen ÖVP-Politikern als Vertreter einer neuen Generation, zu grundlegenden Veränderungen entschlossen, erfolgreich im Aufspüren junger Talente – wie Josef Taus und Stefan Koren –, mit Charisma und mit geglückter Balance zwischen Vision und Realität. Ich kann mir seine Ablehnung des Abs-Schäfer-Vorschlags nur mit einem auch bei ihm vorhandenen Rest des österreichischen Unbehagens mit dem Geldwesen erklären. »Es hat«, so mag er gedacht haben, »schon etwas für sich, wenn man als Regierung diese unheimlichen Gebilde, wie Banken es sind, unter politischer Kontrolle halten und wirtschaftpolitisch instrumentalisieren kann. Und soll ich«, mag er weiter gedacht haben, »mir all das zu erwartende Theater einer Bank wegen antun? In der Öffentlichkeit wird mir das wenig Gutes eintragen, die Wähler werden das nicht honorieren.« Wie auch immer, eine einzigartige Chance war vertan. Und hat Wolfgang Schüssel gut dreißig Jahre

später beim Ende der CA sehr viel anders reagiert? Man kann erstens ausschließen, daß dieser außerordentlich intelligente Politiker nicht erfaßt hätte, was die Sozialdemokraten mit der CA zu tun beabsichtigten, und zweitens, daß dieser hervorragende Taktiker sich nicht zugetraut hätte, es zu verhindern. Man muß daher annehmen, daß er dieses Ende der letzten österreichischen Großbank zwar nicht gewollt, aber doch in Kauf genommen hat – in der althergebrachten Abneigung gegenüber den Banken.

Wenn diese Abneigung sich mit Unwissenheit paart, dann werden Fehler begangen wie die in jüngster Zeit unternommenen Aktionen der österreichischen Justiz und ihres Ministers, die meines Erachtens juristisch verfehlt und außerdem geeignet sind, das nationale wie auch das internationale Vertrauen in Österreichs Kreditwesen zu schädigen – die Wirtschaft wird das bedauern, aber der Minister wird sich mit dem Lob seines einstigen Mandanten, des Kärntner Landeshauptmanns, zu trösten wissen. Der große Nationalökonom Wilhelm Röpke hat sehr klar über die Grenzen des Wettbewerbs zwischen Kreditinstituten nachgedacht: Wenn ein Krawattenfabrikant in Konkurs geht und verschwindet, freuen sich alle anderen Krawattenfabrikanten. Der Konkurs eines Kreditinstituts hingegen ist des Vertrauensverlustes wegen nachteilig für alle anderen. Mir ist auch das Vorgehen der EU unbegreiflich, umso mehr, als ich die hohen intellektuellen Qualitäten des Kommissars Mario Monti aus unserer gemeinsamen Mitgliedschaft im Verwaltungsrat der Generali kenne.

In der Justiz hat die Unkenntnis des Kreditwesens offenbar Tradition. Vor Jahrzehnten wurde ich, damals noch nicht im Vorstand der CA, zum Sachverständigen beim Handelsgericht in Wien bestellt. Als ich in einem Prozeß bemerkte, daß der Vorsitzende den relativ einfachen Unterschied zwischen Darlehen, wie im ABGB beschrieben, und Kontokorrentkredit nicht verstand, schenkte ich ihm das dreibändige Standardwerk von Schinnerer, »Bankverträge«. Danach – post hoc propter hoc – wurde ich von der Liste der Sachverständigen gestrichen. So willkommen mir dieses Ergebnis auch war, mein Geschenk hatte ich nicht deshalb gemacht.

Mein Vorgänger, Erich Miksch, dem ich sehr viel Vertrauen, Wohlwollen und Förderung verdanke, starb unerwartet nach kurzer Krankheit am 20. Oktober 1970. Die Nachfolge sollte durch den Aufsichtsrat, der gleichfalls politisch besetzt und daher fraktionell gespalten war, rasch geregelt werden. Noch hatte die ÖVP in Aufsichtsrat und Vorstand der CA die Mehrheit; eine Hauptversammlung, in der das hätte geändert werden können, hatte seit Kreiskys Sieg bei den Nationalratswahlen im März noch nicht stattgefunden. Allerdings: Die politische Entscheidung über Vorstandsbestellungen bei den verstaatlichten Banken hatten sich die Regierungsparteien, die sich als Eigentümer Österreichs fühlten, vorbehalten. Noch respektierte die SPÖ das seit 1946 bestehende Einvernehmen, wonach die CA die von der ÖVP dominierte und die Österreichische Länderbank (ÖLB) die von der SPÖ dominierte Bank war. Ich wurde zu Karl Schleinzer und Hermann Withalm, Obmann und Generalsekretär der ÖVP, gerufen, die mir eröffneten, es sei ihr Wunsch, mich als Vorsitzenden des Vorstands, also als Generaldirektor der CA, zu präsentieren; sie wollten aber vorher einige grundsätzliche Fragen mit mir erörtern – natürlich hieß das letzten Endes mein Verhältnis zur ÖVP. Vizekanzler Withalm kannte ich ein wenig aus dem sogenannten Withalm-Club, einer Gesprächsrunde, die in den Jahren der Alleinregierung der ÖVP unter Kanzler Klaus jeden zweiten Dienstag eines Monats tagte. Da trafen sich etwa dreißig Männer aus der Wirtschaft in einem Haus des Stiftes Klosterneuburg in der Renngasse in dem von Professor Wenger geführten Wirtschaftswissenschaftlichen Institut. Withalm sprach über die politische Lage, dann gab es eine ausführliche Diskussion. Ein merkwürdiges Trio hatte sich da im Winter 1969/70 zu Wort gemeldet: Fritz Mandl, Eigentümer der Hirtenberger Patronenfabrik, Freund und Finanzier des Fürsten Starhemberg, 1938 nach Argentinien ausgewandert, Hans Igler und ich. Wir waren einhellig der Überzeugung, daß die absolute Mehrheit der ÖVP nicht zu halten sein würde und daß es richtig wäre, sich jetzt mit geringen Zugeständnissen, also »billig«, die Koalitionsbereitschaft der FPÖ zu sichern. Unserer Meinung nach brauchte Österreich noch einmal mindestens eine Regierungsperiode ohne die Sozialisten, um sich in seinem Denken und in der politischen Realität vom Proporzsystem zu befreien. Withalm hat diese Vorschläge stets rundweg zurückgewiesen. Die FPÖ war für ihn kein Partner; die Gesinnung, der das entsprang, ehrt ihn. Schleinzer kannte ich nur flüchtig; er wurde mir im Laufe der Zeit immer sympathischer und ich habe ihn besonders schätzen gelernt. Er war ein unbedingt verläßlicher, anständiger und rechtlich denkender, über seine Jahre hinaus weiser Politiker. Sein früher Tod war ein großer Verlust für Österreich.

Da war ich also im Gespräch mit dem Obmann und dem Generalsekretär der ÖVP. Ich glaubte guten Gewissens sagen zu können, daß ich in wesentlichen Punkten Meinungen und Haltung der ÖVP bejahte, sie auch gewählt hatte. Es gebe aber auch wichtige Bereiche, in denen ich mich keineswegs auf ÖVP-Linie befände. Ich sei ohne jede Einschränkung wirtschaftsliberal, ein Gegner der Verstaatlichung und des damit verbundenen politischen Einflusses auf Unternehmen und hielte die unter Kamitz nur begonnene Privatisierung der verstaatlichten

Banken für unbedingt und dringend erforderlich. Ausdrücklich wollte ich mir völlige Entscheidungsfreiheit in Personalfragen vorbehalten – das genaue Gegenteil politischer Praxis in Österreich. Ich betonte, daß meine Wahl durchaus auf Leute fallen könnte, die der ÖVP distanziert oder auch kritisch gegenüberstünden – es gebe erfreulicherweise so etwas wie parteipolitisch Obdachlose –, was aber nicht bedeute, daß solche Menschen ohne Meinung in politischen Fragen seien. Letzten Endes lehne ich jede Art von ferngesteuerten Menschen ab. Meine Vorstellungen wurden akzeptiert. Die SPÖ erhob keinen Einspruch, und so wurde ich (einstimmig) am 3. November 1970 vom Aufsichtsrat zum Generaldirektor der CA bestellt.

Es war sicher eine der wichtigsten und interessantesten Positionen in der österreichischen Wirtschaft. Die führende Rolle der CA in Österreichs Bankenwelt war so selbstverständlich, daß ich innerhalb weniger Wochen nach meiner Bestellung zum Generaldirektor ohne mein Zutun eine ganze Reihe von Funktionen erhielt: Der Bankenverband wählte mich zu seinem Präsidenten, in den eben stattfindenden Kammerwahlen war es noch möglich, mich als Kandidaten des Wirtschaftsbundes zum Obmann der Bundessektion Geld-, Kredit- und Versicherungswesen der Bundeswirtschaftskammer zu präsentieren – ich wurde gewählt –, die Bundesregierung ernannte mich zum Generalrat der Oesterreichischen Nationalbank (die Regierung hat ein Kontingent von fünf der vierzehn Mitglieder), und die Börsenkammer, so erfuhr ich, würde mich demnächst zum Präsidenten wählen. Das war also die traditionelle »plenitudo potestatis« des CA-Generaldirektors. Sie fand noch eine ausgiebige Ergänzung innerhalb des sogenannten CA-Konzerns. Ich fragte mich, konnte aber nicht wirklich beurteilen, ob all diese Ämter mir noch genug Zeit und vor allem Arbeitskraft für meine eigentliche Aufgabe lassen würden. Kollegen und Ratgeber im Hause und außerhalb rieten mir ohne Ausnahme, keinen Bruch in der Tradition zu riskieren, jedenfalls zunächst die volle Macht zu beanspruchen und mir von der Position des »beatus possidens« aus in aller Ruhe eine Entlastung zu überlegen.

Wir waren nun wieder vier Vorstandsmitglieder: seit Johams Tagen Generaldirektor-Stellvertreter Norbert Schidl, dann Hans Holzer, Wolfgang Feyl, Wirtschaftsprüfer und Steuerberater, und ich. Ich hatte das Dirimierungsrecht, also bei Stimmengleichheit – Fraktionsdisziplin wurde vorausgesetzt – entschied meine Stimme. Aber es kam nie zu Kampfabstimmungen. Ich habe das Dirimierungsrecht nie zu mehr als zur Androhung und auch das nur ganz selten gebraucht. (Ein solcher Fall, der vielleicht Klima und Arbeitsweise in der Verstaatlichten Wirtschaft illustriert, war die Entsendung von Eberhard Schaschl in den Vorstand der Wienerberger, und zwar als Vorsitzender.)

Holzer war von der dritten und bei weitem kleinsten verstaatlichten Bank, dem Österreichischen Credit-Institut (ÖCI), nach Benedikt Kautskys Tod zu uns gekommen. Er war ein erfahrener Bankmann, Sozialdemokrat der alten, asketisch-heroischen Epoche der SPÖ, stellvertretender Bezirksobmann seiner Partei in Simmering. Einer der liebenswertesten Kollegen die ich jemals hatte. Bescheiden in seinen Ansprüchen, Idealist von höchster Moralität, absolut verläßlich, ohne Winkelzüge, unterschied er sehr klar zwischen seinen Pflichten der Bank und der Partei gegenüber. Er sagte: »Ich unterscheide und entscheide in dieser Beziehung ausschließlich nach meinem Gewissen und lasse mir von der Partei mein Handeln nicht vorschreiben. Wenn ihr das nicht paßt, muß sie mich eben abberufen.« Darauf ließ man ihn nicht lange warten. Holzer hat mich oft von allzu heftigen Reaktionen, besonders wenn ich scharfe Briefe oder Aktenvermerke von mir geben wollte, bewahrt mit seinem Rat: »Tua des net, Heinrich, a Schriftl is a Giftl. Red mit eam.«

Nach einigen Monaten erklärte ich Finanzminister Androsch, daß eine Erweiterung des Vorstandes unerläßlich sei, und schlug Guido Schmidt-Chiari dafür vor. Das geschah. Und damit war der CA ein Mann mit außerordentlichen Gaben des Verstandes und des Charakters, mit der seltenen Fähigkeit, sofort das Wesentliche zu erfassen und sich darauf zu konzentrieren, mit hohem taktischem Geschick gesichert. Seine ausgeprägte unternehmerische Begabung hat sich sehr erfolgreich bei den Industriebeteiligungen der Bank bewährt. Er war am gleichen Tag wie ich in die Dienste der CA getreten, um neunzehn Jahre jünger. Zum ersten Mal hatte ich ihn im Juli 1937 als fünfjährigen Buben bei der Hochzeit einer seiner Verwandten gesehen, bei der sein Vater, der österreichische Außenminister Guido Schmidt, Trauzeuge gewesen war, dann nicht mehr. Es begann eine enge, freundschaftliche, vertrauensvolle Zusammenarbeit auf der Grundlage gemeinsamer Werte und Überzeugungen, die mehr als drei Jahrzehnte währen sollte. Bei voller Übereinstimmung im Grundsätzlichen waren wir in Einzelheiten keineswegs immer einer Meinung. Schmidt-Chiari ist kein Mann der japanischen Höflichkeit bei Meinungsverschiedenheiten, so daß ich ihn gelegentlich bitten mußte, mich seine geistige Überlegenheit nicht so deutlich fühlen zu lassen: Das wirkte prompt. Wir sind noch immer Freunde.

Als Dr. Schidl in Pension ging, trat Hans Holzer an seine Stelle als Generaldirektor-Stellvertreter, und zwei weitere Vorstandsmitglieder wurden neu bestellt. Der eine galt als Favorit Kreiskys, der andere als solcher des Gewerkschaftsbundes (ÖGB). Proporz pur.

Auf Holzer folgte einige Jahre später Franz Vranitzky, der bis dahin als enger Berater des Ministers eine Sonderstellung im Finanzministerium innegehabt hatte. Vranitzky hatte vorher in der Oesterreichischen Nationalbank unter Vizepräsident Korp Einblicke und Erfahrungen in der Bankenwelt sammeln können. Wir haben viereinhalb Jahre durchaus friedlich miteinander gearbeitet. Vranitzky lernte die CA rasch kennen, erwies sich als äußerst vorsichtig in seinen Entscheidungen, sichtlich bemüht, in heiklen Fällen politische Rückendeckung zu finden, was gelegentlich als retardierendes Element wirkte. Ich habe seine Intelligenz, seine Kenntnisse und seine Korrektheit aufrichtig geschätzt. Sein Ausscheiden aus der CA, um die Führung der Länderbank zu übernehmen, also an die Spitze eines der größten Konkurrenzunternehmen zu treten, erregte einiges Aufsehen und Kritik – nicht so sehr an ihm als vielmehr an der rücksichtslosen Art, in der die Republik Österreich mit Unternehmen umging, die ihr nicht einmal ganz gehörten. Sein Nachfolger hieß Hannes Androsch, er war bis zu meinem Ausscheiden mein Stellvertreter. Dieser Posten muß irgend etwas Besonderes für ambitionierte Politiker an sich gehabt haben: Androsch war Finanzminister und Vizekanzler, ehe er ihn antrat, Vranitzky wurde Finanzminister und Bundeskanzler, nachdem er ihn verlassen hatte – sie besuchten die CA etwa, wie fromme Menschen vor oder nach einem Wendepunkt in ihrem Leben eine Wallfahrt machen.

Ich habe vorgegriffen und kehre zurück zum Beginn meiner Arbeit als Vorsitzender des Vorstandes.

Man würde mir nicht glauben, wenn ich sagte, daß die Ernennung zum Generaldirektor mich völlig unvorbereitet traf. Miksch war im 70. Lebensjahr; seine Bestellung lief noch ein oder zwei Jahre, und eine neue Funktionsperiode schien seines Alters wegen unwahrscheinlich. Also lag es nahe, sich Gedanken über die Nachfolge zu machen; ich versuchte mir vorzustellen, wer dafür in Betracht käme und fragte mich, was ich tun würde, wenn ich es wäre. Ich sah ungeheure Chancen für die Entfaltung all dessen, was in der CA und ihren Mitarbeitern an Kraft und Können steckte. Und natürlich wünschte ich mir, derjenige zu sein, der diesen Schub auslösen würde. Nun war ich gefordert. Es wäre traurig gewesen, wenn ich nach zwölf in der CA verbrachten Jahren das österreichische Kreditwesen, die Schwächen seiner Struktur, namentlich die für die CA besonders nachteiligen Tücken der Aufteilung in sogenannte Sektoren – Sparkassen, Raiffeisenkassen, Volksbanken, Landeshypothekenanstalten, und die eigentlichen Banken – nicht einigermaßen gekannt hätte.

Der Befund war klar. Fritz Diwok, ehemaliger Sekretär des Finanzministers Kamitz und später Generalsekretär des Bankenverbandes, dessen Präsident ich fünfzehn Jahre lang war, hatte es treffend in zwei Worten formuliert: ständisches Geld. In der Tat hatte das österreichische Geldwesen, und hat es noch heute ein wenig, deutliche Merkmale des Korporatismus: Raiffeisen, Volksbanken und Sparkassen sind von Ideologien geprägt und zumindest ihrer Herkunft nach für klar definierte Sozialschichten bestimmt: ländliche, gewerbliche, städtischer Mittelstand. Sie sind als Quasi-Glaubensgemeinschaften gegen und nicht für den Kapitalismus des 19. Jahrhunderts entstanden. Drei Sekten und eine laizistische Gruppe: die eigentlichen Banken. Rudimente altgermanisch-genossenschaftlichen Denkens sind wohl auch in den Sparkassen unverkennbar; weder die einen noch die anderen hatten gewinnorientierte Eigentümer. Sie waren und sind noch immer teilweise privilegiert: Die Sparkassen, soweit sie Gemeindesparkassen sind, genießen den Vorteil der Haftung ihrer Gewährträger, das heißt der Gemeinden, was ihnen einen deutlichen Vorteil in den Kosten der Refinanzierung verschafft. Die dadurch verursachte Wettbewerbsverzerrung, gegen die die EU seit langem ankämpft, wird als einer der wichtigsten Gründe für die großen Schwierigkeiten der deutschen Banken angesehen.

Freilich waren die Banken nicht ohne Schuld an diesem Zustand. Sie hatten die enorme Expansion der Raiffeisenkassen und Sparkassen im Gleichschritt mit den sozialen Veränderungen der ersten Nachkriegsjahre reaktionslos geschehen lassen, ohne an die neu entstehende Kundenschicht zu denken, so sicher fühlten sie sich in ihrer traditionellen Führungsposition. Als sie endlich zu erfassen begannen, was geschehen war – und dazu glaube ich einiges beigetragen zu haben –, war es für eine nachhaltige Korrektur zu spät: Sparkassen und vor allem Raiffeisen waren zu mächtigen Interessengruppen mit starken politischen Lobbys geworden. Aber auch sonst steckte das Kreditwesen in einer Zwangsjacke: Haben- und Sollzinsen waren durch offizielle Abkommen geregelt, die einen Wettbewerb über Zinssätze ausschlossen, der sogenannte Eckzinssatz für Spareinlagen hatte sogar Gesetzeskraft und war ungeachtet der ungeheuren Veränderungen der Verhältnisse in den ersten Jahrzehnten nach dem Krieg unverändert geblieben, ein die österreichische Seele offenbar zutiefst beglückender Zustand gesteigerter Realitätsferne.

Um es noch einmal zu sagen: Die Struktur des Kreditwesens war erstarrt und gestattete kaum die Korrektur bestehender Schwächen. Die rigide Genehmigungspraxis erlaubte nur ein Fortschreiben der bestehenden Verhältnisse. In einem Vortrag vor der Industriellenvereinigung im Jahr 1971, einige Monate nach meiner Ernennung, wandte ich mich gegen diese Erstarrung, gegen Wettbewerbsbeschränkungen, gegen einen seit Jahrzehnten trotz grundlegender Veränderungen der Verhältnisse gleich gebliebenen Zinssatz für Spareinlagen. Eine umfassende Verbesserung war nur durch gesetzliche Neuordnung, durch ein die Verzerrungen und Beschränkungen des

Wettbewerbs beseitigendes Gesetz möglich. Die Industriellen waren zufrieden, bei Raiffeisen und Sparkassen hingegen wurden meine Ausführungen als »Fehdehandschuh« empfunden.

Die dezentralen, vorwiegend örtlich tätigen Sparkassen, Raiffeisenkassen und Volksbanken besaßen 83 Prozent der Außenstellen und leisteten mit diesem übergroßen Anteil 29 Prozent, die Banken mit ihrem winzigen Zehn-Prozent-Anteil hingegen 60 Prozent der für das Wirtschaftswachstum entscheidenden Industriefinanzierung. Wie ließ sich diese fast groteske Verzerrung erklären?

Raiffeisen und Volksbanken sind dezentral organisiert, auch bei den Sparkassen überwiegen die kleinen Institute. Das bedeutet weitgehende Unabhängigkeit der einzelnen, kleinen, nur in ihren Ortsgebieten tätigen Raikas oder Sparkassen. Die Unabhängigkeit vor allem der Raiffeisenkassen von ihren Zentralinstituten begünstigt den örtlichen Klein- und Mittelkredit und erschwert die für die Gewährung von Großkrediten wichtige Kapitalsammelfunktion. Psychologisch nicht unverständlich: die selbständigen, kleinen Raiffeisenkassen verwenden die ihnen zur Verfügung stehenden Mittel lieber örtlich in der ihnen vertrauten Umgebung; das verleitet sie aber auch zu einer Kreditselektion nach örtlichen Kriterien. Die gebremste Kapitalsammelfunktion hat in Österreich eine permanente Verknappung und damit Verteuerung der Kredite an der Spitze, bei den zentral organisierten Instituten, bewirkt und damit vor allem für die Industrie einen Wettbewerbsnachteil gegenüber Ländern mit einer günstigeren Struktur des Kreditwesens ergeben. In einem 1974 erschienenen Aufsatz habe ich mich mit dieser Strukturschwäche auseinandergesetzt – und tauben Ohren gepredigt. Auch hier war der Gesetzgeber gefordert, eine wettbewerbsneutrale Ordnung zu schaffen.

Es ist ein schweres Versäumnis aller österreichischen Finanzminister seit 1945, diese Sektorenstruktur nicht korrigiert zu haben. Es wäre durchaus unter voller Wahrung marktwirtschaftlicher Grundsätze möglich gewesen. Dies und die Rahmenbedingungen für einen Kapitalmarkt (vor allem Pensionsfonds) hätte das Entstehen wirklich bedeutender österreichischer Finanzinstitute erheblich erleichtert und vor allem Wien zu einem europäischen Finanzplatz ersten Ranges werden lassen. Die Kleinheit des Landes wäre dem nicht entgegengestanden. Die Schweiz hatte drei, die Niederlande zwei Banken von Weltrang, so genannte »Global players«, die Schweiz ist einer der wichtigsten Finanzplätze der Welt und bezieht daraus erhebliche Einnahmen.

In einem neuen Kreditwesengesetz (KWG 1979), das die Banken vergebens zu verbessern versuchten, wurde der bestehende Zustand in mancher Hinsicht noch verschlimmert. Die scheinbare Liberalisierung führte zur Denaturierung der bisher örtlich gebundenen Sparkassen zu österreichweit operierenden, aber immer noch durch Gemeindehaftung privilegierten Großinstituten. Dem eigentlichen Urheber des Gesetzes, Hannes Androsch, sicherte dies die schützende Hand der Wiener SPÖ gegen den wachsenden Unmut Kreiskys. Doch den österreichischen Banken war ein schwerer Schaden zugefügt worden. Das Gesetz eröffnete den Sparkassen, die bisher und seit ihrem Entstehen auf lokal oder regional begrenzte Tätigkeiten beschränkt waren, ganz Österreich und hielt gleichzeitig die Privilegien aufrecht: eine deutliche Ungleichheit im Wettbewerb. Freilich profitierte davon nicht nur die gemeindeeigene Zentralsparkasse, sondern auch die Erste Österreichische Sparcasse.

Die ursprüngliche Spezialisierung der Geldinstitute auf bestimmte Sozialschichten war geschwunden, die sozial begründete Privilegierung blieb: Alle machten dasselbe, aber einige waren bevorzugt. Ich habe das in einer Festschrift für Stephan Koren karikiert: »Die Großbanken werben mit lüsternen Blicken um die Gunst des kleinen Mannes, die Sparkassen bieten sich als Vermögensberater der Reichen an, die Raiffeisengenossenschaften treten sich in Londons City und in Wallstreet die letzten Reste heimischer Scholle vom älperischen Schuhwerk, Liquiditätszentralen bauen sich Industriekonzerne auf, und die Bank der Gewerkschaften verbirgt ideologische Inbrunst hinter dem treuherzigen Augenaufschlag des Fachmannes.«

Noch zu Lebzeiten von Miksch hatte der Vorstand, von mir gedrängt, beschlossen, die Organisation der Bank durch McKinsey untersuchen zu lassen. Sie stammte aus dem letzten Vorkriegsjahr, war also über dreißig Jahre alt und konnte, wenn man die seither aufgetretenen Änderungen aller für uns wichtigen Rahmenbedingungen bedachte, nicht mehr stimmen. Ein zweiter Beschluß war die Änderung unseres Logos gewesen; das alte zeigte die Buchstaben CA-BV über den Umrissen der Karte Österreichs. Ich hielt es für graphisch eher verunglückt. Verschiedene Entwürfe einiger Graphiker wurden im Vestibül ausgestellt und die Mitarbeiter aufgefordert, sich dazu zu äußern. Die drei am besten beurteilten Entwürfe zirkulierten im Vorstand, sie wurden samt und sonders abgelehnt. Ich sagte: »Das ist ein gutes Zeichen, wenn sie uns gefielen, wären sie falsch. Das Logo soll der Jugend gefallen. Wir sind viel zu alt.«

»Mäßigen Sie sich«, sagte Miksch. Aber der genehmigte Entwurf ist bis zum heutigen Tag beibehalten worden. Der *trend* brachte eine Nummer mit mir und dem neuen Logo auf dem Umschlag, dazu den Titel: »Die CA unter einem neuen Zeichen«. Der dazugehörige Artikel war von einem jungen Journalisten verfaßt: Hans Rauscher. Ich kann nicht leugnen, daß ich mich über solche Ermunterung freute.

Dem neuen Zeichen entsprach die Aufbruchstimmung in der CA. Eine Reihe junger Kollegen übernahm die Leitung der Bereiche in der neugeschaffenen Organisation. Weil so lange Zeit keine Neueinstellungen stattgefunden hatten, war die Verjüngung besonders deutlich spürbar. Das Gelingen dieses sprungartigen Wechsels der Generationen ist einem Team von Kollegen zu verdanken, ohne die das rapide Wachstum der Bank im dem Jahrzehnt von 1970 bis 1980 nicht denkbar gewesen wäre. Von ihrem Enthusiasmus und ihrem Können ging eine Schubkraft aus, die das ganze Haus erfaßte. Im Grunde wollte ich eine Runderneuerung und fand im Haus volle Bereitschaft; es zeigte sich, daß die Mitarbeiter das wertvollste Aktivum der CA waren. Ich war 57 Jahre alt und hatte bestenfalls zehn Jahre vor mir, um wenigstens einiges von dem zu erreichen, was mir vorschwebte. Eile war geboten.

Am leichtesten ging es mit der Öffnung zum Ausland, fast so, als ob man auf uns gewartet hätte. Immer häufiger war Creditanstalt auf den »tombstones« internationaler Emissionen zu lesen, immer häufiger war unser Ehrgeiz, in den obersten Reihen, den »special brackets«, zu stehen, befriedigt. Wir nahmen an internationalen, syndizierten Krediten teil. Aber auch im Inland begann ein Jahrzehnt raschen Wachstums. Die Bilanzsumme, ein einigermaßen brauchbarer Maßstab für den Geschäftsumfang, aber sonst nicht allzu viel besagend, wuchs in dem Jahrzehnt zwischen 1970 und 1980 um jährlich durchschnittlich 20 Prozent, inflationsbereinigt um fast 13 Prozent, der Auslandsanteil verdoppelte sich auf fast 40 Prozent der Bilanzsumme, Spareinlagen und andere sogenannte Primärmittel im Inland wuchsen jährlich um durchschnittlich 16 Prozent, die Eigenmittel, aus erzielten Gewinnen gebildet, um 10 Prozent jährlich; sie blieben zurück, es gelang nicht, den Aktionär Republik Österreich von der Notwendigkeit von Kapitalerhöhungen zu überzeugen.

Wir brauchten neue Mitarbeiter. Der Personalstand stieg von 4000 auf 6000, gegen Ende des Zeitraums mit einem leichten Überwiegen der weiblichen Mitarbeiter. Eine Reihe junger Leute trat in die CA ein, mit akademischer Ausbildung und auch ohne, die eine Fremdsprache, vor allem Englisch, gut konnten, mit guten Umgangsformen. Sie ergänzten die vorhandenen Führungskräfte und verschmolzen sehr rasch mit ihnen zu einer hervorragenden Mannschaft. Sie sind heute fast alle in führenden Positionen bei Konkurrenten der CA oder in anderen Branchen zu finden. Nach der Übernahme durch die Bank Austria hat kaum einer in der CA bleiben wollen; sie verließen die Bank von selbst, weil ihnen die »Klimaänderung« nicht paßte, anderen wurde mitgeteilt, daß »die Chemie« nicht stimme, sie gingen oder wurden zu durchaus noblen Bedingungen pensioniert.

Wir wurden Mitglied der EBIC, über die ich schon berichtet habe. Die Vorteile dieser Mitgliedschaft waren erheblich; wir traten international mehr in Erscheinung, wir nahmen an den Joint Ventures teil, unser Auslandsgeschäft wuchs; wir fanden Anschluß an die Entwicklung der Bankpraxis bei führenden europäischen Instituten. Dessenungeachtet gründeten wir unsere eigenen Filialen in London und in New York; die letztere wurde zwar während meiner Dienstzeit vorbereitet, aber erst nach meiner Pensionierung eröffnet.

Ich versuchte aber auch, die Creditanstalt in unseren östlichen Nachbarländern Fuß fassen zu lassen. Die CA hatte jahrzehntelang eine große Filiale in Ungarn besessen, die nach dem Zweiten Weltkrieg von den Kommunisten geschlossen wurde. Ich sprach mit der Ungarischen Nationalbank und verlangte die Rückgabe. Der geschäftsführende Vizepräsident, Lajos Fekete, der weltweit in Bankkreisen als fähiger und witziger Mann bekannt war und dem man seinen Kommunismus nie ganz glaubte, erklärte mir, daß eine Rückgabe der Filiale derzeit nicht möglich sei; hingegen würde er es begrüßen, wenn wir als erste ausländische Bank eine Repräsentanz in Budapest eröffnen wollten. Als eigenartige Begründung führte er in seinem sehr magyarisch gefärbten Deutsch aus: »Österreichische Bank als erste in Ungarn gefällt mir, weil was ist Held in eurer Geschichte, ist Schuft bei uns, und was ist Held bei uns, ist Schuft bei euch – aber es sind dieselben Namen und das verbindet uns.« Wir nahmen den Vorschlag an. Die Repräsentanz wurde ein beachtlicher Erfolg für die Wirtschaftsbeziehungen zwischen den beiden Ländern. Andere Institute folgten uns, aber wir waren die ersten in einem Land des Ostblocks.

Die siebziger Jahre waren ein stürmisches Jahrzehnt im Währungs- und im Geldwesen. Das noch vor Kriegsende in Bretton Woods geschaffene internationale Währungssystem fester Wechselkurse brach zusammen. Jahre großer währungspolitischer Unruhe und einiger Versuche einer Neuordnung (die Schlange, die Schlange im Tunnel) begannen. Ich hatte im Generalrat der Oesterreichischen Nationalbank reichlich Gelegenheit, an den Diskussionen teilzunehmen. Natürlich hatte sich in den Kreisen der Industrie eine starke Exportlobby zusammengefunden, die den Schilling an einen Währungskorb der für uns wichtigsten Exportländer binden wollte. Das wäre ein verhältnismäßig schwacher Schilling geworden, in einem Land mit strukturellem Handelsbilanzdefizit inflationär wirkend. Es ist ein großes Verdienst Finanzminister Androschs, sich energisch für den harten Schilling eingesetzt, in Wahrheit ihn durchgesetzt zu haben; der Generaldirektor-Stellvertreter der Nationalbank, Heinz Kienzl, unterstützte ihn – sie werden ihre Mühe mit dem Gewerkschaftsbund gehabt haben, aber es gelang.

Das Ziel, die hohen Industriebeteiligungen der Bank abzubauen, war langfristig unumgänglich, aber seiner Verwirklichung standen große Schwierigkeiten entgegen. Zunächst der ungeschriebene, in keinem Gesetz enthaltene Grundsatz der »mittelbaren« Verstaatlichung: die Tochtergesellschaften verstaatlichter Unternehmen, obwohl vom Gesetz nicht erfaßt, sind so zu behandeln, als ob sie unmittelbar verstaatlicht wären. Und das galt im politischen Verständnis auch für die Beteiligungen der verstaatlichten Banken, mit der Beschränkung auf die beherrschenden Mehrheitsbesitze, sodaß kleinere Teile des Aktienkapitals der börsennotierten Tochtergesellschaften der Banken für den Börsenhandel zur Verfügung standen. Die Abgabe von Beteiligungen war aber ein Verstoß gegen dieses von der SPÖ heilig gehaltene und von der ÖVP geduldete Tabu. Kreisky hatte sich zu diesem Thema wiederholt sehr deutlich geäußert. Er war, wie seine »Freunde« im Gewerkschaftsbund, der beinahe rührend naiven Meinung, durch Verstaatlichung die Beschäftigung zu sichern, wobei Arbeitplatz mit Arbeit verwechselt wurde. Aber auch das ging nur eine – kleine – Weile. Dann half man sich mit der Frühpension.

In zähen Bemühungen vor allem von Schmidt-Chiari gelang es aber doch, in diesen mir gegebenen zehn Jahren einiges an sogenannten Konzernbetrieben abzugeben, sodaß die CA 1981 »schlanker« dastand, als sie 1970 gewesen war. Ich berichte über die Schwierigkeiten, Industrieunternehmen dorthin zu bringen, wohin sie gehören, nämlich in die Hände von Industriellen, vor allem um zu zeigen, wie unsinnig und meist schädlich der politische Einfluß oder sogar Zugriff auf unternehmerische Entscheidungen ist.

Nicht immer ging es friedlich. Die Leykam AG, einer

der größten österreichischen Papiererzeuger und im Besitz der CA, hatte die gleichfalls in der Steiermark gelegene Brigl & Bergmeister AG erworben, deren Zellstofferzeugung veraltet, nicht mehr umweltverträglich und unrentabel war. Der Vorstand von Leykam hatte beschlossen, das zu tun, was Brigl & Bergmeister schon lange erwogen und leider nicht getan hatte: die Zellstofferzeugung stillzulegen. Ein Sturm erhob sich. Lokale Proteste, nicht unbegreiflich. Landespolitiker, Gewerkschafter schalteten sich ein, nicht unbegreiflich. Der Vorstand der Leykam AG blieb bei seinem Beschluß – pflichtgemäß, weil für die Ertragslage seines Unternehmens verantwortlich. Einen Sozialplan hatte es natürlich gegeben.

Nun schaltete sich der Bundeskanzler ein. Es kam zu einer Sitzung bei Bruno Kreisky. Anwesend waren: Finanzminister Androsch, der Vorstand von Leykam, der Aufsichtsratvorsitzende der Leykam, Vizekanzler a. D. Fritz Bock und ich als Vertreter des Eigentümers der Mehrheit von Leykam, nämlich der CA. Die Diskussion spitzte sich auf eine von der CA zu treffende Entscheidung zu. Die Bank sollte die Kosten der Weiterführung der Zellulosefabrik übernehmen. Ich weigerte mich. Empörung bei Kreisky. Androsch zog mich in eine Fensternische und redete mir gut zu: Ich könne mich dem nicht widersetzen, ich würde in eine für mich auch physisch gefährliche (!) Situation geraten. Ich blieb beim Nein. Kreisky telefonierte mit Landeshauptmann Krainer. Es wurde besprochen, daß die Kosten je zu einem Drittel von der Republik Österreich, dem Bundesland Steiermark und der CA zu übernehmen wären. Ich weigerte mich. Fritz Bock zog mich in eine Ecke: »Gib nach.« Ich schlug ihm vor, als CA-Generaldirektor zurückzutreten. Bock sagte: »Bist du wahnsinnig?« Ich gab nach und bin bis auf den heutigen Tag nicht sicher, richtig gehandelt zu haben. Meiner Erinnerung nach haben weder die Republik Österreich noch das Land Steiermark ihre Drittel jemals bezahlt. Die Zellstofferzeugung wurde dennoch später eingestellt.

Die existenzbedrohenden Probleme bei den beiden größten industriellen Beteiligungen der CA waren mir klar. Das schmerzlichste und vor allem verlustreichste Mißlingen war dem Versuch beschieden, die Semperit AG durch Verkauf an Michelin zu retten. Semperit, an sich in der Reifensparte durchaus leistungsfähig, war in zweifacher Hinsicht bedroht: Michelin hatte eine technologische Innovation verwirklicht, den Stahlcordreifen, was die Haltbarkeit der Reifen ungefähr verdoppelte, und die Erhöhung des Erdölpreises (der Petroschock) des Jahres 1973 verursachte geringere Geschwindigkeiten und – zumindest zeitweilig – verminderte Kilometerleistungen. Beides brachte geringeren Reifenverbrauch, anders ausgedrückt, nicht ausgenützte Kapazitäten der Reifenindustrie mit sich.

Michelin interessierte sich für Semperit; die Abgabe einer Mehrheitsbeteiligung wäre ein Rettungsanker gewesen. Der Aktionär der CA, vertreten durch Minister Androsch, stimmte dem nicht zu. Einzelheiten berichte ich im Androsch gewidmeten Kapitel.

Das zweite »politikgeschädigte« Unternehmen der CA, ihr größtes, war Steyr-Daimler-Puch. In den ersten Jahrzehnten nach dem Krieg mit Traktoren und Lkws hinter hohen Schutzzöllen und Importrestriktionen reich geworden, hatte StDP Investitionen in neue Produkte unterlassen und war zum größten Kreditor der CA geworden. Die Führung war erneuerungsbedürftig. Ich berief, so rasch es ging, den jungen Michael Malzacher als Generaldirektor, einen Mann, den Kreisky gerne anhörte. Jahre hindurch konnte Malzacher mit Kreiskys Hilfe den Export von Kettenfahrzeugen, eine schamhafte Bezeichnung für Panzer, und Schützenpanzern betreiben, sehr zum Vorteil von Steyr-Daimler-Puch und unerläßlich für den Aufbau anderer zukunftsträchtiger Produktionen, die eines Tages das Waffengeschäft ersetzen sollten. Der Export aus dem neutralen Österreich bedurfte der Genehmigung durch das Außen-, Innen- und Landesverteidigungsministerium und das Kanzleramt. Sie wurde regelmäßig erteilt. Erst bei einem Export ins Chile Pinochets kam es zum Eklat. Kreisky hatte den Export bereits genehmigt, zog aber zurück, als der in der SPÖ starke Minister Erwin Lanc und einige Linkskatholiken protestierten. Von da an ging es mit Steyr-Daimler-Puch bergab. Es war zum »unreliable supplier« geworden.

Ich glaube, daß ich hier nicht nur Anekdotisches erzähle, sondern über höchst gefährliche praktische Konsequenzen der Verstaatlichung berichte: Sie führten dazu, daß Politiker, Regierungschef und Minister sich berechtigt fühlten, direkt in die Führung von börsennotierten Aktiengesellschaften einzugreifen und die gesetzlichen Organe – Aufsichtsrat und Vorstand – zu umgehen; eine totale Aushöhlung des Aktienrechts. Man darf sich nicht wundern, daß es in diesem Land keinen funktionierenden Aktienmarkt gibt.

Anekdotischen Charakter haben eher die kleinen »Erziehungsmaßnahmen«, die man sich in der SPÖ ausdachte, um mich gefügig zu machen. Im Juni 1971 zum Beispiel wurde ich, wie üblich, für fünf Jahre zum Vorstandsvorsitzenden bestellt, 1976 als Warnung nur für zwei, dann aber doch noch für drei weitere Jahre. Bei näherer Betrachtung ein sehr unkluges Spiel, weil es die Gefahr mit sich brachte, daß die Position des so Gemaßregelten gegenüber Mitarbeitern, Kunden und der Öffentlichkeit geschwächt wurde – oder sollte das die Absicht gewesen sein? Es hat mich nicht zur geringsten Veränderung meines Verhaltens veranlaßt.

Ein weiteres Beispiel: Als meine Ernennung zum Generalrat der Oesterreichischen Nationalbank nach fünf Jahren ablief, wurde die Erneuerung über ein halbes Jahr lang verzögert, aber auch kein anderer ernannt. Eine geradezu peinlich kindische Maßnahme politischer Pädagogik, und das beim obersten Organ der Notenbank!

Als wesentliche Ergebnisse meiner Arbeit in der CA nehme ich für mich in Anspruch: die Öffnung der Bank für den »kleinen Mann«, die Entwicklung genormter, leicht verständlicher Produkte, die Expansion der Bank ins westliche und östliche Ausland – in beidem waren wir die Pioniere, denen die anderen folgten –, den Beginn des Abbaus der Industriebeteiligungen, die Entwicklung von hervorragenden jungen Mitarbeitern für das internationale Geschäft, eine offenere, ambitioniertere, wettbewerbsorientierte Unternehmenskultur, modernere Öffentlichkeitsarbeit (man vergleiche die Geschäftsberichte der Bank vor und während meiner Arbeit an der Spitze). Genug des Selbstlobs.

Die reale Machterhaltung des Staates und die Machtergreifung durch die zur Mehrheit gelangte SPÖ ereignete sich bei der CA auf zwei Ebenen: auf der des Aufsichtsrates, dessen wichtigstes Machtinstrument die Bestellung des Vorstandes ist, und auf der des Aktionärs, auf der dieser seiner Pflicht nachzukommen hat, für ausreichende Kapitalausstattung Sorge zu tragen und den Aufsichtsrat zu wählen. Der Aktionär Staat hatte über Privatisierung und Kapitalerhöhung zu befinden. Wenn er aus ideologischen, gesellschaftspolitischen Gründen privates Kapital nicht oder nur in den engen Grenzen einer Minorität ohne jeden Einfluß wollte, dann mußte er seinem gesellschaftspolitischen Ziel getreu der CA das für ihre gesunde Entwicklung notwendige Kapital eben aus öffentlichen Mitteln zuführen. Er unterließ es.

Die Zusammensetzung des Aufsichtsrats bildete die

politischen Machtverhältnisse und die Aufteilung der Macht zwischen den politischen Parteien ab. Da die CA der »schwarzen Reichshälfte« angehörte, um diese leider übliche kokette Bezeichnung für einen tristen Sachverhalt zu verwenden, wurde der Vorsitzende des Aufsichtsrats von der ÖVP nominiert: Während meiner Dienstzeit als Generaldirektor war es Fritz Bock, Vizekanzler und Handelsminister a. D., der KZ-Generation angehörend, ein weiser und erfahrener Politiker, und, ich kann es nur so altmodisch ausdrücken, ein geradezu leidenschaftlicher Patriot. Bei Stimmengleichheit gab seine Stimme den Ausschlag; doch ein so erfahrener Vorsitzender wie er hatte kaum Gelegenheit, von seinem Dirimierungsrecht Gebrauch zu machen. Vizepräsident war der gleichfalls höchst qualifizierte Paul Schärf, Generaldirektor der Wiener Städtischen Versicherung, dessen Urteil man uneingeschränkt vertraute. Die Bundeskammer war durch ihren Präsidenten Rudolf Sallinger, die Industrie durch Franz-Josef Mayer-Gunthof und Hans Lauda, später Carl-Anton Graf Goess-Saurau hervorragend vertreten. Beide Parteien hatten sich sichtlich Mühe gegeben, in den Aufsichtsrat Herren zu entsenden, die prominent genug für die erste Bank des Landes waren sowie für den Vorstand nicht nur fähige Kontrolleure, sondern auch wertvolle Ratgeber sein konnten.

Ein Gleiches läßt sich von den einige Jahre später, als die SPÖ sich den Freiheitlichen zuwandte, in den Aufsichtsrat gewählten Vertretern der FPÖ und in einem Falle auch des Liberalen Forums nicht sagen. Von Hilmar Kabas (FPÖ) zum Beispiel ist mir aus seiner einige Jahre währenden Zugehörigkeit zum Aufsichtsrat keine Wortmeldung in Erinnerung, die eine verbale Begründung für seine Mitgliedschaft geboten hätte – diese war eher in häufigen Kopfnickbewegungen bei Wortmeldungen SPÖ-naher Mitglieder zu vermuten. Dem Aufsichtsrat hat niemals ein Vertreter der 40 Prozent nicht im Staatsbesitz befindlicher Anteile an der CA angehört, eine beispiellose Mißachtung des Privateigentums durch die Vertreter des Staates, empörende Arroganz der Macht. Noch immer sehe ich vor mir das jammervolle Bild jener Sektionschefs, die als Vertreter der Republik Österreich alljährlich den von Aktionären gestellten Antrag, einen Vertreter der Privataktionäre in den Aufsichtsrat zu wählen, mit ihrem Njet erledigten, ohne sich der Mühe einer Begründung zu unterziehen.

Reinhard Kamitz, der liberalste (im Sinne des klassischen Wirtschaftsliberalismus) Finanzminister Österreichs nach dem Zweiten Weltkrieg, hatte ein Dilemma, in das die Regierung geraten war, geschickt ausgenützt. Die Regierung hatte einer Erhöhung der Beamtenbezüge zugestimmt, für die es im Budget keine Deckung gab. Der Finanzminister erklärte, die Zusage der Regierung nur erfüllen zu können, wenn er zusätzliche Mittel erhalte, und beantragte die Umwandlung von 30 Prozent des Aktienkapitals der CA und der Länderbank in stimmrechtslose Vorzugsaktien, die ebenso wie zehn Prozent der (stimmberechtigten) Stammaktien zur Privatisierung durch Verkauf an der Börse bestimmt seien. Ich entsinne mich noch meiner Freude, als ich, damals im Dienst der IBV, die Nachricht im Radio während einer Fahrt gemeinsam mit Hans Igler zur VOEST nach Linz hörte. Wenn man bedenkt, daß dieser erste, zaghafte, das Machtmonopol des Staates – in Wahrheit das der politischen Parteien – über die Banken voll bewahrende Schritt das kühnste Privatisierungsunterfangen war, das jemals bis zum Verkauf der CA unternommen wurde, dann erfährt man mit erschreckender Klarheit, was alles seit jenem mutigen Zugreifen des Ministers Kamitz in der kläglichsten Weise unterlassen wurde.

Es ist noch Schlimmeres zu vermerken. Man kann, wenn man wie ich Jahrzehnte in einem verstaatlichten Unternehmen gearbeitet hat, am Staat als verantwortlichem Eigentümer nur vernichtende Kritik üben. Der Staat hat als Aktionär der CA kläglich versagt: nicht willens, seine Macht an private Aktionäre abzutreten oder wenigstens mit ihnen zu teilen, war er auch nicht fähig, dem von ihm beanspruchten Objekt seiner Herrschsucht die nötige Kapitalausstattung durch Kapitaleinzahlung zu geben. Er hat die CA in ihrer Entwicklung nachhaltig behindert, das Unternehmen und sich selbst ebenso wie die machtlosen Vorzugsaktionäre geschädigt und vor allem der österreichischen Volkswirtschaft die Chance geraubt, ein oder zwei wirklich bedeutende Bankinstitute im Lande zu haben. Eine traurige, aufs tiefste zu bedauernde Bilanz: das reale Versagen jener Ideologie, die im öffentlichen Eigentum Heil und Sicherheit erblickte. Noch immer schöpfen all zu viele aus dieser Gedankenwelt ihre Hoffnung für die Zukunft.

Ein Nekrolog

Die k.u.k. privilegierte Creditanstalt für Handel und Gewerbe verdankte ihre Gründung im Jahre 1855 einem beinahe genialen Einfall der österreichischen Rothschilds. Ihre Pariser »Cousins« genossen nicht das Wohlwollen des Monarchen Napoleon III, der die neu auf der Finanzszene aufgetretenen Brüder Péreire mit dem von ihnen erfundenen neuen Banktyp des Crédit Mobilier favorisierte. In Österreich waren sieben Jahre seit der Revolution des Jahres 1848 vergangen. Sie hatte unter anderem zu einer bedeutenden Bodenreform geführt. Ein erheblicher Teil des riesigen aristokratischen Grundbesitzes vor allem in Böhmen und Mähren war im Zuge der Grundentlastung in bäuerlichen Besitz übergeführt worden. Die Großgrundbesitzer wurden mit verzinslichen, kurzfälligen Obligationen entschädigt, die 1855 schon zum großen Teil eingelöst waren. Für die Großgrundbesitzer war es in Wahrheit eine Befreiung von den Lasten der Grundherrschaft. Und dazu versetzte es sie in einen Zustand, den sie seit dem Ende der Türkenkriege nicht mehr gekannt hatten: sie besaßen mit einem Male liquide Mittel in bedeutender Höhe, kurz: sie waren bei Kasse. Das mußte Instinkt und Phantasie begabter Bankiers in Bewegung setzen.

Die Rothschilds in Wien begriffen die Gunst der Stunde und luden die zu baren Mitteln gelangten Aristokraten ein, sich an der Gründung ihres Typs von Crédit

Mobilier, an der Österreichischen Creditanstalt, zu beteiligen. Sie war die Antwort der Rothschilds auf die Bank der Péreires in Paris und trat mit dem riesigen Grundkapital von 100 Millionen Gulden, zur Hälfte eingezahlt, ins Leben. (Zum Vergleich: die Deutsche Bank wurde sechzehn Jahre später mit bescheidenen 15 Millionen Talern gegründet.) Sie bot den Großgrundbesitzern eine verlockende Anlage. Die Liste der Gründer beweist es: neunzehn Namen in alphabetischer Reihenfolge, mit dem Fürsten Auersperg beginnend, über Colloredo, Fürstenberg und so weiter bis zum Fürsten Schwarzenberg. Dazwischen der bürgerliche Unternehmer Gustav von Hornbostel, Simon von Lämel, ein Verwandter der Rothschilds, Schoeller und eben das Haus Rothschild mit einem großen Anteil.

Die Creditanstalt war als Industrie- und Eisenbahngründungsbank gedacht, und wurde jedenfalls in ihrem ersten Lebensabschnitt auch als solche geführt. Zwischen dem Schwarzen Meer und dem Bodensee gab es kaum eine Eisenbahn, an deren Gründung die CA nicht mitgewirkt hätte. Ebenso war sie naturgemäß an den meisten wichtigen Industriegründungen beteiligt. Das war die stolze österreichische Antwort auf Paris.

Ihr wechselvolles Dasein, über das es genügend Literatur gibt, soll hier nicht weiter geschildert werden. Es endete nach 142 Jahren mit dem Verkauf an die Bank Austria. Aber die Bank und ihre Mitarbeiter verdienen, glaube ich, so etwas wie einen Nekrolog.

Noch in ihrem letzten Lebensabschnitt in der jungen Republik setzte die CA unter den fünf Generaldirektoren Joham, Miksch, Treichl, Androsch, Schmidt-Chiari die altösterreichische Tradition in ihrer Mischung von Binnenorientierung im Sinne und Raum der Donaumonarchie und den selbstverständlichen, seit einem Jahrhundert bestehenden Auslandsverbindungen der alten europäischen

Großbanken fort. Sie war das führende Institut, in dem noch ein wenig die Prätentionen seiner Gründer, unverkennbare Residuen des habsburgischen Österreich, durch den mittlerweile angehäuften Staub durchschimmerten. Man war stolz, in dieser Bank zu arbeiten, und ihr Kunde zu sein wurde als Qualitätsmerkmal empfunden. Die Mitarbeiter spiegelten das Elitäre der Bank deutlich wider. Es waren bürgerliche Menschen; die zahlreichen Sozialdemokraten in der CA waren bürgerliche Sozialdemokraten. Alle durchaus ihres Ranges bewußt, der sie, wie sie meinten, über die Mitarbeiter der auf die einfachsten Transaktionen beschränkten Sparkassen oder Raiffeisenbanken emporhob. In der Tat verfügte die CA über ein beachtliches Reservoir hochqualifizierter Spezialisten, die als Berater der Behörden, als Dozenten, als Buchautoren auftraten. Kein Wunder, daß dieses Institut den sozialistischen Appetit reizte.

Man kann den Schock verstehen, der die Mitarbeiter und eine große Anzahl der Kunden traf, als die Übernahme durch die Bank Austria bekannt wurde. Die Bank Austria war eine Notlösung – ich nannte sie in einer Fernsehdiskussion ein »asthmatisches Retortenbaby« –, geschaffen, um die unter SPÖ-Führung sehr schwach gewordene Länderbank durch die Zentralsparkasse zu retten und so Unheil von der SPÖ abzuwenden, eine neue Bank, mit ungelösten Problemen belastet, noch ohne jede eigene Identität. Der Öffentlichkeit wurde sie durch die Medien fast ausschließlich in der Person des Gerhard Randa vorgestellt, ihres machtbewußten, konsequent handelnden Generaldirektors. Er kam aus der Z. Ich hatte ihn während seiner Banklehrjahre im Vorstand der CA als Stellvertreter von Schmidt-Chiari kennengelernt, als ich nach meiner Pensionierung zehn Jahre dem Aufsichtsrat der Bank angehörte. Randa referierte sachlich, ruhig, nahm an Debatten kaum teil, war völlig unauffällig.

Nichts an ihm verriet, daß er sich zu mehr berufen fühlte und vielleicht schon Pläne schmiedete.

Auch wenn man, wie ich, das Los der CA zutiefst beklagt, kann man dennoch dem Mann, der es besiegelt hat, eben Randa, keinen anderen Vorwurf machen als den, der Öffentlichkeit vor der Übernahme der CA die Wahrheit vorenthalten zu haben. Die Führung der Bank Austria war seine keineswegs leichte Aufgabe; er mußte sie vor einer skandalösen Blamage bewahren und verband das obendrein mit dem Genuß, den er seinen Parteigenossen durch das Ende der bürgerlichen CA bereitete. Für sein Institut hat Randa richtig gehandelt – nicht für Österreich. Aber das war nicht seine Aufgabe. Er hat den Kaufpreis der CA aus deren stillen Reserven in kürzester Zeit hereingebracht. Die CA hat somit in Wahrheit gar nichts gekostet.

Ernsteste Vorwürfe treffen hingegen die Bundesregierung – und zwar beide Parteien, die damals regierten. Die Sozialisten haben ein vor allem ihrer Partei dienendes Konzept verwirklicht, eines, das den unantastbaren Bestand eines sozialistischen Finanzimperiums auch für den Fall des Verlustes der Regierungsmehrheit sichern sollte. Und das deutlich gegen die wahren Interessen der Republik, die nicht nur einen weit höheren Preis für ihre Anteile hätte erzielen sollen, sondern die vor allem an der Existenz einer Bank nach westlichem Muster, der »monetären Visitenkarte« Österreichs in der Diktion des Hannes Androsch, ernsthaft interessiert sein mußte. Nicht auf die Nationalität der Aktionäre kommt es dabei an, sondern darauf, wo und in welchem Kontext die Entscheidungen fallen.

Die ÖVP trifft der Vorwurf, das offenbar nicht erfaßt zu haben. Sie hat schon bei der Verfassung des Gesetzes, mit dem das Finanzministerium zum Verkauf ermächtigt wurde, versagt und dann dem sozialistischen Anschlag nicht energisch genug widerstanden. Ein höchst intelligenter und begabter Mann, hervorragender Taktiker, mit eisernen Nerven, an der Spitze seiner Partei unterlag widerstandslos den Sozialisten. Oder war es nicht doch anders? Wie wichtig war der ÖVP diese monetäre Visitenkarte Österreichs? Die österreichische Einstellung zu Banken ist kurios und inkonsistent. Zunächst Scheu und Unbehagen vor dem »Abstrakten« der Finanzwelt, Unverständnis für die »Invisibles«, residualer Merkantilismus. Widerstrebende Bewunderung der Bankenmacht, die gemeinhin weit überschätzt wird, verbindet sich mit der alten katholischen Abneigung gegen das Geldgewerbe und dem sozialistischen Haß des Kapitals. Keine sehr glückliche Mischung: Das Resultat ist die Betrachtung der Banken als Instrumente der Macht und nicht als Unternehmen. Auf die Macht verstehen sich die Sozialisten besser als alle anderen politischen Parteien. Die Freiheitlichen beobachteten das ganze Schauspiel mit der schweigenden Verständnislosigkeit, die man bei ihren in der Mehrzahl provinziell beschränkten Anhängern und ihrem gehässigen »Führer« erwarten konnte. Da dieser überdies dazu ansetzte, das Steuer seiner Bewegung in Richtung sozialistischer Wählerschaft zu schwenken, lag es ihm ferne, sich für etwas so Kapitalistisches wie eine Bank und etwas so Bürgerliches wie die CA einzusetzen. Er hat die Bedeutung des ganzen Vorgangs wohl nie ganz erfaßt. Und die sogenannten Liberalen, in Wirklichkeit weit entfernt von all dem, was den Wirtschaftliberalismus (vor allem im Sinne seiner angelsächsischen Erfinder) ausmacht, blieben lieber der Sorge für die Homosexuellen und dem Ziel, christliche Symbole aus der Schule zu verbannen, treu.

Das Schicksal der CA zeigt mit größter Genauigkeit, wie sehr Österreich eine politisch einflußreiche wirtschaftsliberale Stimme fehlt. Man kann die Behauptung wagen, daß der nach Königgrätz unter der Regierung Auersperg entstandene Ansatz zu wirtschaftlichem Liberalismus schon sieben Jahre später im Gefolge des Börsenkrachs von 1873 unterging und sich nie mehr zu voller Kraft erneuerte.

Ich habe mich oft gefragt, ob sich das unter Kreisky als Kanzler oder Androsch als Finanzminister gleichfalls ereignet hätte. Ich glaube nein. Kreisky, der überzeugte Sozialdemokrat, der Verstaatlichung als gesellschaftlichen Fortschritt begriff, aber auch der moderne Androsch hatten zu viel Respekt vor der österreichischen Tradition, um eine Zerstörung dieser Art geschehen zu lassen. Beide waren auch zu welterfahren, zu kosmopolitisch, als daß ihnen eine so primitive Dummheit hätte passieren können. So vollzog sich der Untergang einer über 140 Jahre alten, weit über Österreichs Grenzen hinaus hoch angesehenen Bank ohne viel Widerstand oder Kritik. Es soll für alle Zukunft festgehalten werden, daß kein einziger österreichischer Politiker seine Stimme gegen den Untergang der CA erhoben hat. Die Journalisten, von ein paar rühmlichen Ausnahmen, wie dem Chefredakteur der *Presse*, Andreas Unterberger, abgesehen, verbargen ihren Mangel an Verständnis und an Gesinnung in Berichten, in denen sich die Vokabeln »Krimi« und »Poker« qualvoll wiederholen.

Das Fazit: Ein Sieg des einstigen »proletarischen« Österreich über das bürgerliche, des kleinbürgerlichen über das weltbürgerliche Österreich. Hic jacet.

Drei Banken sind geblieben, gewissermaßen Nachkommen der untergegangenen CA, verselbständigte Teile des alten Gebildes: die Oberbank (Bank für Oberösterreich und Salzburg), die Bank für Tirol und Vorarlberg, (BTV), die Bank für Kärnten und Steiermark (BKS), zusammengefaßt als Drei-Banken-Gruppe.

Bald nach meinem Eintritt in die CA hatte ich zu meinem Erstaunen entdeckt, daß es der CA in irgendeiner Weise nahestehende Kreditunternehmen gab, in den Geschäftsberichten als affiliierte Institute bezeichnet, über deren Tätigkeit man nichts Näheres erfahren konnte. Sie wurden nicht im Konzernbereich betreut, sondern von einem der rangältesten Direktoren, dem ein Bereich mit ganz anderen Aufgaben, unterstand und der unmittelbar dem Generaldirektor berichtete. Es handelte sich um die drei soeben genannten, in den Bundesländern tätigen Regionalbanken, und die AVA, eine Bank, die fast ausschließlich Autokäufe von Privaten mit Teilzahlungskrediten finanzierte.

Man zeigte sich wenig gesprächsbereit, als ich zum ersten Mal entdeckte, daß einer der Kreditnehmer der CA auch bei einer Regionalbank Kredite in Anspruch nahm, und Näheres erfahren wollte, um unsere Vorgangsweise intern abzustimmen. Es war, als ob ein Schleier des Geheimnisses über diese Banken gebreitet wäre. Langsam fand ich einiges heraus, doch wesentliche Einzelheiten blieben mir verborgen, bis ich Generaldirektor wurde.

Der hervorragende Jurist Walther Kastner, Rechtsanwalt und Universitätsprofessor, ohne dessen Rat im Finanzministerium kein Gesetzesentwurf entstand, hatte 1952 einen Syndikatsvertrag für die CA und die drei affiliierten Banken verfaßt. In diesem Vertrag wurden nicht nur die Beteiligungsverhältnisse, sondern auch die Führung des Syndikats geregelt. Die Beteiligungsverhältnisse wurden so geordnet, daß bei jeder der drei Banken die CA und die jeweils beiden anderen mit zwischen 25 und 30 Prozent beteiligt waren. Die CA hat, um dies zu ermöglichen, auf die Mehrheit der Aktien der Oberbank verzichtet. Es gab auch außenstehende Aktionäre: die Bayerische Vereinsbank war bei der BTV und die Bayerische Hypothekenbank bei der Bank für Kärnten mit einigen wenigen Prozent beteiligt. Die drei Banken bildeten also untereinander einen Ring wechselseitiger Beteiligungen mit jeweils der CA als drittem, nur eine Minderheit besitzendem Partner. Im Syndikatsvertrag wurde Generaldirektor Joham ad personam zum Vorsitzenden der Syndikatsleitung bestellt, bei Beschlüssen der Syndikatsleitung entschied die Stimme des Vorsitzenden, auch gegen die Mehrheit – eine Anleihe beim deutschen Aktiengesetz aus der Nazizeit mit seinem »Führerprinzip«. Meines Wissens kam es aber nie zu solchen Abstimmungen.

Welche Absicht ließ diese recht ungewöhnliche Regelung eines Syndikats entstehen? Es war, wie ich aus jener Zeit weiß, der Wunsch, diese Banken von Staatseinfluß und damit Parteipolitik frei zu gestalten.

Als Androsch mein Nachfolger in der CA geworden war, behauptete er immer wieder, es sei nur geschehen, um diese Banken vor den Russen zu schützen, und müsse daher rückgängig gemacht werden. Aber diese Version traf keineswegs zu. Um die Banken vor dem Zugriff der Sowjets zu schützen, hätte man kaum von 1945 bis 1952 warten und ihnen sieben Jahre Zeit für Beschlagnahmungen lassen dürfen, die sie sonst innerhalb von Tagen in ihrer Besatzungszone vorgenommen haben. Außerdem lagen die Banken und ihr Markt außerhalb der sowjetischen Besatzungszone. Androsch ging es natürlich um die Beherrschung der Regionalbanken, die wiederum genau das nicht wollten. Sie baten mich nach meinem Ausscheiden aus dem Vorstand der CA, weiterhin ihr Aufsichtsratvorsitzender und Syndikatsleiter zu bleiben. Ich nahm das gerne an; die Zusammenarbeit mit den unter meiner Mitwirkung verjüngten, mit hervorragenden, bewährten Bankleuten besetzten Vorständen hätte nicht angenehmer sein können. Unter der Führung von Herren wie Hermann Bell, Maximilian Meran und Gerhard Moser wuchsen diese Institute kontinuierlich und konnten zugleich eine erheblich über dem österreichischen Durchschnitt liegende Ertragslage halten. Sie haben eine starke Position in ihren Bundesländern, und teilweise auch im benachbarten Ausland. Ihre Organe sind ausnahmslos nach unternehmensstrategischen Gesichtspunkten besetzt – Parteipolitik war und ist dort unbekannt. Die leitenden Herren genießen nicht nur in ihren Bundesländern, sondern weitum hohes Ansehen.

Das Wachstum erforderte eine Anpassung der Eigenmittel. Kapitalerhöhungen wurden notwendig. Wir beschlossen im Syndikat, Aktien an der Börse einzuführen und einem breitgestreuten Aktionärskreis anzubieten. Das führte unverzüglich zu einem Konflikt mit der von Androsch geführten CA. Sollten dem Publikum Aktien angeboten werden und das Verhältnis der wechselseitigen Beteiligungen zueinander erhalten bleiben, dann mußten die Banken einschließlich der CA auf ihr Bezugsrecht verzichten – ein völlig normaler Vorgang. Die CA weigerte sich jedoch, das zu tun, bestand darauf, ihr Bezugsrecht auszuüben und dadurch in den Besitz einer beherrschenden Position zu gelangen.

Die Banken ihrerseits wollten begreiflicherweise ihre Unabhängigkeit nicht aufgeben. So behinderte das Verhalten der CA bis zum Ausscheiden von Dr. Androsch die Entwicklung der Regionalinstitute in einer kaum zu verantwortenden Weise. Erst als Guido Schmidt-Chiari an die Spitze der CA trat, konnten sie ihre Entwicklung ungehemmt fortsetzen. Sie haben die Zusammenarbeit in der Gruppe intensiviert und bedeutende Synergieeffekte erzielt.

Nach der im Inland und international höchst erfolgreichen Erste Bank sind die drei Banken in der traditionellen Bedeutung der Bezeichnung – also weder Sparkasse noch Genossenschaft wie Raiffeisen oder Volksbanken, diesen

Unternehmen ohne Eigentümer, noch wie die BAWAG im Eigentum einer politischen Organisation – die letzten Überbleibsel des Finanzplatzes Wien, an dem vor eineinhalb Jahrhunderten an die siebzig Banken tätig waren. Sic transit gloria mundi. An den Zusammenbrüchen von Banken in den zwei Jahrzehnten der Ersten Republik sind zu einem großen Teil die Banken selbst schuld. Für die unglückliche strukturelle Entwicklung in der Zeit nach dem Zweiten Weltkrieg trägt die Politik die Verantwortung.

Kreisky: Versuch eines
Psychogramms in Begegnungen

Auf vielen Ebenen und in den verschiedensten Situationen bin ich Bruno Kreisky begegnet. Ein paar markante Erlebnisse möchte ich festhalten. In ihnen zeigen sich die inneren Widersprüche im Denken oder vielleicht richtiger: im Fühlen Kreiskys und die letztlich unüberbrückbaren Gegensätze zum klassischen, angelsächsischen Liberalismus.

Meine Auseinandersetzungen mit Bruno Kreisky begannen mit dem Sechstagekrieg. Helga und ich waren am 30. Mai 1967 bei Bernd und Elisabeth Kamler zu einem Diner eingeladen. Der Krieg war nach wenigen Tagen mit einem israelischen Triumph beendet worden.

Es war zu Beginn der ÖVP-Alleinregierung unter Kanzler Klaus. Das Zusammentreffen mit einem prominenten Sozialisten im Hause eines prominenten Vertreters der österreichischen Industrie und Funktionärs der Bundeskammer in einem rein gesellschaftlichen Rahmen entsprach nicht dem Üblichen. Bernd Kamler entstammte einer österreichischen Beamtenfamilie. Sein Großvater war Generalpostmeister unter Kaiser Franz Joseph gewesen und geadelt worden. Mit dem Orden der Eisernen Krone III. Klasse konnte er um den Ritterstand »einschreiten«, wie es in der Amtssprache hieß. Bernd hatte ich in den dreißiger Jahren als jungen Mitarbeiter im Kabelevidenzbüro, dem Kartell der österreichischen

Kabelindustrie, kennengelernt, an dessen Spitze Siegmund von Sonnenthal stand, ein Sohn des Burgschauspielers Adolf von Sonnenthal, der im Wien des 19. Jahrhunderts berühmt und beliebt war. Er hatte ebenso wie später sein Sohn zum Freundeskreis der Familie Ferstel gehört, die den Umgang mit Künstlern liebte. So kam es, daß ich Bernd Kamler seit früher Jugend kannte. Er war sehr intelligent und gebildet, ehrgeizig und in seinem politischen Denken geprägt von der klugen Toleranz des österreichischen hohen Beamtentums. Seine Tätigkeit im Kabelsyndikat hatte ihn an die Spitze der Felten Guillaume AG geführt, einer Tochter des Luxemburger Arbed-Konzerns, eines der größten Stahlunternehmen Europas. Generaldirektor Kamler gehörte zu den führenden Männern der Industriellenvereinigung; mit Hans Lauda und Franz-Josef Mayer-Gunthof war er durch Denken, Verhalten und Tradition als Theresianist freundschaftlich verbunden. Aber anders als diese und die meisten anderen (eher protektionistischen, europafreundlichen) führenden Männer der österreichischen Industrie lehnte Kamler die EWG grundsätzlich als zentralistisch-bürokratischen »Überstaat« ab und zog das, wie er meinte, liberalere Europa der EFTA, also das Europa des Freihandels, vor. Er war Vizepräsident der Bundeswirtschaftskammer und wenn nicht in dieser vom Gewerbe dominierten Organisation, so doch durch sie in der wirtschaftspolitischen Szene Österreichs einflußreich. Er war ein überzeugter Anhänger der Großen Koalition und hatte gute Kontakte zu führenden Männern der SPÖ.

Ich bewunderte Kamlers wachen und beweglichen Verstand; er hatte eine weitere Karriere in Aussicht. Aber es kam anders. Private Entwicklungen entfremdeten ihn dem Establishment. Kamler verließ seine erste Frau, die sehr attraktive, sehr eigenwillige Baronin Helga Widmann, die ihm einen Sohn geboren hatte, als er sich in eine schöne

Münchnerin, Elisabeth, ehemalige Schauspielerin und geschiedene Frau, verliebte. Hans von Lauda heiratete die Verlassene und mußte sich seinerseits zu diesem Zweck von seiner ersten Gemahlin scheiden lassen. Scheidungen waren in diesem Milieu noch ziemlich verpönt und daher selten. Die Kamler-Lauda-Affäre erregte großes Aufsehen und vergiftete die Atmosphäre in der Industriellenvereinigung. Sie verbaute Kamlers Weg an die Spitze, die ihm eigentlich vorbestimmt war, und ließ ihn vielleicht ein wenig weiter nach links gleiten.

So war es kein Wunder, daß man Kreisky in seinem Haus traf. An jenem Abend am Ende des Sechstagekrieges war Helga, und ich mit ihr, in Hochstimmung. Es kam zu einer lebhaften Diskussion mit Kreisky. Er sprach sehr kritisch über die Haltung Israels und erging sich in düsteren Prophezeiungen über die Zukunft des arabisch-israelischen Verhältnisses. Wir empfanden den aggressiven Ton und die verletzende Wortwahl aus seinem Mund als Provokation. Die Debatte wurde immer erregter. Ich fand seine Haltung höchst unsympathisch, deplaziert und unverständlich, aber im Rückblick muß ich zugeben, daß er mit seiner außenpolitischen Beurteilung im wesentlichen recht hatte. Bernd versuchte zu beschwichtigen, doch bin ich sicher, daß auch er die Peinlichkeit der Haltung Kreiskys empfand. Man trennte sich mit einem unangenehmen Nachgeschmack.

Die Heftigkeit, die Emotionalität, mit der Kreisky über Israel gesprochen hatte, und zugleich sein deutliches Bestreben, sich von Israel zu distanzieren, an der jüdischen Sache seelisch unbeteiligt zu erscheinen und in der aufgeheizten Nahostdiskussion einen objektiven Standpunkt einzunehmen, all das konnte nur eine Wurzel haben: den geradezu leidenschaftlichen Wunsch, sich vom Judentum zu distanzieren, sich von einer »Erblast« zu befreien.

Ungefähr drei Jahre nach jenem Abend bei Bernd

Kamler trafen wir das Ehepaar Kreisky bei einem intimen Abendessen, das Anita von Karajan gab. Es waren nur Marcel Prawy, die Kreiskys, Helga und ich eingeladen. Kreisky saß zur Rechten und ich zur Linken der Hausfrau. Nach meinen Kalenderaufzeichnungen fand das Essen am 2. April 1970 statt: erstaunlich, daß Kreisky dafür Zeit fand, war es doch nur drei Tage nach seinem Wahlsieg vom 30. März 1970. Kreisky sprach viel und angeregt von seinen Absichten der Entkrustung Österreichs. Vera Kreisky schwieg. Am Ende sagte er: »Das sind doch Ansichten, denen jeder liberale Bürgerliche zustimmen kann, finden Sie nicht?« Unser gemeinsamer Freund Kurt Grimm hatte mich offenbar schon als Liberalen beschrieben. Ich erwiderte: »Gewiß, aber das ist nicht alles, was auf uns wartet. Da ist auch eine starke, gefährliche ideologische Komponente in Ihrer Partei. Ich habe gelesen, was der Nationalratsabgeordnete Czernetz in der *Zukunft* geschrieben hat.« Damit glaubte ich Kreiskys liberale Maske enttarnt zu haben.

Er blieb völlig unbeeindruckt: »So, das haben Sie gelesen? No, da haben Sie mir viel voraus.« Czernetz war erledigt und ich auch.

An jenem Abend bei Frau von Karajan sprach Kreisky mich immer wieder als Liberalen an und meinte, daß es zwischen den Sozialdemokraten und den liberalen Bürgerlichen eine gemeinsame Plattform geben müsse. Meine Ansicht war, daß es zwar bekanntlich zwischen den politischen Parteien SPÖ und ÖVP viele Möglichkeiten pragmatischer Zusammenarbeit und des Kuhhandels der Machtteilung gebe, zwischen den theoretischen Positionen des klassischen Wirtschaftsliberalismus und denen des Sozialismus hingegen unüberbrückbare Gegensätze bestünden. Kreisky hielt die Liberalen für halbe Sozialdemokraten, für Bürgerliche auf dem rechten Weg zum Sozialismus. Er sah nicht, daß das entscheidende Kriterium das Verhältnis zum Staat und seiner Macht war und den eigentlichen Gegensatz bildete. Wenn er in der politischen Praxis der SPÖ überwunden wurde, wie später in der Koalition mit den Freiheitlichen und auch zum Beispiel im Aufsichtsrat der CA, wie ich schmerzlich erfahren mußte, dann nur, weil die FPÖ vom Liberalismus weit entfernt und gierig nach Teilhabe an der Macht war, wie es denn in Österreich in der politischen Klasse kaum echte Wirtschaftsliberale gab und gibt. Auch die ÖVP hatte sich in entscheidenden Fragen wie der Privatisierung der Verstaatlichten Industrie und der Banken bisher nicht ernstlich zu wirtschaftsliberalen Positionen bekannt. In ihrem beharrlichen Festhalten an zünftlerischen Traditionen wie zum Beispiel der Gewerbeordnung traf sie sich mit dem Protektionismus des Gewerkschaftsbundes in gemeinsamer Bemühung zur Verhinderung von Wettbewerb. Mit der Regierung Klaus ging der liberale Impuls bei der ÖVP vollends zu Ende. Sie verlor immer mehr ihre Wirtschaftskompetenz. Es bleibt ihr das Verdienst, die richtigen Positionen in der Außenpolitik gegen eine geradezu lächerlich provinzielle SPÖ gehalten und mit dem EU-Beitritt sogar durchgesetzt zu haben.

Kreisky war viel zu sehr Außenpolitiker, viel zu sehr von Österreichs Aufgabe in der Welt durchdrungen, viel zu ehrgeizig und in der internationalen Politik persönlich viel zu geachtet, um eine so klägliche Haltung einzunehmen. Die pragmatisierten Politruks und Apparatschiks der heutigen SPÖ hätte er verachtet. Sein Ziel war es, das christlich-soziale Bürgertum als politische Kraft zu vernichten. In diesem Sinne war er ein revolutionärer Klassenkämpfer.

Kreisky liebte den Umgang mit den Großen und Reichen dieser Welt und versuchte, sie für die Interessen der österreichischen, vor allem der Verstaatlichten Wirtschaft zu gewinnen. Zu seinen regelmäßigen Besuchern zählte der Schah von Persien. Kreisky gab im Kanzleramt immer wieder einen großen Lunch für ihn, bei dem eine Reihe von führenden Männern aus der österreichischen Wirtschaft geladen war. Der Botschafter des Kaisers saß auf der Stuhlkante hinter seinem Souverän und streckte die Hand aus, in die der Schah die Asche seiner Zigarette streifte – ein Schlaglicht auf asiatischen Despotismus. Es war ein Vergnügen, die Selbstverständlichkeit in Kreiskys Umgang mit dem Schah zu beobachten. Welcher Kontrast zu manchen seiner Vorgänger und Nachfolger.

Edmond de Rothschild war ebenfalls immer wieder zu Gast beim Bundeskanzler und auch dazu wurde ich eingeladen. Da war nichts von der Mentalität zu merken, die so entschlossen an der Verstaatlichung der Großbanken festhielt; da war der Weltmann Kreisky, dem die internationale Finanzszene wohlvertraut und sympathisch war, ein Staatsmann, auf den die Rothschilds und ihresgleichen bauen konnten.

Ein anderer Vertreter aus der Finanzwelt bei Kreiskys Lunchpartys war Sir Sigmund Warburg; der bekannten alten Hamburger Bankiersfamilie entstammend, war er in den dreißiger Jahren nach London emigriert und hatte dort mit außerordentlichem Erfolg die Merchant Bank S. G. Warburg gegründet und zu einer der ersten Adressen der City gemacht. Er wurde sehr bewundert und genoß höchstes Ansehen. Natürlich besuchte er die Creditanstalt, deren fast ausschließlicher Partner in Auslandsemissionen für die Republik oder die Verbundgesellschaft das Londoner Haus Warburg war. Die Verbindung wurde vor allem von Kurt Grimm für die CA sowie von Erich Körner und Eric Roll, beide Partner von Warburg, gehalten. Körner war österreichischer Emigrant und kannte Wien sehr gut, Roll war im altösterreichischen Galizien geboren und schon als Kind nach England gekommen. Er brachte es mit hoher Intelligenz und Weitblick zu einer führenden Position im britischen Handelsministerium, wurde bei seinem Ausscheiden zum Lord ernannt und trat bei Warburg ein.

Bei einem seiner Besuche in Wien, bei dem ihn Körner begleitete, hatte ich ein längeres Gespräch mit Sigmund Warburg. Wie unter Bankleuten üblich, informierten wir uns über die politische und wirtschaftliche Situation in unseren Ländern. Sigi Warburg sprach kritisch über Harold Wilson und die Wirtschaftspolitik Labours und beglückwünschte uns zu unserem Kreisky, der ja eigentlich gar kein Sozialist sei. Das reizte mich, und ich widersprach ihm mit den folgenden Argumenten:

Kreisky habe die Wahl mit der Verkürzung des Wehrdienstes gewonnen. Das sei ein Angriff auf den Standard des Heeres, das bei der SPÖ seit den dreißiger Jahren unbeliebt war: im Kern ein Angriff gegen Verteidigungsbereitschaft und Patriotismus.

Kreisky sei für die Fristenlösung, die Freigabe der Abtreibung: ein Angriff gegen die biologische Substanz, eine typisch linke Position.

Kreisky habe mit seiner Ministerin Herta Firnberg die Demokratisierung genannte Zerstörung der traditionellen Hochschulstruktur betrieben. Das Angriffsziel sei die Bildungselite: wieder eine linke Position. Damit sei Kreisky, so meine Antwort an Warburg, in drei eklatanten Fällen als eindeutiger »Linker« ausgewiesen.

Zwei Tage später las ich im *Kurier* in der von Helga Stadler geschriebenen Kolumne »Innenpolitik von innen« die Überschrift: »Wie CA-Chef Treichl für die SP unbequem wurde«.

Von da an galt ich als Gegner. Ich glaube, diese Qualifikation verdient zu haben. Jedenfalls verstummte ich nicht ganz. Kaum war ich, 69 Jahre alt, aus dem Vorstand der CA ausgeschieden und Pensionist geworden, wurde ich gefragt, ob ich Präsident des Akademikerbundes werden wollte. Eine ehrenvolle Berufung: Vor mir hatten Reinhard Kamitz und Stefan Koren diese Position innegehabt. Ich wollte. Der Akademikerbund war eine ÖVP-nahe Organisation, mit deutlich liberalem Touch, unter Kamitz gegründet, von dem sehr tatkräftigen Generalsekretär Zimmer-Lehmann erfolgreich organisiert und propagiert, eine gut gemachte Plattform für Leute, die nicht den Sozialismus wollten, aber gegenüber der ÖVP Berührungsängste hatten und nicht zum sogenannten nationalen Lager gehörten: in Österreich eine beinahe gefährdete Spezies.

In einer der ersten Versammlungen des Akademikerbundes vor der Nationalratswahl 1983 hatte ich Gelegenheit, meinen Ruf als Gegner Kreiskys zu festigen. Ein Wahlplakat der SPÖ forderte auf, Kreisky zu wählen, denn die Zeiten seien ernst. Ich erklärte in einer Rede vor dem Akademikerbund, bei der auch Journalisten anwesend waren: »Wenn Kreisky nicht mehr Bundeskanzler wäre, wären die Zeiten nicht so ernst.« Es war ein Lacherfolg, und die Zeitungen berichteten darüber. Kreisky soll sehr erbost gewesen sein.

Jahre später, als der Bundeskanzler längst in Pension war, gab es doch so etwas wie eine Versöhnung. Es ereignete sich in Klagenfurt beim Empfang nach der Trauung des Sohnes von Kreiskys Freund Karl Kahane und der Tochter von Max und Colienne Meran. Kreisky, der schon sehr leidend war, wurde, von zwei Leuten gestützt, hereingeführt und in einen Sessel gesetzt. Noch während man ihm behilflich war, erblickte er Helga, hob den Arm, streckte den Zeigefinger aus und rief: »Sie waren immer gegen mich und dabei war ich für Ihren Mann!« Darauf Helga: »Sie wissen genau, weswegen ich gegen Sie war.« (Sie hatte keine Gelegenheit zu einem Leserbrief ausgelassen, um auf einen der Kreiskyschen Ausbrüche gegen Wiesenthal oder Israel oder die Juden generell zu reagieren.) »Was hat das mit meinem Mann zu tun? Aber finden Sie nicht, daß es allmählich Zeit zur Versöhnung ist?« Darauf Kreisky: »Versöhnung ist immer etwas Schönes.« Helga beugte sich über ihn, Kreisky erhob sich, so gut er konnte, von seinem Sitz, und sie umarmten sich. Es war ein rührender Anblick. Ich hatte mich diskret in einiger Entfernung gehalten. Aber Kreisky sah mich und sagte freundlich: »Servus.« So endete, ziemlich österreichisch, meine Beziehung zu Bruno Kreisky mit einem friedlichen Wort. Auch das hat Helga bewirkt.

Von Nationalökonomie, von Wirtschaftspolitik verstand Kreisky wenig, sehr wenig. Das ist bei einem Mann seiner Intelligenz und Bildung zunächst verwunderlich. Aber damit ist nur der Sieg der Theologie über den Verstand bestätigt, entsprechend der Wirkungsweise einer Ersatzreligion, wie es der Marxismus ist. Die Herrschaft der Politik über die Wirtschaft und der Glaube an die Machbarkeit wirtschaftlicher Zustände durch politischen Entschluß sind ein unverzichtbarer Bestandteil des sozialistischen Gedankenguts. Das erklärt die Affinität der Sozialisten zu Keynesschen Ideen und ihr Bemühen, sie für ihr Inventar zu adaptieren.

So war Kreisky lange ein Opfer des Glaubens an die Möglichkeiten der Feinsteuerung, die der Machtpolitiker Androsch ihm vorgaukelte. Der Bruch mit Androsch kam nicht etwa wegen wirtschaftspolitischen Versagens, sondern aus anderen Gründen. Den untragbar gewordenen Politiker Androsch bedenkenlos in die CA abzuschieben, ein Zeichen der Mißachtung des sozialistischen Politikers für die größte Bank des Landes, der man einen Chef aufoktroyierte, dessen Moral für die Politik nicht genügte, beweist vor allem grundlegendes Unverständnis für wesentliche Voraussetzungen einer freien Wirtschaft im allgemeinen und der Banken im besonderen. In jedem vorstellbaren westlichen Land würde man bei einem

Mann, dem man seine Ersparnisse anvertraut, mindestens die gleichen, wenn nicht noch strengere moralische Maßstäbe anlegen als bei einem Politiker.

In Fragen der Wirtschaft verließ Kreisky sich weitgehend auch auf Berater und Informanten außerhalb der Regierung, mit denen er befreundet war. Einer der wichtigsten in diesem bunten Strauß war Kurt Grimm, die graue Eminenz der CA, von Schmidt-Chiari treffend die »éminence rose« genannt, der in engem und regem Gedankenaustausch mit dem Bundeskanzler stand. Grimm, 1903 geboren, war durch meinen Onkel Rudolf von Gutmann in die Welt der Hochfinanz eingeführt worden. Onkel Rudolf gehörte dem Verwaltungsrat der CA an. In den Krisenjahren ab etwa 1929 kam es auch in den Eisen- und Stahlwerken Witkowitz in Mährisch-Ostrau, die je zur Hälfte den Familien Rothschild und Gutmann gehörten, zu Problemen. Rudolf von Gutmann nahm den jungen Rechtsanwalt Kurt Grimm, der in der Anwaltskanzlei seines Vaters arbeitete, zum persönlichen Berater. Nach dem sogenannten Krach der CA im Mai 1931, in dem die Regierung unter Bundeskanzler Ender die Bank stützte, kam auf Wunsch des Bundeskanzlers Josef Joham in den Vorstand, dessen Berater Grimm wurde. Nach dem »Anschluß« übersiedelte er in die Schweiz und hatte von dort aus die Möglichkeit, dem sich nach Schweden rettenden Kreisky zu helfen. Aber auch seine Beziehungen zur CA, in der Generaldirektor Joham, zum einfachen Vorstandsmitglied degradiert, weiterhin tätig war, dauerten an. Ein weiteres Beziehungsfeld eröffnete sich zum amerikanischen Geheimdienst: Allen Dulles, Bruder des Außenministers John Foster Dulles, erwähnt diese Zusammenarbeit in seinen Erinnerungen. 1945 kehrte Grimm nach Österreich zurück. Dank der dreifachen Beziehungslinien, die ein höchst brauchbares »Network« ergaben, konnte er eine dreifache Leistung erbringen: Erstens brachte er Joham beim »Screening« durch die Amerikaner durch und ermöglichte es ihm, während der Besatzungszeit öffentlicher Verwalter und später Generaldirektor der CA zu werden. Zweitens hatte er in dem gleichfalls zurückgekehrten Kreisky einen Freund in der SPÖ und sicherte Joham nach links ab. Drittens konnte er dank Johams enger Bindung an ihn vitale Interessen der SPÖ innerhalb des CA-Konzerns wirksamer vertreten als selbst die SPÖ-Exponenten zunächst in der öffentlichen Verwaltung und später im Vorstand der CA. Der Freund des Generaldirektors war in der CA naturgemäß einflußreicher als der sozialistische Gegenspieler.

Grimm behielt auch nach dem Tod Johams im Jahre 1959 unter dessen Nachfolger Miksch und ebenso nach 1970, als ich Generaldirektor geworden war, seine Stellung – und natürlich auch seine freundschaftliche Beziehungen zu Kreisky. Auch ich war Grimm dankbar und freundschaftlich verbunden.

Von Grimm erhielt Kreisky Informationen und informelle Kontakte zum Beispiel zu S. G. Warburg. Ich habe in einer Art von Trotzhaltung diese Beziehung – sehr zu meinem Nachteil – nicht ausgenützt. Warburg versuchte mit Hilfe Grimms, seine monopolartige Stellung in der lukrativen Auslandsfinanzierung der Republik Österreich und des Verbundkonzerns zu festigen. Ich fand, daß Österreichs Auslandsfinanzierung nicht unbedingt eine »chasse gardée« des Hauses S. G. Warburg sein müsse, und suchte nach Alternativen. Es gab einen Aufschrei, als ich bei der Emission einer Anleihe der Transalpine Pipeline Triest–Ingolstadt die Führung an N. M. Rothschild, London, unter Mitführung der CA übergab. Es war die erste Auslandsanleihe nach dem Krieg, an der eine österreichische Bank führend teilnahm. N. M. Rothschild & Sons war durch Jacob Rothschild, der Sohn von Lord

Rothschild, vertreten. Sein Alter wurde streng geheimgehalten, aber es sickerte doch durch: Er war erst 28 Jahre alt, aber höchst begabt, weit intelligenter und tüchtiger als seine schon etwas träge gewordenen Verwandten, die seine Überlegenheit nur schwer ertrugen und ihn zuletzt hinausekelten. Er wurde selbständig und einer der erfolgreichsten Financiers der Londoner City.

Ich hatte es für richtig gehalten, das Warburg-Monopol zu brechen, einfach weil ich grundsätzlich gegen solche Monopole war, ohne jede feindselige Absicht. Aber die Warburgs haben mir das nie verziehen. Die engen Bande zwischen Warburg und der SPÖ blieben erhalten, es gibt sie noch heute.

Eng befreundet mit Kreisky und sicherlich auch in vielen Fragen informierend und beratend tätig war Karl Kahane, der nicht nur über die Donauchemie, sondern auch durch seine persönliche Freundschaft mit Kurt Grimm gute Beziehungen zur CA unterhielt. Karl Kahanes Einstellung zu Israel war weit positiver als jene Kreiskys, aber doch nicht frei von kritischer Zurückhaltung. Seine Formel, die er in Gesprächen immer wieder betonte, lautete: »Israel soll keine Festung, sondern ein Leuchtturm sein.« Meine Antwort war: »Was soll der Leuchtturmwärter tun, wenn Leute Dynamit am Fuß des Leuchtturms anbringen?«

Ganz anderer Art war ein Mann, der gleichfalls das Ohr Kreiskys fand, wenn es um Probleme der Industrie ging: Hans Igler. Kreisky respektierte ihn, folgte aber letztlich in Grundsatzfragen seinem Rat leider nicht. Da war das marxistische Credo stärker. Aber in einzelnen Anliegen der Industrie, von Hans Igler nicht immer ganz konform zur Marktwirtschaft, aber mit Weitblick und Intelligenz vertreten, folgte ihm der Bundeskanzler. Gern hörte Kreisky auch Michael Malzacher an, den ich an die Spitze des Vorstands von Steyr-Daimler-Puch berufen hatte und der später von Androsch in unglaublicher Weise brüskiert wurde.

Kurt Grimm und Karl Kahane hielten also für Kreisky wichtige Verbindungen zur internationalen Finanz; in Fragen der österreichischen Wirtschaftspolitik jedoch, wie sie sich die Keynes-gläubigen Sozialisten wünschten, wären sie überfordert gewesen. Kreisky wußte das und vertraute in diesen Dingen dem jungen Hannes Androsch, den er zu seinem Finanzminister gemacht hatte. Androsch lieferte ihm jenes österreichische Concoct eines Austro-Keynesianismus, das Schuldenmachen zur Tugend erklärte, dies aber auch mit durchaus nicht Keynesianischen, angebotsseitigen Maßnahmen jahrelang erfolgreich verband und mit dem Hinweis auf Vollbeschäftigung verteidigte. Für die österreichischen Sozialisten, besonders im ÖGB, ebenso wie für die meisten ihrer Gesinnungsgenossen in anderen Ländern ist ein fast rührend-naiver Glaube kennzeichnend, daß man durch gesetzliche Schutzmaßnahmen Vollbeschäftigung schaffen und erhalten kann. Sie gehen in die Falle der Vorstellung, daß »Beschäftigung« eine jeweils gegebene feste Größe ist, die durch Veränderung (Verkürzung) der Arbeitszeit auf die Beschäftigung Suchenden aufzuteilen ist. Am Ende dieser Wirtschaftspolitik war die Staatsschuld vervielfacht, die Beschäftigung in der geschützten, mit sehr hohem finanziellem Aufwand zäh verteidigten Verstaatlichten Industrie auf ein Viertel geschrumpft. Zu den verzweifelten Anstrengungen, die Auslastung der Verstaatlichten Industrie zu erhalten, gehörte auch eine sehr ausgedehnte Kreditgewährung an Ostländer. Am Ende, nach der Wende 1989, besaß Österreich hohe, uneinbringliche Forderungen in den Oststaaten, hatte Garantieverpflichtungen angehäuft, war hoch verschuldet und mußte versuchen, die hohen, größtenteils hausgemachten Inflationsraten zu verringern. Diese Schlußbilanz der Ära Kreisky ist traurig.

An Kreiskys widersprüchlichen Haltungen, genauer: am Gegensatz von Herkunft und Haltung läßt sich das tragische Dilemma der österreichischen Juden fast paradigmatisch ablesen. Im Österreich vor dem Ersten Weltkrieg wären ihm weder die aristokratische, die »erste« Gesellschaft noch die »zweite« des Beamten- und Offiziersadels der alten Monarchie und des Industrie- und Finanzpatriziats offengestanden. Es waren gesellschaftliche, nicht antisemitische Schranken, an die er hier gestoßen wäre. Anders verhielt es sich in der gemäß der akzeptierten Rangordnung nächstunteren Schichte, dem bürgerlichen Mittelstand, der akademische Freiberufliche, vielfach mit deutschnationalen Neigungen, Staatsbeamte, die Spitzen ausgenommen, Wirtschaftstreibende teils christlichsozialer, teils deutschnationaler Färbung umfaßte. Hier gab es einen weit deutlicheren Antisemitismus, sowohl aus alten katholischen Vorurteilen wie moderneren rassistisch-völkischen Quellen gespeist. In der Ersten Republik, in der Kreisky, 1911 geboren, seine Jugendjahre verbrachte, in den noch vorhandenen Resten der gesellschaftlichen Strukturen der alten Monarchie war es nicht viel anders – in Österreich ändern sich solche Verhältnisse nur langsam. Auch wenn Kreisky keine dieser Schichten jeweils wirklich zu der seinen hätte machen wollen – sein intellektuelles Niveau verlangte mehr Raum, als eine von ihnen gewähren konnte –, so mußte doch das Bewußtsein, als nicht zugehörig betrachtet zu werden, eine deutliche Reaktion hervorrufen, die sich nur in Aggressionen gegenüber den ihn Ablehnenden äußern konnte.

Im Österreich des ausgehenden 20. Jahrhunderts sind diese skurrilen und verwickelten gesellschaftlichen Verhältnisse, mit denen sich die wachsende Schicht der gebildeten und beruflich erfolgreichen Juden damals auseinanderzusetzen hatte, fast unverständlich. Aber im 19. und noch in den ersten Jahrzehnten des 20. Jahrhunderts lagen die Dinge anders. Es gab eine beträchtliche Anzahl von Familien jüdischer Herkunft, die längst nicht nur in diese sogenannte zweite Gesellschaft integriert waren, sondern vielmehr einen ihrer wesentlichen Teile ausmachten. Von all den jüdischen Familien, die es seit dem Ende des 18. Jahrhunderts und verstärkt in und nach den Jahren des Wiener Kongresses, vor allem aber nach 1848 gab, waren fast als einzige die Rothschilds jüdisch geblieben und dennoch um 1880 hoffähig geworden. Das bedeutete nicht nur ein weitgehendes religiöses Zugeständnis Seiner Apostolischen Majestät, sondern vor allem den geradezu enormen Verzicht des Hofes auf die sechzehn adeligen Ahnen, eine Konzession, die keiner christlichen Familie etwa des Beamten- oder Militäradels jemals gewährt wurde. Viele andere Familien, die es seit den Tagen des Wiener Kongresses zu Vermögen und Ansehen gebracht hatten, wie die Pereira-Arnstein, Fries, Löwenthal, Henikstein, Loebenstein, waren längst konvertiert und völlig integriert, ebenso Bankiers und Industrielle wie Königswarter, Schey, Auspitz, Thorsch, Lieben, Gutmann, Wittgenstein, Ephrussi, Wiener-Welten, Mayer-Gunthof, Wodianer, Malburg, Mautner Markhof, um nur einige zu nennen. Sie bildeten einen wesentlichen Teil jener Gesellschaft, die sich selbst die zweite nannte. Zahlreiche Mischehen zwischen einst jüdischen und nichtjüdischen Familien waren zugleich Ursache und Wirkung einer intensiven Integration. So entstand eine ziemlich homogene Schicht der hohen Beamten in den Ministerien und Statthaltereien, der hohen Offiziere und der bedeutendsten Bankier- und Industriefamilien, jene Gesellschaftsschicht, die seit 1848, dem Ende der adeligen Grundherrschaft, unaufhaltsam zu der eigentlich tragenden der Monarchie wurde. Die Zusammensetzung der Ministerien seit 1848 und verstärkt von 1867 an beweist es: Immer häufiger finden sich Namen aus der hohen Ministerialbürokratie. Mit dem Ende Österreich-Ungarns hatte diese Schichte, in der alle Nationalitäten der Doppelmonarchie repräsentiert waren, ihre Funktion und weitgehend auch ihr Vermögen eingebüßt; mit zunehmender Geschwindigkeit ging es mit ihr bergab. Sie ist nach 1945 wie in einem Abgrund verschwunden, aus dem nur noch einzelne Individuen, erratische Fossilien, ragen.

Nicht besser erging es jener gesellschaftlichen Schicht, die in der heute geläufigen Diktion, vor allem der Medien, meist Großbürgertum genannt wird, aber gegenüber der »Oberschicht« und auch nach eigener Einstufung den sogenannten Mittelstand bildete, den ich weiter oben beschrieben habe. Auch dieses Bürgertum wurde nach 1918 weitgehend seiner wirtschaftlichen Basis beraubt: Die Inflation vernichtete die vor allem in festverzinslichen Wertpapieren veranlagten Geldvermögen, während Mietshäuser durch die Gesetzgebung und die extrem eigentümerfeindliche Steuerpolitik der Gemeinde Wien fast völlig entwertet wurden. Der verarmte Mittelstand glitt ab in ein malkontentes, aufsässiges Kleinbürgertum und bildete mit ihm einen fruchtbaren Nährboden für den ohnehin schon vorhandenen Lueger-Antisemitismus. Vor allem das arbeitslose akademische Proletariat wurde zu einem leichten Opfer der schon früh einsetzenden nationalsozialistischen Propaganda.

Das ersatzlose Verschwinden fast des gesamten alten Bürgertums mit seinen Wertordnungen (und seinen Vorurteilen) ist eine der größten gesellschaftlichen Veränderungen, die Österreich jemals widerfahren sind. Daß nicht nur die alten Vorurteile, sondern auch die alte Wertordnung untergingen, darin liegt die Wurzel eines verhängnisvollen Verlustes moralischer Kategorien.

Im Laufe des 19. Jahrhunderts hatte sich ein großer Teil der jüdischen Familien in Denkweise und Lebensgewohnheiten völlig assimiliert, hatte die rechtliche Gleichstellung erreicht und erhob nun den Anspruch, auch als gesellschaftlich Gleiche akzeptiert zu werden. Sich dem Bürgertum in seinen diversen Schattierungen zu assimilieren und von ihm als Gleiche akzeptiert zu werden, war ein langgehegter Wunsch der meisten österreichischen Juden gewesen. Gleichheit: Das war eine Forderung, die sich schon aus der Toleranz ergab, die mit dem Josefinischen Patent im 18. Jahrhundert begonnen hatte und 1848 vollendet wurde. Hermann Broch hat es in »Hofmannsthal und seine Zeit« ausgesprochen: »Toleranz ist intolerant und verlangt Assimilation.« Diese Forderung zu erfüllen war Kreisky, wie fast alle Juden der Mittelschicht, des jüdischen Bürgertums bereit. Der alte Glaube war längst einem Agnostizismus, der bevorzugten Denkweise der gebildeten Juden, gewichen; viele konvertierten zur katholischen Staatsreligion, manche wählten den Protestantismus als Zwischenstation. Das Ritual, vor allem die Speisevorschriften, war weitgehend aufgegeben worden. Dennoch blieb es bei antisemitischen Vorurteilen im vorwiegend christlichsozialen Kleinbürgertum und am stärksten in den Kreisen deutschnationaler provinzieller Akademiker: Ärzte, Notare, Anwälte, Apotheker, Beamte, Tierärzte, Richter, in Vereinen wie dem Alpenverein mit seinem Arierparagraphen. Trotz der weitgehend vollzogenen Assimilierung wurden die Juden nicht akzeptiert, eine Verweigerung, die als empörendes Unrecht empfunden werden mußte, als Fortsetzung der Ausgrenzung, die seit Jahrhunderten jüdisches Schicksal gewesen war. Die Sozialdemokratie wurde, ohne sonst viel Eigenes dazu beizutragen, hauptsächlich ihrer antikirchlichen Haltung wegen Ort geistiger Zuflucht der so bitter Gekränkten. In den philosophischen Wurzeln dieser Bewegung, in der Aufklärung, fanden sie eine Bestätigung ihres Anspruchs.

Der unterschwellige gesellschaftliche Antisemitismus in Österreich in den letzten Jahrzehnten vor dem Ersten Weltkrieg, verstärkt in den Krisenjahren der Nachkriegszeit, war für den sehr österreichischen und in dem, was man heute Lifestyle nennt, durchaus bürgerlichen Kreisky nichts anderes als eine verweigerte Akzeptanz, eine unübersteigbare Schwelle auf dem Weg zur vollen Aufnahme in eine aufgeklärte, religiös nicht determinierte Gesellschaft. Aber nicht nur das: Das eigentliche Ziel des sozialistischen Klassenkampfs, das Bürgertum, war eben jene Schicht, die nicht bereit war, die vollzogene Assimilation zu honorieren. So gab es für jemanden wie Bruno Kreisky doppelten Antrieb, sich gegen das Bürgertum politisch zu engagieren: einmal als Reaktion des beleidigten und nach Jahrhunderten noch immer nicht voll akzeptierten Juden gegen die Gesellschaft, zum anderen als Ziel des frischgebackenen Sozialdemokraten, diese bürgerliche Gesellschaft zu sprengen. Das etwa war es, was Kreisky, und mit wenigen Ausnahmen die Schichte, der Kreisky entstammte, nicht nur in die Nähe der Sozialdemokraten getrieben hatte, sondern ihr infolge ihrer intellektuellen Überlegenheit bald die führende Rolle dort beinahe aufzwang.

Hier wird der Widerspruch in Bruno Kreisky sichtbar: Als Sozialdemokrat wurde er zum Gegner jenes Bürgertums, das politisch durch die Christlichsoziale Partei vertreten war und dessen Antisemitismus seine Herkunft vom katholischen Antijudaismus ableitete. Zugleich distanzierte er sich immer mehr und mit zunehmender Deutlichkeit vom Judentum und dessen politischer und staatlicher Manifestation. Er wurde keineswegs zum militanten oder zumindest bekennenden Freund der Juden, sondern zu ihrem Gegner und vollzog auf diese Weise das, was ihm verweigert worden war, in eigener Machtvollkommenheit: Er sagte sich los von seinen Vätern und machte sich so zum Nichtjuden. Er erlaubte sich Angriffe gegen das Judentum, die man keinem Nichtjuden je verziehen hätte. »Ich weiß nicht, ob die Juden ein Volk sind, aber wenn, dann sind sie ein mieses«, hatte er einmal gesagt. Er polemisierte gegen Simon Wiesenthal mit ungeheuerlichen Verleumdungen, weil Wiesenthal gegen das Bündnis der SPÖ mit einer Partei zu protestieren gewagt hatte, deren Obmann bei der SS gewesen war. Er hat sich nie für seine unbegreiflichen Entgleisungen gegen Wiesenthal entschuldigt, hat sie nie zurückgenommen. Erstaunlicherweise ist ihm das auch außerhalb Österreichs nicht wirklich zum Vorwurf gemacht worden – man hielt es offenbar für Wutausbrüche, die vergessen und verziehen wurden. Des Beifalls seiner freiheitlichen Bündnispartner durfte er gewiß sein, aber das war sicher nicht sein Motiv gewesen. So entstand das Weltbild eines Mannes von hoher Intelligenz und Bildung, der das Widersprüchlichste in sich zu einem Ganzen verband: ein uneingeschränktes Bekenntnis zu Österreich, in dem die außenpolitischen Ambitionen der einstigen Großmacht zumindest residual spürbar waren, die Ranküne des Beleidigten, des Zurückgewiesenen, die marxistische Rhetorik und eine ausgeprägte Neigung für den Umgang mit Mitgliedern der Familien Rothschild und Hohenlohe. Für den Haß blieb der Mittelstand.

Es wäre dennoch völlig falsch, in Kreisky einen frustrierten Snob zu sehen; dazu war er viel zu intelligent und dazu lag ihm nach seinen ersten Erfolgen die Gesellschaft viel zu sehr zu Füßen. Aber es war doch sein hochentwickeltes Selbstwertgefühl, die Enttäuschung, die er in der Jugend erfahren hatte, die ihn bewog, diese alte Hackordnung zu zerstören, wenn er die Macht dazu in Händen halten würde. Das Werkzeug, dessen er sich bediente, war die SPÖ. Das Etikett, das er über all diese Widersprüche klebte, war das Wort »liberal«. Ein Land, in dem die meisten nicht wissen, was Liberalismus ist, glaubte ihm das.

Kreiskys eigentliche Domäne war die Außenpolitik. Unter ihm wären wir wahrscheinlich schon in der Nato und er ein maßgebendes Mitglied des Nato-Rates, dessen Meinung vor allem in Fragen des Ostens hochgeschätzt wäre. Er vertrat bedingungslos Österreich. Das ging so weit, daß er sich für einen Wahlprospekt unter dem Portrait des jungen Kaisers Franz Joseph fotografieren ließ, wohl um Kontinuität zu dokumentieren, die Fortsetzung der österreichisch-ungarischen Monarchie in der Zweiten Republik. Das hätte keiner seiner in strenger Parteidisziplin und daher in Ablehnung der Monarchie verharrenden Vorgänger oder Epigonen jemals gewagt. Auch die Versöhnung mit der katholischen Kirche ist sicher zum guten Teil ein Werk Kreiskys, obwohl sie ihm gewiß kein religiöses Herzensanliegen war. Kreisky war nicht von der Partei abhängig, vielmehr die Partei von ihm. Das ist es, was man an ihm als Größe empfinden muß.

Kreisky hätte gute Gründe gehabt, sich gegen das Österreich, dessen führende Schichten sich ihm verweigert hatten, das ihn verurteilt und eingesperrt hatte, mit anklagender Kritik zu wenden, mit der Vergangenheit hart abzurechnen, und sein politischer Triumph hätte ihm das auch durchaus ohne Verlust an Popularität gestattet. Aber er war so sehr Außenpolitiker und vor allem – und das ist die menschlich einnehmendste Seite seines Wesen – so sehr Österreicher, daß er unmittelbar nach der Eroberung der Macht daranging, dem Land – und sich selbst an der Spitze der Regierung – eine internationale Geltung zu verschaffen, die Österreichs Größe und Stärke bei weitem übertraf. Keiner seiner Nachfolger hat solches je erreicht oder auch nur versucht. Man kann dies getrost zum Maß seiner staatsmännischen Begabung und Bedeutung nehmen.

Androsch: eine Bilderbuchkarriere

Wenige Tage nach meiner Bestellung als Generaldirektor der CA im November 1970 machte ich meinen Antrittsbesuch bei Finanzminister Hannes Androsch, der über 60 Prozent des Kapitals und über 87 Prozent der Stimmrechte verfügte. Er gab sich weltmännisch. »Wir waren elegant, das müssen Sie zugeben«, begann er. »Wir haben Sie bestellt, obwohl Sie ein ÖVP-Mann sind.« Das war nicht ganz die Wahrheit, denn bestellt hatte mich der Aufsichtsrat, in dem es noch eine ÖVP-Mehrheit gab. Allerdings hatten tatsächlich auch die SPÖ-Mitglieder für mich gestimmt. »Wir haben Sie bestellt«, fuhr er fort, »und jetzt sind Sie oder werden demnächst als Generaldirektor der CA vier wichtige Funktionen innehaben: Präsident des Bankenverbandes, Obmann der Bundessektion Geld, Kredit und Versicherungswesen in der Bundeskammer, Präsident der Börsenkammer und Generalrat der Oesterreichischen Nationalbank. Wie teilen Sie diese Positionen mit Ockermüller?« Dieser war Generaldirektor der Österreichischen Länderbank. Ich kannte und mochte ihn; wir waren vor dem Krieg Kollegen in der Mercurbank gewesen.

Das war ein ziemlich unverschämtes, sachlich durch nichts gerechtfertigtes Verlangen. Ich beherrschte mich aber und sagte nach einigem Nachdenken: »Ich gebe Ockermüller den Sektionsobmann und den Bankenverbandspräsidenten.«

»Wollen S' mich pflanzen?« antwortete Androsch. »Das sind ja Funktionen, in die man gewählt wird, und die in der Bundeskammer werden den Ockermüller sicher nicht wählen. Und die Bankenverbandsmitglieder auch nicht.«

»Dann reden wir nicht von vier, sondern von zwei Funktionen, und auf eine davon bin ich bereit zu verzichten. Ich werde vorschlagen, daß Ockermüller Börsenpräsident wird.«

So hielten wir es, bis Ockermüller nicht mehr wollte. Und ich hatte einen ersten Eindruck von den Methoden des Dr. Androsch gewonnen. Es war ein Versuch, mich mit einem eher simplen Bluff unter Druck zu setzen, um die Entscheidung über den Vorstandsvorsitzenden der CA mit einem politischen Gegengeschäft zu verbinden. Kein guter Beginn.

Ganz zweifellos ist Androsch sehr intelligent, gebildet, zunächst bemüht, sich Freunde zu machen, aber wenn nötig, ist die Durchsetzung seiner Wünsche wichtiger. Er ist höchst empfindlich gegen Kritik oder auch nur Widerspruch. Mein sehr liebenswerter sozialistischer Vorstandskollege in der CA, Generaldirektor-Stellvertreter Hans Holzer, meinte ironisch lächelnd von Androsch: »hart im Geben«. Viele Leute des bürgerlichen Lagers pflegten von Androsch zu sagen: »Aber der ist ja doch gar kein Sozialist« und fanden darin Tröstliches. Die Feststellung stimmt zum Teil, aber sie ist nicht tröstlich. Ich glaube nicht, daß Androsch die sozialistische Wirtschafts- und Gesellschaftstheorie für richtig hielt; ich glaube nicht einmal, daß er von den Keynesschen Rezepten wirklich überzeugt war, auch wenn er oft und gerne vom »fine tuning« sprach. Wie auch immer, jedenfalls boten ihm die Keynesschen Instrumente der Wirtschaftspolitik willkommene Gelegenheit, den in der Nationalökonomie nicht sehr sattelfesten Kreisky davon zu überzeugen, daß er in ihm den richtigen Wirtschaftspolitiker besaß. Und einem Mann von so intensivem Bedürfnis nach Machtausübung wie Androsch mußte eine interventionistische Wirtschaftspolitik die erwünschte Gelegenheit zu Eingriffen verschaffen.

Er versuchte ein ausgedehntes »networking« und war bestrebt, seine Getreuen, auch wenn sie über diese Eigenschaft hinaus nur wenig Qualifikation besaßen, in Positionen zu bringen, wo sie als Vollstrecker seines Willens tätig sein konnten. Von drei seiner Kandidaten sind mir einer bei Steyr-Daimler-Puch, einer bei Semperit niemals durch irgendeine erfolgreiche Tätigkeit für das Unternehmen aufgefallen, ein dritter durch Konflikte mit dem Strafgesetz, die schließlich zu seiner Entfernung führten. Immer stärker gelangte ich zu der Meinung, daß Androsch die Menschen nicht nach ihren Werten oder ihren Fähigkeiten beurteilte, sondern daß er sie als Werkzeuge, beschönigend Freunde genannt, oder als Gegner sah. Er schien mir ein Beispiel für den berühmten Satz Carl Schmitts zu sein, des Staatsrechtslehrers, der in der Entstehungsperiode des Nationalsozialismus eine unheilvoll bedeutende Rolle spielte. Schmitts Schrift über das Wesen der Politik beginnt in der Fassung des Jahres 1933 mit dem lapidaren Satz: »Die eigentlich politische Unterscheidung ist die Unterscheidung von Freund und Feind.« Schmitt hat ganze Generationen deutscher Juristen und Politiker verbildet. Ich habe diesen Essay als Student 1933 gelesen, und besitze ihn noch; bei einer dieser Stellen habe ich an den Rand geschrieben: »entsetzlich«.

Jener Satz über die Freund-Feind-Unterscheidung, der ethische Kriterien eliminiert, fällt mir immer wieder zu Androsch ein. In seinen beruflichen Beziehungen zu anderen Menschen – private kenne ich natürlich nicht – ist ihm nach meiner Beobachtung nicht deren Bindung an Gesinnungs- oder Wertegemeinschaften wichtig; entscheidend ist das Freund-Feind-Verhältnis. Von seinen Freunden erwartet er bedingungslose Gefolgschaft; wird er enttäuscht, reagiert er mit Haß.

Androschs steiler Aufstieg ist an sich ein deutliches Zeichen höchst wünschenswerter sozialer Mobilität in Österreich, ein Schritt auf dem Weg zu einer neuen Mittel- oder Oberschicht. Aber die Entwicklung schichtenspezifischer ethischer Normen unterblieb, die Mitgliedschaft im Club 45 konnte sie nicht ersetzen: Das Schicksal Karl Blechas, Leopold Gratz' und mancher anderer beweist es.

Als sonderbar entwaffnend empfand ich Androschs spürbares Bestreben, weltmännisch und elegant zu wirken, einen gehobenen »Lifestyle« zu pflegen, als Ersatz für das nicht Angeborene oder Anerzogene. Ein persönliches Erlebnis hat das in köstlicher Weise illustriert. In einem Sommer der frühen siebziger Jahre arrangierte Franz Vranitzky, damals Berater im Finanzministerium, ein Zusammentreffen mit Androsch in dessen Haus im Salzkammergut. Ich fand ihn mit dem *Kurier* in der Hand. Da war ein Bericht über Kreisky und seinen Schuhmacher. Es hieß, daß der Bundeskanzler sehr viel Geld für seine Maßschuhe ausgebe, bei einem höchst exklusiven Schuhmacher. »Was sagen Sie dazu?« fragte Androsch. »Da schreiben diese Leute, was der Bundeskanzler für seine Schuhe zahlt!«

»Indiskret und provinziell«, fand ich. »Aber dieser Schuster, ich kenne ihn, macht eher harte Böcke. Wenn der Bundeskanzler bereit wäre, noch ein bißchen mehr auszugeben, könnte er zu meinem Schuster gehen, dann bekäme er wirklich gute Schuhe.« Schweigen. Nach einer Weile fragte Androsch, den Kugelschreiber in der Hand: »Und wie heißt Ihr Schuster?« Es war eine entwaffnende Reaktion. Elegante Äußerlichkeiten, Egalität im Luxus der sogenannten Kapitalisten als Ziel eines führenden Mannes der einstigen österreichischen Arbeiterbewegung! Sie haben das eine gelernt, leider ohne das andere zu vergessen. Eine Geschichte zur Illustration eines neuen Sozialismus, die mir in lieber Erinnerung ist.

Die Konturen meines Bildes von Androsch hatten sich schon in diesen frühen Begegnungen abgezeichnet, und der erste Eindruck hat sich, wie fast immer, in den folgenden Jahren als richtig erwiesen. Scharfer, schneller Verstand, rasches Erfassen des Wesentlichen, Verständnis für Wirtschaft, für mikro- wie makroökonomische Probleme in so hohem Grad, daß mir die immer wieder betonte Überzeugung von der Wirksamkeit des »fine tuning«, der Glaube an den sozialistisch aufbereiteten Keynesianismus eher als ein Vorwand für machtpolitisch induzierte Eingriffe erschien. Und seine Methoden, sich durchzusetzen, waren immer wieder Verunsicherung und Bluff. Selten sah ich Bereitschaft zu echtem Dialog. Doch auch dies habe ich einige Male positiv vermerken können.

Verständnis fand ich bei Androsch, als ich von der Umbesetzung des Vorstandes sprach. Ich wollte Schmidt-Chiari zu meiner Unterstützung und Entlastung im Vorstand haben und mußte befürchten, daß er andernfalls vom Londoner Haus Warburg abengagiert würde. Mit Schmidt-Chiari hätte sich die Anzahl der Vorstandsmitglieder von vier auf fünf erhöht, und die Schwarz-Rot-Parität wäre gestört gewesen. Ich wußte, daß das nicht einfach sein würde, trug aber Androsch diesen Wunsch vor, nachdem ich mit dem Aufsichtsratspräsidenten Fritz Bock gesprochen hatte. Wieder ein Politikum: In der ÖVP gab es eine gewisse Zurückhaltung Schmidt-Chiari gegenüber wegen seines Vaters, des letzten Außenministers der Ersten Republik, dem eine unklare Rolle in der Zeit vor dem »Anschluß« nachgesagt wurde. Diese Widerstände konnten ausgeräumt werden, zum Teil mit dem Argument, daß Guido Schmidt in einem Hochverratsprozeß freigesprochen worden war, zum Teil mit dem

Hinweis darauf, daß Sippenhaftung eine Nazimethode sei.

Androsch, ohne dessen Zustimmung die SP-nahen Mitglieder des Aufsichtsrats nie ein Vorstandsmitglied bestellt hätten, sah meinen Wunsch ein, verband das aber mit der Ankündigung, zwei weitere Mitglieder zu bestellen, um dann nach der bevorstehenden Pensionierung von Generaldirektor Schidl im Juni 1971 sechs Vorstandsmitglieder zu haben: außer mir, Hans Holzer als meinem Stellvertreter, Feyl und Schmidt-Chiari zwei neue, von der SPÖ nominierte Mitglieder. Einer der neuen Kollegen war angeblich von Kreisky gewünscht, der andere dem ÖGB nahe, das Vertrauen Benyas genießend – eine Orgie des Proporzes. Androsch hat sich, kaum hatte er meine Nachfolge angetreten, von beiden Herren getrennt. So ist die Personalpolitik bei Führungspositionen im staatlichen Einflußbereich.

Wenn er wollte, konnte Androsch mit seinem scharfen Verstand Probleme rasch erfassen und entscheiden. Ein von einer Tochtergesellschaft der CA höchst unglücklich entriertes Geschäft führte zu einer gefährlichen und schwierigen Situation: Die Allgemeine Waren-Treuhand AG (AWT) war von einem Betrüger in Amsterdam, Aronson, getäuscht worden und hatte für eine Sendung angeblicher pharmazeutischer Produkte ein Akkreditiv erstellt. Es ging um rund 400 Millionen, Anfang der siebziger Jahre ein astronomischer Betrag. Die Ware stellte sich als wertlos heraus; statt der angegebenen Antibiotika für Entwicklungsländer enthielten die Container Gipspulver. Nach den im internationalen Dokumentengeschäft geltenden Regeln mußte die Bank zahlen, es sei denn, sie konnte »fraud in transaction« beweisen. Auf jeden Fall hätte eine Weigerung der CA, das Akkreditiv zu honorieren, zunächst ungeheure Aufregung bei den Londoner Begünstigten verursacht. Es war das erste Mal in einer mehr als hundertjährigen Geschichte, daß eine Großbank ein Akkreditiv nicht erfüllte. Ich war mir der Bedeutung der Angelegenheit bewußt: entweder der Verlust von 400 Millionen – denn von dem Betrüger war nichts zu holen – oder ein schwieriger und langwieriger Prozeß, und wenn er verlorenging, eine nicht mehr gutzumachende Rufschädigung der CA. Unseres Rechtsstandpunkts sicher, wollte ich den Prozeß riskieren, aber nicht ohne Information und Einverständnis des Finanzministers als Hauptaktionär. Das Gespräch dauerte nicht lange. Ich war verblüfft, wie rasch Androsch den Fall begriff und sagte: »Wenn Sie Ihrer Sache sicher sind, dann machen Sie es eben.« Wir haben gegen das Londoner Bankhaus Singer & Friedländer und gegen eine holländische Bank gewonnen. Der Fall ist eine Lehrbuchgeschichte geworden. Die Haltung Androschs hat uns den Entschluß leichter gemacht. Manch anderer Minister hätte in einer Causa dieser Art wenn überhaupt, dann erst sehr viel später und nach Befragung von Beamten und Gutachtern eine Meinung geäußert.

Während Androsch in Fragen wie dieser offenbar freie Hand beanspruchte und auch besaß, war seine Abhängigkeit in anderen weit größer, als ich dachte. Der Fall Semperit macht das deutlich. Ich berichte darüber ausführlich auch deshalb, weil die Darstellung in dem Buch von Klaus Grubelnik, »Die rote Krake«, und in dem von Lieselotte Palme mit dem schlichten Titel »Androsch« mit meiner sehr deutlichen Erinnerung und mit meinen Aufzeichnungen nicht übereinstimmt.

Die Zukunft der Semperit bereitete der Creditanstalt schon zu Beginn der siebziger Jahre große Sorgen. Semperit war zu klein, um die sich abzeichnende technologische Entwicklung allein mitvollziehen zu können. Daher wurden Gespräche mit ausländischen Firmen über eine Beteiligung geführt. Michelin, der weltweit zweitgrößte und technologisch mit erheblichem Abstand führende Reifenhersteller, war ohne Zweifel der wünschenswerteste Partner. Der Kontakt zu François Michelin persönlich wurde vom Konsulenten der Bank, Kurt Grimm, gehalten, der mir laufend darüber berichtete.

1973 gab François Michelin zu verstehen, daß er bereit sei, die Mehrheit an Semperit zu übernehmen. Ich war der Meinung, diesen Schritt nur im Einvernehmen mit dem Hauptaktionär der Creditanstalt, der Republik Österreich, vertreten durch den Finanzminister, vollziehen zu sollen. Laut meinen persönlichen Aufzeichnungen gab ich Androsch am 30. April 1973 vom Vorschlag Michelins Kenntnis. Ich schilderte meine Besorgnis; er schien die Zukunft ähnlich einzuschätzen wie ich. Er wollte mir seine Entscheidung binnen kurzem bekanntgeben. Einige Tage später rief er mich an und sagte: »Das mit Semperit wird leider nicht gehen, das ist bei meine Leut' nicht drin.« In dem nachfolgenden kurzen Gespräch hatte ich den Eindruck, daß unter »seine Leut'« in erster Linie der ÖGB zu verstehen sei. Ich habe diese Entscheidung des Finanzministers für einen verhängnisvollen Irrtum gehalten. Er hat die CA Milliarden gekostet und am Schicksal der Semperit nichts geändert: Die Arbeitsplätze und der österreichische Einfluß gingen verloren.

Dennoch gaben wir die Kontakte mit Michelin nicht auf. Nach sehr langwierigen Verhandlungen kam es zur Gründung einer Holding in der Schweiz, in die von Michelin die Mehrheit an Kléber-Colombes, von der Creditanstalt die Mehrheit an Semperit eingebracht wurde. An dieser Holding hielt die Creditanstalt 55 Prozent. Damit war dem Verstaatlichungsdogma einigermaßen Genüge getan. Die Umsetzung der Unternehmensziele stieß von Anfang an auf erhebliche Schwierigkeiten; vor allem der Zentralbetriebsratsobmann Kaiser, der zugleich Landtagsabgeordneter in Niederösterreich war, nahm eine meines Erachtens für die Semperit höchst nachteilige Haltung in der Umsetzung der vereinbarten Zusammenarbeit ein. Es zeigte sich in diesem Fall sehr deutlich, daß auch bei ihm die politische Funktion gegenüber der betrieblichen das Übergewicht hatte. Solche Doppelfunktionen wurden mit zweierlei Maß gemessen: Den von den Aktionären gewählten Aufsichtsratsmitgliedern wurden sie vom Gesetz verboten, den vom Betriebsrat entsandten hingegen erlaubt. Sozialistische Dogmatik (in beiden Parteien!): Mitbestimmung ist wichtiger als Eigentum.

In den folgenden Jahren eines aufreibenden und verlustbringenden betriebsinternen Kleinkriegs verging Michelin schließlich die Lust. Es kam zur Scheidung der Ehe Semperit mit Kléber Colombes. Die Folgen für die Creditanstalt waren verheerend: Verlustdeckungen bei Semperit und Wertberichtigungen in der Bilanz der CA in der Größenordnung von einigen Milliarden Schilling. Die Semperit war einem Alleingang nicht mehr gewachsen. Das erkannte auch Androsch, sobald er von Kreisky aus der Regierung entfernt und zum Generaldirektor der CA »degradiert«, also mein Nachfolger geworden war. Das Sein schafft das Bewußtsein, wußte schon Karl Marx. Und so spielte er zum zweiten Mal, nun als Generaldirektor, eine entscheidende Rolle im Schicksal der Semperit. Er verkaufte sie an Conti, ein Unternehmen, das an Größe und Technologie gemessen weit nach Michelin rangierte. Das Nicht-Reifengeschäft in Wimpassing wurde vor diesem Schicksal bewahrt und unter neuer Führung selbständig und im Besitz der CA erfolgreich fortgesetzt.

Es ist allgemein bekannt, weshalb Androsch aus dem Vorstand der CA ausscheiden mußte. Weniger bekannt ist, daß er, nun zum ostorientierten Geschäftsmann und Vermittler geworden, erneut eine wichtige Rolle für die Semperit übernahm. 1991 vermittelte er den Erwerb der tschechischen Reifenindustrie Barum durch Conti, eben jenes tschechischen Werks, welches später das Schicksal des Reifenwerks Traiskirchen zu besiegeln drohte. Als offenbar kapitalkräftiger Unternehmer wollte er zum vierten Mal der Semperit seine Aufmerksamkeit widmen. Das wäre nur der bescheidene Versuch gewesen, wenigstens einen kleinen Teil dessen wiedergutzumachen, was er verschuldet hatte – hätten er und seine Freunde das Unternehmen tatsächlich erfolgreich führen können. Aber es mißlang.

Für mich war dieser Fall, wie eine Reihe anderer, ein typischer Gewissenskonflikt. Rein aktienrechtlich hätte der Vorstand der CA den Beschluß über den Verkauf der Semperit-Mehrheit fassen können, und der Verkauf wäre rechtlich perfekt geworden. Die Vorstellung von der »mittelbaren Verstaatlichung« der im Besitz der verstaatlichten Banken stehenden Konzernunternehmen war in der SPÖ fest verankert. Der Verkauf eines der größten österreichischen Industrieunternehmen an einen Ausländer war dieser Vorstellung diametral entgegengesetzt. Durfte jemand, dem die Rechte des Eigentümers sakrosankt erschienen, gegen den Willen des Haupteigentümers handeln, der ihm vertraut und ihn in sein Amt berufen hatte? Ich konnte mich nicht dazu entschließen. Zu der moralischen kam auch eine opportunistische Überlegung: Die CA mit den hohen Wachstumsraten der siebziger Jahre brauchte Kapitalerhöhungen, die durch Neuemissionen auf dem Kapitalmarkt ohne Beteiligung der Republik Österreich plaziert werden sollten. Zu der damit verbundenen Verminderung des Staatsanteils, also schrittweiser Privatisierung als wichtigstem Ziel, war die Zustimmung der Republik Österreich, vertreten durch den Finanzminister, erforderlich. Auch deshalb wollte ich nicht den Vorwurf heraufbeschwören, ich hätte gegen den Eigentümerwillen gehandelt. Es wäre nur ein Vorwand gewesen. In Wahrheit wollte Androsch die Höhe der Beteiligung des Staates an der CA nicht reduzieren, wie sich sehr zum Nachteil der Bank immer wieder erwies. Insoweit sind die Bemerkungen Androschs in diesem Zusammenhang, wie sie in dem Buch der Lieselotte Palme zitiert werden, nicht zutreffend. Zwar wäre im Falle Semperit der Vorstand der CA formaljuristisch allein entscheidungsberechtigt gewesen, das ist richtig. Aber Androsch konnte damit rechnen, und tat es auch zweifellos, daß ich eine Verfügung über einen so wesentlichen Teil des Vermögens der CA gegen den Willen des Haupteigentümervertreters nicht treffen würde. Er hat auch nie gezögert, mich seine Intentionen wissen zu lassen. Wenn er es jetzt anders darstellt, dann täuscht ihn die Erinnerung.

Sie täuscht ihn noch mehr im zweiten Fall, den er im Gespräch mit Frau Palme erwähnt. Er betrifft Steyr-Daimler-Puch und ereignete sich im Jahre 1975. Ich habe ihn als einen krassen Fall des Versuchs unzulässigen politischen Drucks in sehr deutlicher Erinnerung. Das Fahrradgeschäft von Steyr, vor allem mit den USA (Sears Roebuck), war zusammengebrochen, die Kündigung von mehr als 500 Arbeitern unvermeidlich geworden. Das war eine Angelegenheit, die ausschließlich der Vorstand der Steyr-Daimler-Puch AG zu entscheiden hatte. Dennoch wurde ich als Aufsichtsratsvorsitzender zusammen mit dem Vorstand ins Parlament zitiert. Wir kamen in das Ministerzimmer. Fotografen waren anwesend. Ich fragte sie, was sie hier zu tun hätten.

»Wir sollen Sie hier mit dem Finanzminister fotografieren.«

Ich sagte: »Ich lasse mich hier nicht fotografieren.« Die Fotografen verschwanden.

Franz Vranitzky teilte mit, daß der Minister noch im Plenum sei, und ging wieder. Dann erschien Androsch mit Vranitzky. »Franzl, wo sind die Fotografen?«

»Die hat der Treichl weggeschickt.«

Dann begann die Auseinandersetzung. Der Vorwurf von Androsch war die Kündigung ein paar Wochen vor einer Nationalratswahl. »Das machen Sie nur, um der SPÖ einen Nachteil zuzufügen.« Der Vorstand begründete seinen Entschluß. Das nützte nichts. Androsch verlangte die Zurücknahme der Kündigung. Der Vorstand verweigerte das. Schließlich sagte ich: »Die Entscheidung über die Kündigung, eine Maßnahme der Geschäftsführung, obliegt ausschließlich dem Vorstand der Steyr-Daimler-Puch AG. Schon der Aufsichtsrat der Gesellschaft, dessen Vorsitzender ich bin, ist nicht damit befaßt. Der Vorstand der CA, der das Eigentum an der Aktienmehrheit der Steyr-Daimler-Puch vertritt, hat hier keine Legitimation, einzugreifen, und der Aufsichtsrat der CA erst recht nicht. Mit welchem Recht versuchen Sie als Aktionär der CA, durch drei Organe von zwei Aktiengesellschaften durchzugreifen und sich in die Geschäftsführung der Steyr-Daimler-Puch einzumischen?« Darauf folgte ein Wutanfall Androschs. Es blieb bei der Kündigung. Sie war im Interesse von Steyr-Daimler-Puch unumgänglich und zweifellos auch im Interesse der mehr als 10000 verbliebenen Arbeiter. Tags darauf erschien in der AZ ein Artikel des Abgeordneten Rupert Gmoser, Dr. jur., in welchem er darlegte, daß dem Aktienrecht keine Bedeutung zukomme, wenn es um Arbeitsplätze gehe.

Aber man täte ihm Unrecht, ließe man es bei diesen Berichten bewenden. Seine bedeutendste positive Leistung in den ersten Jahren, in meinen Augen die wirklich wesentliche seines politischen Wirkens, erbrachte er in der Währungspolitik. Mit dem Zusammenbruch des Bretton-Wood-Systems war der Wechselkurs zu einem Diskussionsthema für die exportorientierten Unternehmer und natürlich auch für stabilitätsorientierte Währungspolitiker geworden. Die Nationalbank fixierte den Wechselkurs zunächst an einer gewichteten Auswahl von Währungen, die man für stabil hielt oder zumindest erklärte. Dann wurde die eine um die andere weicher, galt als nicht mehr stabil; das Dilemma der Wechselkurspolitik wuchs. Androsch erkannte die Bedeutung des Wechselkurses, die Langzeitgefahren, die von einem weicher werdenden Schilling ausgingen. Sein Ziel war die Durchsetzung des an der D-Mark orientierten harten Schillings. Es muß ihn einige Mühe gekostet haben, seinen Gönner und Beschützer Benya davon zu überzeugen oder zumindest ihn bei der Stange zu halten, denn Benya war natürlich primär an Beschäftigung interessiert, und daher war man geneigt, dem Export – nicht untypisch für die merkantilistische Mentalität Österreichs – das Stabilitätsziel zu opfern. Zu Unrecht: Zahlreiche Beispiele in anderen Ländern haben den Beweis dafür geliefert, daß man Wettbewerbsfähigkeit im Export nicht auf die Dauer durch Wechselkursmanipulationen, das heißt schleichende Abwertung, sichern kann. Das kostete einen harten Kampf gegen eine Reihe von Widerständen. Mühsame Überzeugungsarbeit mußte geleistet werden: bei der Industriellenvereinigung, die wie alle Unternehmerorganisationen von der Währungspolitik Unterstützung für ihre Exporte erhoffte. Dort bildete sich die klassische Weichwährungs-Export-Lobby, die für einen nach Außenhandelsumfang gewichteten Währungskorb eintrat, also zum Beispiel unter Einschluß der damals ständig schwächer werdenden italienischen Lira. Auch der Bundeskanzler blieb von diesen Ideen nicht unbeeindruckt; sie wurden ihm mit dem Beschäftigungsargument nahegebracht, dem gegenüber er wenig Widerstandskraft aufbrachte. Die Hartwährungspolitik betrieben und durchgesetzt zu haben ist das unbestreitbare Verdienst und eine für Österreich entscheidend wichtige Leistung Androschs. Man kann sie für die weitere Entwicklung Österreichs gar nicht hoch genug einschätzen.

Will man eine Leistungsbilanz dieses Mannes aufstellen, so muß man aber auch zwei sehr wichtige Gegenposten erwähnen, die beide meiner Meinung nach nicht auf Denkfehlern beruhen, sondern darauf, daß er zunehmend politisch angreifbarer wurde, zugleich die wachsende Gegnerschaft Kreiskys spürte und dringend Bundesgenossen benötigte.

Das Abgabenänderungsgesetz des Jahres 1977 schrieb ein Berechnungsverfahren für die Rückstellung für Pensionen vor, welches mit Hilfe des vorgeschriebenen Abzinsungssatzes zu Bilanzansätzen führte, in denen diese Verpflichtungen mit einem geringeren Betrag angeführt wurden, als er sich bei Anwendung der normalerweise üblichen Zinssätze ergeben hätte – also eine Bilanzschönung. Diese gesetzliche Maßnahme wurde getroffen, um den wichtigsten Unternehmen der Verstaatlichten Industrie den Ausweis von Verlustbilanzen zu ersparen. Es war ein Dienst, den Androsch dem Bundeskanzler erwies, dessen Hirn und Herz an der Verstaatlichten Industrie, als gesellschaftspolitischem Erfolg der SPÖ, mit allen Fasern hing. Der beeidete Wirtschaftsprüfer Androsch wußte natürlich, was er tat. Die Wirtschaftsprüfer, die die Jahresabschlüsse prüften und bestätigten, brachten einen entsprechenden Hinweis auf ungenügende Rückstellung in ihren Berichten und salvierten sich dergestalt einigermaßen, aber nicht sehr ruhmreich. Auch in der SPÖ-Fraktion im Nationalrat saßen Juristen, die es besser hätten wissen müssen.

Dennoch fiel er in Ungnade. Als sich dies bereits deutlich ankündigte, wurde ein weiteres Gesetz beschlossen. Es war vor allem ein Dienst, den Androsch der Wiener SPÖ, der tragenden Säule der Partei, leistete und mit dem er sich eine wichtige, mächtige Hilfe gegen Kreisky zu sichern hoffte: das Kreditwesengesetz (KWG) 1979. Denn dieses Gesetz war eigentlich eine »Lex Z«, ein Gesetz zugunsten der Zentralsparkasse der Stadt Wien. Die Z, vom christlichsozialen Bürgermeister Lueger gegründet, war zu einem bedeutenden Geldinstitut für den »kleinen Mann« geworden. Ihre Führung hatte vor allem nach dem Zweiten Weltkrieg das Zweigstellennetz in Wien, auf das sie dem für Sparkassen geltenden Regionalprinzip zufolge beschränkt war, erheblich erweitern und so den Zugriff auf die wachsenden Spareinlagen sichern können. Das von Androsch gegen den Widerstand der Banken durchgebrachte KWG 1979 revolutionierte das Kreditwesen zugunsten der Sparkassen. Natürlich profitierte die Z, die mit Abstand größte österreichische Sparkasse, am meisten. Die Geschäftstätigkeit war nicht mehr auf die Sitzgemeinde beschränkt, die Errichtung von Außenstellen wurde freigegeben, Eigenmittelvorschriften wurden entgegen der internationalen Übung nicht erlassen. Daraus ergab sich für die Z die Möglichkeit eines geradezu explosionsartigen Wachstums. Die bisher auf Wien beschränkte Sparkasse mutierte zu einem österreichweit operierenden Institut und konnte dank der Gemeindehaftung dem Eigenmittelkoeffizienten nur geringe Aufmerksamkeit schenken. Die international tätigen Banken mußten dagegen die Eigenmittelrelationen wahren und konnten daher nicht in gleichem Tempo wachsen. Die von der Wiener SPÖ dominierte Z konnte auf diese Art ihren Einfluß und ihre Macht in der österreichischen Wirtschaft bedeutend ausweiten. So war sie wohlvorbereitet für die Übernahme zuerst der Länderbank und für den späteren Schlag gegen die CA.

Es ist keine Übertreibung zu sagen, daß seit diesem Schritt die Provinzialisierung und Politisierung des Finanzplatzes Wien, die längst bestand, für lange Zeit, aber hoffentlich nicht endgültig besiegelt wurde. Daß die Großen in der SPÖ dem Genossen Androsch dankbar waren, ist begreiflich. Dem österreichischen Bankwesen hat er entscheidend geschadet. Es ist nicht anzunehmen, daß einem Mann seiner Intelligenz und seines ökonomischen Wissens und mit seinen unternehmerischen Talenten die Folgen seines Handelns nicht einsichtig gewesen wären. Aber angesichts der wachsenden Kritik Kreiskys an der Unvereinbarkeit zwischen den privaten wirtschaftlichen Interessen Androschs mit seiner Regierungsfunktion mußte ihm an politischer Unterstützung gegen den Bundeskanzler gelegen sein. Das verhalf ihm, als Kreisky ihn aus der Regierung entfernte, zum Rückzug in die CA, eine reizvolle und nicht schlecht dotierte Aufgabe. Aber am Ende der politischen Karriere stand dennoch ein gewiß schmerzliches Scheitern.

In der CA gab es natürlich reichen Spielraum, sich mit Hilfe großzügiger Einladungen reisebegleitender Pressevertreter das Wohlwollen vieler Journalisten zu sichern. Dieser Spielraum wurde gründlich ausgeschöpft. Man merkt es noch immer bei der Lektüre mancher Blätter.

Aber nicht nur Handlungen, auch zwei Unterlassungen haben sich fatal ausgewirkt. Nicht der kleinste Schritt in die Richtung der Privatisierung der verstaatlichten Banken wurde unternommen, ebensowenig, um den Kapitalmarkt zu entwickeln. Die erste führte zum Aufbau einer gewaltigen, marktbeherrschenden Stellung der Z, das heißt letztlich der SPÖ Wien, der Zitadelle des Sozialismus in Österreich, eine Ungeheuerlichkeit in einer angeblich wettbewerbsorientierten Marktwirtschaft, die Betonierung einer ernsten Strukturschwäche. Ebenso schlimm ist das Fehlen eines funktionieren Aktienmarktes, was letzten Endes dazu führte, aus Österreich eine deutsche, genauer eine bayerische Kolonie zu machen. Noch während dieser Bericht geschrieben wird, gibt es bei uns keinen wirklich funktionierenden und mit anderen kleinen Ländern auch nur irgendwie vergleichbaren Aktienmarkt. Dazu hätte es einer Änderung der Pensionsregelung bedurft: Umstellung vom Umlageverfahren, das in absehbarer Zukunft unhaltbar werden wird, auf ein kapitalgedecktes Verfahren, das zum Entstehen von Pensionsfonds führen würde. Ohne Pensionsfonds gibt es keinen wirklich brauchbaren Kapitalmarkt; ihre Bedeutung als Investoren ist auf den großen Aktienmärkten deutlich sichtbar. Das sind Unterlassungen nicht eines Ahnungslosen, sondern eines Wissenden, dem die Folgen seines Nichttuns bewußt sein mußten. Sie haben die österreichischen Unternehmen entweder in ihren Wachstumschancen eingeschränkt oder verstärkt dem Zugriff des Auslands preisgegeben. (Es ist erstaunlich, daß die ersten Schritte in der Richtung eines ernstzunehmenden Aktienmarktes von dem angeblichen Ideologen Ferdinand Lacina und nicht von dem angeblichen Pragmatiker und »Macher« Androsch getan wurden.)

Ein junger Mann ohne die Startvorteile eines einflußreichen Elternhauses, ohne Protektion, ganz auf die eigene Leistung angewiesen, fällt Bruno Kreisky auf und wird mit 32 Jahren Finanzminister in seinem ersten Kabinett. So demokratisch ist Österreich; so frei von Hürden für begabte junge Männer! Der Weg ganz an die Spitze ist dem Kronprinzen des Sonnenkönigs, dem Vizekanzler, gesichert. Die Medien lieben und loben ihn. Elf Jahre später muß er aus der Regierung ausscheiden, weil er in Gerichtsverfahren verwickelt, der Steuerhinterziehung bezichtigt, der falschen Zeugenaussage vor dem Parlament für schuldig befunden, nach dem Urteil des Regierungschefs untragbar für das Ministeramt ist, aber in den sonderbaren Kategorien der sozialistischen Sittlichkeit als Chef der größten österreichischen Bank, der einzigen mit einigermaßen annehmbarer Position im Ausland, durchaus akzeptabel. Und noch ein paar Jahre später ist auch das zu Ende: Er muß die Bank verlassen, setzt eine hohe Pension durch und beginnt, nicht ohne sein hartes

Schicksal zu beklagen, für das er seine Feinde verantwortlich macht, sein schon vorhandenes Vermögen – ohne dessen Herkunft jemals aufgedeckt zu haben – unternehmerisch einzusetzen und es in der Folge unangefochten kräftig zu vermehren. Die Medien, mit wenigen Ausnahmen, loben und lieben ihn weiter, denn ihre moralischen Maßstäbe sind auf Grabscher und auf Mehrfachbezüge kleiner Funktionäre eingeengt. Nach dem Sturz das einsame Dasein im Dunkel eines gescheiterten Politikers? Aber nein, keine Spur, wir sind in Österreich, und da wird Androsch als Vortragender, als Gastautor, als Kommentator, als Teilnehmer an Panels in prominenter Umgebung, als wirtschaftspolitischer Experte von Rang, als Wohltäter des Salzkammerguts bewundert. Sein Scheitern als Politiker ist selbstverschuldet: Weder mächtige Feinde noch ein mißlungenes Wagnis noch höhere Gewalt haben ihn scheitern lassen; er gibt anderen die Schuld daran. Doch ich glaube, nur er selbst hat eine glänzende politische Karriere, deren Krönung noch vor ihm lag, beendet. Oder gibt es noch ein Comeback?

Das Bild der Persönlichkeit Androschs auf die wichtigsten Züge reduziert: hohe Intelligenz, schnelles Erfassen des Wesentlichen und zugleich des eigenen Vorteils, Zielauswahl nutzenorientiert, ohne den Ballast ideologischer oder idealler Wertorientierung, hart in der Verfolgung des gewählten Ziels. Keine echten Freunde, sondern temporäre Gehilfen. Künstlerische Begabungen. Er besitzt beachtliches schauspielerisches Talent – unentbehrlich für den Erfolg als Politiker –, das ihn nach Belieben die Rolle des Staatsmanns, des volksnahen Genossen, des Wirtschaftskapitäns, des treuherzigen Kameraden, des flotten Burschen spielen läßt. Am wenigsten gelingt die des eleganten, lockeren Weltmannes, des Gentleman, das wirkt allzu deutlich gewollt. Verwunderlich bei einem erfahrenen Politiker: Er erschien mir von mimosenhafter Empfindlichkeit. Wer ihn kritisierte, war ein Nestbeschmutzer. Diesen Vorwurf habe ich oft und stets dann gehört, wenn ich mir erlaubte, in öffentlichen Vorträgen Kritik an der Wirtschaftspolitik der Regierung zu äußern.

Eine besondere Facette, die nur manchmal sichtbar wurde, glaube ich gespürt zu haben. Irgendwo, tief verborgen in Androschs Gehirn, gab es ein heimliches Ideal, ein sehr würdiges Vorbild: Walter Rathenau, Sohn des Gründers der AEG, Außenminister der Weimarer Republik, 1922 im Berliner Grunewald ermordet. Sebastian Haffner beschreibt ihn in seiner »Geschichte eines Deutschen«: »Er war ein aristokratischer Revolutionär, ein idealistischer Wirtschaftsorganisator, als Jude deutscher Patriot, als deutscher Patriot liberaler Weltbürger ... gebildet genug, um über Bildung, reich genug, um über Reichtum, Weltmann genug, um über die Welt erhaben zu sein.« Er gehöre, schreibt Haffner weiter, »ohne jeden Zweifel zu den fünf, sechs großen Persönlichkeiten dieses Jahrhunderts«. Grund genug, um Vorbild eines ehrgeizigen Politikers zu sein. Aber Androsch, so schien es mir, interessierte vor allem ein Ziel Rathenaus: ein moderner Kapitalismus, der auch die organisierte Arbeiterschaft überzeugt und sie mit der Unternehmerwirtschaft versöhnt. In Büchern und Vorträgen hat Rathenau sich diesem Thema gewidmet. Androsch hatte sie gelesen, wie ich aus Gesprächen mit ihm weiß, und war beeindruckt. Ich glaube, daß vor allem diese Brücke zwischen Arbeiterschaft und Kapitalisten es war, die ihn faszinierte.

Im Grunde aber ist die interessanteste mit der Person und dem Werdegang des Hannes Androsch verbundene Frage eine ganz andere. Was ist falsch an einem System, an einer gesellschaftlichen Ordnung, wenn ein Mann von der Intelligenz und Tatkraft des Hannes Androsch nicht wirksamere, wenn auch ungeschriebene Verhaltensregeln vorfindet, die einerseits ihn vor sich selbst schützen und andererseits dem Gemeinwesen, dem Dienst am Staat den Mann und seine nicht alltäglichen Fähigkeiten erhalten?

Hierarchisch gegliederte Gesellschaften verfügen über recht wirksame Immunsysteme. Sie wurden von Ständen entwickelt und lieferten Vorschriften standesgemäß ehrenhaften Verhaltens als Handwerker, als Soldat, als Bürger, als Edelmann – als, man wird lachen, unberührtes Mädchen, als verheiratete Frau, im Ehestand. Stand ist hier vielfach deckungsgleich mit Beruf und stets verbunden mit der Drohung des Verlustes der »Ehre«, eine Drohung die nur solange wirksam ist, als mit der »Ehre« auch die gesellschaftliche Stellung verlorengeht.

Ein Fehlverhalten im Sinne des Standes, auch ohne einen strafrechtlichen Tatbestand zu erfüllen, kann, wenn es nur schwer genug ist, zum Verlust der Ehre führen, und dieser bewirkt gesellschaftliche Ächtung. Das ist kein Märchen, vielmehr war es eine Wirklichkeit unserer Zivilisation. Mit manchen absurd anmutenden Bräuchen wie dem Duell, mit sinnlosen Selbstmorden, mit aus nichtiger Ursache zerstörten Existenzen. Aber auch mit weit behutsamerem Umgang mit der Reputation anderer, mit in der Behandlung der Privatsphäre vorsichtigeren Medien und – vor allem – mit einem völlig anderen Verständnis des Amtes. Beamte, Soldaten, Offiziere oder Minister standen im Dienst des Staates, versinnbildlicht in der Person des Monarchen. Ob k. k. Postoberoffizial oder Minister, das Ansehen in der Öffentlichkeit, die Ehre, diesen Dienst leisten zu dürfen, entschädigte für die magere Entlohnung. Und am Ende winkten den Offizieren, Beamten und Ministern, aber auch den Honoratioren der Wirtschaft Titel, Orden und Nobilitierung. Ein Androsch, das wäre die Probe aufs Exempel, hätte in den Zeiten der Monarchie wahrscheinlich gezögert, die sichere Erhebung in den Ritterstand oder vielleicht sogar die Baronie aufs Spiel zu setzen. Aber diese Bremsen für das Erwerbsstreben greifen nur in hierarchischen, von Eliten geführten Gesellschaften, gegen die egalitäre politische Kräfte, allen voran die sozialistischen Parteien, seit jeher angetreten sind. Dafür lassen sich durchaus Argumente finden, haben sie doch manche Versteinerung aufgebrochen. Doch sie haben nicht nur Verfassungen und Rechtsordnungen umgestoßen, sie haben im jüngst vergangenen Jahrhundert auch die ungeschriebenen Normen, die überlieferten »do's« und »dont's«, ausgehöhlt. Die 68er haben den Rest entsorgt. Die Folgen sind nicht nur vorteilhaft: An die Stelle der weitgehend mit dem Beruf und seinem Ethos verbundenen Stände sind, weil der Mensch als völlig isoliertes Individuum nicht leben kann, in Österreich, aber in gewissem Maße auch anderswo die Parteiorganisationen als Element zwischenmenschlicher Bindung getreten, eine verhängnisvolle Entwicklung, weil sie in Behörden und staatsnahen Betrieben die von Parteien ferngesteuerte Führungskraft entstehen ließ. Ein modernes Lehenssystem mit pervertierten Treuebindungen sichert die gesellschaftliche Kohäsion anstelle der Standesbindung. Und eine weitere Folge: Die einstige, den Steuerzahler schonende Bescheidenheit des Staatsdieners ist wachsenden Ansprüchen des politisch organisierten Arbeitnehmers gewichen, der nicht mehr dient, sondern Arbeitsleid erfährt und, um es zu lindern, auch vor Streikdrohungen nicht zurückschreckt.

Beim Roten Kreuz

Eines Tages, es muß im Herbst 1973 gewesen sein, begleitete Hans Lauda mich nach einer Aufsichtsratsitzung der CA in mein Büro und bat mich, ihm Vorschläge für seine Nachfolge als Präsident des Österreichischen Roten Kreuzes zu machen. Er sei 77 Jahre alt, mache das nun schon seit fünfzehn Jahren und wolle sich zurückziehen. »Ich suche jemand in deinem Alter, mit wirtschaftlicher Erfahrung. Du kennst ja auch viele Leute, denk nach.«

Lauda war Generaldirektor der Veitscher Magnesitwerke, eines für Österreich vor allem in den ersten Nachkriegsjahren als Devisenbringer – fast die gesamte Produktion wurde exportiert – sehr wichtigen Unternehmens, und Präsident der Vereinigung Österreichischer Industrieller, Mitglied des Aufsichtsrats der CA, ein Mann mit all den Eigenschaften, die man damals zur Führung großer Unternehmen brauchte. Sein Stil erinnerte mich an die berühmte Formel des Marschalls Lyautey: »Qu'est ce que c'est qu'un chef? Ne rien faire, ne rien laisser faire, tout faire faire.« Für mich, den um siebzehn Jahre Jüngeren, war er eine Respektsperson und ein wohlwollender älterer Freund. Seine Bitte war ein Auftrag. Nach einigen Tagen schlug ich ihm zwei oder drei Kandidaten vor. Sie gefielen ihm nicht. Dann fragte er: »Warum machst du das nicht?«

Ich war völlig überrascht; ich sei wirklich nicht qualifiziert für diese Aufgabe. »Das, worauf es beim Präsidenten in erster Linie ankommt, sind Aufgaben der Führung, wie sie sich in jedem Unternehmen stellen, Strategie, Organisation, Finanzen. Das ist dir vertraut und das Spezielle wird der ausgezeichnete Generalsekretär dir rasch näherbringen. Er ist ein verläßlicher Mann, der die laufenden Agenden sehr gut erledigt. Es ist eine schöne Aufgabe.«

In der Kriegsgefangenschaft hatte mich ein Delegierter des Internationalen Komitees vom Roten Kreuz (IKRK) registriert. Während der Ungarnrevolution 1956 hatte Helga für das Rote Kreuz die Unterbringung und Betreuung von Flüchtlingen übernommen. 1965 lernten wir während der Internationalen Rotkreuzkonferenz, die in Wien stattfand, einige hohe Funktionäre kennen; ich war Tischnachbar der sehr sympathischen Fürstin Gracia von Monaco. Das war höchst angenehm, aber wirklich nicht sehr instruktiv. Mit einem Wort: Ich wußte nichts, gab aber am Ende nach, jedoch für einen späteren Zeitpunkt. Lauda war bereit, noch drei Jahre bis zu seinem achtzigsten Jahr weiterhin zur Verfügung zu stehen. Ein paar Wochen später starb er. Als ich nach dem Requiem in der Stephanskirche seiner Witwe kondolierte, sagte sie: »Sie machen es, nicht wahr?«

Wenige Tage später besuchten mich zwei Herren des Arbeitsausschusses des Österreichischen Roten Kreuzes, um mit mir über meinen Amtsantritt zu sprechen. Lauda, der perfekte Chef, hatte den Arbeitsausschuß schon auf mich vorbereitet. Nun kam es zu einem politischen Zwischenspiel – wie hätte das in unserem Land auch anders sein können. Bundeskanzler Kreisky wollte meine Wahl verhindern und präsentierte den prominentesten Arzt Österreichs. Ich fand das großartig und wollte sofort auf meine Kandidatur verzichten. Das ÖRK nagelte mich auf meine Zusage fest. Ich fand, der Arzt sei die weit bessere Lösung, gegen die ich wohl auch in der Wahl durch die Hauptversammlung keine Aussichten haben würde. »Das lassen Sie bitte unsere Sorge sein«, meinten die Herren.

Wahlberechtigt sind die 38 Delegierten der Landesverbände. Ich erhielt im ersten Wahlgang 36 Stimmen; damit war die Sache erledigt. Die beiden Gegenstimmen waren die des Ministers Otto Rösch (SPÖ) und eines seiner Kollegen. Rösch versicherte mir nach der Wahl seine loyale Zusammenarbeit und hat dieses Versprechen auch gehalten. Kreiskys Intervention war sicher ein zweifacher Fehler: Parteipolitische Überlegungen dürfen in einer humanitären Organisation keine Rolle spielen, und auf politische Einmischung von außen reagiert man im Roten Kreuz empfindlich. Die Unabhängigkeit ist einer seiner sieben Grundsätze, dessen Wahrung genau überwacht werden muß.

Nun begann zunächst eine Periode des Lernens. Der langjährige Generalsekretär, Hans Polster, ehemaliger Oberstleutnant des Bundesheeres, half mir, mich in den wenigen Wochenstunden, die ich dafür frei machen konnte, das Rote Kreuz, seine Stärken und seine Probleme genauer kennenzulernen. Die Haupttätigkeiten im Inland und im Frieden sind der Rettungs- und Krankentransport, das Blutspendewesen, Gesundheits- und Sozialdienste, Ausbildung in Erster Hilfe. Der Umfang der Leistungen war schon damals weit größer, als ich dachte; er ist seither sehr stark gewachsen. Ich begann zu staunen: Das ÖRK leistete nahezu die gesamte Aufbringung des Blutes von freiwilligen Spendern für die Transfusionsmedizin, es erzeugte in seinen Blutbanken rund zwei Drittel der in Österreich benötigten Blutkonserven und lieferte sie an die Krankenhäuser. Jede einzelne dieser Konserven, Millionen, wird mit allen relevanten Einzelheiten von der elektronischen Datenverarbeitung erfaßt und gespeichert.

Rund 85 Prozent des gesamten Rettungs- und Krankentransportdienstes in Österreich wird vom Roten Kreuz geleistet, zu einem großen Teil von den etwa 34000 freiwilligen Helfern. Sie machen mit mehr als zwölf Millionen freiwilligen, unentgeltlichen Arbeitsstunden jährlich, mit 24 Stunden Bereitschaft, unserem Land (in heutigen Werten) ein Geschenk im Wert von rund 250 Millionen Euro (oder 3,5 Milliarden Schilling).

Es gab den Gesundheits- und Sozialdienst einschließlich der Ausbildung dafür im gesamten Bundesgebiet. Noch gab es nicht den flächendeckenden Notarztdienst für ganz Österreich, den wir später einführten. Auslandseinsätze werden in den meisten Fällen in Zusammenarbeit mit dem IKRK und der Internationalen Föderation der Rotkreuz- und Rothalbmond-Gesellschaften durchgeführt.

Wir besitzen ein Jugend-Rotkreuz, das auf der ganzen Welt seinesgleichen sucht und um das wir beneidet werden, mit dem Auftrag der Unterrichtsverwaltung, der Jugend humanitäres Gedankengut an Hand der Rotkreuzaktivitäten nahezubringen, Das ist nur dank einer beispielhaften Mitarbeit der Lehrer zu erreichen. Lehrerschaft, Ministerialbeamte und alle Unterrichtsminister während meiner Dienstzeit haben das Rote Kreuz gefördert.

Das ÖRK ist ausgeprägt föderal organisiert: die Bezirksstellen mit ihren Ortsstellen sind Mitglieder der Landesverbände, diese wiederum sind Mitglieder des Österreichischen Roten Kreuzes. Das ÖRK und die Landesverbände sind rechtlich Vereine. Der föderale Charakter hat Vorteile und Nachteile: Er führt an der Basis zu enger Verbindung mit den örtlichen Verwaltungen, Gemeinden, Bezirkshauptmannschaften, Landesbehörden, damit auch zu einer soliden Verankerung im allgemeinen Bewußtsein und zu hoher Hilfs- und Dienstbereitschaft der Bevölkerung und der örtlichen Behörden. Die Zusammenarbeit mit den Behörden läßt allerdings das Rote Kreuz gelegentlich als eine Art von verlängertem Arm der Gendarmerie erscheinen. Das ist sehr ähnlich wie bei den Feuerwehren, nur sind diese eben wirklich örtliche Organisationen, während das Rote Kreuz Teil einer weltumspannenden Organisation, einer humanitären Bewegung mit völkerrechtlichen Aufgaben ist. Die Republik Österreich ist ein Signatarstaat der Genfer Rotkreuz-Konventionen. Deren Grundsätze sind international definiert und beschlossen. Es kann in einem Staat nur eine Rotkreuzgesellschaft geben – ich hatte manchmal den Eindruck, daß diese elementare Wahrheit der einen oder anderen Bezirksstelle gelegentlich wieder mitgeteilt werden mußte, um sie daran zu erinnern, daß sie weder Erfinder noch Gründer des Roten Kreuzes sei. Das zentrale Element, vertreten durch das Generalsekretariat und den Präsidenten, kommt in der föderalen Struktur und Organisation ein wenig zu kurz, denn die Zentrale kann nur mit der Zustimmung des föderalen Elements, der Landesverbände, die den Arbeitsausschuß oder die Präsidentenkonferenz bilden, »regieren«. Es wäre nicht undemokratisch, wenn es einen von den Landesverbänden gewählten Ausschuß gäbe, der die Führungskompetenz hätte. Aber dank des großen Verständnisses, der Professionalität und des Engagements der Landesverbände und vor allem ihrer Präsidenten habe ich dennoch in der Erfüllung meiner zentralistischen Aufgaben nur gute Erfahrungen gemacht und fühle mich meinen Kollegen freundschaftlich verbunden und zu größtem Dank verpflichtet.

Doch dem Roten Kreuz ist kein sorgenfreies Leben beschieden. Der Rettungs- und Krankentransportdienst (RKT), von den Orts- und Bezirksstellen der Landesverbände rund um die Uhr betrieben, eine der wichtigsten Leistungen des Roten Kreuzes im öffentlichen Interesse, war und ist eine Quelle ständiger finanzieller Sorgen. Wenn er auch fast gänzlich von Freiwilligen – also unentgeltlich – geleistet wird, erfordert er doch einen sehr erheblichen Sachaufwand für Fahrzeuge, Treibstoffe, Instandhaltung, Garagen, kostspielige Funkeinrichtungen. Die Kosten jedes einzelnen Transports werden vom ÖRK in Rechnung gestellt und müssen, soweit es sich um sozialversicherte Personen handelt, von den Gebietskrankenkassen als sogenannte Adhäsionskosten gemäß den Bestimmungen des ASVG ersetzt werden. Wenn es keine speziellen Vereinbarungen zwischen den Rettungsorganisationen und den Gebietskrankenkassen gäbe, würde das ÖRK vom transportierten Kranken oder Unfallopfer die Bezahlung der Transportkosten verlangen, die diesem dann von seiner Sozialversicherung zu ersetzen wären. Das würde einen sehr hohen bürokratischen Aufwand verursachen. Das ÖRK führt in ganz Österreich durchschnittlich dreimal in der Minute einen Transport durch – rund eineinhalb Millionen Transporte jährlich. Abgesehen von den Schwierigkeiten, die die Einzelverrechnung in vielen Fällen dem Patienten oder dem Unfallopfer bereiten würde – oft wären sie physisch gar nicht dazu imstande –, brächte dieses Verfahren für die Gebietskrankenkassen eine sehr hohe bürokratische Arbeitbelastung. Um das zu vermeiden, werden zwischen den Gebietskrankenkassen und den ÖRK-Landesverbänden Vereinbarungen zur Vereinfachung abgeschlossen. Die Landesverbände übergeben den Gebietskrankenkassen alle vierzehn Tage die in dieser Periode gesammelten Transportscheine, und diese vergüten dem ÖRK die vereinbarten pauschalierten Sätze für Orts- und Überlandtransporte. Die Sätze waren von Anfang an ungenügend, es gab Anpassungen, aber die Schere öffnete sich zum Teil noch weiter: Die Fahrzeuge und ihre Ausrüstung wurden immer anspruchsvoller. Die Gebietskrankenkassen waren nicht bereit, dem ÖRK die Kosten – natürlich ohne die Arbeitsstunden der Freiwilligen, somit fast ausschließlich reiner Sachaufwand – in voller Höhe zu ersetzen. Die

Lücke mußte aus Spenden gedeckt werden. Ich hatte große Bedenken dagegen: Niemand, der dem Roten Kreuz Geld spendet, will damit die Gebietskrankenkassen unterstützen. Aber welche Alternativen hatten wir? Die Transporte einfach einzustellen oder ihre Einstellung auch nur anzudrohen kam für eine humanitäre Organisation mit der Tradition des Roten Kreuzes nicht in Betracht. Das wußten die Gebietskrankenkassen und nützten es rücksichtslos aus.

Gemeinsam mit einigen Kollegen habe ich wiederholt mit leitenden Herren des Hauptverbandes der Sozialversicherungsträger verhandelt und nur Enttäuschungen erlebt. Unerfüllbare Forderungen wurden erhoben. Nachdem wir von Wirtschaftsprüfern zertifizierte Kostenrechnungen vorgelegt hatten, verlangte man zum Beispiel die Bekanntgabe der Spenden, die das ÖRK von Privaten erhielt, oder die Verpflichtung des ÖRK, die Notwendigkeit von Transporten zu überprüfen. Beides war unerfüllbar. Die Bekanntgabe der Spender wäre ein Vertrauensbruch schlimmster Art gewesen und hätte die Unabhängigkeit des ÖRK erheblich gefährdet, und die Notwendigkeit von Transporten wird von Ärzten überprüft: Es werden nur von Ärzten angeforderte Transporte oder Notarzteinsätze gefahren. Das wußten die Herren beim Hauptverband natürlich genausogut wie wir; die Forderungen wurden wohl nur erhoben, um einen Vorwand für das Scheitern der Verhandlungen zu haben. Verbesserungen konnten nur in einzelnen Fällen in langen, zähen Verhandlungen mit der Drohung erreicht werden, zur Einzelverrechnung zwischen Patienten und Gebietskrankenkassen überzugehen; der damit verbundene enorme zusätzliche Arbeitsaufwand erschreckte sie. Von dieser Kritik am Verhalten der Gebietskrankenkassen und vor allem des Hauptverbandes nehme ich ausdrücklich die Allgemeine Unfallversicherungs-Anstalt AUVA aus: sie hat stets freundschaftlich mit uns kooperiert, hat uns gelegentlich wertvolle Anregungen gegeben, auch immer wieder Rettungsfahrzeuge gespendet und sich am Einsatz der Rettungshubschrauber aktiv beteiligt.

Wiederholte Versuche im Parlament, zum Beispiel im Zuge der häufigen Novellierungen des ASVG, Unterstützung für unser Anliegen zu bekommen, scheiterten. Wir haben alle Mitglieder des Nationalrats und des Bundesrats in einer sorgfältig erarbeiteten Dokumentation informiert – ohne Erfolg. Begegnungen mit dem Präsidenten, mit Ausschüssen, mit einzelnen Mitgliedern aller Fraktionen ergaben letztlich immer dasselbe: freundliche Blicke und Worte und nicht die geringsten Taten. Die Abgeordneten Walter Schwimmer (ÖVP), Gottfried Feurstein (ÖVP) und Walter Guggenberger (SPÖ) haben in diesem Zusammenhang in meinen Augen völlig versagt. Einzig der Abgeordnete Ewald Nowotny (SPÖ) hat den Versuch unternommen, uns zu helfen.

Ein weiteres Beispiel zur Illustration der Lage des ÖRK im Bewußtsein unserer Regierung: Bei einem Besuch der Gesundheitsministerin beim Roten Kreuz – dem einzigen eines Regierungsmitglieds, den ich in 25 Jahren zu empfangen die Freude hatte – konnte ich berichten, daß wir in fünf Jahren rund 400 Millionen Schilling in die Blutbank investiert hatten, die wissenschaftlich und in ihrer technischen Ausrüstung höchsten Anforderungen entspricht. Ich bat sie zu raten, wieviel davon auf Unterstützung durch Bundesregierung und betroffene Landesregierungen einschließlich der Stadt Wien entfielen. Die Ministerin, eine sympathische und wohlmeinende Dame, wußte es nicht. Ich nahm ihr die Antwort ab: null. Nicht ein Groschen.

Besser erging es mir bei den Politikern, als der Österreichische Gewerkschaftsbund zu einem gefährlichen Angriff gegen das Rote Kreuz antrat: Er legte einen Gesetzesentwurf vor, mit dem für Sanitätsgehilfen eine Ausbildungszeit von 4000 Stunden vorgeschrieben wurde. Das hieß rund zweieinhalb Jahre Vollzeitarbeit, was natürlich ein Freiwilliger nie erbringen konnte. Wer hätte während dieser Zeit ihn und seine Familie erhalten? In Wahrheit bedeutete der Vorschlag des ÖGB das Ende der Freiwilligkeit. Das war auch das angestrebte Ziel: Man hätte einige tausend bezahlte Arbeitsplätze geschaffen und den österreichischen Steuerzahlern, sei es über die Gebietskrankenkassen, sei es direkt über den Staatshaushalt, mehr als drei Milliarden Schilling an zusätzlichen Kosten aufgebürdet. Das verbarg sich hinter dem so menschenfreundlich aussehenden Verlangen des ÖGB. Wir im ÖRK waren und sind im Einvernehmen mit unseren Ärzten der Meinung, daß die von den freiwilligen Helfern geleistete Ausbildungszeit und der damit erreichte Grad von Professionalität strengen Ansprüchen genügten. Vor dem Anschlag des ÖGB hat uns und den österreichischen Steuerzahler die rasche Reaktion von Andreas Khol und einigen anderen gerettet.

Das Rote Kreuz ist mit seinen im Inland und im Frieden erbrachten Leistungen eine typische Einrichtung der Bürgergesellschaft: freiwilliger Dienst für das Gemeinwohl, eine Einstellung, auf die wir immer mehr angewiesen sein werden, je mehr das durchschnittliche Lebensalter und der Aufwand für die Gesundheit zunehmen.

Das Rote Kreuz hat durch das Internationale Komitee vom Roten Kreuz (IKRK) nicht nur einen wesentlichen Beitrag zur Entwicklung des humanitären Völkerrechts erbracht und erbringt solche immer wieder, es leistet auch in bewaffneten Konflikten humanitäre Hilfe: das weiß fast jedermann. Schon weniger bekannt ist, daß Tausende von Mitarbeitern des IKRK fast ständig in dreißig bis vierzig Kampfgebieten der Welt eingesetzt sind. Das erfordert sehr hohen finanziellen Aufwand. Alle Signatarstaaten der Internationalen Rotkreuz-Konventionen – und das sind fast alle Staaten der Welt – unterstützen das IKRK durch Beiträge, die ihrer Leistungskraft angemessen sind. Nur sehr wenige Menschen in Österreich wissen, daß die skandinavischen Staaten dem IKRK Beiträge geben, die ein Mehrfaches von dem österreichischen ausmachen, und daß das Großherzogtum Luxemburg mit ungefähr so viel Einwohnern wie die Stadt Graz einen höheren Beitrag leistet als die Republik Österreich. Drei Bundespräsidenten – die Bundespräsidenten waren stets Freunde und Schützer des Roten Kreuzes, national wie international – haben sich während meiner Dienstzeit bei der Regierung vergeblich für eine Erhöhung der Beiträge eingesetzt. Es gab nur ein Hin und Her zwischen Kanzleramt und Außenministerium, ohne positives Ergebnis. Dabei handelt sich um vergleichsweise bescheidene Größenordnungen von einigen 100 000 Euro. Für dieses Verhalten Österreichs gibt es nur ein Wort: schändlich. Deutlich besser ist die finanzielle Unterstützung, die das offizielle Österreich gelegentlich für Einzelaktionen in Katastrophenfällen gewährt.

Die bedauerliche Haltung der Regierung steht in krassem Gegensatz zu der überwältigenden privaten Hilfsbereitschaft der Österreicher. Auf den Kopf der Bevölkerung umgelegt haben die Spenden der Österreicher zum Beispiel in der Aktion »Nachbar in Not« eine Höhe erreicht, die, wie mir amerikanische Kollegen versichert haben, in den berühmt wohltätigen USA bisher nicht erzielt worden ist.

Diese Aktion war ein Höhepunkt in der Auslandshilfe des ÖRK. Sie begann als Initiative des ORF. Gerd Bacher entschied sich für diese Spendenaktion unter der Leitung des bewährten Kurt Bergmann unter der Bedingung, zwei verläßliche Partner für die Durchführung der Hilfeleistungen im ehemaligen Jugoslawien zu finden. Er fand sie in der Caritas unter ihrem Präsidenten Helmut Schüller und im ÖRK. Die Aktion fand tatkräftige Unterstützung durch die Regierung; das Bundesheer wurde im ehemaligen Jugoslawien helfend eingesetzt. Die Spendenbereitschaft der Österreicher übertraf alle Erwartungen und alle bisher erzielten Erfolge. Das machte es dem ÖRK möglich, Hunderte Lastzüge mit Hilfsgütern für Ernährung, medizinische Behandlung und Versorgung von Flüchtlingen vorwiegend in das kroatische und bosnische Kampfgebiet zu bringen. Jahrelang waren Rotkreuzhelfer in den von den Kämpfen betroffenen Gebieten tätig; Tausende Menschen wären ohne diesen Einsatz verhungert.

Auf einige besondere Leistungen des ÖRK während meiner Dienstzeit bin ich stolz:

Ich nehme für mich in Anspruch, der Urheber des Notarztdienstes zu sein. Ich konnte meine Kollegen davon überzeugen, daß wir an dieses große Vorhaben herangehen müßten, das natürlich nicht ohne das volle Engagement der Landesverbände verwirklicht werden konnte. Wir übergaben ihnen sechzehn voll ausgerüstete Notarztwägen: Das war die Initialzündung. Darauf aufbauend konnte in wenigen Jahren für ganz Österreich ein flächendeckender Notarztdienst eingerichtet werden; das heißt, daß Rotkreuz-Notärzte in Bodenfahrzeugen oder Hubschraubern überall in unserem Land innerhalb von zwanzig Minuten dort eintreffen, wo sie benötigt werden. In vielen Fällen ist das entscheidend, um Leben zu retten oder Langzeitschäden zu verhindern. Von humanitären Überlegungen abgesehen, ist der Aufwand für diesen Dienst durch die Einsparung von Folgekosten auch wirtschaftlich gerechtfertigt. Ähnliches gilt für die Einführung der Defibrillatoren samt entsprechender Ausbildung der Helfer und Ausrüstung aller Rettungsfahrzeuge mit diesem Gerät. Ich glaube, daß das ÖRK, teilweise in freundschaftlicher Zusammenarbeit mit dem ÖAMTC, damit unserem Land und seinen Menschen einen Dienst von außerordentlicher Bedeutung geleistet hat. Er wurde aus freien Stücken, in eigener Initiative und entgegen wiederholten Zusagen ohne jede finanzielle Hilfe durch Bundesbehörden (und von ihnen unbedankt) aus Mitteln des Roten Kreuzes erbracht.

Von einer außergewöhnlichen einmaligen Hilfeleistung möchte ich berichten; sie illustriert, wie wichtig die Unabhängigkeit des Roten Kreuzes von aller Politik ist. 1989, kurz vor der Wiedervereinigung Deutschlands, waren ungefähr 48 000 DDR-Bürger auf Urlaub in der Tschechoslowakei. Sie wollten nicht mehr in ihre alte Heimat zurückkehren, sondern in die Bundesrepublik ausreisen. Die Tschechoslowakei gehorchte den Bestimmungen des Warschauer Paktes und ließ sie nur in ein Land dieses Paktes. Sie wählten Ungarn. Die ungarische Regierung war bereit, sie nach Österreich reisen zu lassen. Außenminister Alois Mock rief mich an und sagte mir, daß die Bundesregierung den Transport der DDR-Bürger durch Österreich an die Grenze der BRD mit der Bundesbahn nicht übernehmen wolle, um eine Verstimmung der Sowjetregierung zu vermeiden. Er fragte, ob das ÖRK dazu bereit sei. Die deutschen Behörden würden die Leute in Passau empfangen. Ich sagte selbstverständlich zu. Das ÖRK agierte mit der gewohnten Präzision und Schnelligkeit: Innerhalb von Stunden waren etwa fünfzig Reiseautobusse gemietet und nach Ungarn in Marsch gesetzt. In rollendem Einsatz zwischen Budapest und Passau wurden innerhalb einiger Tage 48 000 DDR-Bürger nach Österreich gebracht, vom Roten Kreuz, Landesverband Burgenland, begleitet, verpflegt, mit dem Nötigsten versorgt und wohlbehalten in Passau den bundesdeutschen Behörden übergeben. Ein Beispiel für die Wichtigkeit der Unabhängigkeit und Unparteilichkeit des Roten Kreuzes.

Ein dritter Erfolg, auf den das ÖRK mit Recht stolz ist: das Gesetz über das Verbot von Antipersonen-Landminen. Das Rote Kreuz als weltweit tätige humanitäre Organisation hat entschieden zur Entwicklung des Völkerrechts beigetragen. Ein Beispiel aus jüngster Zeit: Der Präsident des IKRK, Sommaruga, forderte die Rotkreuzgesellschaften auf, ihre Regierungen und Parlamente für ein weltweites Verbot dieser heimtückischen Minen zu mobilisieren, deren Opfer fast ausnahmslos Zivilpersonen, namentlich Kinder, sind, die grauenhaft verstümmelt werden. Zunächst versuchten wir, ganz bescheiden an einen Beamten des Außenministeriums heranzutreten. Ich habe im Ganzen mit den Beamten dieses Hauses nur hervorragende Erfahrungen gemacht, sie repräsentieren die alte österreichische Beamtentradition; aber in diesem Fall hatten wir zunächst Pech. Unser Ersuchen, einen Gesetzestext für die internationale Diskussion vorzubereiten, endete offenbar in einer tiefen Schublade. Urgenzen blieben erfolglos. Darauf entschlossen wir uns zu selbständigem Vorgehen. Einer unserer juristischen Mitarbeiter verfaßte den Gesetzestext. Der Generalsekretär-Stellvertreter und teilweise auch ich besuchten Minister und die Parlamentsclubs der Parteien. Außenminister Schüssel war voll einverstanden und versprach uns zu helfen, Peter Kostelka, der Klubobmann der SPÖ, reagierte gleichfalls sofort positiv und sicherte uns seine volle Unterstützung zu. Die Freiheitlichen waren nicht einverstanden, mit der eher absurden Begründung, sie könnten das Bundesheer nicht im Stich lassen. Das Liberale Forum war der sonderbaren Ansicht, es gebe schon so viele Gesetze, so etwas müsse nicht im Weg der Gesetzgebung behandelt werden. Gottlob waren die beiden letztgenannten Parteien nicht entscheidend. Das Gesetz wurde vom Nationalrat beschlossen. Es diente als Grundlage für die Beschlüsse der nachfolgenden Konferenz von

Ottawa, die bisher 160 Staaten ratifiziert haben. Ein Erfolg für Österreich; den offiziellen Dank, den es wohl verdient hätte, hat das Rote Kreuz nicht erhalten.

Ende in Sicht

In all den vorangegangenen Seiten ging es immer wieder um längst Vergangenes, Gelungenes und Mißlungenes, um Allgemeines und um Persönliches. Nun wird es Zeit, sich der Zukunft zuzuwenden. Persönliche Zukunft in meinem Alter – das kann nicht mehr ich selber sein, das sind vor allem die Nachkommen. Helga hat zwei Söhne geboren, auf die ich stolz bin. Ich sehe sehr deutlich das Erbe, das sie ihnen auf den Weg gab: die Selbstbeherrschung, den friedlichen Umgang mit ihren Mitmenschen – das haben sie nicht von ihrem Vater. Nur keinen Streit vermeiden, das war mein Motto und ist es, fürchte ich, immer noch.

Die beiden sind in ihren Charakteren leicht zu unterscheiden; das war schon im Kindesalter so. »Komm mich am Nachmittag besuchen«, sagte eines Morgens Onkel Dick zum vierjährigen Michael. »Ja, wenn ich Zeit habe«, war die Antwort. Er liebte es schon damals, sich völlige Handlungsfreiheit zu sichern – nur keine Festlegungen, die ihn einengen könnten. Und Andreas, etwa im gleichen Kindesalter, nach einer Auseinandersetzung mit Tetta, der Kinderfrau, beim abendlichen Vaterunser: »… und führe uns nicht in Versuchung, sondern erlöse uns von dem Bösen, die Tetta ist blöd, Amen.« Er meinte, der ins Vaterunser verpackte Protest, weil Teil eines Gebets, könne zu keiner Strafverfolgung führen, und erwies sich frühzeitig als geschickt im Umgang mit Menschen.

Beide haben sie viel erreicht, Erfolge errungen, die mir versagt geblieben sind. Aus dem, vorsichtig ausgedrückt, wenig ambitionierten Studenten, der eine permanente Sorge seiner Eltern war, wurde ein intensiv arbeitender Investmentbanker: Der Wunsch, an der Harvard Business School zu studieren, war sein Weg nach Damaskus. Man fragte ihn nach seinen bisherigen Studienerfolgen. Die folgenden österreichischen Prüfungen bestand er mit Auszeichnung. Und dann, nach Harvard, ging es über die glorreichsten Namen von Banken, White, Weld & Co., NYC, Credit Suisse First Boston, London und Tokio, Lazard Frères, NYC, Merrill Lynch, S. G. Warburg, steil aufwärts. Lazard's boten ihm eine Partnerschaft an, aber er, kühl abwägend, fand den Anteil zu gering, um das Risiko der Haftung mit seinem ganzen (noch kaum vorhandenen) Vermögen zu rechtfertigen, und lehnte ab – ich hätte an seiner Stelle sofort angenommen. Nun wird er, an der Seite einer schönen und liebevollen Frau und mit zwei Kindern gesegnet, ein Leben am Land beginnen, im Süden Englands, in einem prachtvollen Haus aus der Zeit der Königin Elisabeth I., inmitten eines Parks, der einen die Welt vergessen läßt. Eine überraschende Wendung, wenn man bedenkt, daß er bisher als urbaner Einzelgänger gelebt hatte. Er ist als Partner eines großen amerikanischen Trusts weitgehend sein eigener Herr – ein seit langem gehegter Wunsch. Bei seiner Arbeit begnügt er sich mit einigen wenigen ausgesuchten Helfern; er will, ganz im Gegensatz zu seinem Bruder, kein Manager sein. Er ist Österreicher geblieben, wäre aber beruflich in Österreich kaum vorstellbar.

Ganz anders Andreas, der schon in den ersten Schuljahren gruppenorientiert war, Anführer wurde, im Schottengymnasium, im Chor und bei den Ministranten; er hat diese Eigenschaft beibehalten. Der jüngere Bruder muß Strategien entwickeln, um sich durchzusetzen. Den älteren nicht zu imitieren gehört dazu: daher nicht Jus, sondern Wirtschaftswissenschaft, nicht Investment, sondern Commercial Banking, keine Business School, sondern zwei Jahre Trainee bei der Chase Manhattan Bank in New York, die ihn behielt und bald zum Stellvertreter des Filialleiters ihrer Athener Niederlassung machte. Es folgten immer größere Aufgaben und stets bewährte er sich als einer, der die Energien wachsender Scharen von Mitarbeitern anzuregen, zu bündeln und zu leiten versteht. Er hat aus einer braven, in engen Grenzen tätigen Sparkasse eine höchst erfolgreiche mitteleuropäische Großbank gemacht. Das blieb nicht unbemerkt: Er ist weit über Österreichs Grenzen hinaus bekannt und geachtet, gesucht für sehr große Aufgaben, aber er blieb dem Land erhalten. Auch er ist glücklich verheiratet mit einer schönen Frau, Mutter dreier Söhne, hart arbeitend als Herausgeberin eines Lifestyle-Magazins. Andreas ist musisch begabt und versteht seine Talente in den darstellenden Künsten wirksam einzusetzen. Zu meiner Überraschung sind beide Söhne gute Haus- und Familienväter.

Dieses Glück zu erleben ist ein Geschenk, das ich dankbar empfange. Daß es so bleiben, mich überleben möge, darauf hoffe ich.

Mit der österreichischen Zukunft verhält es sich anders: die gestalten nicht nur, aber doch sehr wesentlich die Österreicher mit. Dieses fünfte Österreich, das nun den vieren folgt, die ich erlebt und teilweise geschildert habe, wird in einem mitteleuropäischen Raum liegen, der in erstaunlicher Weise zum Teil die Grenzen Österreich-Ungarns, aber natürlich nicht seine Strukturen und Institutionen nachzeichnet. Das wird der österreichischen Außenpolitik Aufgaben eröffnen, deren Bewältigung die Sublimierung einer nicht immer glänzenden Vergangenheit bringen kann. Das wäre Erhard Buseks Stunde. Nicht nur wirtschaftlich, auch kulturell erweitert sich der

Horizont. Die gesellschaftliche Mobilität hat sich gewaltig erhöht, eine neue Mittel- und Oberschicht ist im Werden, ohne Scheu vor dem Ausland, weltgewandter, selbstbewußter. Die politischen Parteien sollten beginnen, es wahrzunehmen: Ihre Rollen wandeln sich. Die Sozialdemokraten haben in Jahrzehnten mehr erreicht, als sie halten können. Den Wohlfahrtsstaat so zu verändern, daß Wirtschaftswachstum als Voraussetzung für Beschäftigung möglich ist, wird zur eigentlichen Aufgabe; wird sie nicht gelöst, geht beides verloren. Hilfe für die Ausgebeuteten heißt in Zukunft Konsumentenschutz. Motor für die Zukunft bleibt die ÖVP. Auch sie sollte sich dem Schutz und Vorteil des Konsumenten zuwenden und sich zu mehr Wettbewerb bekennen. Und für die Zukunft Brücken zu den Grünen bauen. Sie wird die Grünen brauchen während der Lehrjahre in Nationalökonomie, die der Gewerkschaftsbund und die Arbeiterkammer noch vor sich haben. Die Grünen sind wahrscheinlich die Partei mit dem größten Wachstumspotential. Vor allem aber sollte die ÖVP die führende Rolle in der Außenpolitik besetzen, um unserem Land Einfluß in der EU und in deren Beziehungen zu den USA im beginnenden amerikanischen Jahrhundert zu sichern; im Krieg gegen Saddam haben wir eine Chance nicht wahrgenommen. Die Freiheitlichen werden es, so hoffe ich, schwer haben und auf einen Rest Unbelehrbarer reduziert werden, der sich um einen in allen anwendbaren Meßgrößen künftiger Außen-, Innen-, Wirtschafts- und Kulturpolitik überholten gealterten Jugendlichen schart. Die Zukunft Österreichs? Man kann sie mit einiger Zuversicht sehen. Gott befohlen. Doch.

Personenregister

About, Edmond 51
Abs, Hermann Josef 241, 253, 255
Adler, Friedrich 118
Alwin, Karl Oskar 29
Androsch, Hannes 9, 262f., 267, 271, 273f., 281, 283, 285, 287, 298, 302, 310ff.
Apfalter, Heribert 224
Aronson 315
Auernheimer, Raoul 30
Aufricht, Prokurist 75
Auspitz-Artenegg, Theodor von 29

Bacher, Gerd 206, 340
Bahr, Hermann 41
Bainville, Jacques 158
Bartsch, Rolf 122f.
Baudelaire, Charles 135
Bauer, Otto 231
Baumgartner, »Putzer« 153
Bayer 228
Beck, Max Wladimir, Freiherr von 29
Becker, Gary S. 166
Békessy, Imre 35
Bell, Hermann 287
Benedek, Ludwig von 42
Benedikt, Moriz 30
Benya, Anton 315, 322
Berchtold, Leopold Graf 115
Bergmann, Kurt 340
Béthouart, Emile 188
Bienerth-Schmerling, Anka Gräfin 29
Bilinski, Leo Freiherr von 50
Binding, Rudolf G. 94f.
Bismarck, Fürst Otto von 70, 115
Björnson, Björnstjerne 40
Blaha, P. Vincenz, OSB 89f., 184

Blecha, Karl 313
Bleyleben, Alfred Freiherr Regner von 219
Blum, Léon 119
Bock, Fritz 273, 277
Böcklin, Arnold 69
Boden, Geheimrat 230
Böhmer, Peter 193
Bolschwing, Baronin *siehe* Samek, Mitzi
Bosel, Siegmund 32
Bourgoing, Baron Jean de 202
Brahms, Johannes 14
Brecht, Bertolt 111
Breuer, Josef 67
Brez, Aline 38
Broch, Hermann 306
Brosche, Sektionschef 30
Bucerius, Gerd 204, 213f.
Buchacher, Robert 55
Buchanan, James 166
Burian von Rajecz, Istvan 50
Burk, Klaus 166
Buschbeck, Ernst 30
Busek, Erhard 347

Caccia, Harold Lord 188ff.
Caccia, Nancy Lady 189f.
Cambon, Professor 38f.
Castiglioni, Camillo 32
Chamberlain, Neville 126
Charcot, Jean-Martin 67
Christians, F. Wilhelm 253
Clark, Mark 188
Claudel, Paul 191
Clemm, Michel von 253
Conte Corti, Egon Cesar 202
Coreth, Christiane Gräfin 184
Coreth, Hans Graf 61, 120f., 184
Cranach, Lukas 80

Csokor, Franz Theodor 200
Czernetz, Karl 293
Czernin, Alex Gräfin 190
Czernin, Felix Graf 190
Czernin, Sissi Gräfin 190
Czernin, Wolfgang Graf 190

Dausek, Anna 27, 86
De Gasperi, Alcide 203
Dichand, Hans 194f.
Dinghofer, Franz 35
Diwok, Fritz 206, 264
Dóczy, Peter Baron 29, 73, 184
Dóczy, Susanne Baronin, geb.
 Freiin von Ferstel 73, 184
Doderer, Heimito von 31
Doderer, Immo von 31
Doderer, Wilhelm von 31
Doderer, Willy von, geb. von
 Hügel 31
Dollfuß, Engelbert 90, 117f.
Dowling, Alice 191
Dowling, Walter 191, 242
Dubois, Paul 71
Dulles, Allen 242, 299
Dulles, John Foster 299
Dürer, Albrecht 80
Düringer, Annemarie 56

Ebert, Friedrich 96
Eden, Sir Anthony 191
Eder, Hans 48
Eduard VII., König 116
Eggers, Oberstleutnant 164, 170
Eminger, Euphemia 138
Eminger, Oberst a.D. 137
Ender, Otto 241, 299
Enk, Portier 64
Ephrussi, Ignaz von 29
Erhard, Ludwig 206
Etthofen, Fritz Freiherr von 171
Eucken, Walter 198
Exinger, Wirtschaftsprüfer 223

Fekete, Lajos 271
Ferstel, Charlotte Freifrau von 44
Ferstel, Charlotte (Lollo), Freifrau
 von geb. von Hügel 31, 126
Ferstel, Dorothea *siehe* Treichl,
 Dorothea
Ferstel, Erwin Freiherr von 20, 26, 66
Ferstel, Heinrich Freiherr von 19, 31, 43
Ferstel, Marie Freifrau von, geb.
 Thorsch 26, 63ff., 188
Ferstel, Max Freiherr von 31, 43, 76, 121, 126
Ferstel, Melanie Freifrau von, geb.
 Thorsch 22, 26, 43
Ferstel, Trude Freifrau von 81f.
Ferstel, Wolfgang Freiherr von 22, 26, 43, 81f.
Fetzer, Franz 226
Feuchtersleben, Ernst von 71
Feurstein, Gottfried 338
Feyl, Wolfgang 261, 315
Fichte, Johann Gottfried 108
Figl, Leopold 191, 203, 206, 208
Firnberg, Hertha 296
FitzJames, Comtesse de 76
Flaecher, Fritz 126
Fliess, Wilhelm 69
Fontane, Theodor 40
Forster, Marianne Freifrau von,
 geb. Freiin von Ferstel 19
Forster, Zdenko Freiherr von 19, 18f.
Franz Ferdinand, Erzherzog-
 Thronfolger 22
Franz Joseph I. 7, 116, 201f., 290, 309
Freud, Sigmund 67ff.
Freytag, Gustav 40
Frick, Thomas 106
Friedrich II., König 92
Fries, Pater Erembert OSB 37, 89f.

Gaulle, Charles de 147
Gautsch von Frankenthurn, Paul 15, 18
Geier, Paul 184
Gelzer, Mathias 89
George, Stefan 110
Gerstorfer, Dr. 150, 250
Glaeser, Ernst 93
Glaise-Horstenau, Edmund Freiherr von 120
Glaser, Baronin, geb. Freiin Löwenthal 24
Glaser, Enrica Freiin von 24
Glaser, Julius Freiherr von 13, 23
Glaser, Leonore Freiin von 24 f.
Gleispach, Johann Graf 31
Goess-Saurau, Carl Anton Graf 277
Goethe, Johann Wolfgang 44, 87, 132, 199
Gorbach, Alfons 236
Göring, Hermann 84, 121
Gotthelf, Jeremias 40
Gracia Fürstin von Monaco 332
Graetz, Viktor 30
Graf, Ferdinand 197 ff., 250
Gratz, Leopold 313
Grimm, Kurt 241, 248, 293, 295, 299 ff., 317
Grubelnik, Klaus 316
Gruber, Karl 203
Guggenberg, Familie von 23, 50
Guggenberger, Walter 338
Guillaumin, Armand 141
Guth, Wilfrid 253
Gutmann, Marianne von, geb. Freiin Ferstel 73, 50, 73, 76, 82 ff., 101, 126
Gutmann, Max von 76, 80
Gutmann, Moritz von 82
Gutmann, Rudolf von 73, 75 ff., 126, 299
Gutmann, Wilhelm von 77, 79 f.
Gutmannsthal, Herma von 188
Gwinner, Arthur von 20

Haas-Teichen, Baron 81
Habe, Hans (Janos Békessy) 35
Habig, Familie 33
Haider, Hans 56
Halem, Frau von 133
Halem, Malve von 133
Halem, Nikolaus von 133
Hallstein, Walter 175
Hamann, Brigitte 201 f.
Hamilton, Alexander 172
Harrach, Stéphanie Gräfin 190
Harrer, Heinrich 201
Hart, Liddell 148
Hartel, Wilhelm von 69
Haschek, Helmut 247 f.
Haushofer, Albrecht 112
Hauswirth, Emil 219
Havel, Václav 54
Hayek, Friedrich August von 8, 15, 130, 166, 229
Helfferich, Karl 20
Henderson, Lady Mary 185
Henderson, Sir Nicholas 185
Hendus, Heinrich 171 f.
Hengel, Adrian van 244
Henikstein, Georg Freiherr von 133
Herzog, Maurice 201
Heß, Rudolf 112, 211
Heyerdahl, Thor 200
Hilferding, Rudolf 29
Hitler, Adolf 104 f., 111 f., 119, 121 f., 124, 149, 164, 168, 170
Hitschfeld, Direktor 124
Hitzinger, Walter 224
Hofmannsthal, Hugo von 40, 116, 306
Holzer, Hans 261 f., 311, 315
Homurzaki, Baron 29
Hornbostel, Gustav von 281
Hübner, Otto 165
Huetz, Klaus 55, 58

Ibsen, Henrik 40
Igler, Hans 135, 215, 217, 219, 226 f., 237 f., 259, 278, 301

Jacobsen, Jens Peter 40
Jahn, Ludwig 39
Jefferson, Thomas 172
Jellinek, Bruno 100
Jerger, Alfred 29
Joham, Josef 122, 239 ff., 261, 281, 287, 299 f.
Johnson, Kongreßabgeordneter 242
Jonasch, Walter 223
Jones, Howard Mumford 171
Jünger, Ernst 93

Kabas, Hilmar 277
Kahane, Karl 297, 301 f.
Kállay, Benjamin von 50
Kamitz, Reinhard 206 ff., 225, 227, 235, 264, 278, 297
Kamler, Bernd von 290 ff.
Kamler, Elisabeth von 290 f.
Kamler, Helga von, geb. Freiin von Widmann 291
Karajan, Anita von 293
Kastner, Walther 286
Kautsky, Benedikt 242, 261
Keller, Gottfried 40
Kesselstatt, Georg Graf 171
Keynes, John Maynard 231, 298, 302, 311
Khol, Andreas 339
Kienzl, Heinz 271
Killy, Walther 167, 195
Kiss de Ittebe, Anton Baron 201 f.
Klauhs, Helmuth 245
Klaus, Josef 254, 256, 258, 290, 294
Klenz, Leiter der Kreditabteilung 240 f.
Klezl-Norberg, Eduard Freiherr von 29
Knapitsch, Franz von 249, 251
Köchert, Familie 33
Koerber, Ernest von 19
Koestler, Arthur 185
Koller, Hildegard 206

König, Franz Kardinal 187
Königswarter, Gustav Baron 29
Königswarter-Formes, Helene von 29
Koren, Stefan 256, 268, 297
Körner, Erich 295 f.
Kornhäusel, Josef 90
Kostelka, Peter 343
Krainer, Josef sen. 249, 273
Krauland, Peter 193 f.
Kraus, Herbert 192
Kreisky, Vera 293
Kreisky, Bruno 185, 229, 231 f., 237, 258, 262, 267, 272 ff., 285, 290 ff., 325 f., 332
Krips, Josef 189
Kuh-Chrobak, Paul Baron 50

Lacina, Ferdinand 326
Lämel, Simon von 281
Lanc, Erwin 275
Lancaster, Osbert 190
Landesberger-Antburg, Julius von 28
Landmann, Georg Peter 110
Landmann, Julius 36
Landmann, Michael 110
Langtree, Lilly 21
Lanna, Adalbert Freiherr von 80
Latscher von Lauenthal, Linda Freifrau 30
Lauda, Hans von 231, 277, 291 f., 331 f.
Lawrence, Sir Geoffrey 190
Layton, Robby 212
Le Corbusier 97
Lehndorf 167
Leithner, Amelie Freifrau von 127
Leithner, Otto Freiherr von 127
Leitner, Walter 47
Lessing, Gotthold Ephraim 93
Lettner, Finanzdirektor der VOEST 223 f.
Lieben, Fritz von 29

Liechtenstein, Elsa Fürstin von
 76, 83
Liechtenstein, Franz Fürst von
 76, 83
Lincoln, Abraham 171
Lingens, Peter Michael 56
Lippe, Eduard Freiherr von der
 122
Locke, John 172
Loebenstein, Edwin Freiherr von
 215
Löwenthal, Freiherr von 30
Luther, Martin 39
Lyautey, Louis-Hubert 331

Mack, Sir William 188
Macmillan, Harold 171
Madison, Alexander 172
Magener, Rolf 201
Mailer, Norman 203
Majer-Leonhard, Ernst 90 ff.
Malaparte, Curzio 203
Malzacher, Michael 274, 301
Mandl, Fritz 259
Mann, Thomas 40
Marc Aurel 71
Marquet, Luigi (Alois) von 61,
 121, 184
Marx, Karl 318
Maschat, Josef 30
Massak, Berta *siehe* Treichl, Berta
Massak, Franz 13 f.
Mataja, Heinrich 34 f.
Mateschitz, Dietrich 233
Max von Baden 96
Mayer, Johann 243
Mayer, Eva, geb. Weinberger 190
Mayer-Gunthof, Franz Josef von
 32, 190, 196 f., 199, 226 f., 231,
 249, 277, 291
Mayer-Mallenau 228
Meder, Josef 80
Meran, Colienne Gräfin, Prinzessin
 von Schwarzenberg 297
Meran, Maximilian Graf 287, 297

Merton, Richard 114
Messersmith, George W. 120
Metternich-Sándor, Pauline Fürstin
 23
Meyer, Conrad Ferdinand 40
Michelin, François 317
Miksch, Erich 242 f., 248 f., 253,
 256, 258, 263, 268, 281, 300
Mises, Ludwig von 15, 29
Mitford, Unity 111
Mitscha-Märheim, Herr von 29
Mock, Alois 342
Moeller van den Bruck, Arthur
 108
Molden, Ernst 196
Molden, Fritz 196
Molière (Jean-Baptiste Poquelin)
 44
Montefiore, Lady Rosa 76
Monti, Mario 257
Mor-Merkl, Franz Baron 30
Moser, Gerhard 287
Mosley, Oswald 111
Mozart, Wolfgang Amadeus 189
Müller-Armack, Alfred 206
Müller-Preis, Ellen 184
Musil, Anton 125
Mussolini, Benito 111, 117

Nannen, Henri 213
Napoleon III. 100, 280
Nebehay, Christian 80 f.
Nedwid, Köchin 23
Neumann, Rittmeister a. D. 119
Neumark, Fritz 198
Nowotny, Ewald 338

Oberegger, Josef 224, 228
Ockermüller, Generaldirektor
 310 f.
Olah, Franz 205, 254
Olszewska, Maria 29
Oppenfeld, Horst von 166 f.
Orlik, Emil 69
Orwell, George 203

Palme, Lieselotte 316, 320
Payart, Jean 188
Peichl, P. Hermann OSB 89
Pinochet, Augusto 275
Plato 91, 108
Polster, Hans 333
Polsterer, Ludwig 194
Porada, Edith *siehe* Rapaport von Porada, Edith
Prawy, Marcel 293
Pretis-Cagnodo, Sisinio Baron 29
Puaux, Gabriel 103, 120

Raab, Julius 203, 209, 215, 220, 236
Randa, Gerhard 282f.
Rapaport von Porada, Edith 121
Rathenau, Walter 230, 328
Rauscher, Hans 268
Reinhardt, Eberhard 255
Remarque, Erich Maria 93ff.
Rembrandt Harmensz van Rijn 80
Renan, Ernest 195
Renn, Ludwig 93f.
Renner, Karl 231
Ressig, Albrecht von 248
Riedel-Riedenau, Baron 29
Riefenstahl, Leni 111
Rilke, Rainer Maria 53
Ringhoffer, Lini Freifrau von 30
Roché, Louis 191
Rocque, François de la 119
Röhm, Ernst 111, 211
Roll, Eric 295
Rollett, Edwin 200
Roosevelt, Franklin D. 120
Röpke, Wilhelm 198, 206
Rösch, Otto 333
Ross, Fritz 112, 181ff., 195f., 199, 203f.
Ross, Helga *siehe* Treichl, Helga
Ross, Hilda, geb. Ullstein 112
Rothschild, Anselm Freiherr von 78
Rothschild, Baron Edmond de 295
Rothschild, Jacob Lord 300
Rousseau, Jean-Jacques 173
Rumpelmayer, Viktor 22

Sacken, Annemarie Freifrau von, geb. Freiin von Fertsel 25, 86, 184, 188f.
Sacken, Benedikt Freiherr von 184, 188f.
Sagan, Françoise 200, 202
Salin, Edgar 36
Sallinger, Rudolf 277
Samek, Mitzi 82
Sattler, Hofmechaniker 14
Sayn-Wittgenstein-Berleburg, Casimir Prinz 115
Schäfer, Alfred 255
Schärf, Adolf 191, 236
Schärf, Paul 250, 277
Schaschl, Eberhard 261
Schick, Wirtschaftsprüfer 223
Schidl, Norbert 261f., 315
Schinnerer 258
Schiwitz, Frau 249f.
Schleinzer, Karl 258f.
Schmidt, Guido 119, 262, 314
Schmidt-Chiari, Guido 262, 272, 281, 288, 299, 314f.
Schmitt, Carl 107, 312
Schneiderhan, Wolfgang 184
Schnitzer 228
Schnitzler, Arthur 40, 43
Schoeller, Philipp von 121
Schoeller, Richard von 227
Schöffler, Paul 189
Scholl, Hans 53
Scholl, Sophie 53
Schopf, Sektionschef 218
Schratt, Katharina 201f.
Schubert, Franz 42
Schüller, Helmut 341
Schüller, Ludwig 29
Schumann, Elisabeth 29
Schumpeter, Joseph Alois 29
Schuschnigg, Kurt von 119ff.

Schüssel, Wolfgang 256
Schwarzenberg, Josef Fürst 190
Schwiedland, Eugen 30
Schwimmer, Walter 338
Seeckt, Hans von 95
Seefried, Irmgard 184
Seidler, Harold 128 f., 131, 250
Seipel, Ignaz 29, 104
Seligmann, Adalbert Franz 30
Seyss-Inquart, Arthur 120
Shaw, George Bernard 174
Sieghart, Rudolf 19 f., 29
Silva-Tarouca, Friedrich Graf 81
Smith, Henry Lee 173
Smith, Thomas Vernon 171 f. 176
Somary, Felix 20
Sommaruga, Baron 30
Sommaruga, Cornelio 343
Sommer, Theo 56
Sonnenthal, Adolf von 291
Sonnenthal, Siegmund von 291
Sophokles 91 f.
Spann, Othmar 107 f.
Spann, Raphael 109
Spitzy, Reinhard von 119 f.
Springer, Axel 182, 212, 214
Srbik, Heinrich von 31, 167
Stadler, Helga 296
Stalin, Josef 111
Starhemberg, Ernst Rüdiger Fürst 104, 259
Stark, Freya 10
Stauffenberg, Claus Schenk Graf 168
Steidl, Albert 47
Stifter, Adalbert 40
Stolper, Gustav 29
Storm, Theodor 40
Stransky, Felix von 99
Strindberg, August 40
Strohal, Eberhard 204
Stürgkh, Karl Graf 118
Sykora, Vorsitzender 218
Szegedy-Maszák, Aladár von 14

Szegedy-Maszák, Aladár von (d. J.) 14
Szegedy-Maszák, Sarolta von 14
Szobcsik, Wirtschaftsprüfer 223
Szögyeny-Marich, László Graf von 70

Taus, Josef 245, 256
Taussig, Georg von 29
Thirring, Hans 200
Thole, Joop 81
Thole, Leonore (Lorle) 81
Thomas, Adrienne 93
Thompson, US-Botschafter 188
Thorsch, Alfons 23, 64 f., 100, 104, 120, 125
Thorsch, Anna, geb. Berend 22, 42 f., 63 f., 72
Thorsch, Eduard 42, 63
Thorsch, Ernestine, geb. Thorsch 25 f., 69
Thorsch, Philipp 25, 63
Thorwaldsen, Berthel 88
Tichy, Herbert 201
Traun, Emma Gräfin Abensperg und 190
Traun, Ferdinand Graf Abensperg und 190
Trauttmansdorff, Graf 157
Treichl, Alfred 13, 16 ff.
Treichl, Andreas 187, 254, 345 ff.
Treichl, Berta, geb. Massak 13 ff.
Treichl, Désirée, geb. Gräfin Stürgkh 181
Treichl, Dorothea, geb. Freiin von Ferstel 13, 20 ff., 26
Treichl, Helga, geb. Ross 61, 139, 178, 181, 184 ff., 200, 210 ff., 292 f., 297 f., 332, 345
Treichl, Leonhart 45
Treichl, Michael 345 f.
Treichl, Susanne *siehe* Zacherl, Susanne
Treichl, Wolfgang 52 ff., 92, 121
Trentini, Johann Baptist von 120

Tron, Bankier 241
Trubetzkoj, Daria Prinzessin 121
Truman, Harry 161
Truppschuh, Hauptmann 165
Tschech, Ministerialrat 219

Ullstein, Antonie 181
Ullstein, Frederick 182, 215
Ullstein, Heinz 182
Ullstein, Hermann 182
Ullstein, Hilda *siehe* Ross, Hilda
Ullstein, Karl 182, 204, 212, 214 f.
Ullstein, Leopold 182
Ullstein, Louis 182
Ullstein, Martha 182
Ullstein, Rudolf 182, 204
Ulrich, Franz Heinrich 253
Unterberger, Andreas 285
Urbas, Konsul 201

Vranitzky, Franz 262 f., 313, 320

Wagner, Richard 39
Wagner-Jauregg, Julius von 30
Waldbrunner, Karl 218, 220, 236
Waltenberger, Oberst 164
Wandruszka, Adam von 167
Warburg, Eric 155
Warburg, Sir Sigmund 295 f., 300

Watzek, Adolf 120
Weinberger, Emil 190
Weinberger, Kira 190
Weinzierl, Ulrich 56
Wenger, Prof. 259
Weyl, Walter 171
Wickham Steed, Henry 29
Wiesenthal, Simon 185, 297, 308
Wilczek, Hans Graf 190
Wilczek, Renée Gräfin 190
Wildgans, Anton 87
Wilhelm II. 70
Wilkinson, Sir Peter 57
Wilson, Harold 296
Windisch-Graetz, Lotti Fürstin 100
Winkler, Maria (Moidl) 73
Withalm, Hermann 234 f., 258 f.
Wodianer, Ida Baronin, verehel. Gutmann 80

Zacherl, Susanne, geb. Treichl 48, 55, 121, 180
Zacherl, Willem 180
Zahlbruckner, Wirtschaftsprüfer 223
Zander, Dieter 165, 167 f. 171 f.
Zandler, Helmut 219
Zimmer-Lehmann, Georg 249, 297

Inhalt

Vorwort 7

Meine Eltern 13
Häuser der Kindheit 42
Wolfgang 52
Großmutter 63
Onkel Rudi 75
Von Wien nach Frankfurt 86
Das Elend der Demokratie 107
Der »Anschluß« 119
Im Krieg 130
Von Kagran nach Amerika 137
In den Lagern Concordia und Fort Getty 162
Heimkehr und Befreiung 178
Bei der IBV 205
Meine Jahre in der Creditanstalt 1958 bis 1991 239
Ein Nekrolog 280
Kreisky: Versuch eines Psychogramms
    in Begegnungen 290
Androsch: eine Bilderbuchkarriere 310
Beim Roten Kreuz 331
Ende in Sicht 345

Personenregister 349

Herbert Kraft
Musil
2003. 360 Seiten

Den Titel des großen Romans *Der Mann ohne Eigenschaften* kennt jeder, der Verfasser ist jedoch mehr als sechzig Jahre nach seinem Tod so rätselhaft geblieben, wie er es zeitlebens war.
In Herbert Krafts brillant geschriebenem Buch wird deutlich, wie bei Robert Musil (1880 bis 1942) Leben und Werk einander ergänzen, bekommt die Auseinandersetzung mit diesem Jahrhundertschriftsteller eine neue Dimension.
Von *Törleß* über die *Schwärmer* bis zu *Vinzenz* und *Nachlaß zu Lebzeiten* sieht Herbert Kraft sowohl Musils Werk als auch seine Biographie einem einzigen Ziel unterworfen: der Arbeit an dem großen Roman. Prägnant und luzide zugleich zeichnet Kraft Musils Welt, nimmt dem Leser die Angst vor der Größe dieses Werks und macht es für uns Heutige verständlich im Portrait eines Lebens, das von der Passion des Schreibens erfüllt war. Und von der Nähe seiner Frau. Sie »liebte ihn in einer so schamlosen Weise, wie man das Leben liebt«. Das wird im Roman über Agathe und Ulrich gesagt, doch es war abgeschrieben aus dem Leben von Martha und Robert Musil.

»Das Werk des großen Epikers ist und bleibt allzeit die comédie humaine in ihrer Totalität. Robert Musil gehört zu diesen absoluten Epikern von Weltformat.«
Hermann Broch